Villa Borghese

Reitbahn

Porta
Pinciana

Porta Pia

Via del Babuino

Via Nomentana

Piazza
di Spagna

Via Vittorio Veneto

Via Condotti

Via Barberini

Quirinal

Via XX Settembre

Via del Corso

Fontana
di Trevi

Hauptbahnhof
Staz. Termini

Via Nazionale

Via Torino

Sta. Maria
sopra Minerva

Sta. Maria
Maggiore

Esquillin

Monumento
Vittorio Emanuele

Via Merulana

Forum
Romanum

Kapitol

Palatin

Kolosseum

Via Labicana

Ponte
Palatino

Forum
Boarium

San Paolo
fuori le mura

Circus
Maximus

0   100   200 300 m

S

W0245523

BIRGIT SCHÖNAU

DIE GEHEIMNISSE
DES TIBERS

BIRGIT SCHÖNAU

DIE GEHEIMNISSE DES TIBERS

Rom und sein ewiger Fluss

C.H.BECK

Mit 28 Abbildungen

Vorderer Vorsatz: Karte des modernen Rom
Hinterer Vorsatz: Karte des antiken Rom
(beide © Peter Palm)

Umschlaggestaltung: Rothfos & Gabler, Hamburg
Umschlagabbildung: Fischer auf dem Tiber bei der Engelsburg, um 1870,
Fotografie von James Anderson / Bridgeman Images
Satz: Fotosatz Amann, Memmingen
Druck und Bindung: Pustet, Regensburg
Printed in Germany
ISBN 978 3 406 80837 1

myclimate
klimaneutral produziert
www.chbeck.de/nachhaltig

Für Olaf, Henning und Holger

INHALT

VORWORT

Prima de Roma ce stavo già.[1]
(Vor Rom gab es mich schon.)

Über die Hälfte meines Lebens habe ich am Tiber verbracht, in Rom und während der langen und heißen Sommer auf einem umbrischen Hügel über dem Flusstal. Ich lebte am Tiber und habe ihn doch erst spät entdeckt, genau wie die meisten Einheimischen. Der Tiber war kein Ort, den wir aufsuchten. Auf dem Land führte zu ihm kein Weg, und in Rom waren seine Ufer ein von Müll und Schmutz überzogenes Niemandsland, wo sich allenfalls die Ratten wohlfühlten. So blieb der Tiber im Hintergrund, flüchtig wahrgenommen beim Überqueren einer Brücke auf dem Weg zur Peterskirche oder zu einem Spiel der AS Roma im Olympiastadion – und beim Warten in einem der häufigen Staus auf den Uferstraßen.

Das änderte sich erst, als 2005 am rechten Ufer ein Radweg angelegt wurde. Endlich ein richtiger Radweg! In Rom ist das Netz bis heute sehr dünn. Diese Piste am Tiber ist aber nicht nur sehr nützlich, sie ist auch wunderschön. Oberhalb der hohen Kaimauern erheben sich die Kuppeln und Türme der Stadt. Unten führt der Weg entlang an der malerischen Ruine des Ponte Rotto, an den Stromschnellen der Tiberinsel, an den Marmorfundamenten des Ponte Sisto. Man sieht die Einmündung der Cloaca Maxima am anderen Ufer und erahnt unter dem schweren Grün der Platanen die schneeweiße Halle von Richard Meyer für die Ara Pacis, den Altar des Augustus. Im mal gelblichen, mal graugrünen Wasser des Flusses schwimmen Enten und manchmal auch Nutrias; Kormorane betreiben ihre Jagd auf Fische. Der Tiber ist ein riesiges Biotop, ein vielfältiges Stück Natur mitten in der Stadt.

Einmal entdeckt, ließ mich der Fluss nicht los. Ich besuchte ihn, wann immer es ging, und ich begann, ihn zu erforschen. Das Ergebnis ist dieses Buch, eine Art Flussbiographie, aber auch ein Doppelporträt. Denn im Großen und Ganzen konzentriere ich mich auf die 3000-jährige Symbiose zwischen dem Tiber und seiner Stadt: Rom. Dabei erzähle ich die Geschichte aus der Perspektive des Flusses.

Auf den ersten Blick mag der Tiber ein ungewöhnlicher Protagonist sein. Wenn es um Rom geht, sind wir es gewöhnt, antike Kaiser, mittelalterliche Päpste, später noch die italienischen Könige und die Faschisten im Vordergrund zu sehen. Tatsächlich aber schrieb der Stadtfluss die Geschichte der Römer. Von allen Mächten in der Stadt war er über Jahrhunderte die stärkste. Seine Überschwemmungen waren so gewaltig, dass nicht selten Hunderte Menschen ums Leben kamen. Das Tiberhochwasser konnte Jubeljahre vorzeitig beenden und hatte damit auch Auswirkungen auf die Romwallfahrten, die seit dem Mittelalter viele tausend Pilger in Bewegung setzten. Andererseits fungierte der Fluss bis ins 19. Jahrhundert als wichtigste Lebensader der Stadt. Der Tiber war der größte Verkehrsweg für den Warentransport, gleichzeitig Trinkwasserlieferant – und Kloake.

In einem Porträt des Tibers geht es also um Wirtschaftsgeschichte, Umweltgeschichte, Religionsgeschichte, aber auch um Kultur- und Sozialgeschichte. Denn der Fluss lieferte nicht nur die Baumaterialien für die Monumente der Stadt mit den meisten Kunstschätzen der Welt. Er war auch immer ein Strom der Künstler. Maler von Van Wittel bis Kentridge thematisierten ihn, Filmregisseure nutzten ihn als geheimnisvolle Kulisse, Dichter von Horaz bis Pasolini waren vom Tiber fasziniert. Die Reichen bauten an seinen Ufern Villen mit weitläufigen Parks, und auch die weniger wohlhabenden Römer suchten am und vor allem im Stadtfluss Erfrischung. Bis vor wenigen Jahrzehnten war der Tiber Roms größte Badeanstalt. Augustus schwamm ebenso in seinem Wasser wie Goethe.

Insofern bildete der Tiber sicher das wichtigste integrative Element in einer Stadt, deren Bewohner ihn seit Ewigkeiten nicht bei seinem Namen, sondern einfach nur *fiume* nennen: Fluss. Doch ein Gleichmacher war er nie. Von seinen Gewaltausbrüchen waren stets vor allem die Armen betroffen, die die Obrigkeit an die Flussufer abschob. Nicht allein die Gefängnisse befanden sich hier, auch die Kranken- und Armenhäuser – und das Ghetto, in dem die Juden Roms über 300 Jahre lang eingepfercht waren.

Für diese Geschichte des Tibers konnte ich aus einer Fülle von Material schöpfen, von antiken Quellen über die Ingenieursprojekte für die «Einkesselung» der Flussufer im 19. Jahrhundert bis zu den Filmen von Paolo Sorrentino. Auch bei den meisten Historikern Roms findet der Fluss Erwähnung: Selbst wenn er nicht im Mittelpunkt steht, kann man ihn nicht ignorieren.

*

Danke an meinen Mann Alessandro De Luca, der mich auf vielen Tiber-Erkundungen begleitet hat. Dank auch an Alfio Furnari, Stefanie Hölscher und Laura Ilse, die das Projekt mit so viel Engagement begleitet und betreut haben. Und ein großes Dankeschön an Golo Maurer und das Team der wunderbaren Bibliotheca Hertziana, die so viele Geheimnisse des Tibers birgt.

Grazie a te, fiume.

~ Kapitel 1 ~

DER MYTHOS LEBT

Legenden der Vergangenheit, Bedrohung der Zukunft

Der große Fluss kommt in der Stille zur Welt. Nur das leichte Rauschen der Blätter ist im dichten Weißbuchenwald auf dem Monte Fumaiolo zu hören, manchmal der Schrei eines Falken. Wie ein zaghaftes Wispern klingt das Gemurmel der Quelle, die an diesem letzten Tag des heißen Sommers 2022, unter der pompösen Travertin-Stele mit dem plumpen Bronzeadler, in ein kleines Becken tröpfelt. Drei Wolfsköpfe, antiken Schiffsverzierungen nachempfunden, starren bedrohlich auf das Rinnsal herab, eine Inschrift tönt: «Qui nasce il Fiume sacro ai destini di Roma.» Hier also entspringt Roms heiliger Schicksalsfluss. Und fällt 273 Straßenkilometer von der Stadt entfernt erst einmal in eine kurze Steinrille, die den Fußweg zur Quelle kreuzt.

Derart eingerahmt sind die ersten Tibertropfen seit dem Jahr XII der «Faschistischen Ära». Zur Einweihung der Quellenanlage in 1268 Metern Höhe war am 15. August 1934 Benito Mussolini persönlich erschienen, als handele es sich um eine Staatsangelegenheit. In Wirklichkeit ging es um Mythenbildung für seinen eigenen Personenkult. Der «Duce» hatte die Verschiebung der Regionalgrenzen veranlasst, auf dass der Schicksalsfluss Roms, der Hauptstadt des neuen, faschistischen Imperiums, in Mussolinis eigener Heimatprovinz entspringe, der heutigen Emilia-Romagna, und nicht länger in der Toskana. Der Faschistenführer stammte aus dem 70 Kilometer von der Tiberquelle entfernten Predappio, einem Ort fernab aller Mythologie – bis der «Mann der Vorsehung» den Tiber ins Spiel brachte. Da hatte die Toskana das Nachsehen.

Wie alle Neugeborenen ist der «Schicksalsfluss» hier wenig majestätisch. «Anfangs ist er unbedeutend», wusste schon der ältere Plinius.[1] Fast scheint es, als würde er am Ende der gefassten Rille in den verrottenden Buchenblättern auf dem Waldboden auf Nimmerwiedersehen versickern. So dünn ist er und so fragil. Aber er schlängelt sich tapfer weiter, stolpert dann in einem kleinen Wasserfall über moosbehangene Kalksteine. Ein zweites Bächlein stößt dazu, dann kommt auch schon ein drittes. Von Anfang an ist dieser Fluss kein Einzelkämpfer, er wird genährt und gefüllt von vielen Zuflüssen auf seinem Weg durch ein Fitzelchen Emilia-Romagna, dann durch ein herbes Stück Toskana, das grüne Umbrien und schließlich Latium. Zum *Tiberinus Pater*, Vater Tiber, wird er erst nach 350 Flusskilometern abwärts, in Rom. Ohne Rom wäre er ein Fluss unter vielen, europäische Mittelklasse, in Italien erst die Nummer drei nach dem Po und der Etsch. Rom aber macht den Tiber zum Flussgott, zum «Nil des Abendlandes», wie der deutsche Historiker Ferdinand Gregorovius im 19. Jahrhundert schwärmte, zum «caeruleus Thybris, caelo gratissimus amnis», dem bläulichen Tiber, des Himmels liebster Strom. So verklärte ihn Vergil: «Ich bin es, den du mit voller Strömung die Ufer streifen und fruchtbares Land durchschneiden siehst.»[2]

In der *Aeneis* erscheint der Gott Tiberinus, «ein Greis schon, unter Pappellaub» dem am Ufer des Flusses ruhenden Aeneas und prophezeit dem Helden aus Troja die Gründung der Stadt Alba Longa durch dessen Sohn.[3] Der etwa 20 Kilometer südlich von Rom gelegene Ort galt als «Mutterstadt» der Römer und Heimatstadt des Geschlechts der Julier, dem Julius Caesar und Augustus angehörten. In seinen Händen erhebt Aeneas das Flusswasser gen Himmel und verspricht dem «Tiber, Vater, samt deinem geheiligten Strom» andauernde Ehrung und Opfergaben, «wo immer du, Herrlichster, aus dem Erdboden hervortrittst (...), hörnertragender Fluss, Herrscher über Hesperiens Gewässer».[4] Der Fluss vereint griechische und römische Mythologie zu einer gemeinsamen Heldensage, seine Wasser erquicken den Flüchtling aus Troja, Sohn der Göttin Aphrodite, wie dessen Nachfahren Romulus und schließlich Augustus.

Ohne Tiber kein Rom, ohne Rom kein Mythos. Die gewaltige Geschichtserzählung *Ab urbe condita* («Von der Gründung der Stadt an») des Titus Livius beginnt am Fluss, mit der Legende von Romulus und Remus. Es ist diese Erzählung, die den Tiber weltberühmt werden lässt, indem sie ihn zum Protagonisten der Stadtgründung erhebt. Die Sage von der wundersamen Rettung der römischen Zwillinge ähnelt der biblischen Legende vom Hebräersohn Mose, den seine Mutter am Ufer des Nils aussetzt, wo er von der Tochter des Pharaos gefunden wird.[5]

Als athletischer Flussgott mit Füllhorn erscheint der Tiber in dieser Statue aus der Kaiserzeit am Fuße des römischen Rathauses auf dem Kapitol.

Bei Livius ist die Königstochter Rea Silvia aus Alba Longa, eine Nachfahrin von Aeneas und die leibliche Mutter von Romulus und Remus. Der Kriegsgott Mars hat sie vergewaltigt und dabei mit den Zwillingen geschwängert, die also von zwei Göttern abstammen. Weil Rea Silvia aber als Priesterin zur Keuschheit verpflichtet ist, wird sie zur Gefangenschaft verurteilt – die alten Römer machten keinen Unterschied zwischen Vergewaltigungen und verbotenem außerehelichen Sex. Die Kinder der Verdammten trifft es noch härter, sie sollen von königlichen Sklaven in einer Wanne unterhalb des Kapitolshügels auf dem Tiber ausgesetzt werden. Doch der Fluss führt gerade Hochwasser, an seinen Ufern haben sich zahlreiche seichte Randtümpel gebildet, und bis zum eigentlichen Strom stoßen die Sklaven gar nicht vor. Also setzen sie, aus Feigheit oder aus Mitleid, die kleine Wanne in eine der Uferlachen. Der Tiber lässt die Babys unbehelligt auf dem flachen Wasser schwimmen, aber ihren Hunger kann er natürlich nicht stillen. Bald lockt ihr klägliches Geschrei eine Wölfin an, die Romulus und Remus mit ihrer Milch nährt. Das Tier wird zur Ziehmutter, der Flussgott zum *Pater Tiberinus*, gemeinsam ermöglichen sie Roms Geburt.[6]

Damit nicht genug: Die römische Mythologie verortete auch Herkules, den Sohn des Zeus bzw. Jupiter, am Tiber. Titus Livius erzählt, dass Herkules nach Verrichtung seiner zehnten Tat, dem Raub der Rinderherde des Riesen Geryon, die Tiere an den Tiber treibt, «an eine Stelle mit üppigem Graswuchs, um die Rinder durch Ruhe und kräftiges Futter wiederherzustellen».[7] Der Held selbst schläft, als ihm der römische Hirte Cacus die Herde stiehlt und in einer Tuffsteinhöhle verbirgt. Herkules tötet Cacus und opfert eines der Rinder den Göttern. Dieses Opfer wurde später von Romulus übernommen, der dem Herkules angeblich einen Tempel am Forum Boarium, dem Rindermarkt am Tiberufer, stiftete. Erhalten ist der kreisrunde «Tempel des siegreichen Herkules» aus dem Jahr 120 v. Chr. Er gilt als ältester Marmorbau Roms.[8]

Die Römer stellten sich den Gott Tiberinus als Sohn des doppelköpfigen Janus und der Nymphe Juturna vor, deren Quelle auf dem Forum Romanum lag. Der Tiber hatte seinen Tempel auf der Flussinsel und seinen Festtag am 8. Dezember, also mitten in der Hochwassersaison, wenn Opfergaben sinnvoll waren, um den winterwilden Gott zu besänftigen. Für Augustus, unter dessen Ägide Vergil und Titus Livius schrieben, bildete der *Divo Tiberinus*, der göttliche Tiber, gemeinsam mit der Göttin Roma ein mythisches Fundament seiner Herrschaftslegitimation. Er übernahm den Titel des Pontifex Maximus, des Obersten Brückenbauers, der als Führer des wichtigsten Priesterkollegiums für die letzte Brücke vor der Flussmündung zuständig war.[9] Der Tiber avancierte zur Chefsache und der Brückenbauer-Titel zum Beinamen der römischen Kaiser. Die von ihnen bestallten Künstler zeigten den nunmehr imperialen Flussgott vornehmlich als freundlichen Gönner und Genießer, heiter hingegossen in seinem breiten Bett.[10] Alles unter Kontrolle, lautete so die Botschaft. Mochte der Tiber auch regelmäßig die Stadt mit seinen Überschwemmungen heimsuchen – er war deshalb noch lange kein Feind der gottgleichen Herrscher Roms, sondern blieb ein alles in allem leutseliger, manchmal etwas exzentrischer Verbündeter.

Am angeblichen Fundort der Zwillinge gegenüber der Tiberinsel war seit der Römischen Republik jenes «Boot des Aeneas» ausgestellt, das den Sohn der Aphrodite an die Küste Latiums getrieben haben soll. Der spätantike Geschichtsschreiber Prokop sah es noch im Jahr 520 und beschrieb ein 40 Meter langes und 8 Meter breites Relikt, das nach seiner Beobachtung nicht zusammengesetzt, sondern aus einem einzigen Stück Holz geschaffen war – also eine Art Riesenkanu. Der Chronist bestaunte den hervorragenden Zustand dieser «Reliquie», das Boot sei wunderbar erhalten, mit keiner einzigen morschen Stelle. Offenkundig war Prokop von der Echtheit des Aeneas-Schiffs überzeugt, das zu seinen Lebzeiten schon mindestens 1000 Jahre im Wasser gelegen haben musste.[11] Aus der Tibermythologie übernahmen später die Päpste den Titel des Pontifex Maximus. Doch das Christentum kennt keine Verehrung von Naturgöttern. In seiner heiligen Stadt blieb der Tiber deshalb ein unbezähmbarer Heide, der immerhin als Trinkwasserlieferant, Wasserstraße und Abfallgrube nützlich war. Erst der Faschismus entdeckte die alten Sagen und die pompöse Rhetorik der römischen Kaiserzeit neu. Aeneas, Romulus, Augustus – in diese Reihe wollte sich auch Mussolini stellen. Also ließ er wie ein Herrscher der Antike einen Obelisken übers Meer reisen und den Tiber hochtreideln. Wie Augustus erbaute er mit viel Marmor ein neues Marsfeld am Fluss – das Foro Mussolini heißt inzwischen unverfänglich Foro Italico. Und wie Trajan träumte der «Duce» von einer neuen Stadt, dem «Dritten Rom» (nach dem antiken und dem des Königreichs Italien), das sich «entlang der Ufer des heiligen Flusses bis zum Strand des Tyrrhenischen Meeres erstreckt».[12] Realisiert wurde lediglich das eklektische Viertel EUR mit seinen «Neuinterpretationen» von Kolosseum und Peterskirche, heute mit über 9000 Einwohnern Roms Stadtteil Nummer neun. Der Tiber fließt diskret an ihm vorbei.

*

Oben auf dem Monte Fumaiolo scheinen Rom und seine Herren auf einem anderen Planeten zu liegen. Nur ein paar Pilzsucher sind unterwegs, mit halbleeren Körben. Erst Dürre, dann Kälte, das mögen die Steinpilze nicht, die sonst um diese Jahreszeit den Buchenwald übersäen. Immerhin gibt es Brombeeren in Hülle und Fülle an dem steilen Weg, der dem frisch entsprungenen Tiber talwärts folgt. Ein Stück von ihm hat sich der Campingplatz *Tevere* einverleibt, durch dessen Gelände der junge Fluss auf einen Wasserfall zusteuert, bei dem er angeblich den ersten großen Auftritt hat. Aber heute fällt die Vorstellung aus. Noch im Frühsommer, versichern die Pilzsammler, sei der Tiber hier heruntergedonnert, doch jetzt ist die große Felswand ganz trocken. Es scheint, als hätten die Steine den Tiber verschluckt, nur ganz unten, rechts in der Ecke, tropft er aus dem Felsen in eine kleine Pfütze.

Auch im Tal liegt sein Bett weitgehend ausgetrocknet in der Landschaft mit dichten Wäldern, aus denen immer wieder Kalksteinfelsen ragen. Erst bei Sansepolcro, nach der Aufstauung im Montedoglio-See, hüpft der Tiber munter über Stock und Stein, mal silbern, mal grünlich schimmernd. Hier hat er auch die Toskana fast hinter sich gelassen, es folgt Umbrien: Città di Castello, Umbertide, Perugia. Das Tal weitet sich, die ersten richtigen Nebenflüsse gesellen sich dazu, nach Todi kommt der zweite Stausee Lago di Corbara. Hinter Orvieto knickt der Tiber dann hart nach Süden ab. Links liegt nun Umbrien, rechts Latium, sanfte Hügel mit Dörfern und Burgen, kleine Schluchten, weidengesäumte Ufer. Wer seine Felder am Fluss liegen hat, tränkt sie wie seit Tausenden von Jahren mit Tiberwasser.

Nördlich von Orte, einer malerisch auf einem Tuffsteinfelsen gelegenen Kleinstadt, befindet sich am linken Ufer der antike Flusshafen Seripola, nicht nur eine einfache Anlegestelle, sondern eine Siedlung mit Wohnhäusern und Werkstätten. Angelegt in der Frühzeit der Republik, beweist der Hafen die zentrale Funktion des Tibers als Wasserweg nach Rom. Noch bevor die Römer Straßen bauten, fuhren sie auf dem Fluss. Von Anfang an war der Tiber ein äußerst nützlicher Gott.

Nach Seripola stößt der Nera zu ihm. Dieser wasserreichste aller Zuflüsse hat sich seinerseits kurz zuvor nahe der Industriestadt Terni den Velino einverleibt, der bereits von den alten Römern durch die *Cascata delle Marmore* reguliert wurde, mit 165 Metern noch immer der höchste künstliche Wasserfall Europas. Längst wird damit Strom produziert, doch der Tiber bekommt von der gewaltigen Entladung nichts mit. Ungerührt, breit und gemächlich fließt er nach der Einmündung des Nera dahin. An seinen Ufern liegen vor Rom keine Städte mehr, nur noch die Ruinen des antiken Hafens von Ocriculum, der von 300 v. Chr. bis zum Ende des 18. Jahrhunderts in Betrieb war. In die offene Flusslandschaft gestreut, überdauern die Reste von Kornhallen, Thermen und Theatern. Dazwischen residieren wie letzte Gralshüter imperialer Größe Reiher und Eisvögel, Nutrias und Damhirsche.

Autobahn und Eisenbahntrassen folgen dem Tiber auf seinem Weg nach Rom, lassen den Fluss, der sich in großen Schleifen voranschiebt, mal links, mal rechts liegen. Von der Quelle bis zur Stadt durchzieht der Tiber ein weitgehend ländliches Mittelitalien der Felder und Wälder, eine archaische Landschaft, die seit der Antike kaum verändert und verbaut erscheint. Wie aus dem Nichts kündigt sich daher, mit Hochhäusern und dem Gewirr der Ausfallstraßen, die Metropole an, und auch der Tiber wird plötzlich städtisch. Die Stadtautobahn überquert ihn auf dem Staudamm Ponte di Castel Giubileo, bevor unterhalb des Monte Antenne der Aniene einmündet, der zweitstärkste Nebenfluss des Tibers.

Entsprungen in einem Gebirgszug auf der Grenze zwischen Latium und den Abruzzen, wurde der Aniene in der Antike ebenfalls als Gott verehrt.[13] Zu Zeiten der Grand Tour bewunderten die Reisenden aus dem Norden den pittoresken «kleinen Bruder» des Tibers, mitsamt seinem spektakulären Wasserfall bei Tivoli und der antiken Steinbrücke des Ponte Nomentano in einer verwunschenen Auenlandschaft. Nach dem Zweiten Weltkrieg änderte sich das gründlich. Industrieanlagen und rasch wachsende Wohnsiedlungen ohne Kanalisation ließen den Aniene trübe und stinkend wie eine offene Kloake erscheinen. Er fungierte als größte Giftspritze für den Tiber, bis Anfang der 1960er Jahre beide Flüsse faktisch umgekippt waren.[14] Wenn sie systematisch zu Abfallgruben herabgewürdigt werden, sind auch Flussgötter sterblich.

*

Jahrzehntelang siechte der Tiber dahin. Römer und Touristen mieden den Fluss, der ihnen schmutzig und unheimlich erschien, als ein Störfaktor degenerierter Natur inmitten grandioser Monumentalität. Nachdem Generationen von Einheimischen im Stadtfluss schwimmen gelernt hatten, erließ die Verwaltung 1968 ein Badeverbot. Die Badeanstalten schlossen, nur die Ruderclubs hielten sich, auch wenn sich kaum noch jemand im Boot auf den Fluss traute. Die innerstädtischen Ufer verkamen zu Müllhalden. Ratten hausten dort und verseuchten mit ihrem Urin den Fluss. Noch 1979 starb ein Schwimmer, der das strenge Verbot missachtet hatte, an der von Ratten verbreiteten Leptospirose. Ein tragischer Einzelfall, doch Ansteckungen mit Hepatitis, Typhus und anderen Infekten waren an der Tagesordnung und wurden von Hygiene-Experten direkt dem Tiber und dem Aniene zugeschrieben.[15] Erst Anfang der 1970er Jahre wurde die erste Kläranlage in Betrieb genommen, weitere folgten. Zuletzt wurden im Frühling 2023 gut 80 000 Menschen in den Wohnsiedlungen an der Via Cassia und im Nordwesten Roms angeschlossen. Der Tiber ist endlich keine Kloake mehr.[16]

Früher hingen nach jedem Winterhochwasser monatelang Tausende Plastiktüten in der Ufervegetation. Dieser Müll wird heute dank schwimmender Barrieren vor der Stadt abgefangen. Und wenn sich doch einmal, was leider durchaus vorkommt, ein Kühlschrank am Ponte Sisto verhakt oder Elektroroller an der Böschung vor der Engelsburg «vergessen» werden, dann rückt die täglich patrouillierende Stadtreinigung zur Entsorgung an. Mit den Abfällen sind auch die Ratten verschwunden – nicht ganz natürlich, aber doch so, dass sie kaum noch zu sehen sind. Denn die Tiberratten haben in den großen Möwen natürliche Feinde und werden von ihnen dezimiert.

Lange haben die Römer ihren Fluss ignoriert. Die Wende brachte der Fahrradweg: Seit 2005 die erste Teilstrecke der *Pista Ciclabile* am rechten Ufer eröffnet wurde, treibt es die Einheimischen wieder zum Fluss. Inzwischen ist der Tiberradweg 32 Kilometer lang und führt fast bis ans Meer, vor allem aber ist über ihn das Zentrum und der gesamte Westen der Stadt zu erreichen. Manche nutzen ihn als Trainingsstrecke, viele auf dem Weg zur Arbeit. Als Joggingstrecke ist die Piste ebenfalls beliebt, ein überraschend stiller und naturbelassener Rückzugsort gleich unterhalb der mit dröhnendem Dauerverkehr belasteten Uferstraßen. Außer an manchen Wochenenden, wenn der Weg unten am Wasser ähnlich überfüllt ist wie die Autostraßen oberhalb der Kaimauern.

Rom investiert in den Tiber. Erstmals fließt Geld aus dem Budget für das Heilige Jahr in den Fluss – das hat es vor dem Jubiläum von 2025 noch nie gegeben. Die heruntergekommenen Uferzonen der Peripherie, etwa in der Gegend von St. Paul vor den Mauern und in der Magliana, werden in Parks umgewandelt, die gerodeten Tiberränder im Norden der Stadt systematisch «aufgeforstet». So soll ein Ökosystem gerettet werden, das schon wieder existenziell bedroht ist. Diesmal vom Klimawandel.

In extrem heißen und langen Sommern kann man zusehen, wie der Tiber immer weniger wird. Dann sinkt sein Pegel in der Innenstadt neuerdings auf ein Viertel der Normalhöhe, wie im Juli 2022 nach fast 200 Tagen ohne Regen. «Versumpfung» diagnostizieren die Experten. Und rümpfen dabei die Nase, denn der Sumpftiber riecht. Seine Agonie ist jedoch beileibe nicht nur ein ästhetisch-psychologisches Problem. Weniger Tiber, das heißt noch mehr Hitze, bedeutet noch weniger Lebensraum für viele Tiere und Pflanzen und noch weniger Möglichkeit zum Aufatmen für die Menschen.

Seit Jahren sterben in der Hitze massenhaft Fische. Die Gründe dafür sind nicht eindeutig geklärt, verschiedene Ursachen werden vermutet – defekte

Der Tiber ist weg! In seinem Film *Siccità* («Dürre», 2022) erzeugt der Regisseur Paolo Virzì eine Schockwirkung mit Spezialeffekten, um die katastrophalen Folgen des Klimawandels zu thematisieren. Rekord-Niedrigwasser und Fischsterben sind in den langen, heißen römischen Sommern seit einigen Jahren Realität.

Kläranlagen, erhöhte Konzentration von Insektiziden und anderen Giften, vor allem aber schlicht Sauerstoffmangel im allzu niedrigen, allzu warmen Wasser. In der Stadt verbreitet sich angesichts der Fischkadaver ein apokalyptisches Gefühl. Erstmals fragen sich die Römer: Wäre es möglich, dass ihr Tiber ganz verschwindet? Bis 2050 könnte er sich zu einem Bach zurückentwickeln, warnt die große Umweltschutzorganisation *Legambiente*.

Rom ohne Tiber – ein Alptraum, den der Regisseur Paolo Virzì in einem Kinofilm darstellt. Als *Siccità* («Dürre») Ende September 2022 erschien, war der Tiber auch in der Realität nur ein Rinnsal, aber in Virzìs Film ist er schon ausgetrocknet. Die Römer spazieren durch sein Bett, die Brücken überspannen nur noch eine große Leere. Anstelle des «blonden Tibers» klafft mitten in der Stadt ein Erdloch aus Lehm und Geröll, und Bagger räumen die Reste von Booten weg. Schockierende Bilder, durch Spezialeffekte erzeugt. Eine Dystopie, die Wirklichkeit werden könnte.

Nach der realen Dürre des Sommers braucht der Tiber Monate, um sich zu erholen. Wenn er im Winter für wenige Tage den Radweg überflutet, geht ein Aufatmen durch die Stadt: Er ist wieder da! Auf dem Ponte Milvio

und auf der Tiberinsel treffen sich die Schaulustigen, um das schlamm-
graue Hochwasser zu fotografieren, das der Fluss Richtung Meer wälzt.
Nach der Stadt scheint der Tiber alles Majestätische hinter sich zu lassen. Südwestlich von Rom wird er zum Wasserlauf eines Niemandslandes,
charakterlos wie die flache und zersiedelte Landschaft vor der Küste. Bei
der Ruinenstadt Ostia Antica teilt er sich in zwei Arme – den antiken Kanal des Trajan und die natürliche *Fiumara grande*, die zwischen Ostia und
Fiumicino ins Tyrrhenische Meer mündet, unspektakulär und so gut wie
unbeachtet. Keine Stele weit und breit, kein in Bronzelettern gegossener
Abschiedsgruß. Der göttliche Schicksalsfluss, der mythische *Pater Tiberinus*, stiehlt sich hier einfach davon.

Kapitel 2

DER FLUSS UND SEINE HÄFEN

Wie der Tiber die Römer versorgte

Heute liegt der Tiber still und leer. Schwer vorstellbar, dass es hier zwei Jahrtausende lang zuging wie auf dem Canal Grande in Venedig. Große Schiffe, über und über beladen mit Getreide, Stoffen und Gewürzen. Aus Baumstämmen zusammengebundene Flöße, vollbepackt mit Weinfässern, Öl-Amphoren, Brennholz. Dazu Fischerboote und kleine Kähne zum Übersetzen zwischen den Ufern, an denen die Untergeschosse der Häuser und Paläste im Wasser standen. Vor Brückenpfeilern waren Getreidemühlen angedockt, hölzerne Fischplattformen dümpelten vor der Tiberinsel. Häfen und Uferstraßen waren voll mit Menschen und Lasttieren, die Waren vom Fluss in die Stadt transportierten.

Ohne den Tiber wäre Rom verhungert. Ohne den Tiber wären keine Häuser gebaut worden, keine Tempel und keine Paläste. Rom wäre ohne Waffen geblieben, ohne Heizungen, ohne Kunst. Alles, was die größte Stadt des europäischen Altertums zum Leben brauchte und was sie zur Weltmacht aufsteigen ließ, kam über den Fluss, ihren *Mercator placidissimus*, wie der ältere Plinius ihn nannte, den ruhigsten und zuverlässigsten aller Kaufmänner, «fähig, jedes große Schiff aus dem Italischen Meer zu tragen und (…) alle Erzeugnisse der Erde herbeizuschaffen».[1]

Plinius beschrieb den Seehandel, der schon in der Römischen Republik begann und im Kaiserreich, als Rom Europa und den Mittelmeerraum beherrschte, zur Blüte gelangte. Doch darüber hinaus kamen über Jahrtausende auch Waren aus Mittelitalien ausschließlich über den Fluss nach Rom – Holz vor allem, außerdem landwirtschaftliche Produkte wie Wein und Öl.

Einige Häfen waren bis Anfang des 20. Jahrhunderts in Betrieb. Erst als die Schifffahrt durch die Eisenbahn und dann durch den Straßenfernverkehr ersetzt wurde, verlor die Wasserstraße Tiber ihre Bedeutung, nachdem sie die Stadt zweieinhalb Jahrtausende lang versorgt hatte.

Emporium: Alles Korn der Welt

So alt wie die Stadt ist ihr erster Tiberhafen. Als auf dem Palatin die ersten Lehmhütten gebaut wurden, gab es unten am Tiber schon eine Anlegestelle, ziemlich genau an der Stelle, wo die Legende die Rettung von Romulus und Remus aus dem Fluss verortet. Fundstücke aus dem 8. Jahrhundert v. Chr. bezeugen die Existenz des Portus Tiberinus am einstigen Forum Holitorium, Forum Suarium und Forum Boarium, dem Gemüse-, Schweine- und Rindermarkt unterhalb des Marcellus-Theaters.[2] Waren aus Latium und Etrurien, aber auch die Güter des aufkommenden Seehandels wurden am Flussufer ausgeladen, viele Lebensmittel gleich auf den nahen Märkten verkauft. Doch bereits in der Morgendämmerung des 2. Jahrhunderts v. Chr. erwies sich dieser *portus* als zu klein für die aufstrebende Stadt und ihren Alltagsbedarf. Ein neuer Flusshafen für den erstarkenden Seehandel musste her, und zwei mächtige Männer des tonangebenden Patrizierclans der Aemilier veranlassten seinen Bau. Marcus Aemilius Lepidus und Lucius Aemilius Paullus zeichneten verantwortlich für das Emporium, eine riesige Anlage am Südhang des Aventins beim heutigen Stadtteil Testaccio. Sie lag gleich neben der ersten Flussbrücke oberhalb der Tibermündung, dem Pons Sublicius.[3]

Allein die Hafenmauer war einen halben Kilometer lang, ebenso die parallel zum Fluss errichtete siebenschiffige Säulenhalle mit dem Namen Porticus Aemilia, in der sich vermutlich Lagerhallen und vielleicht auch eine Schiffswerft befanden.[4] Die an diese *porticus* angrenzenden *horrea* umfassten mindestens drei Hektar. Dabei handelte es sich um festungsähnliche, wasserdichte Silos, die über die ganze Stadt verstreut in der Nähe des Tibers angelegt wurden und die zum Teil noch die Päpste des frühen Mittelalters nutzten. Vorwiegend Getreide wurde darin gelagert, aber an den überlieferten Namen lassen sich auch andere Bestimmungen ablesen: Die *horrea candelaria* horteten Fackeln, Kerzen und Talg, die *horrea chartaria* Papyrus und Pergament, die *horrea piperataria* Gewürze.[5] Vor allem im Winter, wenn die Schiffe nicht fuhren, musste die Stadt aus den Lagern versorgt werden, die Tag und Nacht mit Feuerwehrkohorten beschützt wurden und deren Instandhaltung und Kontrolle erheblichen Aufwand verlangte.

In der Kaiserzeit wurden jährlich rund 800 000 Tonnen Waren aus aller Welt im Emporium abgeladen. Tausende von Arbeitern waren auch außerhalb der Schifffahrtssaison von April bis Oktober am Flusshafen beschäftigt. In seinem *Loblied auf Rom* bestaunte der Grieche Aelius Aristides 143 n. Chr. die Hafenwirtschaft am Tiber: «In Rom findet man alles und von bester Qualität (...) Ägypten, Sizilien und alle bewohnten Gegenden Libyens sind eure Kornkammern (...) Die Stadt bekommt die wertvollsten Waren aus aller Welt, aus Indien, Arabien, Babylonien. Man wundert sich, dass im Hafen, aber auch auf dem Meer Platz für so viele Schiffe ist.»[6]

Dafür, dass sich auf dem Fluss der Verkehr nicht staute, das Löschen der Ladung und der Transport in die Hallen reibungslos vonstatten gingen, sorgte eine straff organisierte Verwaltung. Und doch grenzte es an ein Wunder, dass die Versorgung der Millionenstadt auf diese Weise funktionierte. Viele Stationen waren zu absolvieren, bevor die Waren in Rom eintrafen. Von den Herkunftsländern bis ins Zentrum des Reichs war es ein langer und beschwerlicher Weg, der Wochen, manchmal Monate dauerte.

Denn so unglaublich es klingen mag, Rom musste über Jahrhunderte ohne einen richtigen Seehafen auskommen. Die Kornlieferungen aus Sizilien, dem Osten des Reichs und vor allem aus Ägypten kamen nicht etwa an der Tibermündung an, sondern 220 Kilometer weiter südlich, im Golf von Pozzuoli. Dort wurden Tonnen von Getreide in Lagerhäuser gebracht und nach und nach auf kleinere Schiffe geladen, die anschließend die Küste in Richtung Ostia hochfuhren und dann auf dem Tiber bis in die Stadt. Die Weinschiffe aus Gallien, die Salzfischladungen aus Spanien und Sardinien, die Früchtekähne aus Tunesien konnten zwar direkt Kurs auf Ostia nehmen, doch für die meisten war dort Endstation. Sie waren zu groß und zu schwer, um den Fluss hinauffahren zu können, der auch an seiner Mündung nicht breiter als 100 Meter war. Rom war ein Riese, sein Fluss aber blieb ein Zwerg, der in großen Kurven und mit vielen Untiefen zwischen Stadt und Meer mäanderte. Damit die Fracht im Emporium ankam, blieb nur die Möglichkeit, sie auf wendige Flussschiffe umzuladen.

Der Historiker und Geograph Strabon beobachtete, wie das in der Zeit Caesars vor der Küste vonstatten ging. «Obwohl es bei bewegter See gefährlich ist, überwiegt die Aussicht auf Profit.»[7] Es gab schlicht keine Alternative. Die wenigsten konnten warten, bis sich die Wogen glätteten, um das Umladen in aller Ruhe zu vollziehen. Zeit war auch in der Antike Geld, also mussten die Schiffer ihre Fracht so schnell wie möglich loswerden und

heimfahren. Manche ließen nur einen Teil der Ware umschichten und se-
gelten dann mit etwas leichterem Gepäck flussaufwärts. Doch das hing
auch davon ab, ob der Tiber genügend Wasser führte.

Für die wenigen Passagiere, die damals Schiffsreisen unternahmen, war
der Weg in die Hauptstadt ähnlich mühsam. Der Apostel Paulus etwa fuhr,
um sich in Rom gegen eine Anklage zu verteidigen, über Malta bis Pozzuoli. Dort blieb er eine Woche als Gast der kleinen christlichen Gemeinde
und begab sich dann auf der Via Appia weiter nach Rom – ob auf einem
Karren, zu Pferd oder zu Fuß, ist nicht überliefert. Unterwegs machte er
zweimal Rast, 70 bzw. 30 Kilometer von der Stadt entfernt. Paulus brauchte
also drei Tage für die Strecke vom Hafen bis zum Zielort. Mit dem Schiff
hätte es länger gedauert – und wäre vielleicht auch teurer gewesen.[8]

Das Problem war bekannt, eine Lösung schwierig: Der Tiber lagerte so
viel Feststoffe in seinem Mündungsbereich ab, dass der Hafen von Ostia
schnell versandete. Julius Caesar plante deshalb ein Dreistufenprojekt. Im
Norden Roms sollte der Tiber unterhalb der Milvischen Brücke westlich an
der Stadt vorbeigeleitet werden, indem man ihn in einen Kanal «umbet-
tete». Südlich von Rom sollten den Fluss dann weitere Kanäle mit der gut
100 Kilometer entfernt gelegenen Hafenstadt Terracina verbinden. Das
hätte die Strecke von Rom bis zum nächsten großen Seehafen um die Hälfte
verkürzt. Zusätzlich wollte Caesar auch den Hafen von Ostia ausbauen.[9]
Doch das ehrgeizige Vorhaben wurde nach seiner Ermordung 44 v. Chr.
nicht weiterverfolgt. Anstatt in Ostia zu investieren, verlegte Augustus auch
noch den Stützpunkt der Militärflotte an den Golf von Pozzuoli.

Der Transport nach Rom blieb aufwändig, ja mühsam, aber notwendig.
Schon die Römische Republik war zur Versorgung der Bevölkerung mit
dem Grundnahrungsmittel Getreide auf Übersee-Importe angewiesen.
Titus Livius berichtet von einer Hungersnot im Jahr 492 v. Chr., ausgelöst
durch Landflucht und die Aufgabe von Feldern in der Umgebung von
Rom. Das Getreide sei damals aus Cumae «links am Meere hinab», aber
auch aus dem weiter entfernten Sizilien beschafft worden.[10] Seit 120 v. Chr.
garantierte die Regierung eine monatliche Getreideration, die unter Caesar
kostenlos wurde und zwischenzeitlich etwa 320 000 Empfängern zustand.
Als Augustus die Zahl drastisch reduzieren wollte, ließ ihn der Protest im
Volk schnellstens zurückrudern.[11] Die römischen Kaiser waren keinesfalls
abgeschottete Alleinherrscher, sondern stets auf Tuchfühlung mit den Römern und abhängig vom Konsens. Und die Lebensmittelversorgung für

die Hauptstadt zu organisieren, war ihre wichtigste innenpolitische Aufgabe. Augustus musste seine Fürsorgepflicht erfüllen und den 200 000 bis 250 000 berechtigten Familienvätern weiter eine Monatsration von 35 Kilo Getreide garantieren. Das bedeutete 8750 Tonnen Gratisgetreide im Monat, 105 000 Tonnen im Jahr, heranzuschaffen auf 500 Schiffen.

Denn der Weg übers Meer war immer noch schneller und sicherer als über das Netz der Straßen, zudem konnten viel größere Mengen transportiert werden. Dem Ochsenkarren, der höchstens eine Tonne ziehen konnte, stand ein Schiff mit 200, manchmal sogar 300 Tonnen Ladung gegenüber. Die Schiffsimporte waren billiger, aber nicht ohne Risiko. Immer wieder sanken Schiffe, andere konnten auch während der Saison wochenlang nicht fahren, wenn die See zu aufgewühlt war. Hinzu kam, dass sich die kaiserlichen Getreideverwalter durchaus verkalkulierten. Der Geschichtsschreiber Tacitus schildert, wie die Menschen reagierten, als sich in Rom unter Kaiser Claudius einmal mitten im Winter die Nachricht verbreitete, die Kornvorräte reichten nur noch für zwei Wochen. Panik brach aus. «Man klagte nicht nur im geheimen; sondern umringte den zu Gericht sitzenden Claudius mit wildem Geschrei und trieb ihn gewaltsam in die äußerste Ecke des Forums, bis er sich mit einer Schar von Soldaten durch die erbitterte Menge Bahn brach.» In seiner Not befahl der Kaiser Nachschub. Bei einer für die Jahreszeit ruhigen See und wahrscheinlich gegen sehr gute Bezahlung brachten römische Reeder (unter ihnen übrigens auch einige Frauen) genügend Getreide aus Ägypten, um die Römer und ihren Kaiser zu retten.[12]

Wie heikel die Getreide-Importe waren, bekam 62 n. Chr. auch Nero zu spüren. Erst hatten seine Verwalter zu viel Weizen gelagert – mit dem Ergebnis, dass er in den Silos verrottete. Der Kaiser ließ das Korn demonstrativ in den Tiber werfen, um dem Volk zu beweisen, dass er nicht darauf angewiesen war. Seht her, wir haben Korn im Überfluss! Das war gelogen, und bald rächte sich Neros Übermut. Bei einem Unwetter im Hafen (in welchem, verrät Tacitus nicht) verlor er 200 Schiffe, beim Treideln über den Tiber brannten angeblich weitere 100 aus. Damit war ein Großteil der Handelsflotte perdu. Den Preis für das Getreide zu erhöhen, traute sich Nero dennoch nicht, aus Angst um Thron und Leben.[13]

Immer wieder versuchten Roms Herrscher, den heimischen Getreideanbau anzukurbeln, um sich von den Importen zumindest stückweise unabhängig zu machen. Vergeblich, denn für die Bedürfnisse einer Millionenstadt hätte die regionale Produktion niemals ausgereicht, zudem bildete das Umland kein Zentrum des Kornanbaus, sondern lieferte eher Wein, Olivenöl und Brennholz.[14] Dennoch verstummte die Kritik an der «Globalisierung» des Getreidehandels nicht. Tacitus etwa, selbst Politiker und zeitweise Statthalter in Asien, machte sich um das Jahr 100 zum frühen Fürsprecher einer nachhaltigen Null-Kilometer-Politik: «Einst pflegte Italien seinen Legionen in den entferntesten Provinzen Verpflegung nachzuführen, und auch heute noch leidet das Land nicht an Unfruchtbarkeit», monierte er. «Aber wir beuten lieber Afrika und Ägypten aus und geben den Schiffen und der Unbill von Schicksal und Wetter das Leben des römischen Volkes preis.»[15]

Tacitus attackiert hier die Genusssucht einer römischen Oberschicht, die auf der Jagd nach den erlesensten Produkten des Imperiums oft das regionale Angebot verschmähte und sich stattdessen Güter aus den entlegensten Winkeln liefern ließ. Diese Elite kümmerten weder die Kosten noch die Schwierigkeiten des interkontinentalen Transports. Wozu hatte Rom denn die halbe Welt erobert? Doch nicht, damit die *haute volée* der Hauptstadt auf ihren Gastmählern nur Dinkelbrei aus Umbrien auftischte, gekleidet in grobe, kratzige Tuniken aus der Wolle von Schafen aus den Sabiner Bergen. Rom war kein Hirtendorf mehr wie in seinen mythischen Anfängen, sondern eine Weltstadt.

Also fand der berühmte Falerner Wein aus Kampanien ebenso seinen Weg ins Emporium am Tiber wie der vollmundige Rote aus der Provence. Einheimisches *garum*, die herzhafte Würztunke aus vergorenem Fisch, war Kost für die weniger Betuchten, die Vornehmen konnten sich die teure und angeblich feinere Mischung aus Spanien leisten. Und wenn die Armen die Fische aus dem Tiber angelten, kauften die Reichen sie lieber aus Marokko, Portugal, Algerien, Libyen und vom Schwarzen Meer. Im südspanischen Cadiz und in Tunesien entstand schon im Kaiserreich eine regelrechte Konservenindustrie mit Fischen in Salzfässern. Von der Insel Samos wurden Pfauen importiert, aus Phrygien (heutige Türkei) Kraniche, die Datteln kamen aus Ägypten und die Birnen vorzugsweise aus Syrien – dabei gab es davon in Italien mehr als 30 verschiedene Sorten.[16]

Die Reeder verdienten hervorragend an diesem Handel, und neureiche Händler verdankten ihm ihren gesellschaftlichen Aufstieg. Neros «Stilberater» Petronius etwa ließ in seinem *Satyricon* den Ex-Sklaven Trimalchio über seine Überseegeschäfte prahlen: «Fünf Schiffe habe ich gebaut, Wein

geladen – und damals wog er Gold auf –, nach Rom geschickt. Es war, als
hätte ich's bestellt: Alle Schiffe sind gekentert, Tatsache, kein Theater. An
einem Tag hat Neptun 30 Millionen geschluckt. Denkt ihr, ich hätte
schlapp gemacht? Weiß Gott, mir ist dieser Schaden egal gewesen, so wie
gar nicht geschehen. Ich habe andere (Schiffe) fertigen lassen, größer und
besser und einträglicher (...) Ihr wisst, ein großes Schiff kann Großes leisten. Ich habe wieder Wein geladen, Speck, Bohnen, Parfüm, Sklaven. (...)
Schnell kommt, was der Himmel will. Mit einer einzigen Fahrt habe ich
zehn Millionen eingefahren.»[17]

Außer Delikatessen gab es natürlich noch andere, haltbarere Luxusgüter.
Stoffe aus Seide und Wolle, Edelhölzer, Edelsteine, Elfenbein, Gewürze,
Parfüms und Farbstoffe waren begehrt und für die große Masse uner-
schwinglich. Immer neuer Nachschub an Waren aus aller Welt landete im
Emporium, transportiert von einer Handelsflotte, die größer war als die
französische zur Zeit des Sonnenkönigs.[18]

Neben Getreide war Olivenöl das wichtigste Lebensmittel. Es wurde
auch zur Beleuchtung und zur Körperpflege benutzt und musste importiert werden, als die regionale Produktion für den Pro-Kopf-Verbrauch von
22,5 Kilo pro Jahr nicht mehr ausreichte.[19] Bereits in der frühen Kaiserzeit
wandelten die Römer deshalb die Steppen Nordafrikas in Olivenhaine um
und siedelten dort Nomaden als Bauern an. Bald wurde Olivenöl in ebenso
großem Stil importiert wie Getreide. Auf dem Monte Testaccio, einem
künstlichen Hügel aus antiken Amphorenscherben unweit des Emporium-
Hafens, stammen 85 Prozent der zerschlagenen Tongefäße aus Baetica in
Südspanien und 15 Prozent aus Nordafrika (Libyen und Tunesien). Von der
Augustuszeit bis ins 3. Jahrhundert landeten hier schätzungsweise 25 Millionen Öl-Amphoren, auf denen Herstellername, Nettogewicht, Name des
Kontrolleurs und Jahr der Spedition verzeichnet waren. Sorgfältig wurden
die Scherben zu einem 36 Meter hohen Müllberg geschichtet, der heute
mit Gras und Büschen umwachsen ist und einen Umfang von einem Kilometer hat. Am Fuße des Hügels befinden sich Lokale, deren «Weingrotten»
in den Scherbenberg geschlagen sind. Weiter oben haben Hühner ihren
Auslauf, Menschen dürfen aber nur in geführten Gruppen hinauf: Der uralte *Monte de cocci* («Scherbenberg»), ein weltweit einzigartiges Monument
antiker Importwirtschaft und Abfallentsorgung und bis ins 19. Jahrhundert
Schauplatz ausgelassener Volksfeste, ist inzwischen eine äußerst fragile
Sehenswürdigkeit.[20]

So ausgeklügelt der Handel mit immer exotischeren Waren auch war – das Problem des Seehafens vor den Toren Roms blieb ungelöst. Gewaltige Mengen an Sand und Schlamm hinterließ der Tiber Jahr für Jahr an seiner Mündung, nach Schätzung heutiger Experten vier bis fünf Millionen Kubikmeter.[21] Man konnte buchstäblich zusehen, wie das Meer sich von den spärlichen Hafenanlagen in Ostia immer weiter entfernte. Als Kaiser Claudius den Befehl zum Neubau gab, rieten die Experten davon ab. Das Projekt sei zum Scheitern verurteilt, schon Caesar habe aus gutem Grund darauf verzichtet.[22]

Doch Claudius wollte partout als Hafenbauer in die Geschichte eingehen. Also ließ er nördlich der Tibermündung neue Molen anlegen, einen Kanal zum Fluss durchstechen sowie eine neue Straße bauen, die 24 Kilometer lange Via Portuense. Die Baustelle überwachte er persönlich, pendelte über Jahre regelmäßig zwischen Rom und dem Meer, verbrachte Wochen bei seinen Ingenieuren. Vor lauter Eifer für sein Lieblingsprojekt übersah Claudius, dass sich in Rom einige Senatoren gegen ihn verschworen. Angeführt wurden sie von dem ebenso gutaussehenden wie ehrgeizigen Aristokraten Silius – einem Geliebten von Claudius' Ehefrau Messalina.

Im Herbst des Jahres 48, der Hafen war nach sieben Jahren noch längst nicht fertig, nutzte Messalina die Abwesenheit ihres Gatten, um mit Silius ein rauschendes Fest im Kaiserpalast auf dem Palatin zu veranstalten. Es muss wild zugegangen sein, wie Tacitus berichtet, bei einem Gelage zu Ehren des Weingottes Bacchus.[23] Dass der mit Weinlaub bekränzte Geliebte Messalinas quasi als Mitgastgeber auftrat, machte die Party in den Augen vieler Höflinge zum Putschversuch: Sie argwöhnten, Silius wolle Claudius' Platz einnehmen, als Gatte und als Herrscher. «Von Ostia zieht ein schweres Unwetter auf», soll einer der Gäste gescherzt haben, der angeheitert auf einen Baum geklettert war.[24] Die Prophezeiung sollte sich erfüllen.

Boten ritten nach Ostia, um Claudius zu informieren: Messalina habe ihren Ehemann verraten und ihren Geliebten geheiratet! Ein Staatsstreich stehe bevor, womöglich regiere Silius schon, jedenfalls sei das Leben des Kaisers in Gefahr.[25] Auf seinem überstürzten Rückweg in die Stadt gab Claudius den Befehl, den Nebenbuhler und Messalina töten zu lassen. Wenig später heiratete er seine Nichte Agrippina, eine steinreiche Witwe und Mutter des späteren Kaisers Nero. Ihr Vermögen floss nun auch in den Hafenbau in Ostia, der laufend neue Löcher in die Staatskasse riss.[26] Die

Im Meereshafen von Ostia musste Getreide von den großen Schiffen mühsam auf kleinere Boote umgeladen werden, die Sklaven dann flussaufwärts in die Stadt zogen. Dieses Fresko aus dem 3. Jahrhundert n. Chr. zeigt die Arbeit auf dem Flussschiff Isis Geminiana.

Fertigstellung seines ehrgeizigen Projekts erlebte der Kaiser nicht mehr, das große Eröffnungsfest durfte erst sein Nachfolger Nero im Jahr 64 abhalten. Da war Agrippina auch schon tot, ermordet auf Befehl ihres Sohnes.

Vom Hafen des Claudius sind außer einigen Mauerresten noch die etwas klobigen Travertinsäulen der Portikus mit ihren fassförmigen Abschnitten erhalten. Nichts blieb von den weit ins Meer reichenden Molen oder vom seinerzeit berühmten Leuchtturm, der den Schiffern den Weg wies. Schon nach wenigen Jahrzehnten versandete das Becken, das sich zudem allzu weiträumig dem offenen Meer darbot: Im Jahr 62 ließ ein Sturm mehrere dort verankerte Getreideschiffe versinken. Und wieder blieb nur Pozzuoli.

Erst 40 Jahre später löste Kaiser Trajan das Problem. Er ließ ein neues Becken erbauen, das hinter der alten Einfahrt und dadurch geschützter lag und gleichzeitig durch einen neuen Kanal direkt mit dem Tiber verbunden wurde. Heute liegt der Portus Traiani drei Kilometer von der Küste entfernt inmitten von Wiesen, Wasserläufen und Pinienwäldern. Das Gelände ist unterteilt in einen öffentlich zugänglichen archäologischen Park und den Privatbesitz der Adelsfamilie Sforza Cesarini. Zu Letzterem gehört ein See, der gar kein See ist, sondern das antike Hafenbecken. Trajans Ingenieure entwarfen ein fast 33 Hektar umfassendes Sechseck, mit genügend Anlegeplätzen für die großen Schiffe. Aber ohne Umschichten ging es im-

mer noch nicht. Das Umladen konnte Tage dauern, es kam sogar vor, dass
ein Schiff nach dreiwöchiger Anreise von Alexandria eine weitere Woche in
Ostia stand.[27] Nur ein verschwindend geringer Teil der Fracht wurde auf Karren geladen. Vermutlich nutzten vor allem Passagiere den Wagenservice vom
Hafen in die Stadt, das Gros der Waren aber kam auf Flusslastschiffe. Ein
in den Vatikanischen Museen aufbewahrtes kleines Fresko zeigt, wie im
3. Jahrhundert n. Chr. das Beladen eines solchen *navis caudicaria* vor sich
ging: Auf der *Isis Geminiana* befinden sich fünf Männer. Einer von ihnen
schüttet Getreide in ein Fass, das vom Schiffsbesitzer Arascantus kontrolliert wird. Am Heck steht der Steuermann, während über eine Planke zwei
weitere Männer mit Getreidesäcken eintreffen. Ein weiterer hockt vor einem
Getreidebehälter mit der Aufschrift «feci» («ich habe gemacht»).[28] Aber am
Ziel ist die *Isis Geminiana* noch nicht. Bei sehr günstigen Bedingungen –
genügend Wind, kein Hoch- und kein Niedrigwasser – konnte ein kleines
Flussschiff auch schon mal den Tiber hochsegeln. Dieses hier hat jedoch
kein Segel am Mast. Das Schiff des Arascantus musste flussaufwärts nach
Rom gezogen werden – die nächste mühsame und zeitaufwändige Angele-
genheit.

Im Schnitt dauerte das Treideln drei Tage. Übernommen wurde es von
Männern (*helciarii*), die entweder zur Schiffsmannschaft gehörten oder als
«Leiharbeiter» angeheuert wurden.[29] Sie waren begehrt und gut bezahlt,
denn die Nachfrage war größer als das Angebot. Man musste sie im Voraus
bestellen. Je stärker der Hafen wuchs, desto größer wurde der Bedarf an
Arbeitern, an Unterkünften und Tavernen für Seeleute, an Kontoren für
die Händler. Im Schatten des Trajanshafens erblühte die Stadt Ostia.

Ostia: Seefahrer, Kaufleute, Bäcker

Das schwarzweiße Fußbodenmosaik am Eingang mit seinem dezenten
Muschelmotiv wirkt einladend wie vor 1800 Jahren. Auch der Marmortre-
sen, über den früher Speisen und Getränke für den Straßenverkauf gereicht
wurden, steht noch, ebenso eine Anrichte im Innern mit drei Etagen für
Gläser und Teller. Ein gelbgrundiges Fresko an der Wand im Gastraum
zeigt, was hier einst bestellt werden konnte: Oliven und Rüben, Wein und
runder Käse. Im lauschigen Innenhof durften die Gäste, auf gemauerten

Eine Hafenkneipe in der Via Diana, Ostia Antica. In der Zeit von Kaiser Trajan trafen sich hier Matrosen und Hafenarbeiter auf ein Gläschen Wein oder *piperatum*, den Aperitif der Antike, und einen schnellen Imbiss mit Brot, Käse und Oliven.

Bänken sitzend, an einem kühlenden Brunnen ihr Mahl verzehren und dazu *piperatum* trinken, eine Art Gewürzwein mit Honig und Pfeffer. Eine Treppe führte nach unten in den Vorratsraum, wo all diese Schätze, vor Wärme wie Kälte geschützt, aufbewahrt wurden.

In manchen Winkeln von Ostia Antica fühlt man sich zurückversetzt in die Zeit von Trajan, als diese *popina* (Taverne) in der Via Diana ihre Gäste bewirtete und die Ziegelhäuser nebenan von Hafenarbeitern und ihren Familien bewohnt waren. Gleich nach Pompeji bildet Ostia Antica das größte römisch-archäologische Areal der Welt. Von seinen rund 150 Hektar ist nur etwa die Hälfte freigelegt – genug, um die Hafenstadt mit ihrem großzügigen Forum, dem Theater, den Tempeln, einer Synagoge, aber auch den Wohnhäusern, Bädern, Lagern, Fischhallen und Kneipen erfahrbar zu machen.

Kaum ein Punkt in Ostia Antica war von Tiber und Meer weiter als ein paar hundert Meter entfernt. Eine uralte Straße führte hierher, über die sich die mittelitalienischen Stämme ihre Salzversorgung sicherten. An der Tibermündung lagen große Salinen. Angelegt von den Etruskern, wurden sie von den Römern ausgebaut und bis ins späte 19. Jahrhundert genutzt.

Salz war essenziell für die Konservierung von Lebensmitteln, für die Metallverarbeitung und auch für die Herstellung von Leder.[30] Es war ein gewichtiges Motiv für den Bau einer Siedlung, aber natürlich nicht das einzige. Neben dem Monopol der Salinen beanspruchte der aufstrebende Stadtstaat Rom die Kontrolle der Flussmündung und verteidigte diese gegen benachbarte Stämme und Eindringlinge, die vom Meer kamen. So bestand Ostia (von lateinisch *ostium*, «Eingang», «Mündung») am Anfang aus einem Militärlager. Titus Livius, der die Gründung Ancus Martius (gest. 616 v. Chr.) zuschreibt, berichtet von gallischen Kämpfern, die 349 v. Chr. die Küstengegend nahe Rom verwüsteten, und von griechischen Piraten, die drohten, in den Tiber einzudringen.[31]

Der Ort an der Küste wurde für die Stadt flussaufwärts von zentraler militärischer und handelsstrategischer Bedeutung. Dabei schützte und versorgte Rom Ostia, wie andererseits Ostia Rom versorgte. Und in beide Richtungen geschah das auf dem Tiber. So wurde im Norden von Rom Tuffstein für die Stadtmauer von Ostia abgebrochen und auf Flößen flussabwärts transportiert. Später folgten Ziegel aus den Fabriken der Hauptstadt, Travertin aus dem Anienetal und andere Baustoffe.[32] Umgekehrt wurden alle möglichen Waren von der Flussmündung in die Stadt geschafft.

Mit seinen 232 000 Einwohnern ist Ostia heute ein römischer Stadtteil, was seine historische Berechtigung hat: Die antike Stadt war Roms erste Kolonie. Im Ostia der Trajanszeit lebten 50 000 Menschen. Zimmerleute und Seiler, Töpfer und Böttcher, Schmiede und Maurer waren die Protagonisten des Alltags am Hafen. Viele kamen von weither: Rund 40 Prozent der Einwohner hatten, wie ihre Nachnamen verrieten, einen Migrationshintergrund, fast alle aus dem griechisch geprägten Osten des Reichs. Sie waren Kaufleute oder ehemalige Sklaven und deren Nachkommen. Verglichen mit der Metropole Rom, wo der Anteil der Griechischstämmigen im 2. und 3. Jahrhundert n. Chr. bei über 60 Prozent lag, war Ostia noch nicht einmal besonders «international», aber wenn man es an heutigen Einwohnerstatistiken misst (Rom hat circa 13 Prozent Ausländer, davon die Hälfte aus der EU), war der Ausländeranteil enorm.[33]

An den Mosaiken der Piazzale delle Corporazioni kann man ablesen, wie viele Händler und Reeder aus dem ganzen Mittelmeerraum im 2. Jahrhundert n. Chr. in Ostia ihre Niederlassungen unterhielten. Kaufleute aus Libyen, Tunesien, Ägypten, Sardinien, Karthago, Mauretanien und Südfrankreich haben sich auf dem großen Platz zwischen Theater und Tiber verewigt. Die Mosaiken zeigen ihre Handelsschiffe, die Arbeit von Matrosen und Hafenarbeitern, maritime Szenen mit Fischen oder auch das Nildelta.[34] Die zentrale Rolle des Getreidehandels symbolisiert das Abbild eines *modius* – das zylinderförmige Maß für 8,7 Liter war damals Standard.[35] Wie auch in Rom drehte sich hier fast alles ums Korn. Zur Hadrianszeit erstreckten sich die *horrea* von Ostia mutmaßlich über 36 Hektar.[36] Ein Großteil des Korns war für Rom bestimmt, doch auch an Ort und Stelle wurde sehr viel konsumiert. Zahlreiche Bäcker versorgten mit ihrem Brot die Einheimischen und die Matrosen der Handelsschiffe. Zu Hause scheint kaum jemand gebacken zu haben, auch nicht religiöse Minderheiten. Juden konnten ungesäuertes, koscheres Brot in der Bäckerei neben der Synagoge kaufen. Für gewöhnliche Backwaren gab es in unmittelbarer Hafennähe, gleich gegenüber den Getreidelagerhäusern, Großbäckereien mit nicht weniger als sechs Verkaufsräumen. Im Innenhof waren extra starke Mühlsteine im Einsatz – aus dem 120 Kilometer flussaufwärts gelegenen Orvieto.

Brot war in Ostia wie in Rom ein Grundnahrungsmittel für alle. Auch Hülsenfrüchte, Käse sowie Hühner- und Schweinefleisch waren für viele erschwinglich. Doch die Reichen, die sich von der Masse absetzen wollten, waren versessen auf Fisch. Das Meer vor Ostia allerdings konnte den Bedarf nicht stillen, es war schon zur Kaiserzeit hoffnungslos überfischt. Man erlaube den Fischen erst gar nicht, erwachsen zu werden, bemerkte der Spötter Juvenal. Immerhin fingen Ostias Fischer Schollen und sehr gute Krabben, die in der verwöhnten römischen Oberschicht jedoch als Arme-Leute-Essen abgetan wurden.[37]

«Die Fische sind so teuer wie die Köche», amüsierte sich der ältere Plinius über Feinschmecker, die nicht davor zurückschreckten, den sechsfachen Jahressold eines Legionärs für ein luxuriöses Fischessen auszugeben.[38] Viele Reiche verfügten über private Zuchtteiche, die, nur durch Dämme getrennt, direkt am Meer lagen – damit sie auch bei schlechtem Wetter fischen lassen konnten. Besonders Muränen scheinen bei der Oberschicht beliebt gewesen zu sein. Ein gewisser C. Hirrius lieferte für die Gastmähler Julius Caesars 6000 von diesen Fischen, während die jüngere Antonia ihre «Lieblingsmuräne» angeblich sogar mit Perlenohrringen schmückte. Aus der Gegend am Capo Misenum am Golf von Neapel, wo diese schwerreiche Nichte des Augustus und Mutter des Claudius im Sommer residierte, stammten auch Seeigel, die fleißige Fischer von den Felsen schälten und in mit Meerwasser gefüllten Käfigen auf die Reise nach Rom schickten.

Ein gutes Stück weiter nördlich, bei der etruskischen Stadt Tarquinia, unterhielt der Großgrundbesitzer Fulvius Hirpinius auf seinem Landgut drei große Teiche für verschiedene Schneckenarten. Die Tiere wurden mit eingedicktem Most und Mehl gemästet, «damit auch fette Schnecken in die Küchen kämen».[39] Gemeint waren natürlich die Küchen Roms, in die Fische wie Schnecken über Meer und Fluss geliefert wurden – ebenso wie die Austern aus einem See bei Pozzuoli oder aus Brindisi.[40] Um die Grundversorgung der Oberschicht sicherzustellen, wies Kaiser Claudius seine Flottenkommandanten an, Fische aus den Dardanellen vor der Küste zwischen Pozzuoli und Ostia auszusetzen – ob sie sich dort wirklich erfolgreich vermehrten, ist nicht bekannt.

Aus Ostia wurden aber auch noch ganz andere Tiere nach Rom gebracht. C. Seius, ein Freund von Cicero, betrieb in der Umgebung eine Farm mit Hühnern, Tauben, Kranichen, Drosseln, Gänsen, den damals überaus begehrten Pfauen – und Siebenschläfern. Dazu züchtete er Wildschweine und betrieb eine Imkerei.[41] Die Eber aus der Küstenregion waren beliebt bei Gastmählern in der Stadt. Sie wurden am Stück gebraten und mit Früchten gefüllt oder in Meerwasser mit Lorbeer gekocht. So ein ganzes, riesiges Tier machte viel her, wenn es als Höhepunkt des Festmahls von mehreren Dienern in den Saal getragen wurde.

Noch feiner und weitaus teurer als das heimische Wildschwein waren Haselhühner von der Ionischen Küste in Kalabrien. «Es hat eine Stimme, aber wenn es gefangen wird, verstummt es», berichtet Plinius, der sich offenbar mit den Launen des edlen Geflügels auskannte. Züchten oder länger in Gefangenschaft halten konnte man diese empfindlichen Hühner nicht, und weil Geflügelfleisch schnell verdarb, war der Transport auf dem Schiff nicht ganz einfach. Das Purpurhuhn und die Bussarde von den Balearischen Inseln hatten aber eine ungleich längere Reise vor sich, bis sie die verwöhnten Gaumen der römischen *upper class* erfreuen konnten.[42]

Nicht alle Tiere, die auf dem Tiber nach Rom verschifft wurden, waren zum Essen da. Der Grabstein des Titus Flavius Stephanus in Ostia verkündet, dass der Verstorbene das Amt eines kaiserlichen *praepositus camellorum* ausgeübt habe: Er war Kamele-Beschaffer.[43] Die Höckertiere sind nebst einem Elefanten ebenfalls auf dem Stein abgebildet. Wahrscheinlich besorgte Titus Flavius, ein freigelassener Sklave der Kaiserfamilie der Flavier, seinem ehemaligen Patron Kaiser Titus Kamele und Elefanten für das Kolosseum. Je größer, exotischer und teurer die im Amphitheater präsentierten Wildtiere waren, desto beeindruckter zeigte sich das Volk und umso stärker wurde die Bewunderung für den Herrscher, der ihm so etwas zeigen konnte. Augustus machte sich einen Spaß daraus, den Römern einen Tiger auf einer Theaterbühne vorzuführen oder ein Rhinozeros und eine Riesenschlange auf dem Forum Romanum.[44] Nero hielt das Publikum mit seiltanzenden Elefanten in Atem, auf deren Rücken stadtbekannte Ritter eine Mutprobe absolvierten – oder absolvieren mussten.[45]

Den Vogel schoss aber wohl ein gewisser Marcus Aemilius Scaurus ab, der als «Spielebeauftragter» der späten Republik ein Flusspferd nebst fünf Krokodilen aus Ägypten importierte und in einem eigens ausgegrabenen Teich nahe dem Tiber hielt. Fasziniert beschreibt Plinius das riesige Tier vom Nil: «Wenn es zu viel gefressen hat, geht es ans Ufer, um frisch abgeschnittene Rohrstengel zu suchen.»[46] Der griechische Bildhauer Pasiteles erschrak fast zu Tode, als er nahe der Schiffswerft in Ostia einen Löwen im Käfig zeichnete, während aus dem Nachbargehege gerade ein angriffslustiger Panther ausbrach.[47] Später unterhielt der kaiserliche Hof in der Nähe des Hafens einen veritablen «Zoo», aus dem die wilden Tiere bei Bedarf den Tiber hinaufgetreidelt werden konnten. Wie das Einfangen und der Transport vonstatten gingen, darüber gibt es leider keine nähere Information.

Im Gegensatz zu heute war das Mündungsgebiet damals mit dichten Wäldern aus Eichen, Steineichen, Korkeichen und vereinzelten Pinien bewachsen. «Die sehr nahe gelegenen Wälder bringen mehr als genug Holz; und die übrigen Vorräte liefert die Stadt Ostia», schrieb der jüngere Plinius, der an der Küste eine Villa besaß. «Für einen sparsamen Mann freilich genügt auch das Dorf, das nur ein Landgut von dem meinen trennt. Dort gibt es drei Mietbäder, eine große Annehmlichkeit, wenn einmal eine plötzliche Ankunft oder ein zu kurzer Aufenthalt es nicht ratsam erscheinen lassen, das Bad zu Hause anzuheizen.»[48]

Nicht nur das Bad, auch die übrige Wohnung wurde mit Holz geheizt, ebenso die öffentlichen Thermen. Wahrscheinlich deckte Rom zumindest zeitweise einen Teil seines Bedarfs aus den Wäldern bei Ostia. Sicher schlugen die Reeder dort Bäume für den Schiffsbau, und die Umgebung lieferte auch das Holz für die Dachstühle der Lagerhallen. Was nach Rom ging,

musste flussaufwärts gezogen werden. Das klingt aufwändig, war aber ein
Klacks – verglichen mit der Anstrengung, die es erforderte, die große Gier
der römischen High Society nach kostbaren Steinen zu befriedigen.

Marmorwahnsinn

Am Fuße des Aventins führt die Via Marmorata von der Porta S. Paolo
zum Tiber. Ihr Name erinnert an die Unmengen von Marmor, die einst
über den Fluss kamen, am Emporium abgeladen wurden und sich in Werkstätten längs dieser Straße zu Säulen, Statuen oder Mosaiksteinen verwandelten. In der späten Republik, vor allem aber in der Kaiserzeit war die
Oberschicht wie besessen von dem Stein als Statussymbol – je bunter und
seltener, desto besser. Die reichsten Senatoren schmückten ihre Residenzen
mit poliertem Marmor. Und nachdem ein Offizier nach Caesars Gallien-
feldzug als Erster auch noch die Wände seiner Stadtvilla auf dem Caelius-
Hügel mit Platten aus grauweißgrünem Cipollino und strahlend weißem
Carrara-Marmor bedecken ließ, wurden derartige Luxustapeten zum letzten Schrei.[49]

Der zahlungskräftigste und unersättlichste Konsument im allgemeinen
Marmorrausch war naturgemäß der Kaiser selbst. Ob für den eigenen Palast
oder für öffentliche Bauten – Augustus tat alles, um Rom aus einer Stadt
aus Ziegeln in eine Marmormetropole zu verwandeln, die seine eigene
Macht und Grandezza widerspiegeln sollte.[50] In den zahlreichen Marmor-
werkstätten am Emporium wurde der Marmor mit Sand aus Äthiopien
oder Indien zugeschnitten und mit Bimsstein geschliffen. Experten aus aller
Welt waren am Tiberufer damit beschäftigt, das Material für die Metropole
auf Hochglanz zu bringen.

Der Palatin, wo Augustus seine Residenz neben einem gleißend weißen
Apollo-Tempel errichtete, das Marsfeld, das Mausoleum des Kaisers am
Tiber und vor allem das neue Augustus-Forum mit seinen Säulenhallen und
dem Mars-Tempel wurden mit tausenden Tonnen von Marmor bebaut.
Den größten Teil des Materials lieferte Luna, das heutige Carrara in den
Apuanischen Alpen unweit der toskanischen Küste. Dieser weiße Marmor
hatte einen relativ überschaubaren Anreiseweg von 400 Kilometern, der
sich in einigen Wochen absolvieren ließ. Doch für seine Residenz nutzte
Augustus auch schon den hell- bis bräunlich dunkelgelben *marmor numi-*

dicum aus Numidien (heute Algerien und Tunesien), den rosaviolett geäderten *marmor phrygium* aus der heutigen Türkei und den vielfarbig gelblichrosa changierenden *marmor chium* von der griechischen Insel Chios. Aus den unterworfenen Provinzen holten die Römer das auch dort für edel befundene Material. Ihre «Kundschafter», darunter viele Offiziere und einige professionelle Architekten, Bildhauer und Innendesigner, entdeckten immer wieder Neues und Exotisches. Je entlegener das Herkunftsgebiet, je seltener der Stein, desto begehrter und teurer war er. In seiner Gier nach dem Schönen und Seltenen erinnert der Marmorrausch der Kaiserzeit an das Tulpenfieber im Amsterdam des 17. Jahrhunderts. Mit dem Unterschied, dass der Transport der großen Blöcke sehr viel komplizierter war. Doch genau damit, dass sie tonnenschwere Steine, ja sogar Obelisken über das Mittelmeer bis in die Zentrale der Macht bringen ließen, als handele es sich um Blumenzwiebeln, demonstrierten die Kaiser ihre Stärke. Nicht der Glaube, sondern ihre Flotte verrückte Berge, ja sogar ganze Gebirge in die Hauptstadt. Wenn ein großes Warenschiff mit 3000 Öl-Amphoren 200 Tonnen wog, so brachten es die Marmorschiffe auch mal auf 450 Tonnen. Was der Kaiser befahl, musste bei ihm ankommen, egal wie.

«Die Arten und Farben des Marmors sind so bekannt, dass eine nähere Auseinandersetzung hier unnötig erscheint», konnte Plinius der Ältere bei seiner seitenlangen und anekdotenreichen Abhandlung über den beliebtesten Stein der Imperatoren behaupten – offenbar unterschieden seine Leser mühelos Dutzende Marmorsorten voneinander.[51] Die exklusivste war der purpurrote Porphyrmarmor (*lapis porphyrites*) vom Mons Porphyrites in Ägypten. Unter Augustus' Nachfolger Tiberius wurde dieser «Kaisermarmor» entdeckt und bis in die Zeit Konstantins als Distinktionsmerkmal imperialer Architektur benutzt. Porphyr gab es nur in Kaiserpalästen, in rotem Marmor bestattet wurden ausschließlich Herrscher und ihre Angehörigen. Noch die Stauferkaiser Heinrich VI. und Friedrich II. sind in Palermo in Sarkophagen aus antikem Purpurmarmor begraben, so weit reichte die symbolische Strahlkraft des Materials.

War Purpur den Herrschern vorbehalten, so durften andere Farben wie das grünliche Schlangenhautmuster des *serpentinus lapis* bei allen ins Haus, die das bezahlen konnten. Der *Serpentino*, wie er auch heißt, stammte aus einem einzigen Steinbruch bei Sparta, den die Römer gänzlich für ihre Fußböden und Mosaike erschöpften. Ähnlich auffallend und deshalb beliebt war der *marmor lucculeum*, den der buchstäblich steinreiche Feldherr und Gourmet Lucullus aus der Türkei importierte. Aus diesem schwarz oder dunkelgrün changierenden Marmor mit weißen oder roten Flecken entstanden Statuen, Büsten und Schmucksäulen. Wie gezielt und raffiniert farbiger Marmor verarbeitet werden konnte, ist an einer Marsyas-Statue aus den Gärten des Maecenas zu sehen.[52] Der Sage nach forderte der Satyr Marsyas den Gott Apollo zu einem musikalischen Wettstreit heraus und wurde deshalb von diesem getötet. Apollo zog dem Rivalen die Haut bei lebendigem Leib ab, «und alles war eine einzige Wunde: überall strömt Blut hervor, offen liegen die Sehnen da, und ohne Haut pulsieren die bebenden Adern. Man könnte im Innern die zuckenden Organe und an der Brust die durchscheinenden Fibern zählen.» Vielleicht hat Ovid, der in seinen *Metamorphosen* das Schicksal des unglücklichen Satyrs so anschaulich beschreibt, Inspiration bei der Statue im Park seines Förderers Maecenas gefunden. Denn das Kunstwerk ist ganz aus lila geädertem *marmor phrygium* geschaffen, übrigens einem Stein aus der Heimat des Marsyas. Man glaubt hier wirklich, jede Faser des geschundenen Satyrs zu sehen, der nach seinem Tod in einen gleichnamigen Fluss verwandelt wurde, «Phrygiens klarster Strom».[53]

Die Renaissance versah die alten Sorten mit neuen Namen. So wurde aus dem gelbrosa *marmor chium* der *Marmo Portasanta*, nachdem er für die Rahmung der Heiligen Pforte an der Lateranbasilika eingesetzt worden war. Damals erlebte die Stadt schon ihren dritten Marmorrausch – im Hochmittelalter hatten die Kosmaten Fußböden, Kanzeln und Altäre der Kirchen mit kunstvoll neu zusammengefügten antiken Marmorstücken verziert. Die Antike wurde recycelt, so gut es ging, wobei man als weniger kostbar empfundenen Marmor durchaus tonnenweise zu Kalk verbrannte. Aus Übersee kam kein Nachschub mehr. Der Marmor für die Fassaden und die Innengestaltung der Kirchen oder die Statuen eines Michelangelo und eines Bernini musste aus Carrara geordert werden.

Besonders Papst Sixtus V. (1585–1590) zeigte sich anfällig für den nicht allzu diskreten Charme des teuren Steins als Symbol sehr irdischer Macht. Dieser in Fragen der Sexualmoral extrem sittenstrenge Papst ließ seine eigene Grabkapelle in Santa Maria Maggiore verschwenderisch mit 15 Blöcken antikem Marmor ausstatten, der aus einer monumentalen Brunnenanlage von Kaiser Septimius Severus auf dem Palatin stammte. Ein anderer Teil aus den gigantischen heidnischen Fontänen wurde für die Treppe eines Armenhauses verwendet, das Sixtus am Tiber gründete. 33 Blöcke bildeten zudem

das Fundament für den Obelisken auf der Piazza del Popolo. Für diese alt-
ägyptischen Granitstelen entwickelte Sixtus eine veritable Obsession.
Vier von ihnen, die Hälfte aller originalen Obelisken in der Stadt, ließ er von seinem Architekten Domenico Fontana neu aufstellen und mit seinen eigenen
Insignien versehen.

Obelisken waren im Alten Ägypten steingewordene Strahlen des Sonnengottes. Sie nach Rom zu überführen, galt schon in der Antike als größte Herausforderung, das Gelingen als Beweis kultureller Überlegenheit. «Am
meisten Schwierigkeiten machte der Seetransport der Obelisken nach Rom,
was auf überaus großen Schiffen geschehen musste», berichtet Plinius.[54] Als
Erster sicherte sich Augustus das ultimative Statussymbol aus Granit. Nach
seinem Sieg über die letzte ägyptische Königin Kleopatra hatte der Prinzeps
einen 1000-jährigen Obelisken aus der am Nildelta gelegenen Stadt Heliopolis ausersehen, um Roms Glanz und Größe zu feiern. Die knapp 24 Meter
hohe und rund 400 Tonnen schwere Stele hatte Sethos I. (1290–1279 v. Chr.)
in Assuan fertigen lassen. Augustus wollte sie in den Circus Maximus ver-
pflanzen, den Göttern und nicht zuletzt auch sich selbst zum Ruhm. Die
uralte Säule sollte zeigen, dass Rom stärker war als der Rest der Welt und
sogar über die Elemente siegen konnte. Sonne, Wind und Meer mochten die
Reise des Riesen aus Ägypten vielleicht stören und erschweren, nicht aber
verhindern.

Wir wissen nicht, wie lange der mit Hieroglyphen verzierte Monolith
unterwegs war, wie viele Männer ihn begleiteten. Die Reise ging zunächst
nach Pozzuoli, wo der Obelisk ausgeladen wurde. Das Transportschiff aus
Ägypten wurde als Sehenswürdigkeit im Hafen zurückgelassen, wie zum
weiteren Beweis dafür, dass für Augustus nichts unmöglich war. Vermutlich kam die Granitstele dann auf ein Floß, das zunächst von Schiffen die
Küste aufwärts gezogen und dann ab Ostia den Tiber hoch getreidelt
wurde. Ähnlich verfuhr man 40 n. Chr., als Caligula einen Obelisken bestellte. «Gewiss trug das Meer nie etwas Staunenswerteres als dieses Schiff»,
schwärmte damals der ältere Plinius. «Allein, um den Mastbaum zu um-
spannen, waren vier Männer notwendig.»[55] Der Obelisk wurde weich auf
Linsen gebettet, damit er auf der langen Überfahrt nicht zu Schaden kam.
Das Transportschiff versenkte Caligulas Nachfolger Claudius im Hafenbecken von Ostia, weil es für weitere Einsätze unbrauchbar war.[56] Der Obelisk steht heute auf dem Petersplatz.

War ein Obelisk auf dem Fluss, musste der weitere Schiffsverkehr von den *curatores alvei Tiberis et riparum et cloacarum urbis*, den «Kuratoren von Bett und Ufern des Tibers und der städtischen Kloaken», gestoppt werden. Privatleute kam das besonders teuer zu stehen: Sie hatten für Marmortransporte eine Sondersteuer zu entrichten, schließlich blockierten sie die staatliche Infrastruktur zu ihrem Vergnügen. Schon das Umladen der Obelisken nach der Ankunft in Rom war problematisch, noch komplizierter aber wurde der Transport durch die Stadt, wenn die monströsen Stelen auf Karren liegend über Straßen gefahren werden mussten, die breit genug für eine 90-Grad-Wende waren. Als letzter Kaiser ließ im Jahr 357 Constantius II. einen ägyptischen Monolithen holen, ein rund 500 Tonnen schweres und über 32 Meter hohes Stück aus Theben. Heute ist es vor dem Lateranpalast zu sehen. Konstantins Sohn übertraf damit seine illustren Vorgänger, denn die Stele aus dem 15. Jahrhundert v. Chr. ist der höchste und älteste Obelisk Roms. Er kam an, als Konstantinopel schon die neue Hauptstadt des Römischen Reiches war. Vom Marmorrausch am Tiber blieben bald nur die Ruinen – und jene Stücke, die am Flusshafen Emporium nie abgeholt worden waren.[57]

Während des Baus der Uferbefestigung in Testaccio wurden nach 1870 etwa 1400 große Marmorblöcke und Tausende kleinerer Stücke gefunden, ebenso Inschriften, die auf Marmorhändler und -steinmetze hindeuten.[58] Es handelte sich um die letzten Überreste des großen Marmorwahns, nachdem die Päpste, aber auch findige Römer am längst stillgelegten Stadthafen und sogar im Tiber selbst über Jahrhunderte bereits alles abgeräumt hatten, dessen sie habhaft werden konnten.

Im Jahr 1558 hatte der Heilige Stuhl einem gewissen Antonio Arcioni die Erlaubnis erteilt, in der Uferzone nahe der Via Marmorata zu graben, mit der vertraglichen Verpflichtung, zwei Drittel des gefundenen Marmors an den Vatikan abzutreten. Arcioni musste wöchentlich Bericht über alle Fundstücke erstatten, zu denen neben den verschiedensten Marmorstücken auch «Philosophen»-Köpfe sowie Teile einer Kolossalstatue gehörten. Sein Erfolg motivierte andere Schatzsucher, und manche machten das Tauchen nach Antiken gleich zu ihrem Beruf, so wie der «Tiberfischer» Paolo Bianchini. Er fand 1571 nahe dem heutigen Ara-Pacis-Museum auf dem Marsfeld die Sitzstatue eines Konsuls. Ein Kopf war nicht vorhanden, vermutlich handelte es sich um eines der gängigen «Austauschmodelle», bei denen das Porträt des jeweiligen Amtsträgers auf einen vorhandenen Rumpf aufgesetzt wurde. Bianchini lieferte sein voluminöses Fundstück ab, viele Kollegen von ihm taten das jedoch nicht, sondern verkauften die Schätze aus dem Fluss an reiche Auftraggeber. Zumindest, bis die private Antikenfischerei 1577 behördlich verboten wurde.

Der Papst lasse täglich Marmor an der Flussmündung ausgraben und nach Rom treideln, berichtete 1580 Michel de Montaigne. Jetzt wurden wieder große Mengen für Prunkbauten gebraucht, aus den Ruinen der Kaiserpaläste ebenso wie vom Grund des Flusses. Nicht nur der Porphyrmarmor erlebte sein Revival, alle möglichen Sorten wurden für die prächtigen Paläste der Kirchenfürsten genutzt, für ihre Grabkapellen und Sarkophage und für die Fußböden der Kirchen. Übrigens keineswegs nur in Rom. Vielerorts in Europa durften sich wichtige Gotteshäuser mit dem Marmor der antiken Kaiser schmücken – der per Schiff aus der Ewigen Stadt gebracht wurde. Manche Ladung versank im Meer, ganz wie in den alten Zeiten. Als der Kirchenstaat schon seiner Zerschlagung entgegentrudelte, verschenkte Pius IX. (1846–1878) noch immer Marmor an seine Bischöfe in Italien und im Ausland. Der Schatz im Tiber schien unerschöpflich zu sein.[59]

Für Mussolini war dann allerdings nichts mehr übrig. Der faschistische Diktator musste sich für die monumentalen Bauten seines «Dritten Rom» vor allem mit Travertin begnügen. Für die Ausstattung des Stadio dei Marmi als Teil des Foro Mussolini am rechten Tiberufer wurde jedoch auch Carrara-Marmor verwendet, der wieder übers Meer kam. Die toskanische Stadt schenkte dem «Duce» im November 1928 einen «Obelisken», der auf dem Forum am Fluss aufgestellt wurde. Die Reise des 17,40 Meter hohen Monolithen gestaltete sich mindestens so kompliziert wie der Import altägyptischer Originale in der Antike.

36 Ochsenpaare mussten die Stele zunächst von Carrara zum Meer schleppen. Allein die Holzschatulle des Obelisken wog 64 Tonnen, die Stele selbst brachte es auf 770 Tonnen, hinzu kam noch das Fundament. Fünf Monate vergingen, bis das ganze Paket auf das stählerne Floß *Apuano* gewuchtet war, das, vom Bischof persönlich gesegnet und von Dampfschiffen gezogen, die Küste entlang Richtung Rom tuckerte. Bei Ostia bog die kleine Flotte in den Tiber ein. An beiden Ufern standen Schaulustige, als das Stahlfloß Ende Juni 1929 endlich in Rom ankam und langsam vom alten Marmorhafen bis nach St. Peter fuhr, unter der Engelsburg die große Rechtskurve absolvierte und schließlich unterhalb des Monte Mario von seiner Fracht befreit wurde.[60] Weitere vier Jahre vergingen, bis der Obelisk

Wie die Obelisken in der Kaiserzeit reiste 1929 eine Marmorstele für den faschistischen Diktator Mussolini zuerst über das Meer und dann den Tiber aufwärts nach Rom. Allerdings waren nunmehr Dampfschiffe im Einsatz. Die Stele steht noch heute am rechten Tiberufer vor dem Olympiastadion.

dann auf seinem Sockel stand. Das Forum am Fluss trägt heute den unverfänglicheren Namen Foro Italico, in die Stele aus Carrara aber ist immer noch auf voller Länge die alte Widmung gemeißelt: «Mussolini Dux».

Holz treibt flussabwärts

Mit Marmor konnten Roms Mächtige protzen, doch der wichtigste Baustoff der antiken Millionenstadt blieb neben Ziegelsteinen: Holz. Unmengen davon verbrauchte die Stadt in ihrer langen Geschichte für Deckenkonstruktionen, Türen und Fenster – weniger für Möbel, von denen selbst die Reichen nicht sehr viele besaßen. Der Rohstoff kam zum großen Teil nicht übers Meer, denn das wäre viel zu teuer gewesen. Zwar waren in Ostia auf der Piazzale delle Corporazioni auch Holzimporteure vertreten, die Edelhölzer wie Pistazie oder Zypresse verkauften oder bei Engpässen des heimischen Marktes auch Brennholz aus Nordafrika anlieferten. Das meiste Holz für Rom aber brachte der Tiber von oben, es reiste flussabwärts aus der Toskana, Umbrien und Latium bis in die Stadt. Seit der Antike gab es in Rom mehrere Holzhäfen. Einer scheint sich am Portus Tiberinus gegenüber der Tiberinsel befunden zu haben, ein weiterer bei der Navalia, der Schiffswerft am Marsfeld.[61] Werften gab es auch beim Emporium und vor allem in Ostia, und es erscheint logisch, dass das Holz für den Schiffsbau über den Fluss an Ort und Stelle geschafft und dort ausgeladen wurde.

Um Holz flussabwärts zu schicken, brauchte man nicht unbedingt Schiffe. Die größten, bis zu 30 Meter langen Stämme schwammen einzeln bis nach Rom. Ansonsten konnten Fichten, Kiefern, Eichen, Pappeln und Zypressen zu Flößen zusammengebunden werden, die selten «leer» fuhren, sondern mit Waren und oft auch mit Lasttieren beladen wurden. Diese Flöße wurden am Zielort aufgelöst, ohne dass anschließend leere Boote flussaufwärts manövriert werden mussten. Die Flößer kehrten dann zu Fuß zurück.[62]

Von den Anlegestellen wurde das Bauholz für die Tischler und Zimmerleute auf Karren weitertransportiert – kein leichtes Unterfangen in den engen Straßen der Stadt. Seneca beschreibt, wie das Pflaster unter den Wagenkolonnen mit Baumstämmen erbebte, Juvenal beklagt die Gefahr, die von den nicht immer ausreichend festgezurrten Hölzern für die Passanten ausging: «Es schwanken die langen Tannen auf nahenden Karren.»[63]

Da war Brennholz, das entweder kleingehackt oder in Form von Holzkohle auf Flussschiffen geliefert wurde, schon leichter zu manövrieren. Tonnenweise kam es in den Häfen an, denn es handelte sich um die wichtigste Heizquelle für die antike Stadt. Mit Holzkohle wurden die Paläste der Reichen und die Thermen erwärmt, aber auch armselige Holzkohlebecken wurden damit bestückt, die in den feuchten und zugigen Mietwohnungen der *insulae* (Mehretagenhäuser) ein wenig Wärme verbreiteten. Auch zum Kochen wurde überall Holz eingesetzt. Der Bedarf war also riesig.

Nach dem Fällen der Bäume wurde die Holzkohle an Ort und Stelle in Meilern hergestellt und dann in großen Mengen verladen. Der Holzhandel insgesamt war für die Besitzer ähnlich lukrativ wie das Getreidegeschäft, bei weitaus geringerem Risiko. Für ein Holzfloß mit Stämmen aus der Toskana oder Umbrien wurden zur Zeit Neros 40 000 Sesterzen bezahlt, das 40-fache des Jahressolds eines Legionärs.[64] Kein Wunder, dass der jüngere

Plinius schwärmte, ein Wald in Tibernähe sei für seinen Besitzer Gold wert, gewährleiste er doch «ein mäßiges, aber festes Einkommen» bei niedrigen Steuern und geringstem Aufwand für die Bewirtschaftung.[65] Und Varro empfahl seinen Lesern: «Pflanze und hege einen Schlagholzwald!»[66] Ein solcher *silva caedua* galt als gute Verdienstmöglichkeit bei geringem Einsatz. Die schnell nachwachsenden Wälder wurden an Gesellschaften verpachtet, die sie mit eigenen Arbeitskräften ausbeuteten – eine Methode, die in Mittelitalien auch heute noch verbreitet ist. Brennholzwälder dürfen dort alle 18 bis 40 Jahre abgeholzt werden, das war vermutlich in der Vergangenheit nicht anders.

Im Herbst war für Waldbesitzer die beste Fällzeit, weil das Holz dann als besonders resistent gegen Fäulnis galt.[67] Von wenigen Hochwasserwochen abgesehen, war der Tiber auch in der kalten Jahreszeit schiffbar. An schwierigen Stellen wie etwa den Gole del Forello, einer tiefen Schlucht unterhalb von Orvieto, musste die Ladung manchmal umgeladen werden – auf Ochsenkarren, die zweckmäßigerweise schon auf den Flößen mitfuhren. Das Floß abzubauen, auf den Karren zu laden und wieder aufzubauen, war eine mühsame Angelegenheit, aber immer noch wirtschaftlicher als der Landweg. Südlich von Orte floss der Tiber dann ohne weitere Hindernisse. Nicht von ungefähr gab es auf diesem Abschnitt nicht weniger als sechs ausgewiesene Holzhäfen. Dieser Transport auf dem Fluss fand ununterbrochen bis Anfang des 20. Jahrhunderts statt, zwischen Orte und Rom verkehrten Flößer sogar noch nach dem Zweiten Weltkrieg, bis 1951 der Staudamm von Castel Giubileo gebaut wurde.[68]

So lange existierten auch unweit der Piazza del Popolo Holzhäfen, an denen sich die Römer mit Bau- und Brennmaterial eindeckten. Etwa auf der Höhe des Augustus-Mausoleums bestimmte Papst Paul V. im Jahre 1615 die Anlegestelle Ripetta Nuova für «la legna corta d'abrugiare», also kleinteiliges Brennholz. Ein Stück flussaufwärts, nördlich des eigentlichen Ripetta-Hafens, befand sich der in einer Romkarte von 1748 angezeigte «Porto della legna di lavoro», der Hafen für Wirtschaftsholz. Pius VI. kaufte 1780 gleich daneben ein Areal, das zuvor als Weingarten genutzt worden war, und ließ es einmauern, um das Frachtgut vor Dieben zu schützen. Eine heute in die Uferbefestigung eingelassene Inschrift zeugt davon: «Pius VI. erhörte mit unendlicher Güte die Bitten der Holzhändler und Handwerker und befahl, zum Schutz des Holzes vor Dieben, Brand und Sturm, den Bau einer Mauer».[69]

Der Hinweis auf die Holzhändler und Handwerker verdeutlicht, dass es sich bei ihnen um einflussreiche Lobbygruppen handelte. Die Päpste waren in die Holzversorgung ebenso involviert wie vormals die Kaiser der Antike, ganz abgesehen davon, dass sie selbst große Mengen des Rohstoffs zum Bauen und Heizen benötigten. Entsprechend mächtig waren die *Sandalarii*, Roms Holzhändler, die am Marsfeld die Fracht entgegennahmen und zumeist auch in Ufernähe wohnten. Seit dem 10. Jahrhundert waren sie in einer Gilde organisiert und wurden bald so stark, dass sie Papst und Kaiser als Kunden gegeneinander ausspielen konnten. Einerseits hatten sie das Privileg, direkt mit dem Papst zu verhandeln, andererseits durften sie mit der reichen kaiserlichen Abtei Farfa 50 Kilometer nördlich von Rom ihre Geschäfte machen. Die *Sandalarii* erwarben Wälder in den Sabiner Bergen, strategisch günstig zwischen Via Salaria und Tiber gelegen. Sie waren also Grundbesitzer, nicht nur Pächter, und machten ihren Einfluss auch im Stadtrat geltend. In der zweiten Hälfte des 15. Jahrhunderts aber schwand die Macht der Zünfte und lokalen Adelsfamilien hinter dem tonangebenden apostolischen Hof. Zuwanderer aus Dalmatien übernahmen Flößereien und Holzhandel, weil sie dem Vatikan entgegenkamen. Die einheimischen *Sandalarii* hatten das Nachsehen.[70]

Verfügte die unmittelbare Umgebung der Hauptstadt im Kaiserreich noch über ausreichend Wälder, so mussten die Kirchenfürsten des Mittelalters sich ihr Bauholz schon sehr viel weiter nördlich sichern. Clemens V. orderte 1308 für die Renovierung der halb abgebrannten Lateranbasilika Balkenholz aus den Wäldern bei Orvieto.[71] Der Heilige Stuhl hatte damals auch Zugriff auf die Massa Trabaria, einen waldreichen Abschnitt des Appenin im oberen Tibertal zwischen den heutigen Regionen Toskana und Marken. Das Gebiet lieferte vor allem Fichten für die Dachstühle der Kirchen, bis Florenz und Urbino es in der ersten Hälfte des 15. Jahrhunderts eroberten und untereinander aufteilten. Die Kurie musste sich fortan ihr Holz anderswo beschaffen und hielt sich an den Wäldern in der Nähe von Rom schadlos. Noch 1816 hatten Waldbesitzer mit Liegenschaften zwischen Orte und Fiumicino, die nicht weiter als zwölf Meilen vom Fluss entfernt lagen, ein Holzkontingent an den Vatikan abzugeben.[72]

Doch nicht nur Holz wurde am nördlichen Marsfeld ausgeladen. Kleine Boote brachten zum Hafen Ripetta («Kleines Ufer») – schnell und direkt mit der Strömung – Lebensmittel wie Öl, Korn, Obst, Hülsenfrüchte, Gemüse, Tischwein und Essig sowie Heu als Viehnahrung oder auch Kalk,

Säcke, Lumpen und Leder. Felder in Tibernähe waren bei Landbesitzern und Pächtern besonders beliebt, denn der Fluss garantierte nicht nur besseres Wachstum, sondern erleichterte auch den Transport der Ernteprodukte.[73] Über viele Jahrhunderte bildete der Flusshafen Ripetta einen Dreh- und Angelpunkt der römischen Infrastruktur. Mit dem Umzug der Päpste in den Vatikan im 15. Jahrhundert und dem Bevölkerungswachstum seit der Renaissance wurde der innerstädtische Hafen am linken Tiberufer immer bedeutender. Aber er blieb unbefestigt, was zur Folge hatte, dass die Anlegestelle eine Gefahr für Leib und Leben der Hafenarbeiter darstellte. Diese mussten über steile, rutschige Holztreppen den gewaltigen Sandhügel hinauf- und hinabsteigen, der sich zwischen Fluss und Straße aufgetürmt hatte. Clemens XI. verfügte deshalb gleich nach seiner Thronbesteigung 1700 den Bau eines gemauerten Hafens. Als Baumaterial stand Travertinstein aus dem Kolosseum zur Verfügung, der bei einem Erdbeben abgebrochen war. Daraus wurden unter anderem die 107 Meter lange Hafenplattform und eine großzügige Freitreppe zum Fluss hinunter gebaut. Ein großer Brunnen auf dem halbrunden Platz oberhalb der Kaimauer versorgte Träger und Lasttiere mit Trinkwasser.[74] Auf zeitgenössischen Bildern ist das lebhafte Hafentreiben zu sehen: Ein gutes Dutzend Kähne hat schon angelegt, andere manövrieren, mit Weinfässern voll beladen, auf dem Tiber, während Arbeiter Fässer, Kisten und Gesteinsblöcke die Treppe hochwuchten.

Doch auf wenige Jahrzehnte Vollbetrieb folgte schon bald der Niedergang. Aus der Travertintreppe brachen Stücke heraus und fielen in den Fluss, der bei Hochwasser seinen Sand und Schlamm auf den Stufen hinterließ. Nur ein, höchstens zwei Mal pro Jahr wurde der Hafen gesäubert – indem man den Dreck zusammenkehrte und in den Tiber beförderte. Einen Monat dauerte die Säuberungsaktion, für die engagierte Kräfte in den Augen eines kritischen Zeitgenossen höchstens eine Woche gebraucht hätten. Die fehlende Instandhaltung führte dazu, dass die Hafenanlage verfiel und der Grund im Becken unaufhaltsam stieg.[75]

Als 1823 die Paulusbasilika fast vollständig abbrannte, wurde das Material für den Wiederaufbau aus den Steinbrüchen von Baveno und Montorfano am Lago Maggiore über den Po zur Adria verschifft, dann um ganz Italien herum nach Ostia und schließlich über den Tiber nach Rom. Vier Jahre lang dauerte diese Reise auf traditionellen Schiffen. Ab 1844 verkehr-

Der Flusshafen von Ripetta kurz vor seiner Demontage für den Bau der Kaimauern 1878. Im Wasser liegen noch die flachen Holzboote, die aus dem Umland nördlich von Rom Wein, Olivenöl und andere landwirtschaftliche Produkte lieferten.

ten Dampfschiffe auf dem Stadtfluss, doch das Königreich Italien musste ab 1871 zur Versorgung seiner Hauptstadt kaum noch auf den Tiber setzen. Die Eisenbahn verdrängte endgültig die Boote der Flussschiffer. Und die Häfen am Marsfeld wichen der Uferbefestigung und den Straßen der neuen Zeit.

Ripa Grande: Wein und Pilger

Mit dem antiken Weltreich zerfielen auch Roms Seehäfen. Das sechseckige Trajans-Becken war in der Spätantike so versandet, dass es noch nicht einmal mehr zur Fischzucht taugte, und unter dem Aventin verrotteten die riesigen Hallen des Emporium.[76] Die ganze Anlage war überdimensioniert für die Bedürfnisse einer Stadt, deren Einwohnerzahl drastisch schrumpfte, von rund einer Million in der frühen Kaiserzeit auf 100 000 um das Jahr 500 und schließlich auf wenige Zehntausend im Hochmittelalter. Als im 5. Jahrhundert Teile der römischen Provinz Africa (sie umfasste das heutige

Tunesien sowie Teile von Algerien und Libyen) durch die Vandalen erobert
wurden, Gallien durch Burgunder und Franken, Spanien durch die West-
goten, da brach der Überseehandel faktisch zusammen. Als Versorgungs-
quellen für Korn blieben nur noch Sizilien und Süditalien, wo die einstmals
kaiserlichen Ländereien in den Besitz der Kirche übergingen. Zugleich
übernahm seit Gregor dem Großen der Papst als Nachfolger der Imperatoren die Getreideversorgung Roms und insbesondere seiner Armen. Die alten
Lagerhäuser waren teilweise noch intakt und wurden weiter genutzt.[77]
Den Hafenbetrieb verlegte man auf die andere Tiberseite, zur Ripa
Grande (dem «Großen Ufer»), wie die Gegend bis heute heißt. Zum einen
konnte der Vatikan leichter über einen Hafen unmittelbar an der Porta
Portuense beliefert werden, nachdem es mit dem Einsturz des Ponte Sublicio keine Direktverbindung vom alten Emporium nach Trastevere mehr
gab. Zum anderen wurden seit dem 5. Jahrhundert zum Treideln nicht länger Männer, sondern ausschließlich Ochsen oder Büffel eingesetzt. Und
die waren bequemer auf der Via Portuense am westlichen Ufer unterwegs,
wo es für die Tiere und ihre Hüter ausreichend Raststationen gab.

Über Jahrhunderte blieb der Hafen am rechten Tiberufer eine einfache
Anlegestelle. Erst Leo IV. (847–855) ließ Ripa Grande ausbauen und zum
Schutz vor Angriffen der Sarazenen eine Kette über den Fluss spannen.[78]
So wuchs im Mittelalter das Viertel Trastevere zum lebhaften Hafen- und
Geschäftsviertel heran. Hier kamen neben Waren auch Pilger an, die auf
dem Seeweg gereist waren und Herbergen und Beköstigung suchten.[79]
Neue Gotteshäuser wurden gebaut, etwa die «Nationalkirche» der Händler
und Matrosen aus Genua. «Müller, Töpfer und Gerber, Wollbereiter, Fluß-
fischer und Barkenschiffer, Wein- und Gartenbauern bildeten das rohe und
kräftige Volk dieses stärksten aller Viertel Roms», so stellte sich Gregorovius das mittelalterliche Trastevere vor.[80] Noch in den 1990er Jahren galt
die Gegend als letztes Relikt eines «ursprünglichen» Rom, wo noch *roma-
nesco*-Dialekt gesprochen und der Gentrifizierung widerstanden wurde, die
das Zentrum auf der anderen Flussseite schon erobert hatte. Trastevere war
das «Viertel der kleinen Leute» mit niedrigen Häusern statt Adelspalästen,
dominiert vom Fluss, den es bereits im Namen («Jenseits des Tibers») trägt.

Mit dem Wirtschaftsaufschwung in der Renaissance nahm auch der See-
handel wieder an Fahrt auf. Die Zollstationen an Ripetta und vor allem an
Ripa Grande wurden wichtige Einnahmequellen für die unersättliche
Kasse eines päpstlichen Hofes, der sich in seiner Prachtentfaltung an den

römischen Kaisern orientierte. Der Papst verpachtete den Zoll an Lizenznehmer, die ihm die Steuern zum 29. Juni, dem Namenstag der Stadtpatrone Peter und Paul, jeweils für ein Jahr im Voraus zahlten. Die Pächter hatten ihrerseits die Möglichkeit, an den Abgaben gehörig zu verdienen, indem sie den Zoll irgendwo zwischen sechs und zwölf Prozent fixierten. Bankiers wie ein Agostino Chigi wurden auf diese Weise sehr reich und hatten großen Einfluss auf die Päpste. So bildeten die Stadthäfen, deren Organisation seit 1416 in neuen Statuten festgelegt war, ein Fundament der städtischen Finanzwirtschaft.[81] Auch Lizenzen für den Treidelservice vergab die Kurie und verdiente gut daran. Kost und Logis fanden die Tiere vor der Porta Portuense, dem Stadttor, in *la bufalara*, einem eingepferchten Gelände mit Ställen, deren Betreiber ebenfalls päpstliche Pächter waren. Die Büffel blieben fast anderthalb Jahrtausende bis zur Ablösung durch Dampfschiffe in Betrieb.[82]

Wie in der Antike wurden die Waren also den Tiber hinauf getreidelt, oder sie wurden weit von der Flussmündung entfernt auf kleinere Schiffe umgeladen. Gaeta war die Anlaufstation für Schiffe aus dem Süden, in Piombino, Livorno oder Civitavecchia kamen Ladungen aus dem Norden an. Noch immer gab es zu den Schiffen keine Alternative auf dem Landweg, wenn es um Massenlieferungen ging, etwa bei Zitrusfrüchten. Wenn ein Schiff aus Sizilien eintraf, wurden auf einen Schlag 10 000, 50 000 oder auch schon einmal 80 000 Orangen in Trastevere ausgeladen. Süditalien lieferte neben dem begehrten und teuren Obst auch Zucker, Thunfisch, Pökelfleisch, Marzipan und in Salz eingelegte Sardinen für die Tafeln von Fürsten und Prälaten – sowie feine Spaghetti. Schon 1471 stellte der Historiker und Archäologe Flavio Biondo fest, der Kaiser sei nun durch den Papst ersetzt und die Senatoren durch die Kardinäle.[83] Die herrschende Klasse der Renaissance imitierte auch in ihrem Konsumverhalten die antiken Patrizier und investierte viel Mühe und Geld in erlesene Speisen aus dem Ausland, mit denen sie ihre Festgenossen beeindrucken konnten.

Das galt besonders für den Wein, der für den Massenkonsum aus Umbrien und der Toskana am Flusshafen im Norden eintrudelte, während die Oberschicht ihn sich aus Frankreich oder Griechenland nach Ripa Grande liefern ließ. Diese Trennung zwischen gewöhnlichem Landwein, der den Fluss abwärts transportiert wurde, und «feinem» *vino* aus dem Seehafen unternahm schon Juvenal, der einem geizigen Gastgeber unterstellte, er serviere seinen Gästen «alte Zwiebeln und fünf Flaschen Wein, der mit dem Tiber kam».[84] Der Papst wollte sich so etwas nicht nachsagen lassen: Rund ein Fünftel der zwischen 8800 und 12 700 Fässer, die um 1450 jährlich in Ripa Grande eintrafen, ging direkt in den Vatikan.[85]

Aber nicht nur Lebensmittel kamen in diesem Hafen an. Im Jahre 1514 schenkte der portugiesische König Manuel Papst Leo X. einen indischen Elefanten. Das Tier reiste per Schiff und wurde in Ripa Grande ausgeladen. Leo nannte den Elefanten Hanno und ließ ihn von Raffael porträtieren. Als Hanno im Sommer 1516 an einer Verstopfung erkrankte und kurz darauf starb, machte der Papst aus seiner Trauer keinen Hehl. Ein zweites Tiergeschenk aus Portugal hatte schon die Reise nicht überlebt: Das Rhinozeros Odysseus war von Manuel mitsamt seiner prächtigen «Aussteuer» aus Samtkragen, vergoldetem Halsband und Fransendecke nach Rom geschickt worden, erlitt aber vor der ligurischen Küste Schiffbruch. Das Schiff sank mit Mann, Maus und Nashorn. Dessen Kadaver wurde an Land geschwemmt, ausgeweidet und präpariert – und ging retour nach Portugal. Mit Stroh ausgestopft reiste Odysseus abermals übers Meer und diesmal auch auf dem Tiber, ehe er im Frühjahr 1516 – Hanno lebte noch – endlich den päpstlichen Hof erreichte. Dort wurde er ebenfalls von Raffael verewigt.[86]

Waren diese exotischen Riesentiere dem Papst vorbehalten, so gingen bunte Vögel, Affen, ganze Elefantenstoßzähne und Leopardenfelle auch an seine Kardinäle und an römische Adlige. Sogar Sklavenhandel mit Menschen aus Afrika existierte in der Stadt der Päpste. 1452 wurde in Ripa Grande *uno schiavo negro* auf einem Schiff aus Genua registriert, also ein schwarzer Sklave, 1460 eine nicht näher beschriebene «Sklavin» aus Palermo. Eine Karavelle, die mitten im Winter 1475 anlegte, brachte neben Fässern von Salzfisch auch 98 Papageien, drei Meerkatzen und einen Sklaven. Zwei der drei Affen hatte Kardinal Francesco Gonzaga bestellt, der sich besonders für ferne Länder interessierte. Wohin der Sklave ging, ist nicht bekannt.[87] Nach der Eroberung von Konstantinopel durch die Araber 1453 nahm der Sklavenverkauf durch die Portugiesen in Europa zu. Doch in Rom wurde er offenbar kein Massenphänomen, denn auf den Schiffen reisten zumeist «nur» ein, vielleicht zwei verschleppte Menschen. Eher bestellten die Kurienmänner bei den Reedern feine Gegenstände für ihren Haushalt: Bücher, Musikinstrumente, Straußenfedern, Seidenwäsche, Rosenwasser, Seife, Silber oder Schachspiele.

Auf einem Kahn aus Gaeta reiste 1452 eine Ladung für den Neffen von

Paul II. und späteren Kardinal Marco Barbo: Orangen, Seife, eine Kiste mit Silbertellern und Büchern, eine Konfektschale aus Silber, ein Wandteppich, eine Kiste mit einer Laute und einem Cembalo, dazu eine kleine Orgel.[88] Bei dem Empfänger, damals ein junger Mann von 32 Jahren, handelte es sich um einen musikbegeisterten, intellektuellen Prälaten, einen Feinschmecker und Mann von Welt. Nicht von ungefähr wurde der gebürtige Venezianer in diplomatischer Mission eingesetzt, und sicherlich war er ein umsichtiger Gastgeber. Ganz abgesehen vom Empfänger zeigt das Beispiel der für ihn bestimmten Fracht aber auch, dass der Schiffsverkehr in Trastevere teilweise funktionierte wie ein moderner Paketversand. Luxusgüter aus der weiten Welt konnten von Einzelpersonen geordert werden, und manchmal fuhr für sie auch ein ganzes Schiff.

Nicht selten hatten die Frachtschiffe Plätze für *Romei* reserviert, wie die Rompilger seit dem Mittelalter hießen. Allein für das Heilige Jahr 1400 wurden solche Schiffspilger 500 Mal erwähnt – und dabei sind nur die erhaltenen schriftlichen Zeugnisse eines Phänomens berücksichtigt, das am Anfang der modernen Passagierschifffahrt stand. Auch in der Antike waren Menschen auf Handelsschiffen mitgefahren (etwa der Apostel Paulus), doch hatte es sich wohl um Einzelfälle gehandelt. Die Menschen reisten einfach weniger, bevor im Mittelalter die christliche Romwallfahrt erfunden wurde. Nun wurden Seereisen für Pilger bis ins Detail organisiert. Beispielsweise mussten für die frommen Reisenden Extravorräte geladen werden, die auf Weisung des Vatikans zollfrei blieben. Nicht immer wurden die Pilger auf einem Schiff durchgehend bis nach Rom gebracht, manche stiegen auch in Gaeta oder Livorno auf kleinere Schiffe um. Solche Reisen waren nicht ungefährlich, denn die Schiffe waren Piratenangriffen ausgesetzt oder konnten im Sturm sinken, wie 1475 ein Pilgerschiff aus Marseille, auf dem sich nur zwei Matrosen zu retten vermochten. Ein anderes versank sogar im Tiber, vielleicht bei einem unglücklichen Manöver.[89]

In den beiden Jahrzehnten zwischen 1450 und 1470 kamen in Ripa Grande zwischen 400 und 600 Schiffe im Jahr an, Tendenz steigend. Neben Lebensmitteln und Gewürzen wurden Leder und Keramik aus Spanien und Waffen geliefert – gern aus Deutschland, woher auch die besten Messer kamen, oder aus Norditalien, das auch Rohstoffe wie Stahl und Eisen schickte.[90] Nicht zu vergessen der Viehtransport: In der zweiten Hälfte des 15. Jahrhunderts wurden an den Tiberhäfen jährlich 6000 bis 9000 Schweine als Schiffsfracht verzeichnet, 5100 bis 5500 Rinder, 3500 bis

7700 Schafe und Ziegen und eine riesige Herde an Eseln, die die Straßen von Rom nachgerade verstopft haben müssen.[91] Das alles war mit dem Verkehr in der Antike nicht annähernd vergleichbar, aber angesichts der Einwohnerzahl Roms beeindruckend genug: Noch immer war der Tiber der wichtigste Verkehrsweg einer Stadt, die ansonsten nur über das uralte, inzwischen recht löchrige Straßennetz erreichbar war. Allein über seinen Fluss blieb Rom mit dem Mittelmeerraum verbunden. Da ist es umso erstaunlicher, wie wenig die Päpste in ihre Häfen investierten. Der Seehafen in Ostia wurde nie weiter ausgebaut. Während der Kämpfe zwischen Ostgoten und oströmischen Truppen im Jahr 540 war Ostia zuletzt Versorgungshafen gewesen, danach verlandete der Hafen und wurde schließlich aufgegeben. Papst Gregor IV. (827–844) errichtete für die Salinenarbeiter eine neue Siedlung, die er Gregoropolis nannte – die heutige Ortschaft Ostia Antica, die am Ruinengelände liegt. Dort erreichten die zur See reisenden Pilger und Waren den Tiber, weswegen die Kontrollen durch päpstliche Wachen oder Pächter stets weiter funktionierten. Aber der Hafen war nicht mehr als eine mit wenig Personal zu bewältigende Station in einer zunehmend vom Sumpffieber verseuchten Gegend, die von Siedlern weitgehend verlassen war. Giuliano della Rovere, der spätere Papst Julius II., unternahm Ende des 15. Jahrhunderts einen letzten Versuch, die Flussmündung aufzuwerten, und errichtete am Tiberufer die Festung von Ostia Antica. Doch schon 1557, als ein Hochwasser das Flussbett versetzte, verlor diese Burg ihre Funktion. Man benutzte sie hinfort als Stall, ihren Turm als Gefängnis.

In Rom sah es kaum besser aus. Das Papsttum war eine Monarchie ohne dynastische Erbfolge. Daher führte der Nepotismus der Renaissancepäpste zwar zum Bau prachtvoller Paläste und beeindruckender Kirchen – um die Infrastruktur machten sich aber die wenigsten verdient. Rom wurde wieder eine monumentale Stadt, die jedoch weitgehend mit den überkommen Strukturen der Antike funktionieren musste. Bis ins 19. Jahrhundert blieb Sixtus IV. (1471–1484) der einzige Papst, der eine Brücke neu erbauen ließ, wenn auch auf antiken Resten. Kein einziger Pontifex schaffte es, den Tiber in der Innenstadt wieder schiffbar zu machen. Zwischen Ripetta und Ripa Grande war immer nur ein Verkehr mit kleinen Booten möglich.

Im 18. Jahrhundert erlebte, ähnlich dem Flusshafen Ripetta am anderen Ufer, auch Ripa Grande einen letzten Aufschwung. Innozenz XII. (1691–1700) erneuerte die Anlegestelle, während der Bau des päpstlichen

Armenhauses S. Michele mit seinen Manufakturen den Warenverkehr befeuerte. Eine Allee aus Ulmen und Maulbeerbäumen wurde längs des Tiberufers gepflanzt, um Pilgern und anderen Fußgängern Schatten zu spenden.[92] Der Ripetta-Erneuerer Clemens XI. (1700–1721) ließ neben Ripa Grande dann einen Leuchtturm und ein neues päpstliches Arsenal errichten, das allerdings nie wirklichen Hochbetrieb erlebte. «Unsere Marine besteht aus ein paar Fischerbooten, während Sarden, Toskaner und vor allem die Neapolitaner den großen Seehandel übernommen haben», klagte Mitte des 19. Jahrhunderts Kardinal Morichini.[93] Da hatten Napoleons Soldaten das Arsenal am Tiber schon als Zwischenlager für die geraubten Kunstschätze aus der Ewigen Stadt zweckentfremdet, die dann flussabwärts auf den Seeweg nach Frankreich geschickt wurden. Und im letzten päpstlichen Hafen, gebaut von Leo XII. (1823–1829) gegenüber der Ripetta, legte überhaupt nie ein Schiff an. Der Porto Leonino ging unbenutzt direkt in der Uferbefestigung des Tibers auf, wie zum Zeichen dafür, dass die Zeit für den Fluss als Wasserstraße endgültig abgelaufen war.

Kapitel 3

LEBENSQUELL DER METROPOLE

Wie Rom aus dem Tiber aß und trank

Der Tiber war nicht nur eine Wasserstraße und der Weg in die große weite Welt. Er war auch die zentrale Lebensader seiner Stadt. Der Fluss spendierte Fische. Sein Wasser trieb Mühlen an, die Getreide zu Mehl verarbeiteten. Vor allem aber stillte es den Durst der Römer. Lange fungierte der Tiber als wichtigster Trinkwasserlieferant, weshalb sich die Stadt im Mittelalter ganz an seine Ufer verlagerte. Heute hat er in dieser Hinsicht ausgedient – jedenfalls vorerst.

Brot und Fische

Viele Generationen von Römern haben den Tiber als Mühlenfluss erlebt, das Rauschen der Schaufelräder gehört, die Rufe der Müllergesellen und ihrer Kundschaft. Mindestens 1300 Jahre lang war der Fluss auf den knapp fünf Kilometern zwischen dem heutigen Ponte Regina Margherita und dem antiken Ponte Sublicio vollgepackt mit Getreidemühlen. Wie viele dieser Bauwerke im Wasser standen, wissen wir nur für den Zeitraum zwischen 1600 und 1850, denn darüber wurde Buch geführt. 28 Mühlen waren auf dem Fluss verzeichnet, von denen 10, 12, manchmal 15 gleichzeitig liefen.[1] Diese Mühlen versorgten eine Bevölkerung von rund 100 000 (1600) bzw. fast 170 000 Menschen (1850), deren wichtigstes Grundnahrungsmittel Mehl war. Dementsprechend mächtig waren die Tibermüller in der Stadt, alle waren von ihnen abhängig – auch die Kurienmänner, an die sie ihre Pacht zahlten. Und doch gab es eine Instanz, die noch mächtiger war, eine höhere Gewalt: der Fluss selbst.

Zu allen Zeiten funktionierten die Tibermühlen nach dem gleichen,

Über Jahrhunderte versorgten auf dem Tiber schwimmende Mühlen die Stadt mit Mehl. Hier eine der letzten Mühlen zwischen Tiberinsel und Ponte Sisto 1871. Deutlich sind der gemauerte Zugang und die Eisenketten zu sehen, mit denen die hölzerne Scheune am Ufer festgebunden war.

einfachen Prinzip. Das Mühlenrad wurde zwischen zwei Bootsteile platziert, von denen das größere mit einer Holzscheune bebaut und mit dem Ufer oder einem Brückenpfeiler verbunden war. In dieser Scheune, die oft beträchtliche Ausmaße annahm, befand sich die eigentliche Mühle. Zu ihr führten vom Ufer eine zumeist steinerne Treppe und dann ein Plankenweg, über den die Getreidesäcke auf Eselsrücken oder von Arbeitern angeliefert werden konnten und anschließend das Mehl an Land gelangte. Üblicherweise arbeiteten vier Männer in der Mühle – zwei, die das Getreide einfüllten, der Müller und ein Assistent.

Wie sehr die Mühlen die Flusslandschaft prägten, ist seit dem Ende des 15. Jahrhunderts auf unzähligen Bildern zu sehen. Keine Tibervedute ohne die charakteristische Mühlensilhouette, ohne die zweistöckige Scheune mit ihren Bretterwänden, der kleinen Loggia über dem Fluss und dem spitzen Giebel, auf dem ein Kreuz stand. Eiserne Ketten banden die Mühlen an antike Brückenreste, an die Kaimauern der Häfen oder an eigens gemauerte kleine Türme.

Weil der Fluss die Räder antrieb, wurden die Mühlen an jenen Stellen platziert, wo der Tiber besonders schnell floss. Diese befanden sich vor allem am rechten Ufer und bei der Tiberinsel, während auf der linken Seite zwei steinerne, feste Mühlen am Ufer standen, unweit des Hafens Ripetta und am Ponte Sisto. Sie hatten den Vorteil, bei Hochwasser resistenter zu sein als die schwimmenden Mühlen, die oft nur notdürftig und unzureichend befestigt waren. Schwoll der Fluss im Winter an, wurden Letztere regelmäßig beschädigt oder gar ganz mitgerissen. Zu echten Tragödien kam es, wenn sich Menschen darin befanden. Beim Weihnachtshochwasser 1598 wurden acht Mühlen mitsamt den auf ihnen arbeitenden Männern in Richtung Meer abgetrieben.

Die Versorgungsengpässe nach den großen Flutkatastrophen waren auch der Tatsache geschuldet, dass die Flussmühlen dann nicht arbeiteten, das Mehl also von auswärts in die überflutete Stadt gebracht werden musste. Als sich 1624 ein Hochwasser ankündigte, erließ Urban VIII. deshalb ein Edikt, mit dem die Müller aufgefordert wurden, sich vorzubereiten und entsprechend auszurüsten. Mit allem möglichen Material, mit Ketten, Seilen usw., sollten die Mühlen an Gebäuden am Ufer festgezurrt werden. Hausbesitzern, die das verweigerten, wurde mit fünf Jahren Gefängnis gedroht.[2]

Der byzantinische Geschichtsschreiber Prokop erwähnte im 6. Jahrhundert als Erster die Mühlen im Tiber – was nicht heißt, dass sie nicht schon viel früher existiert haben könnten. Die Versorgung der Millionenstadt im römischen Kaiserreich ist ohne Flussmühlen eigentlich gar nicht vorstellbar, denn die von Aquädukten angetriebenen Wassermühlen, die etwa auf dem Gianicolo-Hügel nachgewiesen sind, hätten für den Bedarf kaum ausgereicht. Prokop erzählt, dass die Ostgoten bei der Belagerung Roms 537 die Wasserleitungen auf dem Gianicolo kappten, worauf der oströmische Befehlshaber Belisar anordnete, auf den Fluss auszuweichen und dort provisorische, schwimmende Mühlen zu errichten. Prompt versuchten die Feinde, auf dem Tiber die Mühlräder zu blockieren, indem sie «große Bäume und die von ihnen getöteten Römer ins Wasser warfen, die von der Strömung zwischen die Mühlboote getrieben wurden». Doch diese Sabotage wusste Belisar zu verhindern. Er ließ Ketten und Netze über den Tiber ziehen, um die Angreifer aufzuhalten. «Und so verzichteten die Barbaren auf weitere Versuche (…) und die Römer nutzten fortan diese Mühlen.»[3] Anstatt die Wasserleitungen für die festen Mühlen auf dem Hügel wieder instand zu setzen, baute man nunmehr ganz auf die Kraft des Flusses. Daran verdienten vor allem die Klöster, später auch die Päpste, die als «Stadtherren» die Pacht an die Müller vergaben. Die erste Mühlenlizenz ist aus dem Jahr 948 überliefert, als das Kloster Cosma und Damian in Trastevere mit Zustimmung des Bischofs von Portus eine Wassermühle an der Tiberinsel verpachtete.[4] Den Ort Portus als Teil von Ostia an der Tibermündung gab es damals schon nicht mehr, das Bistum jedoch bestand weiter und wurde erst 2022 mit Civitavecchia vereinigt. Im Mittelalter war der Bischof von Portus zeitweise auf der Tiberinsel ansässig, und so unterstanden ihm einige Mühlen. Neben Hafenzöllen und der Brückenmaut war die Müllerpacht eine wichtige Einnahmequelle, die der Fluss der Kirche bescherte. Dabei achteten die Verantwortlichen durchaus darauf, die Mühlen auf den neuesten technischen Stand zu bringen. Im Jahr 1594 wurde etwa der Ingenieur Giovanni d'Alessi damit beauftragt, die römischen Mühlen mit einem Gerät auszustatten, das die Effizienz erhöhte, die Verschwendung von Korn verhinderte und sogar das Mehl besser schmecken ließ.[5]

Für den Neubau einer Mühle, die im Schnitt 20 Jahre überdauerte, berechneten Experten 1723 vier Monate. Das Mahlvermögen wurde mit 20 Rubbio täglich angegeben, was etwa 5700 Liter Getreide entsprach.[6] Doch das waren Idealwerte, denn natürlich hing die Leistung der Mühlen von der Strömung ab. In dem Bericht von 1723 ist auch die Klage eines Müllers anhängig, der seine Mühle bei der Engelsbrücke betrieb und sich darüber beschwerte, dass die päpstliche Behörde seit einem Vierteljahrhundert die Umgebung der Wassermühle nicht instandgesetzt habe. Der Streit zwischen Pächtern und Pachtgebern über Zuständigkeiten für das reibungslose Funktionieren der Mühlen scheint sich in manchen Fällen über ganze Generationen gezogen zu haben. Oft ging es um den Müll und den Bauschutt, die in den Fluss gekippt wurden und die Mühlräder blockierten. In einem Brief aus dem 18. Jahrhundert an die Stadtverwaltung heißt es, «wo die Mühlen vorher 20, sogar 30 Rubbio täglich ablieferten, schaffen sie jetzt noch nicht mal zehn». Es bleibe keine andere Lösung, als die Mühlen «mit sehr viel Geld und Schaden für die Stadt auf eine andere Position zu bringen, weil dort, wo sie jetzt stehen, wegen des vielen Abfalls kein Wasser mehr fließt».[7]

Der Müller Benedetto Giovenale, dessen Familie seit 1560 eine Mühle unterhalb des Ghettos betrieb, beantragte 1786 bei der zuständigen Kurienbehörde die Nutzung eines in den Tiber mündenden Bachs, weil die Strömung des Flusses nicht mehr ausreichte, das Mühlrad anzutreiben. Prompt wurde ihm Hilfe gewährt, doch anders, als er es sich ursprünglich vorgestellt hatte. Weil die Kurie plante, den Flusslauf zwischen Tiberinsel und Ghetto ganz zuzuschütten, um neuen Baugrund für das Areal der römischen Juden zu gewinnen, durfte der Müller umziehen. Die Kurie bot ihm an, ein ehemaliges Theater gegenüber der Engelsburg zu nutzen. Die Stilllegung des Tiberarms wurde dann nicht realisiert.[8]

Zweifellos waren die vielen Mühlen dem Fluss im Weg. 1619 klagten die Anwohner der Via della Lungara in Trastevere darüber, dass eine unterhalb ihrer Straße gelegene Mühle die Erosion des Flussufers und dauernde Überschwemmungen verursache.[9] Manche der Experten, die von den Päpsten nach den verheerenden Flutkatastrophen des 16. Jahrhunderts befragt wurden, regten an, die Mühlen ganz vom Fluss zu nehmen, weil sie das Haupthindernis für den Wasserlauf darstellten. Ihretwegen war der Fluss zwischen Engelsbrücke und Ponte Rotto kaum befahrbar, zudem wuchs eben die Überschwemmungsgefahr durch das Stauwasser um die Mühlen.[10]

Doch solche Vorschläge ließen sich nicht umsetzen. Zu den Wassermühlen gab es keine Alternative. Schließlich mahlten sie nicht nur Getreide, auch Oliven und Tabak wurden verarbeitet, und im 19. Jahrhundert gab es an der Tiberinsel auch zwei Farbmühlen. Mühlräder trieben außerdem Sägen für Holz und Marmor an. Nicht nur die Kurie verdiente an ihnen, auch die Müller – und einige Müllerinnen – brachten es zu Wohlstand. Unter ihnen waren Familien, die über viele Generationen dieselbe Wassermühle betrieben, als Pächter der Kurie oder der großen Adelshäuser von den Massimo bis zu den Odescalchi.

Im Jahr 1626 erhielt die Zunft der römischen Müller ihren eigenen Andachtsraum in S. Bartolomeo auf der Tiberinsel. Eine Marmorplatte mit der Zeichnung einer Mühle erinnert an die Eröffnung der Kapelle und an die beiden Müller, die, so steht es geschrieben, die «Kunst ihres Berufs» beim päpstlichen Kämmerer repräsentierten. Neben dem Altar ist auf zwei Fresken der arbeitsreiche Alltag der Müller dargestellt, dieses selbstbewussten, mächtigen Berufsstandes, der sich gegen Päpste und Adlige gleichermaßen durchzusetzen verstand.

Der Tiber gab Brot, und der Tiber gab Fische. Die Römer angelten sie von Stegen oder von Booten aus und befestigten Reusen an Holzkonstruktionen unweit der Brücken und Mühlen. So war etwa an eine Mühle unter-

Giornelli hießen die typischen Reusen der römischen Flussfischer. Sie waren oft an antiken Brückenpfeilern festgemacht. Auf dem Aquarell von Ettore Roesler Franz (1883) sind die Reusen an den Grundmauern des Ponte Sublicio vor dem Flusshafen Ripa Grande (rechts) zu sehen.

halb des Forum Boarium, gleich neben der Mündung der Cloaca Maxima, eine öffentliche Fischereiplattform angedockt. Die Nähe des Abwasserkanals schien Fische und Fischer nicht zu stören. Im Jahr 1005 wurden jedenfalls Mühle wie Fischereiplattform gewinnbringend verpachtet.[11]

Floßartige Boote mit Reusen und Angeln ankerten vor der Tiberinsel, der Engelsburg oder vor den Brückenpfeilern. Andere Fischer bewegten sich frei auf dem Fluss, wo sie Angel und Netze auswarfen. Ohne päpstliche Lizenz ging auch hier nichts, der Papst verdiente gewissermaßen an jedem Fisch, der aus dem Fluss gezogen wurde. Der Gewinn der Fischer war andererseits durch die vielen Fischtage im liturgischen Kalender garantiert. Zweimal in der Woche, dienstags und freitags, aßen die Römer Fisch (manche tun es bis heute). Hinzu kamen die kanonischen Fastenzeiten vor Ostern und vor Weihnachten. Im Gegensatz zum Meeresfisch war das Getier aus dem Tiber immer verfügbar und entsprechend preiswert. Es wurde aber durchaus auch als schmackhaft geschätzt.[12]

Schon Plinius der Ältere lobte den «Hecht aus dem Tiber zwischen den beiden Brücken», also dem Wasser um die Tiberinsel.[13] Horaz mahnte zur Genügsamkeit und behauptete, ein Seewolf aus dem Meer schmecke auch nicht anders als einer, der wenige Kilometer von der Mündung im Fluss geangelt wurde – mitten in Rom: «Wo ist dir her der Geschmack/ob der Lupus hier wurde im Tiber/oder im Meer gefangen und aufreißt das Maul?/ Ob geschaukelt/zwischen den Brücken oder der Mündung des tuskischen Stroms?»[14] Ganz anders Juvenal, der den Flussfisch verabscheute. Er bespöttelte, dass römische Gastgeber ihre Gäste je nach sozialem Stand unterschiedlich bewirteten. Der Einflussreiche bekomme «eine enorme Muräne aus der Tiefsee Siziliens», die mit großem Aufwand nach Rom geschafft wurde. Der Gast ohne Status müsse sich hingegen mit «einem Aal oder einem anderen Fischlein aus dem Tiber» begnügen, «von denen, die sich in der Nähe des Ufers tümmeln und schon Frostwasser abbekommen haben oder sich an der Kloake mästeten und den Abwasserkanal hinauf bis in die Suburra geschwommen sind».[15] Der berühmte griechische Arzt Galenos gab dem Satiriker Juvenal Recht: Aus einem Fluss, der die Abwässer aus «Latrinen, Bädern und Küchen» aufnehme, an dessen Ufern Wäsche gewaschen und Leder gegerbt werde, solle man am besten überhaupt keinen Fisch essen. «Die Mischung aus den Kloaken» mache diese Spezies, die die Römer freundlich *Tiberini* nannten, schlicht ungenießbar. Wenn es schon Süßwasserfisch sein müsse, dann besser aus dem sauberen Nera, der bei Orte in den Tiber fließt.[16]

In der Renaissance kam der Tiberfisch auch auf die Tafeln der Mächtigen. Bartolomeo Scappi (1500–1577), Küchenchef von fünf Päpsten und einer der berühmtesten Köche seiner Zeit, schätzte insbesondere die *lampredozza*, wie das Flussneunauge (*lampetra fluviatilis*) im römischen Dialekt genannt wurde. Frittiert und mit Orangenscheiben garniert servierte Scappi die Neunaugen im April 1536 bei einem Festmahl, das ein hoher Kurienkardinal für Kaiser Karl V. gab – als eines von gut 200 Gerichten. «Die Neunaugen aus dem Tiber sind perfekt», schrieb Scappi in seinem 1570 erschienenen kulinarischen Werk *Opera*. «Sie sind von himmelblauer Farbe, sie sind kürzer als ein kleiner Finger und weiß am Bauch.» Er empfahl, sie mit Lorbeer, Zimt und Zucker kurz zu kochen oder, gewürzt mit Fenchelsamen und Knoblauch, zu grillen.[17]

Heute ist das Neunauge im Tiber so gut wie ausgestorben. Aber Fischarten wie Rotauge, Barbe, Wels, Ukelei, Döbel, Karpfen, Aal und Meer-

äsche sind in dessen Unterlauf zurückgekehrt. Ein beliebter Anglertreff-
punkt befindet sich am Staudamm von Castel Giubileo, bevor der Tiber
den Aniene aufnimmt und in die Stadt eintritt. In der Innenstadt hingegen
sieht man selten Angler. Sie müssen mit den Kormoranen und Möwen
konkurrieren, die dort auf Beutejagd gehen. Es gibt wieder Fisch im Tiber,
nur ist nicht mehr genug für alle da.

Das beste Trinkwasser der Welt

Ob der englische Benediktinermönch Ranulf Higden es am eigenen Leib
erfahren hatte oder nur Zeugenberichten Glauben schenkte – sein Urteil
stand fest: «Tiberwasser ist gut für die Pferde und schlecht für die Menschen.»[18] Bruder Ranulf lebte von 1280 bis 1364, als die meisten Römer
wohl oder übel das Flusswasser trinken mussten, denn die antiken Aquädukte funktionierten kaum noch und Brunnen waren selten. Allerdings
waren auch im alten Rom längst nicht alle Städter in den Genuss reinen
Wassers aus der Leitung oder dem Brunnen gekommen. Zu allen Zeiten
trank Rom aus seinem Fluss, mal mehr, mal weniger.

Im Mittelalter erstreckte sich das vergleichsweise kleine Siedlungsgebiet
der Stadt längs der Ufer, in Nähe zu den Mühlen und den Wasserstellen.
Letztere lagen jedoch aus gutem Grund möglichst weit flussaufwärts.» Fa'
che io trovi dell'acqua e non dir fonte, di fiume, sì che già sei dì veduto non
abbia Sisto, ne alcun altro ponte.»[19] Das Wasser, das ich trinke, sollte weder
den Ponte Sisto noch irgendeine andere Brücke gesehen haben: An dieses
Motto von Andrea Bacci, dem Leibarzt von Pius V., hielt man sich über
Jahrhunderte. Dass Gerber, Färbereien und Wäschereien in der Innenstadt
das Trinkwasser verschmutzten, war für alle sichtbar und riechbar. Also
wurde es oberhalb der Engelsbrücke am Nordrand der Stadt entnom-
men.[20]

Seit dem 13. Jahrhundert bedienten *acquaroli* (Wasserverkäufer) Kunden,
die sich nicht selbst versorgen wollten oder konnten, mit dem Flusswasser.
Sie ließen es einige Tage ruhen, damit sich die Schwebstoffe absonderten
und das Wasser klar erschien, und transportierten es dann auf Eselsrücken
zu ihrer Kundschaft. Es müssen Hunderte solcher *acquaroli* unterwegs gewesen sein, denn sie belieferten durchaus nicht nur die Armen, die sich keinen
Brunnen leisten konnten, sondern auch den Papstpalast. Dort war ein *Sov-*

rastante dell'acquario di Palazzo, also eine Art Wassermundschenk, für die Reinheit des Wassers verantwortlich, das allerdings nicht direkt aus dem Tiber auf die Tafel des Papstes gebracht wurde. Vielmehr fand das Flusswasser beim Kochen Verwendung. Seit dem ausgehenden Mittelalter waren die Wasserverkäufer in einer einflussreichen Bruderschaft organisiert, die bei der Prozession der Zünfte am 15. August in der ersten Reihe marschieren durfte. Sie hatten ihre eigene Kirche, Sant'Andrea de Acquarenariis, den Vorgängerbau der 1482 neu errichteten Santa Maria della Pace.[21]

In Rom war man felsenfest davon überzeugt, dass der «blonde» Tiber das beste Trinkwasser der Welt führe. Ludovico Ariosto pries seine Vorzüge 1517 in einem Brief an seinen Bruder. Das Wasser habe nicht seinesgleichen, behauptete auch der päpstliche Medicus Bacci: im Unterschied etwa zum Rhein die pure Heilquelle! Der Beweis dafür sei die Größe Roms, denn mit Brackwasser im Leib hätten die Römer ganz sicher nicht die halbe Welt erobert. Jahrhundertelang habe ganz Rom aus dem Tiber getrunken – und nie seien Beschwerden laut geworden, geschweige denn größere Seuchen ausgebrochen.[22] Einige Päpste nahmen sogar abgefülltes Tiberwasser auf ihre Reisen mit, um sich nur nicht der Gefahr auszusetzen, aus anderen Flüssen oder Quellen trinken zu müssen: «Die Pontifices unserer Zeit, von denen einige, infolge eines sorgfältig geführten Lebens, die Achtzig überschritten haben, wollten niemals anderes Wasser und führten dieses deshalb überall mit. So wie Clemens VII. (1523–1534) nach Marseille und ähnlich Paul III. (1534–1549) nach Nizza und Bologna sowie mehrfach nach Loreto; wirklich aus gutem Grund.»[23] Viele glaubten, die im Wasser enthaltenen Mineralien seien erst nutzbar, wenn es in Terrakotta-Behältern geruht habe. Was sonst noch im Fluss mitschwamm, interessierte die Menschen nicht.

Allerdings gab es auch andere Stimmen. Der Arzt und Philosoph Giovanni Battista Modio warnte 1556 vor der Übertragung von Krankheiten durch verseuchtes Tiberwasser – kurz nachdem die römischen Juden in ein Ghetto verschlossen worden waren, in dem das Trinkwasser lange einzig aus dem Fluss kam. «Für andere Zwecke ist das Wasser des Tibers sicher sehr nützlich, aber wenn man aus ihm trinkt, verpestet und ruiniert das nach meinem Dafürhalten diese Stadt.» In der Antike, so Modio, hätten die Römer zwar auch aus dem Fluss getrunken, «aber nur, wenn es der Armut wegen nichts Besseres gab». Er könne nicht aufhören, sich darüber zu wundern, «dass viele große Herren von Geist und Welt, unter ihnen die

Pontifices, die doch eigentlich sehr um ihr Leben besorgt sind, sich nie um die Ordnung des Wassers bemüht haben, obwohl das doch das Wichtigste in einer Stadt ist». Die berühmten griechischen Ärzte Hippokrates und Galenos wären angesichts der Behauptung, das Tiberwasser sei gesund, wohl in bitteres Hohngelächter ausgebrochen, «und das auch nur, um nicht vor Mitleid zu weinen».[24]

Die Päpste trauten dem Tiber durchaus nicht hundertprozentig, wurde dessen Verschmutzung durch Fäkalien doch bei jeder Überschwemmung offenkundig, wenn die Abwassergruben überliefen. Und nicht nur das, auch bei Niedrigwasser im Sommer konnte der Fluss entsetzlich stinken. Beschwerden darüber sind seit dem 15. Jahrhundert publik, aber die Suche nach Abhilfe wurde halbherzig betrieben und blieb ergebnislos.[25] Es gab deshalb immer wieder Bemühungen, das alte Netz von Aquädukten zumindest teilweise wieder funktionstüchtig zu machen. 1458 erneuerte Nikolaus V. das Aquädukt der Aqua Virgo und dessen Endpunkt, den heutigen (1732 ausgebauten) Trevi-Brunnen. Sixtus V. (eigentlich Felice Peretti) ließ 1586 ein vollkommen neues Aquädukt, die Aqua Felice, anlegen. So ergab sich für die Trinkwasserversorgung ein hybrides Modell aus Aquädukten, Brunnen und Flusswasser.

Erst als Rom Hauptstadt des Königreichs Italien wurde, begann die endgültige Abnabelung vom Tiber als Trinkwasserlieferanten. Ab 1872 wurde die Stadt mit Trinkbrunnen ausgestattet, deren Zahl ebenso rasant wuchs wie die der Einwohner. Gespeist wurden diese Brunnen aus den alten Aquädukten und neuen Leitungen. Heute verfügt Rom über rund 3000 dieser gusseisernen *nasoni* («großen Nasen»), und aus den meisten fließt Tag und Nacht das Wasser. In sehr heißen Sommern werden neuerdings aber viele Brunnen abgeschaltet, um Wasser zu sparen. Die neun monumentalen Fontänen (Fontana del Tritone, Vierflüssebrunnen, Fontana del Moro und Fontana del Nettuno, Trevi-Brunnen, Schildkrötenbrunnen, Mose-Brunnen, Fontana delle Naiadi und der Brunnen auf dem Gianicolo), die ebenfalls Trinkwasser enthalten, müssen als wichtige Touristenattraktionen weiter fließen.

80 Prozent des römischen Trinkwassers stammen derzeit aus dem Peschiera, einem Fluss, der in der Provinz Rieti bei Cittàducale entspringt. Gleich an der Quelle wird er angezapft und sein elf Grad kaltes Wasser über 130 Kilometer in die Hauptstadt geleitet. 14 000 Liter schießen pro Sekunde durch eine der größten Quellwasserleitungen Europas, seit 2020

werden die ersten 27 Kilometer noch weiter ausgebaut. Zusätzlich funktionieren noch einige antike Wasserleitungen wie die 24 Kilometer lange, über weite Strecken unterirdische Aqua Virgo.

Ein Reservoir für den Notfall bildet der 50 Kilometer entfernte Lago di Bracciano. Als 2017 im Norden der Stadt das Trinkwasser nur noch tropfenweise aus den Hähnen kam, wurde der See rechtswidrig fast leergepumpt. Zeitweise führte er nur noch zehn Prozent seines Wassers, sein ganzes Ökosystem war bedroht. Der Wassernotstand brachte den Tiber zurück ins Spiel.

Ende 2020 wurde ein Reservoir für aufbereitetes Flusswasser installiert, das im Notfall 500 Liter pro Sekunde in das Leitungsnetz einspeisen kann. Ein zweites, sehr viel größeres Reservoir mit 3000 Litern pro Sekunde wird noch gebaut, weitere sollen folgen.[26] Auf Anordnung der Gesundheitsbehörde muss das Tiberwasser im Verhältnis 1:3 mit Quellwasser gemischt werden. Doch viele Römer sind skeptisch. Aus dem «blonden» Tiber trinken zu müssen, weckt bei vielen Urängste. Zwar wissen sie, dass die gelbliche Wasserfarbe kein Anzeichen von Verschmutzung ist, sondern mit dem lehmigen Untergrund und den Schwebstoffen zusammenhängt. Aber die Erinnerung an Typhus, Pest und Leptospirose sitzt tief im kollektiven Gedächtnis. Die Kaiser der Antike hatten schließlich gute Gründe, ihre Stadt weitgehend vom Fluss «abzunabeln». Und überhaupt: Wenn Rom im Sommer den größten Durst hat, droht der Tiber sich in der Hitze zu verflüchtigen.

Der Klimawandel macht die Trinkwasserversorgung wieder zu einer Herausforderung. Auf der Suche nach Lösungen sind die Behörden auf ein altbekanntes Problem gestoßen: In der Hauptstadtregion Latium verlieren die Wasserleitungen durchschnittlich 40 Prozent ihres Inhalts. Bevor man den Tiber anzapft, sollen jetzt erst einmal die Löcher gestopft werden.

Kapitel 4

JORDAN DER PÄPSTE

Ein heidnischer Flussgott wird heiliggesprochen

An der Nordwand der Sixtinischen Kapelle, gleich unterhalb der grandiosen Deckengemälde von Michelangelo, entfaltet sich ein Freskenzyklus über das Leben Christi. Das erste Bild stammt von Pietro Perugino, einem Maler aus dem umbrischen Städtchen Città della Pieve, der als wichtigster Lehrer Raffaels gilt. Als Perugino um 1480 aus seiner Heimatstadt ins 150 Kilometer entfernte Rom reiste, um für Sixtus IV. die päpstliche Kapelle auszumalen, schiffte er sich vielleicht bei Orvieto ein und fuhr stromabwärts. In seiner Begleitung befand sich als Assistent der junge Pinturicchio aus Perugia. Der Tiber verband die umbrische Provinz mit der Stadt der Päpste, die gerade dabei war, Florenz den Rang als Kunstmetropole abzulaufen.

Für die Sistina inszenierte Perugino die Taufe Christi nicht als intime Begegnung zwischen Jesus und Johannes dem Täufer, sondern als öffentliche Veranstaltung vor einem prächtig gekleideten Renaissance-Hofstaat. Nur Christus und Johannes stehen barhäuptig und barfüßig in einem Fluss, der das Bild bis zum Horizont durchschlängelt. Das Wasser ist auffallend flach, es benetzt gerade ihre Füße – eher Pfütze als Fluss, wäre da nicht im Hintergrund die gewaltige Landschaft, die dieser Wasserlauf geschaffen hat. Baumbewachsene Tuffsteinfelsen und steil abfallende grüne Hügel umrahmen ein weites Tal, wie es Perugino aus seiner Heimat kannte. Mittendrin liegen majestätische Ruinen, Tempel und Kirchen, das Kolosseum, das Pantheon, der Konstantinsbogen, kurzum: Rom. Perugino hat also eine Tiberlandschaft gemalt, mit dem Fluss im Mittelpunkt. Allerdings nicht als mächtiger Lebensquell oder gewaltiger Zerstörer, sondern als Rinnsal, zum Taufbecken redimensioniert.[1]

Der Tiber als Jordan: Für die Maler in Rom war das ein beliebtes Motiv,

Große Festgemeinde am Jordan – oder vielmehr am Tiber: Pietro Peruginos *Taufe Christi* in der Sixtinischen Kapelle (um 1482) ist in der Landschaft inszeniert, die der größte Fluss Mittelitaliens geschaffen hat. Im Hintergrund links der Konstantinsbogen und das Kolosseum.

etwa in Pinturicchios *Anbetung der Hirten* (1508/09) in Santa Maria del Popolo oder in Orazio Gentileschis *Taufe Christi* (1607) in Santa Maria della Pace – einer Kirche, die der Tiber immer wieder überschwemmte, wie an einer Inschrift im Eingang nachzulesen ist.[2] Filippino Lippis Fresko *Der Triumph des heiligen Thomas* (1493) in der Kapelle des päpstlichen Flottenkommandeurs Oliviero Carafa in Santa Maria sopra Minerva zeigt den Stadtfluss ganz im Hintergrund, und zwar an Ripa Grande, wo die von Carafa befehligte Flotte 1472 zur Bekämpfung der Türken gestartet war. Der Tiber war damals längst zum Burggraben des Gottesstaates mutiert. Übrigens nutzten ihn Lippi und seine Kollegen ganz profan für ihre Fresken, deren Unterputz mit grobem Flusssand gefertigt wurde.[3]

Als Stellvertreter Christi, aber auch als weltliche Herrscher und Kriegsherren residierten die Päpste auf dem vatikanischen Hügel dicht beim Tiber, im Apostolischen Palast neben der Peterskirche. Damals befand sich dort eine riesige Baustelle, denn aus einer spätantiken Basilika entpuppte sich das größte Gotteshaus der Christenheit, ein Wunderwerk religiös untermauerter Prachtentfaltung. Peruginos Zeitgenosse Bramante und später Raffael bauten daran, Michelangelo sollte die gewaltige Kuppel entwerfen.

Eine Weltmacht manifestierte sich hier, buchstäblich auf den Trümmern des untergegangenen Römischen Reichs, die einen Teil des Baumaterials bildeten.

Die Päpste hatten das Erbe der Imperatoren übernommen, sie holten die genialsten Künstler, um der Kirche und sich selbst Glanz zu verleihen, und sie sammelten die prachtvollsten Schätze der Antike in den Mauern ihrer Paläste. Systematisch bauten sie den Vatikan nach ihrer Rückkehr aus dem «Exil» in Avignon 1377 als neues Machtzentrum auf. Sie waren vom Lateran an den Tiber gezogen – nicht zuletzt aus strategischen Gründen, waren sie doch jenseits der mittelalterlichen Stadt vor den Römern und am Nordrand Roms vor Invasoren sicherer. Aber das war nicht alles. Es ging auch um den Mythos.[4]

Der Vatikan im alten Rom

In den Jahrhunderten vor der Zeitenwende war der Vatikan eine Gegend aus grünen Wiesen und fruchtbaren Feldern, generös bewässert vom Fluss. Nur die reichsten Patrizier besaßen dort ihre Ländereien, unter ihnen Lucius Quinctius Cincinnatus, in der aufstrebenden Republik um 450 v. Chr. ein hochverehrter «Retter des Vaterlandes». Der Legende nach musste der Konsul Cincinnatus seine Ämter und einen Großteil seines Vermögens abgeben, als sein Sohn als Mörder gesucht wurde. Er zog sich widerspruchslos auf seine Felder über dem Tiber zurück und bewirtschaftete sie selbst. Ein Bote des Senats soll den 60-jährigen Lucius mit Spaten und Pflug vorgefunden haben, halbnackt, das Gesicht schmutzig vom Staub, während seine Frau in einer kleinen Hütte das gemeinsame Essen zubereitete. Vor diesem Alten nahm der Bote Haltung an und überbrachte die Bitte des Senats: Cincinnatus solle die Diktatur über Staat und Heer übernehmen – ein Amt, das nur im äußersten Krisenfall eingerichtet wurde. Und die Krise war groß, schickten sich doch gleich mehrere feindliche Stämme an, die Stadt zu besetzen. Der Bauer verließ sein Feld, wusch sich, stieg in ein Boot, fuhr den Tiber hinab zum Kapitol, sammelte sein Heer und vertrieb die Feinde. Zwei Wochen später, die Pflicht war erfüllt, kehrte er auf seinen Acker auf dem vatikanischen Hügel zurück. Jahre danach wiederholte sich die Geschichte, als der inzwischen 80-jährige Cincinnatus einen Aufstand niederschlug.[5]

Titus Livius, der große Historiker in den Diensten von Augustus, verdichtete die Legende vom Tugendmann derart eindringlich, dass viele Jahrhunderte später die amerikanische Unabhängigkeitsbewegung sich den Römer Cincinnatus zum Vorbild nahm und ihre Offiziere, allen voran George Washington, die *Society of the Cincinnati* gründeten. Auch die Stadt Cincinnati ist nach dem Mann vom Vatikan benannt, der als Inbegriff republikanischer Disziplin galt, ebenso hingebungsvoll im Dienst für die *Res publica*, den Staat, wie desinteressiert an Macht und Reichtum. Augustus stilisierte sich ebenfalls gern als geistiger Erbe des Lucius Quinctius Cincinnatus. Tatsächlich aber schaffte er die Republik ab und war als erster Alleinherrscher Begründer des Kaiserreichs. Augustus gehörten halb Rom, ganze Küstenstreifen in Kampanien, die Insel Capri – und ein gutes Stück des vatikanischen Hügels. Dort waren aus den Feldern des Cincinnatus inzwischen Weingärten und ausgedehnte Parks geworden. Die leicht erhöhte Lage über dem Fluss versprach gute Luft und Erfrischung, was die Gegend als Erholungsort für die Oberschicht beliebt machte.

Auch die engsten Freunde des Herrschers hatten ihre Liegenschaften am Tiber. Augustus' Feldherr, Schwiegersohn und Stellvertreter Marcus Agrippa besaß wenige Hundert Meter flussabwärts eine elegante Villa, zu der er wahrscheinlich als Zugang von der Stadt eine Brücke anlegen ließ, den Vorgängerbau des heutigen Ponte Sisto. Dem Künstlersponsor Maecenas als Drittem im Bund der Jugendfreunde attestierte Horaz, sein Lob erschalle vom Tiber bis zum vatikanischen Hügel. Der «ruhmreiche Ritter» Maecenas hielt sich offenbar öfter in der Gegend auf, entweder auf Gartenpartys seines Intimus Augustus oder weil er sich gleich selbst ein Stück Land auf dem Goldhügel gesichert hatte.

Später gehörte der Vatikan zu den Lieblingsorten von Augustus' Urenkel Gaius, der unter seinem Spitznamen Caligula berühmt und berüchtigt wurde. Auf seinem Parkgrundstück am Vatikan eröffnete Caligula einen Circus, der sich etwa vom Standort der heutigen Kirche Santo Stefano degli Abessini bis zur Ostgrenze des Petersplatzes erstreckte. In Rom war er noch im Jahr 200 als «Gaianum» bekannt, wahrscheinlich aber schon nicht mehr in Betrieb.[6] Um das Areal direkt mit der Stadt zu verbinden, ließ Caligula eine Brücke über den Tiber bauen, deren Fundamente bei Niedrigwasser noch unter den Pfeilern des heutigen Ponte Vittorio Emanuele zu sehen sind. Das «Gaianum» umfasste einen guten Teil der heutigen Peterskirche sowie deren Vorgängerbau aus konstantinischer Zeit, und wenn Caligulas Circus auch nicht die monumentale Größe des Circus Maximus erreichte, so brachte er es doch auf beachtliche Maße. Etwa 560 Meter lang und 85 Meter breit soll er gewesen sein. Die Peterskirche, das berühmteste und wichtigste Bauwerk der Christenheit, steht also auf einem Circus. Wo heute der Papst Messen liest und Stadt und Weltkreis den Segen *Urbi et Orbi* erteilt, tobten einst Tausende von Römern vor Begeisterung über todesmutige Wagenlenker und rasend schnelle Pferde. Doch so paradox, wie es auf den ersten Blick erscheint, ist das gar nicht, denn die «Hausherren» in der Spielanlage waren nicht die tollkühnen Rennfahrer oder die Kaiser als spendable Gastgeber, sondern die römischen Götter. Ihnen zu Ehren wurden die Spiele nach einer peinlich genau einzuhaltenden Liturgie veranstaltet. Eröffnet wurden sie mit der *pompa circensis*, einem Festzug: Auf prächtig geschmückten Wagen wurden in einer stundenlangen Prozession Götter- und Ahnenbildnisse mitgeführt, wobei das Publikum dem jeweiligen Lieblingsgott oder der Lieblingsgöttin applaudierte. Alle befanden sich dabei in einer Wolke aus Weihrauch und anderen Duftessenzen, die in Mengen abgebrannt wurden. Vor dem Startschuss zum Rennen gab es dann noch ein Stieropfer. Es war also ein sehr ausgedehntes religiöses Programm vor der eigentlichen Volksbelustigung. Vielleicht deshalb galt der Circus im Frühchristentum als Teufelswerk. Christen sollten keinen Fuß dareinsetzen, urteilte um das Jahr 200 der gestrenge Kirchenlehrer Tertullian, denn dort fänden sie nur Götzendienst und Vergnügungssucht.

Der steinerne Zeuge des Martyriums

Die römischen Päpste sahen das gelassener. Anstatt die Hinterlassenschaften der Antike in Bausch und Bogen zu verdammen und zu vernichten, drückten sie ihnen ihren Stempel auf, neben dem Kreuz oft auch noch das eigene Familienwappen. So wurden aus Tempeln Kirchen, aus Triumphsäulen Himmelskolonnen, aus Imperatoren Kirchenfürsten. Julius II. (1503–1513) ließ nach einem militärischen Sieg sogar eine Gedenkmünze prägen, auf der er den Beinamen Caesar trug – als sei sein gewählter Papstname nicht aussagekräftig genug gewesen.

Mit dem Circus des Caligula verfuhren die Kirchenfürsten wie mit vielen anderen heidnischen Überbleibseln: Sie überbauten, integrierten und adaptierten ihn. Besondere Mühe gab man sich mit dem Prunkstück der antiken Spielanlage, dem 25 Meter hohen Obelisken aus dem Reich des Pharaos Nektanebos II. Über Jahrhunderte hatte der ägyptische Granitpfeiler ein Schattendasein neben der Petersbasilika gefristet, auf alten Plänen ist er links neben dem Längsschiff zu sehen. Der Circus war schon längst abgetragen, doch an den Obelisken hatte sich niemand getraut – bis Sixtus V. 1586 entschied, ihn auf dem Petersplatz neu aufzurichten.[7] Dass die vermutlich dem Sonnengott gewidmete Stele von dem berüchtigten Heiden Caligula nach Rom gebracht worden war, störte Sixtus ebenso wenig wie der Volksglaube, die bronzene Kugel auf der Spitze enthalte die Asche von Julius Caesar. Er addierte darauf ein Kreuz, fügte auf dem Sockel eine neue Weihinschrift hinzu, und schon war das Götzenwerk christianisiert.

Die Heidenstele vor der Peterskirche wurde zudem mit einer passenden Legende versehen: Man erklärte sie einfach zum einzigen «überlebenden» Zeugen des Martyriums Petri. Sixtus bezog sich damit auf die Sage, Petrus, der ehemalige Fischer und erste Papst, sei im vatikanischen Circus hingerichtet worden, kopfüber gekreuzigt auf Befehl von Kaiser Nero.

Als Neffe und Nachfolger von Caligula hatte Nero tatsächlich die vatikanischen Gärten samt Circus geerbt und die Spielanlage weiter ausgebaut. Er führte, um die Rennen interessanter zu gestalten, Vierergespanne aus Kamelen ein und betätigte sich auch selbst als Wagenlenker.[8] Doch für die Christen dachte er sich, wenn man Tacitus glauben darf, ein besonders makabres Schauspiel aus.

Als 64 n. Chr. bei einem Brand große Teile Roms zerstört wurden, verbreitete sich rasch das Gerücht, das verheerende Feuer sei auf Befehl des Kaisers gelegt worden, der die Stadt nach seinem Gutdünken prächtig neu aufbauen wolle. Schnell begriff Nero, dass er das Gerede nur ersticken konnte, wenn er andere Schuldige ausmachte und möglichst spektakulär bestrafte. Also schickte er seine Häscher nach den Anhängern einer neuen Sekte aus, die vor allem in Trastevere siedelten und den Römern nicht geheuer waren. Wie viele Christen als Brandstifter, aber auch ganz allgemein als «Menschenfeinde» verhaftet wurden, geht aus der detailreichen Schilderung von Tacitus nicht hervor. Der Chronist hielt das Christentum für einen «verhängnisvollen Aberglauben», doch wie Neros Männer mit den angeblichen Zündlern verfuhren, entfachte bei Tacitus angewiderte Empörung: «Mit den Todgeweihten trieb man noch seinen Spott: Man hüllte sie in Tierhäute und ließ sie von Hunden zerfleischen, oder sie wurden, ans Kreuz geschlagen und für den Flammentod bestimmt, nach Tagesschluss als Beleuchtung für die Nacht verbrannt. Für dieses Schauspiel hatte Nero seinen Park zur Verfügung gestellt. Zugleich veranstaltete er ein Circusspiel, wobei er im Aufzug eines Wagenlenkers sich unter den Pöbel mischte oder sich auch wirklich auf einen Wagen stellte.»[9]

War Petrus unter diesen Märtyrern? Der Legende nach ja, doch unter Wissenschaftlern ist umstritten, ob sich der Apostel überhaupt jemals in Rom aufgehalten hat. Zeugnisse dafür finden sich nicht, allerdings scheint man seit frühester Zeit darüber geredet zu haben: Um 150 n. Chr. wurde auf dem vatikanischen Hügel ein Grabmal errichtet, das sich an eine dahinter liegende Mauer anlehnte und mit zwei Treppenstufen erreichbar war – eine schlichte Nische mit einer vorspringenden Steinplatte als «Opfertisch» oder Altar. Zunächst wurde dieses Monument «Gaius-Trophäe» genannt, doch bereits seit dem späten 2. Jahrhundert galt es als Grab des Apostels Petrus.

Um diese Zeit war aus dem Circus ein Friedhof geworden, einer von vielen außerhalb der Stadtmauern. Ein Grabstein unter der heutigen Peterskirche erklärt, dass ein gewisser Gaius Popilius Heracla «in Vaticano ad Circum» begraben sein wollte, offenbar war der Ort regelrecht beliebt.[10] Darauf deutet auch die sogenannte Meta Romuli hin, eine Pyramide im ägyptischen Stil, wie sie sich nur sehr reiche Römer leisten konnten. Das exzentrische Grabmal überdauerte viele Jahrhunderte, bis es Papst Alexander VI. um 1500 abtragen ließ, weil er den dafür verwendeten Marmor brauchte.

Bevor der Vatikan durch die Verortung des Petrus-Grabes zu einem der wichtigsten Wallfahrtsziele der Christenheit avancierte, befand sich auf dem Hügel also ein Stadtteilfriedhof. Die christliche Minderheit Roms lebte zumeist im angrenzenden Trastevere, einem Wohnviertel der Ausländer mit vielen Juden, ehemaligen Kriegsgefangenen und freigelassenen Sklaven, das wegen seiner Nähe zum Fluss als Krankheitsherd verrufen war.[11] Doch nicht nur Christen ließen sich auf dem Vatikan bestatten, der ehemalige Circus beherbergte anfangs sogar deutlich mehr Grabmale anderer orientalischer Kulte. Erst mit wachsender Ausbreitung des christlichen Glaubens entpuppte sich der Hügel als Wallfahrtsort. Zahlreiche Pilger wanderten nun über die alte Caligula-Brücke zum Vatikan, immer mehr Christen wollten neben dem Apostel bestattet sein, bis der römische Kaiser Konstantin über dessen Grab eine Kirche erbaute, die Petrus geweiht wurde. Zuvor hatte der Sieg in einer Schlacht am Tiber Konstantins Alleinherrschaft besiegelt.

Das Kreuz siegt – am Tiber?

Am 28. Oktober 312 kam es zum Showdown am Flussufer. Einige Meilen nördlich von St. Peter trafen die Heere von Konstantin und Maxentius aufeinander. Die beiden Rivalen waren Kaisersöhne und Schwäger, sie waren aber auch Warlords im Wettstreit um die Macht. Das Imperium wurde damals von vier Kaisern regiert, die unter Heerführern ausgewählt wurden, um dynastische Ansprüche zu vermeiden. Konstantin hatte sich dennoch als Erbe durchgesetzt, ihm war der Westen des Reichs zugeteilt worden. Maxentius wurde als Herrscher Italiens und der Provinz Africa[12] zwar vom römischen Senat anerkannt, nicht aber von seinen Mitregenten. Beide wollten die Alleinherrschaft – und Konstantin siegte, im Zeichen des Kreuzes, wie die Legende besagt. Im strahlenden Sonnenlicht soll er, mitten unter seinen Soldaten, eine entsprechende Vision gehabt haben. So überliefert es Konstantins Zeitgenosse Eusebius von Caesarea, dem der Kaiser vermutlich selbst die Geschichte erzählt hat. Ähnliches berichtet der Kirchenvater Laktanz, den Konstantin als Lehrer für einen seiner Söhne engagiert hatte. Laut Laktanz wurde der Kaiser in einem Traum vor der Schlacht aufgefordert, ein Kreuz auf die Schilde seiner Soldaten zeichnen zu lassen.

Warum der in Rom residierende Maxentius mit seinen Truppen überhaupt die Stadt verließ, um dem Herausforderer Konstantin entgegenzuziehen, darüber wird heute noch gerätselt. Vielleicht wollte er eine längere Belagerung abwenden, wahrscheinlich den Feind einkesseln und dessen Weg in die Stadt blockieren.

Der siegreiche Kaiser und seine Hofgelehrten sorgten dafür, dass die Schlacht um Rom als «konstantinische Wende» in die Geschichte einging, als Sieg des Christentums über Maxentius und seine Heiden. Eine derartige Mythologisierung hatte Tradition, schon Augustus hatte im Zeichen des von ihm erwählten Schutzgottes Apollo seine Feinde besiegt und dem Gott zum Dank zahlreiche Tempel errichten lassen. Wie der erste Kaiser und womöglich in bewusstem Bezug auf ihn hatte auch Konstantin zu-

Konstantin siegt in goldener Rüstung, Maxentius ist mit seinem Pferd in den Tiber gestürzt. Nach einem Entwurf von Raffael malte Giulio Romano 1517–1524 die Schlacht an der Milvischen Brücke als große Heldensaga und den Tiber als Gründungselement des christlichen Rom.

nächst den Lichtgott Apollo als Schutzpatron auserkoren, bevor er zum Sonnengott Sol wechselte und schließlich bei Christus endete. Mit dessen Eigenschaften als Weltenherrscher und Weltenrichter konnte der Imperator sich identifizieren.

Welchen Anteil an Konstantins Transzendenzerfahrung das politische Kalkül und welchen die persönliche Religiosität des Kaisers hatte, ist schwer zu sagen, weil beide Aspekte für einen Herrscher der römischen Antike ohnehin nicht zu trennen waren. Der Kaiser von Rom befand sich, ohne auf Mittler angewiesen zu sein, auf Augenhöhe mit den Göttern, war er doch einer von ihnen. Das galt auch für den Christengott, der gegenüber den heidnischen Divinitäten den Vorzug hatte, einzigartig zu sein. Der eine Christengott wählte den einen Kaiser und legitimierte dessen Macht damit auf unmissverständliche Weise. Konstantins Kreuzesvision ist also keinesfalls als Gebet eines Bedürftigen, Hilfesuchenden zu interpretieren, sondern als Illustration der Legende, dass hier Gott und Kaiser im Duo einen für beide wesentlichen Sieg errangen.[13]

Raffael und seine Schüler haben die Szene auf einem Wandgemälde im zweiten Stock des Vatikanpalastes festgehalten, im Empfangsraum des Apartments von Julius II. und seinen Nachfolgern. Während die illustren Gäste dort auf den Papst warteten, durften sie sich an Bildern aus Konstantins Vita delektieren. Das monumentale Fresko auf der einen Längsseite zeigt die Schlacht als Wimmelbild, mit Engeln über Dutzenden ineinander verkeilten Menschen und Pferden in einer lieblich grünenden Tiberlandschaft.

«Jede einzelne Figur ist wunderbar gezeichnet, aber wenn man ihnen mit einem Zauberstab Leben einhauchen würde, müssten die meisten dieser Soldaten und Pferde umfallen», kritisierte Stendhal und argwöhnte: «Wahrscheinlich hat Raphael nie eine Schlacht gesehen.»[14] Mitten im Getümmel reitet der blonde siegreiche Feldherr in goldener Rüstung auf einem weißen Pferd. Während die Konstantin-Darstellung an Alexander den Großen erinnert, wird der im Fluss kämpfende Maxentius als Barbar dargestellt, mit wilden Locken und Rauschebart und den nackten, muskulösen Armen eines Preisringers. Hinter ihm haben Konstantins Soldaten in auf Hochglanz polierten römischen Rüstungen die Boote von Maxentius' Männern geentert, die sich in ihren Lumpen und Schaffellen vergebens gegen die Eroberer wehren. In Wirklichkeit befanden sich die Römer im Aufgebot des Maxentius, während Konstantin Briten, Gallier und Germanen rekrutiert hatte. Das weitgehend von Raffaels Schüler Giulio Romano geschaffene Fresko behauptet hingegen: Die wahren Römer kämpften für das Christentum.

Wieder fungierte der Fluss als Pater Tiber, als Vater oder besser Taufpate des neuen, diesmal christlichen Rom. Bewusst verlegte die christliche Geschichtsschreibung die Schlacht ans Tiberufer der Milvischen Brücke. Die konstantinische Propaganda knüpfte auch hier an Augustus an, dessen Hofhistoriker Titus Livius die Gründungssage um Romulus und Remus am Flussufer lokalisiert hatte. Diesmal kämpften nicht leibliche Brüder, aber doch immerhin Schwäger um Rom, und der mächtigste Gott wählte Konstantin als neuen Romulus aus.[15]

Die Kirchengeschichte brandmarkte Maxentius als Christenverfolger, der er nachweislich nicht war. Der Tiber aber spielte nicht nur als Ort des Geschehens eine wichtige Rolle, sondern auch indem er den neuen, rechtgläubigen Herrscher schützte und den heidnischen Feind tötete, der in seinen Wassern ertrank. Konstantin hingegen ging daraus geläutert hervor. Damit wandelte sich der antike Flussgott zum römischen Jordan.

Vermutlich ereignete sich die Schlacht gar nicht an der Milvischen Brücke, sondern an den roten Tuffsteinfelsen der Saxa Rubra, etwa acht Kilometer weiter nördlich. Dort verortete sie der Geschichtsschreiber Aurelius Victor (320–390), ein heidnischer Gelehrter, der es bis zum Stadtpräfekten in Rom brachte. Für diese Lokalisierung spricht außer der Orts- und Quel-

lenkenntnis des Aurelius, dass *ad saxa rubra* die beiden großen Konsularstraßen Cassia und Flaminia zusammentrafen. Römische Soldaten bevorzugten für ihre Märsche nämlich festen Untergrund – Konstantins Truppen von Norden kommend auf der Via Cassia und Maxentius' Soldaten
aus der Stadt heraus ziehend auf der Via Flaminia.

Doch wenn auch die Schlacht selbst nicht am Ponte Milvio stattfand, so
scheint der Tod des Maxentius und damit das Ende seiner heidnischen
Herrschaft im Tiber verbürgt. Um zu vermeiden, dass Konstantin über die
Via Flaminia in die Stadt einmarschierte, ließ Maxentius vor dem Gefecht
den Ponte Milvio einreißen und an dessen Stelle eine Bootsbrücke errichten. Diese konnte rasch entfernt werden, um dem Feind den Weg über den
Fluss abzuschneiden. Doch da der Tiber Hochwasser führte, stürzte die
Bootsbrücke ein und versperrte so am Ende Maxentius selbst den Flucht-
weg. Der strafende Tiber als Werkzeug des christlichen Gottes – so interpretierten Konstantin und seine Nachfahren den Ertrinkungstod des heidnischen Kaisers.

Mit der Legende des Kreuzes an der Milvischen Brücke wurde der
Schicksalsort der christlichen Wende in unmittelbare Nähe des Petrus-
Martyriums gerückt. Das Apostelgrab auf dem vatikanischen Hügel zog
schon zu Konstantins Lebzeiten die Gläubigen an – was lag näher, als
ihnen mit dem vorgeblichen Schlachtfeld um das heilige Kreuz noch einen
weiteren Wallfahrtsort zu bieten, der in einer halben Stunde Fußmarsch zu
erreichen war?

Auch die fränkischen und deutschen Herrscher des Mittelalters suchten
die Nähe der mythischen Orte am Tiber. Nach langer Reise aus dem Norden in Rom angelangt, campierten sie in den Tagen vor ihrer Krönung
durch den Papst mit ihrem Begleittross traditionell an den Hängen des
Monte Mario, also auf den «Neronischen Wiesen» (*Prata Neronis*) und vor-
maligen Feldern des Cincinnatus. Zur feierlichen Krönung ging es in die
Peterskirche. Unmittelbar danach zogen die Kaiser auf die Engelsbrücke,
um dort Gefolgsleute zu Rittern zu schlagen. Dieser Ritterschlag auf dem
Tiber, auf der Brücke schwebend zwischen Gottesstaat und profaner Welt,
wurde ähnlich überhöht wie der Ritterschlag auf dem Heiligen Grab in Jerusalem. Der Kaiser und seine Ritter waren Verteidiger des Christentums
wie des alten Reichs, der Tiber gleichzeitig Grenzfluss und verbindendes
Element.

Friedrich III. erhob am 19. März 1452 nicht weniger als 300 Männer in den Ritterstand, ein richtiges Massenritual. Die «ermüdende Zeremonie habe mehr als zwei Stunden gedauert», überliefert Gregorovius. «Man spottete über die Ritter von der Engelsbrücke, welche das hingeschwundene Rittertum parodierten wie der Kaiser das Kaisertum.»[16] In der Renaissance sei der Kaiser nämlich nicht mehr der unumstrittene Herrscher und Garant des Abendlandes gewesen, sondern nur noch «ein völkerrechtlicher Titel ohne Kraft». Auf dem Weg nach Rom war Friedrich bereits in Viterbo mit Hohn und Spott empfangen worden. Der Pöbel versuchte, ihm den Tragbaldachin zu entwenden, und päpstliche Soldaten machten sich daran, sein Pferd zu stehlen. Die Zeremonie auf der Tiberbrücke aber rückte den deutschen Kaiser wieder auf den richtigen Platz in der Nachfolge von Konstantin.

Oberste Brückenbauer und andere Pontifices

Seit Caesar hatte jeder Herrscher Roms den Titel des Pontifex Maximus, des «Obersten Brückenbauers», getragen. Mit dem römischen Patrizier Gregor der Große ging er um 600 auf die Päpste über, die bis heute jenen Rang des wichtigsten Priesters im Altertum für sich beanspruchen. Auf der Fassade der Peterskirche prangt es in Versalien: «PAULUS V BURGHESIUS ROMANUS PONT. MAX. AN. MDCXII PONT. VII» («Paul V. römischer Bürger Pontifex Maximus anno 1612 im siebten Jahr seines Pontifikats»). Oberster Brückenbauer, großer Auftritt. In voller Länge oder abgekürzt als «Pont Max» oder minimal als «PM» signiert er viele Bauwerke in der Stadt, Kirchen, Wasserleitungen, das Kolosseum – und den päpstlichen Twitter-Account. Eingeführt 2012 von Benedikt XVI., wurde @pontifex von Franziskus übernommen. Im Zeitalter der sozialen Medien erscheint diese Zuschreibung als ebenso positiv wie eingängig, man kann sie mit dem versöhnlichen Brückenschlagen zwischen Menschen und Völkern assoziieren. Allerdings war das ursprünglich wohl nicht so gemeint.

Jahrtausende hat der «Pontifex Maximus» überdauert, ohne sein Geheimnis ganz preiszugeben. Vermutlich entstammt er dem lateinischen *pons* (Brücke) und *fecere* (bauen), vielleicht aber auch älteren italienischen Sprachen wie dem Etruskischen oder dem Umbrischen. *Pons* könnte auch «Weg» bedeuten, der Pontifex wäre also ein Wegbahner, wobei die Bedeutungsverschiebung minimal wäre. Genau wie der Fluss hat auch die Brücke seit jeher eine mystische Funktion als Übergang zwischen Immanenz und Transzendenz, menschlicher Realität und Götterwelt, Leben und Tod. Vieles deutet darauf hin, dass die alten Römer den Pontifex Maximus als Mittler zwischen diesen Welten betrachtet haben.

Titus Livius berichtet über die vielfältigen Aufgaben des Erwählten, der die Oberaufsicht über sämtliche öffentlichen und privaten Bräuche hatte, der Schicksalsvorzeichen aus dem Wetter deutete und über Programm und Datum von Trauerfeiern entschied.[17] Letzteres hatte für die Römer einen hohen Stellenwert, war doch ein mehr oder weniger pompöses Abschiedsritual für die Verstorbenen ein Indikator für die gesellschaftliche Position der hinterbliebenen Familie. Ohne Götterbefragung wurde so gut wie nichts unternommen, was dem Befrager und Deuter große Macht einräumte. Man muss sich den Pontifex Maximus halb als Magier, halb als Politiker vorstellen, auf jeden Fall aber als einen der mächtigsten Männer Roms, denn auf ihn mussten auch die Herrschenden hören.

Kein Wunder, dass die Zahl der Pontifices (wie der lateinische Plural lautet) bis Christi Geburt von ursprünglich fünf auf sechzehn anwuchs, denn Roms tonangebende Familien rissen sich um diesen Posten. Schließlich nahm Caesar das Amt des Pontifex Maximus an sich, um es etwaigen Rivalen zu versperren. Die nachfolgenden Kaiser taten es ihm nach, von Augustus bis Gratian (367–383), denn Religion und Herrschaft waren im Kaiserreich ohnehin untrennbar verbunden. Die berühmte Augustus-Statue von der Via Labicana (heute aufbewahrt im Römischen Nationalmuseum Palazzo Massimo) zeigt den Prinzeps im Toga-ähnlichen Gewand des Obersten Brückenbauers, mit einem Schleier, der seinen Kopf bedeckt. In der abgebrochenen rechten Hand hielt er vermutlich eine *patera*, eine Schale mit Opferwein.[18] Das Amt des Hohepriesters war für die römischen Herrscher allerdings nur eine Zwischenstation auf dem Weg nach ganz oben. Seit Caesar wurden alle nach ihrem Tod vergöttlicht, sogar der getaufte Konstantin wurde postum noch zum *Divus* erhoben. Wenn er die Brücke zum Jenseits überschritten hatte, mutierte der Pontifex Maximus also zum Gott.

Zumindest in der Anfangszeit der Republik war der Hohepriester offenbar auch für echte Brücken zuständig. Die alten Römer glaubten, dass Übergänge von Menschenhand für den Fluss eine Provokation darstellten, und vertrauten diese Aufgabe dem *Collegium Pontificum* an, dessen Oberaufsicht der *Maximus* hatte. Theodor Mommsen identifizierte diese Priester rundheraus mit Ingenieuren, «die das Geheimnis der Maße und Zahlen verstanden» und deshalb die Aufsicht über Bau und Abriss der – zunächst hölzernen – Flussbrücken innehatten.[19]

Tatsächlich fielen Zahlen ins Reich der Pontifices, und ihr Primus hatte die Oberaufsicht über den Kalender, konnte also Feiertage und Unglückstage (*dies nefasti*) festlegen und über Gerichtstage und Amtszeiten entscheiden. Als Pontifex Maximus führte Caesar seine große Kalenderreform durch – sein Julianischer Kalender wurde erst ab 1582 schrittweise vom Gregorianischen Kalender (nach dem Pontifex Maximus Gregor XIII.) abgelöst. In den christlichen Ostkirchen ist das Caesar-Jahr sogar weiterhin gültig: So weit reicht der Einfluss der Zahlenmagier aus dem alten Rom.

Der Pontifex Maximus opferte dem Blitze schleudernden Jupiter auf dem Aventin und berief die Vestalinnen als priesterliche Hüterinnen des göttlichen Herdfeuers. Gleich neben dem Vesta-Tempel an der Via Sacra auf dem Forum Romanum befand sich sein repräsentativer Sitz. Mindestens einmal im Jahr opferte der Oberste Brückenbauer auch dem Tiber: Alljährlich an den Iden des Mai führte er eine feierliche Prozession von Priestern, Vestalinnen und hohen Würdenträgern zur ältesten römischen Brücke, dem heutigen Ponte Sublicio, an. An der Endstation wurden 27 Strohpuppen (*argei*) in den Fluss geworfen, dem Rom seinen Aufstieg zur Weltmacht dankte. Und so ist der Pontifex Maximus auf ewig mit dem Tiber verbunden, genau wie der Vatikan selbst.

Der Gottesstaat am Tiber

Konstantin beeilte sich, auch auf den Apostelgräbern seine Handschrift zu hinterlassen. Auf einer weiten Terrasse inmitten von Weingärten ließ er ab 319 dem Petrus eine Kirche bauen und setzte sich damit auch selbst ein Denkmal. Kostbare Marmorsäulen trugen das Hauptschiff und zwei Seitenschiffe. Im Querschiff, an der Grundlinie zur Apsis, lag das Petrus-Grab, überragt von einem Baldachin. Geplant war die Kirche ursprünglich als Ort für weitere Begräbnisse wichtiger Repräsentanten der wachsenden christlichen Gemeinde, und tatsächlich bestand ihr Fußboden weitestgehend aus Grabplatten. Die kolossalen Ausmaße und die kostbare Ausstattung mit viel Gold und Silber – der Kaiser persönlich stiftete die gewundenen Säulen mit Weinlaubverzierung für den Grabbaldachin – zeigen, dass schon zur Bauzeit mit großen Pilgermassen gerechnet wurde. Ein Säulengang bis zur nächstgelegenen Tiberbrücke, dem Pons Aelius (der späteren Engelsbrücke), schützte die Pilger und Friedhofsbesucher vor Wind und Wetter.

Gut sechs Kilometer tiberabwärts vom Vatikan, weit vor den Toren der Stadt, steht S. Paolo fuori le mura, die Basilika des Apostels Paulus, der an diesem Ort begraben sein soll. Konstantin hatte hier 324 eine erste Kirche erbauen lassen, doch sie erwies sich schon bald als zu klein für die zahlreichen Verehrer des *doctor gentium* (des Lehrers der Heiden), und so wurde sie 390 ausgebaut zur damals größten Kirche Roms. Am Ende des 9. Jahrhunderts entstand eine festungsähnliche Klosteranlage, Johannipolis genannt. Der trutzige Burgberg mit seinen Türmen und Mauern sollte die Sarazenen abschrecken, die auf ihrem Weg von Ostia flussaufwärts zuerst auf die Pauluskirche am rechten Ufer trafen.

Dass Paulus auf diesem Hügel begraben ist, ist nicht unwahrscheinlich. Die Apostelgeschichte erzählt sehr detailliert seine Reise übers Mittelmeer von Caesarea im heutigen Israel über Kreta, Malta und Syrakus nach Rom. Eigentlich sollte der Apostel sich in der Hauptstadt als Unruhestifter vor Gericht verantworten – aber vielleicht fand das Verfahren gar nicht statt. In der Bibel steht vielmehr, dass Paulus im Rom des Kaisers Nero ein Leben als freier Bürger führen konnte. Zwei Jahre lang blieb er in seiner eigenen Wohnung, empfing Besucher und predigte die christliche Lehre. Wo sich die Unterkunft befand, wird nicht erläutert – aber die Vorstellung, dass Paulus in Trastevere wohnte, im bevorzugten Viertel der Juden und der ersten Christen, ist sicher realistisch. Über Paulus' Verfolgung oder gar ein Martyrium in Rom verliert die Apostelgeschichte kein Wort. Sein Schicksal bleibt nebulös. Der Legende nach starb er durch das Schwert, aber es gibt auch Anzeichen dafür, dass er Rom verließ, um in Spanien zu predigen.[20]

Fest steht, dass bereits im 1. Jahrhundert, also nur Jahrzehnte nach dem Tod des Apostels, die Grabstätte, über der sich heute der Hauptaltar der Paulusbasilika erhebt, das Wallfahrtsziel zahlreicher christlicher Pilger war. Sie vermuteten dort die Gebeine des bedeutendsten Missionars der Urkirche. Ähnlich wie das Petrus-Grab befindet sich Paulus' Ruhestätte auf einem antiken Friedhof, der hochwassergeschützt über dem Fluss angelegt wurde. Seit dem ersten Heiligen Jahr 1300 gehörte die Basilika St. Paulus zu jenen Wallfahrtsorten, für deren Besuch Absolution von den

Sünden erteilt wurde. Damals war Paulus bei den Gläubigen längst in den Schatten des populären Petrus getreten, offiziell ist er aber bis heute neben diesem einer der beiden Schutzheiligen Roms. Diese Dualität steht in der Tradition antiker Mythen. Petrus und Paulus folgten gewissermaßen auf Romulus und Remus, deren Festtag am 29. Juni sie auch übernahmen.

Die Pauluskirche gehört zu den extraterritorialen Liegenschaften des Vatikans, der in ihrer Nähe eine Filiale seines Kinderkrankenhauses Bambino Gesù sowie kirchliche Sportvereine angesiedelt hat. Schwimmen, Fußball, Basketball, Volleyball, Karate und Tennis werden auf dem großflächigen Gelände am Tiber betrieben. Unterhalb des Ponte Marconi werden die Ufer mit ihren Sandbänken und den Schilfrohrwäldern schon ein wenig wild, wie zum Zeichen dafür, dass der Fluss hier aus seiner Stadt heraustritt.

Wenn der Tiber auch seit jeher die Gräber der beiden berühmtesten Apostel und die gewaltigen Basiliken der Stadtpatrone verbindet, so floss er doch weit entfernt vom ursprünglichen Sitz der Päpste. Gut 1000 Jahre lang residierte der Bischof von Rom nicht im Vatikan, sondern am südöstlichen Stadtrand auf einem Grundstück, das der Patrizierfamilie der Laterani gehört hatte und von Konstantins Ehefrau Fausta als Mitgift in die Ehe gebracht worden war. Hier, fernab vom Fluss, gründete Kaiser Konstantin sein «römisches Jerusalem» mit einer Kirche und dem dazugehörigen Palast für den Bischof von Rom. Die Lateranbasilika orientierte sich an heidnischen Basiliken, die als Gerichtsgebäude dienten. Mit fast 100 Metern Länge und 56 Metern Breite geriet das Gotteshaus zu einer gigantischen «Empfangshalle Christi», die als erste der konstantinischen Kirchen 318 von Papst Silvester geweiht wurde.[21] Im angrenzenden Papstpalast fand bereits 313 die erste Bischofssynode statt.

Doch Konstantin blieb nicht in Rom. 330 verlegte er die Kapitale des Reichs nach Byzanz und hielt dort Hof. Fortan befand sich das Machtzentrum am Bosporus, während am Tiber die kaiserlichen Statthalter blieben mit ihren zunächst heidnischen, später christlichen Untertanen – und die Päpste. Bis sie 1309 auf der Flucht vor dem römischen Adel und seinen Intrigen ins «Exil» nach Avignon zogen, verharrten sie an dem Platz, den Konstantin ihnen am Lateran zugewiesen hatte. In den Vatikan begaben sie sich als Pilger. Weil der Weg dorthin mühsam und die Messen ermüdend waren, wurde den Kirchenoberhäuptern immerhin ein Apartment eingerichtet, in dem sie ausruhen und gelegentlich auch übernachten konnten. Wie sich erweisen sollte, war das nicht ganz ungefährlich.

Am 23. August 846 landete eine Flotte von Arabern mit 73 Schiffen, 500 Pferden und 11 000 Männern in Ostia. Sie überfielen die Milizen am alten Hafen, die sich gerade nichtsahnend beim Essen befanden, unter ihnen Friesen und Sachsen, die Papst Sergius (844–847) angeheuert hatte, weil sie als besonders einsatzstarke, tüchtige Schiffer galten. Doch gegen diese Feinde hatten die Nordsee-erprobten Männer keine Chance. Die arabische Kavallerie segelte den Tiber hinauf, erreichte bereits am nächsten Tag Rom und überfiel ungehindert die Peterskirche.[22]«Sie bestiegen mit ihren Fuß- und Reitertruppen die Schiffe und eilten Richtung Rom. Den ganzen Tag fuhren sie mit ihren Schiffen, und bei der Dämmerung hatten sie den vereinbarten Ort erreicht; dort strömten die Reiter aus den Schiffen und griffen überraschend die Kirche des heiligen Apostelfürsten Petrus an und begingen unaussprechliche Missetaten. Daraufhin kamen die Römer auf den *campus neronis*, um gegen die Eindringlinge zu kämpfen.»[23]

Ohne Erfolg, die Sarazenen konnten in aller Ruhe das Eintreffen der Infanterie abwarten und ihre Plünderungen auch noch in der Paulusbasilika fortsetzen. Immerhin gelang es ihnen nicht, die ganze Stadt einzunehmen – falls sie daran überhaupt Interesse hatten. Sie wollten Rom ja nicht regieren, sondern nur ihre Schiffe mit den damals schon sehr kostbaren Kirchenschätzen füllen. Vermutlich handelten sie nicht im Auftrag eines Herrschers, sondern waren privat angeheuerte Söldner, die nach vollzogenem Raubzug gleich Richtung Heimat zurückfuhren. Dort scheinen die Plünderer jedoch nicht angekommen zu sein: Angeblich gingen ihre Schiffe im Sturm unter.

Für Rom bedeutete dieser Überfall der Sarazenen eine epochale Wende. Zwar hatte die Stadt in früheren Jahrhunderten immer wieder neue Invasionen erlebt, doch niemals waren die Feinde über den Tiber gekommen. Der Fluss erwies sich nun als offene Flanke und enormes Sicherheitsrisiko. Die Verstärkung der Befestigungsanlagen im alten Meereshafen hatte sich als unzureichend herausgestellt. Die Stadt selbst war von der Aurelianischen Mauer umgeben, die teilweise bis an den Fluss stand und den Sarazenen nur deshalb standgehalten hatte, weil diese auf eine ernsthafte Attacke verzichteten. Vollkommen ungeschützt aber blieb der Vatikan mit Konstantins riesiger Basilika.

Gleich nach seiner Wahl im April 847 machte sich Sergius' Nachfolger

Leo IV. daran, das zu ändern. Am Stadthafen Ripa Grande ließ er zwei
Wachtürme bauen und eine eiserne Kette über den Fluss spannen, um die
Schiffe etwaiger Angreifer auszubremsen. Ein Brand zerstörte im selben
Jahr große Teile des Borgo-Viertels zwischen Peterskirche und Tiber und
den überdachten Fußweg zum Fluss. Das gab Leo mit der ökonomischen
Unterstützung von Kaiser Lothar I. die Möglichkeit, die gesamte Gegend
mit einer Mauer und 15 Türmen einzufrieden: Die Leostadt war gegründet.
Am 27. Juni 853, zwei Tage vor dem Fest der Stadtpatrone Petrus und Pau-
lus, wurde sie mit einer feierlichen Prozession eingeweiht.[24]

Als Kriegsherr musste sich der Papst bald tatsächlich gegen neue An-
griffe beweisen. Durch geschicktes Verhandeln erreichte Leo eine Koalition
der süditalienischen Küstenstädte Amalfi, Sorrent, Neapel und Gaeta, die
es 849 unter der Führung eines neapolitanischen Admirals schaffte, die
Sarazenen bei Ostia zurückzudrängen.

Die neuen Mauern schützten die Peterskirche und ihre Schätze, aber
auch die anderen, kleinen Kirchen und zahlreichen Klöster in ihrem unmittelbaren Umkreis, die Wohnquartiere der Geistlichen und die Herbergen
der ausländischen Pilger. Sie machten die *Civitas Leonina* zu einer eigenen
Stadt, jedenfalls im Empfinden der Zeitgenossen. Auf mittelalterlichen Ansichten erscheint die Kirchensiedlung fast ebenso groß wie die eigentliche
Stadt auf der anderen Tiberseite. «Wehe dir, Rom ... Wehe dir, Leoninische
Stadt», klagte im 10. Jahrhundert Benedikt von Soracte, unterschied also
ausdrücklich die beiden Orte.[25] Später wurden die Mauern ausgebaut, verändert, im Süden teilweise abgetragen, aber der Eindruck der Gottesfestung
veränderte sich nicht. Bis ins späte 17. Jahrhundert blieb die *Leonina* auch
rechtlich eine selbständige Einheit. Außerhalb ihrer Mauern erstreckte sich
südlich das Viertel Trastevere, im Norden und Westen aber nichts als Weinberge und Wiesen. Im Osten floss wie ein Grenzfluss zu Rom der Tiber.

Unaufhaltsam wuchs die Leostadt zu einem zweiten Zentrum heran,
mit Wohnhäusern, Läden, Kneipen und Werkstätten neben den kirchlichen Gebäuden. Geldwechsler, Händler, sogar Strohverkäufer (für die
Pferde der Pilger) siedelten sich an, in der Straße Borgo Santo Spirito wurde
ein Fischmarkt eröffnet. Im 13. Jahrhundert versuchte die offenbar erstarkte
Lobby der Herbergswirte des Borgo, ein Monopol für die Aufnahme der
Pilger zu erheischen, das ihnen aber verwehrt wurde: Auch die Hoteliers
auf der anderen Tiberseite wollten ihr Stück vom großen Kuchen des auf-
blühenden Romtourismus haben.[26]

Bereits kurz vor dem Intermezzo in Avignon beschloss Nikolaus III.
(1277–1280) die Verlegung der päpstlichen Residenz vom Lateran auf den
vatikanischen Hügel. Der Grund dafür war durchaus profan, denn die
Ländereien von Nikolaus' Familie, den Orsini, grenzten an die Leostadt.
Mit großem Elan machte sich der Papst an die Erneuerung der verschach-
telten Petrusbasilika und an den Ausbau des päpstlichen Pied-à-terre zu
einem veritablen Palast. Aus seinen Wäldern nördlich von Rom ließ er
Dutzende Bauholz-Flöße den Tiber herunterkommen, er orderte Tuffstein,
aber auch seltene Pflanzen für den weitläufigen Garten innerhalb der Mauern. Doch mitten im intensiven Bauprogramm starb der Papst nach nur
drei Amtsjahren. Sein Nachfolger blieb lieber im Lateran, und ein neuer
Papstpalast wurde statt im Vatikan zunächst im französischen Avignon gebaut, wo die Kirchenführer dann bis 1376 residierten.

In dieser Zeit wurde das Kapitol zum neuen Machtzentrum in einer
Stadt, die sich auf ihre vorchristlichen Traditionen besinnen wollte. Als
Gregor XI. schließlich im Januar 1377 von Ostia aus den Tiber hinauffuhr
und feierlich im arg verfallenen Lateran einzog, gab es in Avignon noch
einen Gegenpapst, und 1409 kam sogar ein dritter Anwärter hinzu. Die
Kirchenspaltung machte es dem neapolitanischen König Ladislao 1404
leicht, Rom zu erobern. Mit der Wahl von Martin V. aus dem römischen
Colonna-Clan im November 1417 endete das Abendländische Schisma,
aber die Neapolitaner hielten Rom weiter besetzt. Erst am 29. September
1420 konnte Martin V. in seiner Heimatstadt einziehen – in seine Fami-
lienburg an der heutigen Piazza Santi Apostoli unweit des Kapitols. Sicherheit ging vor in einer Stadt mit nur noch 25 000 verarmten Einwohnern,
die auf die Papstherrschaft nicht mehr gut zu sprechen waren.

Martins Nachfolger, der Venezianer Eugen IV. (1431–1447), musste vor
einem von den Colonna organisierten Volksaufstand aus Rom fliehen. Am
4. Juli 1434 bestieg er, verkleidet als Mönch, in Ripa Grande ein Boot, das
ihn nach Ostia und von dort nach Livorno bringen sollte. Sofort verbreitete sich die Nachricht in der Stadt. Einige junge Männer nahmen vom
Ufer die Verfolgung auf und bewarfen die päpstliche Barke mit Steinen.
Nur mit Müh und Not konnte Eugen entkommen und sich in Ostia einschiffen. Neun Jahre lang blieb er im Exil in Florenz.[27] Nach seiner Rückkehr musste immerhin bis 1798 kein Papst mehr aus Rom weichen.

Erst Nikolaus V. (1447–1455) traute sich zurück in den Vatikan. Diese
machtbewusste Entscheidung bedeutete eine Zäsur für Rom und das

Papsttum. Tausende von Pilgern waren auch während der langen Abwesenheit der Päpste zum Petrus-Grab gekommen, nun wurde der Mittelpunkt des Glaubens auch zum Zentrum der Kirche. Mit der räumlichen Nähe zum Apostel manifestierte der römische Pontifex seinen Anspruch auf Einzigartigkeit und Alleinherrschaft: Er allein war als Nachfolger Petri legitimiert und residierte deshalb am Tiber, der jetzt klar ein Grenzfluss zu Rom und den dort ansässigen Adelsclans war. Die leoninischen Mauern wurden echte Stadtmauern, die Engelsburg eine Grenzfestung. Der Vatikan wurde zum Herrscherhügel, zum Palatin der Renaissance, auf dem der neue, gewaltige Palast des christlichen Pontifex Maximus mit der Apostelkirche verschmolz wie einst jener des Augustus mit dem Apollo-Tempel.[28]

Das Gegenstück zu diesem Palast war die Engelsburg. Schon in der Spätantike war das trutzige Kastell auf das Mausoleum Kaiser Hadrians direkt am Tiber gestülpt worden. 536 schlugen die Byzantiner einen Sturmangriff gotischer Belagerer zurück, indem sie die Statuen auf dem Grabmal in Stücke schlugen und als Geschosse verwendeten. Ihr Feldherr Totila nutzte das Kaisergrab anschließend als Festung. In nachfolgenden Jahrhunderten war die Engelsburg ein Dauer-Zankapfel zwischen Kurie, Kaisern und verschiedenen römischen Adelsfamilien, bis sie im 12. Jahrhundert endgültig Eigentum der Päpste wurde.[29] Die Begehrlichkeiten ergaben sich aus ihrer Position, denn zweifellos bildete die Burg die Eingangspforte zum Vatikan, und wer sie erstürmte, hatte über die Engelsbrücke auch Zugang zur Stadt. Unter päpstlicher Herrschaft wurde das Kastell deshalb bis in die Barockzeit immer weiter ausgebaut und verstärkt. Mal diente es als Gefängnis, mal als Zufluchtsort für den Pontifex selbst, etwa für den von Heinrich IV. belagerten Gregor VII. im Jahr 1080. Mit der Konstruktion des sogenannten *Passetto di Borgo*, eines 800 Meter langen, von außen nicht einsehbaren Gangs in der Mauer zwischen Peterskirche und Engelsburg, war das Kastell für einen bedrängten Papst seit 1277 noch leichter erreichbar. Durch diesen Gang floh 1527 Clemens VII. vor den deutschen Landsknechten, die fast die gesamte Schweizer Garde des Papstes töteten, und 1809 versuchte Pius VII. vergebens, sich auf diesem Weg vor den Truppen Napoleons zu retten.[30]

Der Tiber hatte zu dieser Zeit als Burggraben ebenso ausgedient wie die alten Befestigungsanlagen. Und doch blieb er ein Grenzfluss. *Oltretevere* benutzen Italiens Politik und Medien als Synonym für den Vatikan: jenseits des Tibers. Das klingt geheimnisvoll und abgelegen, obwohl längst viele Brücken zum Kirchenstaat führen, der überall von der Stadt Rom umgeben ist, wie eine winzige Insel innerhalb der stetig wachsenden Metropole.

Kapitel 5

STROM DER PILGER

Wie der Massentourismus am Tiber erfunden wurde

Amandus von Maastricht fühlte sich am Ziel seiner Träume. Vom «heiligen Feuer angefacht», war er Monate durch «trostloses, unwegsames Gelände» gewandert, um in Rom die Gräber der hochheiligen Apostel Petrus und Paulus zu besuchen. «Süße Küsse» schickte er ihren Gebeinen, sein «heiliges Begehren» war nun gestillt. Tagsüber besichtigte Amandus die Kirchen der Heiligen Stadt, nachts schlief er bei St. Peter. Doch vor seiner Rückkehr in den Norden wollte er sich noch einen besonderen Wunsch erfüllen: eine Nacht in der Kirche zu verbringen, um beim Apostelgrab zu wachen und zu beten. Allein mit Petrus! Am Abend wartete Amandus ab, bis alle anderen Gläubigen die riesige Basilika verlassen hatten. Er selbst flanierte durch die Seitenschiffe, versteckte sich hinter den antiken Säulen. Als er sich allein wähnte, machte er sich auf zum Hauptaltar. Doch er hatte seine Rechnung ohne die Wächter gemacht. Einer dieser robusten Römer entdeckte den verzückten Franken und komplimentierte ihn unter wilden Verwünschungen und groben Beleidigungen hinaus.[1]

Eine solche Szene könnte sich heute in der Sixtinischen Kapelle ereignen, wo die Museumswächter nicht zimperlich sind und energisch eingreifen, wenn man etwa wagt, die Michelangelo-Fresken zu fotografieren. Aber der heilige Amandus war im Jahr 625 in Rom. Schon damals kamen derart viele Pilger aus dem Ausland, dass der Papst Wachen für die Peterskirche engagieren musste. Vatikan und Stadt wurden regelrecht geflutet von Franken und Angelsachsen, aber auch von Frommen aus Irland, Ägypten, Griechenland und Russland. Die meisten schafften es nur einmal zum Ziel ihrer Sehnsucht, doch es gab auch «fanatische» Pilger wie den Mönch Benedict Biscop aus Northumbrien, der fünf Mal in Rom auflief. In manchen Jahren hielten sich am Tiber mehr Pilger auf als Römer, und mit der Einführung der Heiligen Jahre wurde die Stadt ab 1300 endgültig Ziel eines beispiellosen Massentourismus.

Run auf die Reliquien

Bereits um das Jahr 300 schwärmte Eusebius von Caesarea von «unzähligen Seelen, die aus allen Winkeln des Reichs mit inbrünstiger Verehrung zu den gloriosen Gräbern von Petrus und Paulus streben». Wenn die einfachen Pilger sich von den Aposteln Fürsprache im Jenseits erhofften, so wollten Kaiser und Könige ihren irdischen Herrschaftsanspruch manifestieren. In der «majestätischen Stadt Rom», konstatierte um 400 der Erzbischof von Konstantinopel, verehrten Imperatoren, Feldherren und Konsuln «die Gräber eines Fischers und eines Tuchhändlers».[2] Aus so viel abschätzigem Sarkasmus war der Neid auf den Amtsbruder am Tiber herauszulesen. Konstantinopel war zwar die neue Kapitale, Rom aber das Tor zum Himmelreich. Nur hier gab es den Glauben zum Anfassen, nur hier war der Bischof der Nachfolger Petri.

Nach seinem Rauswurf aus der Kirche verweilte Amandus noch eine Weile auf den Stufen vor den Portalen. Diese Treppe absolvierten die Pilger auf dem Weg zum Apostelgrab auf Knien. Dem aufgeregten und enttäuschten Franken aber erschien dort der heilige Petrus selbst, so ist es von Amandus' Biographen überliefert.

Wo der später heiliggesprochene Mann den Rest der Nacht verbracht hat, erfahren wir nicht. Doch ist es naheliegend, dass er einen Platz in der großen Herberge gleich neben der Kirche hatte, die den Pilgern zur Verfügung stand. Eine aus einem antiken Aquädukt gespeiste Badeanlage mit Waschbecken und Toiletten gehörte dazu.[3] Die Körperreinigung war in verschiedenen Pilger- und Armeneinrichtungen über die Stadt verteilt möglich – was für die Glaubensbrüder und -schwestern aus dem Norden fast so überwältigend gewesen sein muss wie die Märtyrergräber. Die meisten werden sich aber einfach im Tiber gewaschen haben.

Die drei ältesten schriftlichen Führer für das christliche Rom stammen aus dem 7. Jahrhundert, zwei von ihnen sogar aus der Zeit um 640. Die Wallfahrer wussten auf diese Weise, was sie erwartete und wie sie zu den einzelnen Stätten gelangten. Und sie kannten vermutlich, bevor sie überhaupt einen Fuß in die Heilige Stadt gesetzt hatten, schon den Tiber als jenen Fluss, der die beiden Apostelgräber verbindet. Am rechten Ufer St. Peter, am linken St. Paulus, beide auf Hügeln gelegen und gut sechs Kilometer voneinander entfernt.

Am Fluss gingen die *Romei* (Rompilger) entlang von einer Kirche zur nächsten. Den Fluss überquerten sie oft mehrmals am Tag. Am Fluss oder in seiner unmittelbaren Nähe lagen die meisten Unterkünfte, damit das Trinkwasser nicht erst mühsam herangeschafft werden musste. So wurde der Tiber im Mittelalter zum Strom der Pilger. Menschen aus aller Herren Länder trafen sich an ihm – und manchmal auch auf ihm. Spanier, Portugiesen, Engländer und Iren reisten über das Meer an, um in Ostia auf kleinere Schiffe umzusteigen, die den Fluss hinaufgetreidelt wurden. Es gab auch betuchte Deutsche, die die Alpenpässe vermeiden wollten und sich lieber für eine teure, aber auch viel bequemere Schiffsreise nach Marseille aufmachten.

Andere Pilger absolvierten die Strecke bis Mittelitalien zu Fuß und stiegen nur für das letzte Stück auf den Tiber um.[4] Die Bootsreise war vergleichsweise angenehm, wenn auch nicht ganz ungefährlich – im unregulierten Flusslauf gab es Untiefen und jede Menge Hindernisse wie Brücken, Wehre, Mühlen, Fischnetze. Hinzu kamen Flusspiraten, die die Boote überfielen, so dass im Jahr 1433 vor den Toren Roms sogar Wachen gegen die Räuber auf dem Tiber eingesetzt wurden.[5] Wenn alles überstanden war, näherte man sich vom Meer aus St. Paulus oder von Norden her St. Peter und konnte direkt bei den Hauptkirchen aussteigen.

Die meisten Pilger aus den Ländern nördlich der Alpen kamen jedoch über die ehemaligen Römerstraßen. In den zwei, drei Monaten, die eine Wanderung aus den Niederlanden oder aus Norddeutschland dauerte, nahmen sie ungeheure Strapazen auf sich, Entbehrungen und Gefahren.[6] Schnee und Eis im Winter, Hitze im Sommer, Krankheiten, Hunger, Wegelagerer – all das waren Hindernisse auf dem Weg nach Rom, die nicht von allen überwunden werden konnten. Viele mussten umkehren. Manche starben noch im Heimatland oder in den Alpen, andere kamen gewaltsam ums Leben. Vor allem in der Umgebung der Heiligen Stadt nahmen Überfälle auf Pilger solche Ausmaße an, dass den Räubern schon 1123 mit Exkommunizierung gedroht wurde – offenbar ohne Erfolg, denn beim nächsten Konzil 1139 stand das Problem erneut auf der Tagesordnung.

Der Schutz der Pilger war im Interesse der Kirche, mehrten sie doch den Ruhm des Papstes und die Reichtümer Roms. Ihr Zustrom brachte Geld und Arbeit in die Stadt, er ließ den Tourismus als Wirtschaftszweig wachsen

Um den Verdacht der Unkeuschheit zu entkräften, musste die Patrizierin Claudia Quinta ein ganzes Schiff allein von der Tibermündung den Fluss hinauf nach Rom ziehen. Die Bußübung gelang ihr mit Hilfe der Göttin Kybele, deren Standbild auf dem Schiff zu sehen ist. Das Motiv gefiel auch christlichen Künstlern wie Garofalo (Benvenuto Tisi), der Claudia um 1530 malte. Denn unter den Rompilgern waren nicht wenige Frauen, obwohl manche strenge Kleriker immer wieder Versuche unternahmen, ihnen die Teilnahme an der Wallfahrt zu verbieten – angeblich verführten sie die pilgernden Männer.

und das Baugewerbe boomen. Die Päpste taten deshalb alles, um das Pilgerwesen anzutreiben. Vorschläge wie die des heiligen Bonifatius, der allen Frauen, sogar den Nonnen, die Wallfahrt verbieten wollte, weil sie angeblich die Moral der männlichen Pilger kompromittierten, wurden ignoriert.[7] Weibliche Pilger waren vermutlich in der Minderheit – mangels Statistiken müssen wir uns auf Berichte stützen, deren Protagonisten zumeist männlich sind –, aber es gab sie natürlich.[8] Junge und Alte, Gesunde und Gebrechliche, Arme und Reiche, sie alle wanderten nach Rom auf der Suche nach Erlösung – und getrieben von der Neugier auf Reliquien.

Die Menschen kamen, um die Reste der Krippe zu sehen, in die der neugeborene Jesus gelegt worden war. Sie bestaunten die Säule, an der Christus Folterungen erlitten hatte, und die Dornen der Krone, die er dabei tragen musste. Sie erschauerten vor den Nägeln und Splittern von seinem Kreuz, aber auch vor den Ketten des heiligen Petrus. Sie betrachteten Stoffreste der Tunika Johannes' des Täufers sowie Schleier und Gürtel Mariens – und die längst geronnenen Tropfen ihrer jungfräulichen Muttermilch. Oder das Schweißtuch, das Veronica Christus auf seinem Weg nach Golgatha gereicht hatte, dazu Christi Sandalen, sogar seine Vorhaut. Alles das war und ist in den Kirchen der Heiligen Stadt aufbewahrt. Doch selbstverständlich konnten die Pilger nichts davon mit nach Hause nehmen – jedenfalls nicht von Anfang an.

Über Jahrhunderte mussten sich die Wallfahrer mit sogenannten Kontaktreliquien zufriedengeben: Stofftüchern oder anderen Gegenständen, die mit den Apostelgräbern in Berührung gebracht wurden, um die *virtus*, die Strahlkraft des Heiligen, aufzusaugen. Auch Kerzen, die an den Gräbern brannten, sogar das Lampenöl waren ein wenig heilig. Auf jeden Fall wurde das alles an die Gläubigen verkauft.[9]

Es mag die Angst vor den Sarazenen gewesen sein, die Papst Paschalis I. dazu brachte, 817 das Graböffnungsverbot Gregors des Großen abzuschaffen und die sterblichen Überreste von angeblich 2300 Märtyrern aus den Katakomben in die Kirchen bringen zu lassen.[10] Aber vor allem war es der Auftakt für einen veritablen Reliquienrausch. Jede Kirche hatte bald mindestens einen Altar mit heiligen Resten. Und die Knochen kamen nun unters Volk.

In großem Stil wurde an die einfachen Gläubigen verkauft und an die Mächtigen verschenkt, was der fränkische Gelehrte Einhard sich noch illegal verschafft hatte. Der Baumeister und Biograph Karls des Großen bestach einen Priester, damit dieser die Gebeine der beiden unter Diokletian gemeuchelten Märtyrer Marcellinus und Petrus aus deren Grab in der Nähe des Kolosseums holte. Dreitägiges Fasten sollte als Buße für diesen als *translatio* (Überführung) beschönigten Frevel reichen. Einhard absolvierte das im Voraus, denn die Reliquien mussten schnellstmöglich außer Landes geschafft werden. Man erwartete sie schon in Seligenstadt, der von Einhard gegründeten und nach den Märtyrern benannten Stadt bei Frankfurt. Dort blieben sie, bis Papst Alexander IV. die sterblichen Überreste von Marcellinus und Petrus 1256 nach Rom zurückkommandierte.[11]

Ungeachtet aller päpstlichen Maßregeln und Verbote, unberührt von der Skepsis großer Theologen wie Thomas von Aquin, wurden Reliquien die beliebtesten Souvenirs der Wallfahrer und eines der begehrtesten Statussymbole der Herrscher. Karl der Große trug einen Talisman mit Marienhaaren, und der heilige Hugo von Lincoln aus Burgund besaß um 1200

einen Ring mit 30 «Reliquienbissen», die er sich angeblich auf ausgesprochen ruppige Weise beschafft hatte. Entsetzte Augenzeugen beobachteten
einmal, wie der fromme Hugo einen Armknochen von Maria Magdalena
entblößte und so kraftvoll hineinbiss, dass er zwei Stücke herausbrach – für
seinen famosen Ring.[12]
    Die Hochzeit des Reliquienwahns setzte im 14. Jahrhundert ein. Vom
Lampenöl in kleinen Ampullen über Schweißtuch-Imitationen bis hin zur
Haarsträhne und zum Fingerknochen wurde alles verkauft oder vom Papst
an hochrangige Fürsten verschenkt. Als seien es Juwelen, fertigten Gold-
schmiede für die irdischen Reste und Restchen der Heiligen kostbare Reli-
quiare aus Silber, Gold und Edelsteinen, die an hohen Festtagen dem Volk
gezeigt wurden.[13] Am Palmsonntag des Jahres 1462 nahm Pius II. mit großem Pomp das Haupt des Apostels Andreas in Empfang, das über die
Adria nach Italien und anschließend über die Via Flaminia nach Rom gebracht wurde.
    Am Ponte Milvio wartete der Papst mit Tausenden weißgekleideten
Priestern und einer unübersehbaren Menge von Gläubigen. Alle hatten
Palmzweige in der Hand. Eigentlich hatte der Papst die Köpfe von Petrus
und Paulus deren «Bruder» entgegentragen wollen, aber ihr Reliquiar erwies sich als zu schwer für den Transport und musste im Lateran bleiben.
Auch ohne sie kam es laut Gregorovius zu «einer der seltsamsten Szenen
aus der römischen Renaissance». Weinend rief der Papst den Herrgott an,
mit Andreas' Hilfe «die Christenheit vom Türkenjoch zu befreien». Eine
eigens komponierte Festhymne erklang, dann setzte sich die Prozession,
angeführt vom Papst, der die Reliquie zu Pferde transportierte, in Bewegung. Es ging stadteinwärts bis zu Santa Maria del Popolo, wo der päpstliche Tross übernachtete. Am kommenden Tag wurde Pius II., nunmehr
auf einem goldenen Stuhl sitzend, stundenlang den Tiber entlang getragen.
30 000 Fackeln erleuchteten die Szenerie, überall standen Altäre mit Blumen, hingen Teppiche aus den Fenstern. Rom feierte sich selbst und die
eigene Heiligkeit.[14]
    Der Run auf die Reliquien ging einher mit der Institutionalisierung der
Romwallfahrt durch Papst Bonifaz VIII. (1294–1303). Dieser gehörte als
Mitglied der Familie Caetani zu einem aufstrebenden römischen Adelsge-
schlecht und war ein weitgereister, gebildeter und überaus machtbewusster
Mann. Bonifaz wollte aus Rom die Hauptstadt eines Reiches machen, in
dem der Papst, über alle Könige erhaben, als unangefochtener «geistlicher

Caesar» regierte. Das stieß bei den Herrschern Europas auf wenig Gegenliebe. Den französischen König Philipp den Schönen machte der Papst sich zum Feind, als er per Bulle verkündete, kein weltlicher Fürst dürfe von der Geistlichkeit Steuern verlangen. Philipp empfand das angesichts der Vielzahl reicher Klöster in seinem Land als Provokation.

Geschickt nutzte Bonifaz die Anziehungskraft Roms, um seine Macht zu stärken. Zwar verfügte er über kein konkurrenzfähiges Heer, dafür konnte er aber wahre Menschenmassen von Gläubigen mobilisieren. Allein das Gerücht, dass der Papst ein Ablassjahr verkünden wollte, löste im Winter 1299/1300 eine ungeheure fromme Reisewelle aus. Rom war schon voll, als Bonifaz im Februar 1300 mit der Bulle *Antiquorum habet fida relatio* das erste Heilige Jahr der Kirchengeschichte amtlich machte. Er setzte fest, dass Christen einen vollkommenen Erlass ihrer Sünden erhielten, wenn sie innerhalb des Jubeljahres als Nichtrömer 15 Mal, als Römer 30 Mal büßend und betend die Kirchen St. Peter und St. Paulus besuchten.[15]

Philipp den Schönen beeindruckte das wenig. Er ließ den Nachfolger Petri festnehmen, und nachdem Bonifaz kurz darauf zutiefst gedemütigt gestorben war, verlegte dessen französischer Nachfolger Clemens V. 1309 die Papstresidenz nach Avignon. Für die alte Kapitale am Tiber ein harter Schlag. Doch kurz vor diesem fatalen «Exil» der Päpste und dem nachfolgenden Abendländischen Schisma mit Päpsten und Gegenpäpsten nährte das Jubeljahr noch einmal Roms Mythos und sein Wirtschaftsleben. Die Stadt wurde nachgerade überrannt von Zehntausenden, ja Hunderttausenden Verzückten und Bußfertigen, Schwärmern und Sinnsuchenden. Wer heute pilgert, etwa den Jakobsweg entlang, der sucht zumeist innere Ruhe, eine meditative Erfahrung jenseits des Alltagslebens. Die Rompilger des Mittelalters hingegen schwammen buchstäblich in der Masse. Ein «Schauspiel von heergleich hereinströmenden oder heraufziehenden» Gläubigen überlieferte Gregorovius schon für das erste Heilige Jahr. Unter den «Menschenschwärmen» seien Italiener, Provenzalen, Franzosen, Ungarn, Slawen, Deutsche, Spanier, «selbst Engländer» gewesen, zu Fuß, zu Pferde, auf Karren. «Ein ganzes Jahr lang war Rom ein völkerwimmelndes Pilgerlager und von babylonischer Sprachenverwirrung erfüllt.»[16]

Der erste Eindruck von der gelobten Stadt muss für die Fremden überwältigend gewesen sein. Wenn sie von Norden auf der Via Flaminia, der Cassia oder der Via Triumphalis eintrafen, erstreckte sich vor ihnen eine grandiose Stadtlandschaft, bevor sie über den Ponte Milvio den Tiber überquerten. Inmitten der niedrigen Häuser im dichtbebauten Gebiet am Tiberknie und in Trastevere ragten die hohen Glockentürme der Kirchen auf, umgeben von der 18 Kilometer langen Stadtmauer der späten Kaiserzeit. Überall waren Hinterlassenschaften der Antike. Auf zeitgenössischen Veduten sind das Kolosseum und das Pantheon zu sehen, die Triumphbögen und -säulen, die Aquädukte. Geprägt wurde die Silhouette aber vor allem durch weit über 100 Geschlechtertürme, die zu den Festungen verschiedener Familienclans gehörten und zum Teil durch die Wege- und Brückenmaut finanziert worden waren, die diese den Pilgern abknöpften.[17]

Jubeljahre und Papstexil

Wie viele Gläubige im ersten Ablassjahr kamen, ist ungewiss und die in manchen Quellen angegebene Zahl von 200 000 vielleicht übertrieben. Jedenfalls aber war der Pilgerstrom so gewaltig und seine Spendenbereitschaft wurde so groß, dass am Paulus-Grab zwei Priester Tag und Nacht mit großen Rechen die Opfergaben zusammenharkten.[18] Die Pilger ermöglichten einen Bauboom und unter anderem die Gründung der römischen Universität La Sapienza.[19] Grundstückspreise und Mieten stiegen vor allem in den zentralen Vierteln am Fluss. Man baute deshalb in die Höhe, Reihenhäuser waren sehr beliebt.[20]

Die Infrastruktur mochte für 30 000 oder 40 000 Einheimische ausreichend sein, nicht aber für ein Vielfaches an Gästen. Oft konnten die Straßen die Menschenmassen kaum fassen, wirklich kritisch aber war die Lage auf dem einzigen Flussübergang zwischen St. Peter und der Stadt. Weil die Engelsbrücke schon im ersten Jubeljahr 1300 Tag und Nacht überlaufen war, wurde eine Einbahnstraßen-Regelung eingeführt. Der Florentiner Dichter Dante Alighieri beschreibt in seiner *Göttlichen Komödie*, was er bei seinem Rombesuch erlebte:

> Die Römer hatten ein Mittel gefunden,
> im Jahr des Jubiläums, um über die Tiberbrücke
> geordnet Menschenmassen zu bringen:
> auf dem Hinweg haben alle
> die Burg vor Augen und gehen zu St. Peter;
> auf dem Rückweg Richtung Hügel.[21]

Wer nach St. Peter ging, «die (Engels-)Burg vor Augen», musste auf der rechten Seite der Engelsbrücke laufen, wer in Richtung «Hügel» – dem Monte Giordano nahe der Piazza Navona – zurückkehrte, ging wiederum auf der rechten Seite. In der Brückenmitte sorgten Händlerbuden und andere, eher provisorische Abgrenzungen dafür, dass sich die Pilger nicht in die Quere kamen.

Ursprünglich hatte Bonifaz mit seiner Jubelbulle 100 Jahre Abstand zwischen den Ablassjahren verfügt. Doch schon Clemens VI. verkürzte auf 50 Jahre. Urban VI. machte dann 1378 nach der offiziellen Rückkehr der Päpste nach Rom 33 (Christus-)Jahre daraus. Die bis heute gültige 25-Jahre-Regel besteht seit 1470: Sie soll jeder Christin, jedem Christen einmal im Leben Gelegenheit zu einer Romwallfahrt geben.

Die Menschen drängten auch 1350 nach Rom. Nichts konnte sie aufhalten, weder die Nachwehen der Pest von 1348 noch ein Erdbeben, das im Dezember 1349 mehrere Kirchen stark beschädigte und viele Römer aus ihren baufälligen Häusern in improvisierte Zeltlager trieb. Die Pilger störten sich auch nicht daran, dass der Papst während dieses Heiligen Jahres nicht in Rom war, sondern in Avignon. In der Fastenzeit kamen täglich um die 5000 Wallfahrer an, insgesamt sollen es 1,2 Millionen gewesen sein.[22] Wie schon für 1300 sind diese Zahlen mit Vorsicht zu betrachten, aber sie vermitteln doch, welche Menschenmassen untergebracht und beköstigt werden mussten – und in welchem Ausmaß die Römer an ihnen verdienen konnten. Bis zur Treppe der Peterskirche standen die Verkaufsstände mit Taschen, Stoffen, Weinflaschen und Gewürzen, Goldschmiedearbeiten und Proviant.

Dabei war die Stadt in einem erbarmungswürdigen Zustand: die großen Kirchen verfallen, die Straßen schmutzig, das Leben ärmlich. Wölfe und Wildschweine durchzogen das immer weiter wuchernde Brachland zwischen den bewohnten Vierteln, Diebesbanden trieben ihr Unwesen. «Pilgersleute, die für das Heil ihrer Seelen zu den heiligen Kirchen reisten, wurden von niemandem geschützt, sondern überfallen und ausgeraubt», klagte ein römischer Chronist. «Selbst die Priester waren Delinquenten. Es gab jede Art von Übel, aber keine Justiz und keine Regeln, nur das Recht des Schwertes.»[23]

Rom sei «der bloße Schatten der Antike», konstatierte erschüttert Petrarca, als er 1350 zu seiner fünften (und letzten) Pilgerreise eintraf, «selbst steinerne Herzen zum Mitleid rührend». Die Römer rückten zusammen, um den Fremden Platz zu schaffen, und vermieteten die letzte Besenkammer. Sie zwangen ihre Gäste, zu acht in einem Bett zu schlafen. Auch die improvisierte Lebensmittelversorgung war unzureichend, es mangelte an Gemüse und Fisch, an Heu und Stroh für die Pferde. Die Pilger sahen zu, wie die Ladung der Schiffe am Hafen von Ripa Grande gelöscht wurde und die Waren in Speichern verschwanden. Sie murrten, ihre Gastgeber hätten Korn und Wein künstlich verknappt, um die Preise hochzutreiben. Nur Fleisch gab es im Überfluss, denn große Rinderherden grasten in unmittelbarer Nähe der Stadt. Die Viehzucht war für den römischen Adel, der draußen riesige Ländereien besaß, allemal vorteilhafter als der personal- und kostenintensive Getreideanbau.[24]

Doch Kost, Logis und Kulisse waren letztlich nebensächlich bei diesem großen abendländischen Kollektivritus, zu dem das Jubeljahr schon in seiner zweiten Ausgabe avanciert war. Zu den Massen, die für sich selbst und ihre Angehörigen um Sündenvergebung baten, gesellten sich jene, die auf richterlichen Befehl pilgern mussten. Zur Strafe für ihr Vergehen gehörten Selbstgeißelungen oder Quälereien wie trockene Erbsen im Schuh.

Unter die Pilger von 1350 hatte sich inkognito auch ein in der Stadt sehr prominenter Mann gemischt, der am Tiber höchste Macht erlangt hatte und dann tief gefallen war. Als Mitglied einer römischen Delegation hatte Cola di Rienzo 1343 in Avignon Clemens VI. dazu bewegt, das Jubeljahr auszurufen, auch wenn der Papst entgegen den Bitten der Römer weiter in Frankreich blieb. Für Colas eigene Karriere war die Reise förderlich gewesen, denn Clemens unterstützte zunächst den selbsternannten «Volkstribun» gegen den machtbewussten römischen Adel, allen voran die Colonna.

Als Sohn einer Wäscherin, die die Laken der Reichen im Fluss säuberte, und eines Schankwirts war Cola (Niccolò) di Rienzo 1313 in einem Haus zwischen den Wassermühlen am Tiberufer zur Welt gekommen – unweit des Ortes, der als mythischer Fundort von Romulus und Remus galt.[25] Colas Intelligenz fiel auf, er wurde gefördert, durfte eine Schule besuchen und schaffte es anschließend auf einen gut dotierten Posten als Notar. Bald zeigte er politischen Ehrgeiz und wurde durch sein rhetorisches Geschick zum Anführer einer aufstrebenden Schicht aus Händlern, Landbesitzern, Gutsverwaltern und Handwerkern, die sich vom Stadtadel nicht länger gängeln lassen wollte. Getreide, Recht und Ordnung für alle, mit solchen Verheißungen zog Cola di Rienzo im Mai 1347 auf das Kapitol. Sein Unabhängigkeitsstreben ließ ihn jedoch sehr bald bei Papst und Kaiser in Ungnade fallen, die ihn zunächst für leicht manipulierbar gehalten hatten. Stattdessen beförderte Cola die in Rom nie ganz erloschene Nostalgie nach der alten, heidnischen römischen Republik. Die Privilegien und Pfründen von Kurie und Adel bekämpfte er mit einem sozialistisch anmutenden Reformprogramm: Nicht nur Ländereien und Burgen seien «dem Volk» zurückzugeben, auch Häfen und Brücken gehörten unter dessen Verwaltung. Schließlich lief die Versorgung Roms seit der Antike unverändert über den Tiber.

Von seiner Burg am Flusshafen Portus bei Ostia kontrollierte damals der Adlige Martino Stefaneschi alle Handelsschiffe, die dort ihre Ware auf kleinere Flussboote umladen mussten. Dabei nutzte er offenbar jede Gelegenheit, sich zu bereichern. Kurz nach Colas Machtübernahme geriet ein neapolitanisches Schiff mit Matrosen aus Ischia in die Fänge des Hafenkommandanten. Die Neapolitaner hatten im Auftrag ihrer Königin Johanna von Anjou in Marseille und Avignon Tuch und Gewürze, vor allem Pfeffer und Zimt, geladen und waren die Küste entlang in Richtung Heimat gefahren, als sie bei Civitavecchia in einen Sturm gerieten. Schutzsuchend hatten sie den Tiberhafen angesteuert, doch im Kanal zwischen Portus und Ostia fuhr ihr Schiff auf Grund.

Vergeblich versuchten die Matrosen, es wieder in Fahrt zu bringen. Martinos Männer boten ihnen Hilfe an – gegen Bezahlung – und räumten das Schiff leer, um es wieder flott zu machen. Doch dann rückten sie die wertvolle Ware nicht mehr heraus. Die Kunde von diesem dreisten Diebstahl drang schnell nach Rom. Cola schickte seine Häscher nach Ostia und ließ den schwer kranken Martino zum Kapitol bringen, wo er öffentlich hingerichtet wurde.[26] So statuierte der Regent ein Exempel: Der Fluss und seine Häfen durften nicht von Baronen gekapert werden, denn wer den Tiber kontrollierte, der beherrschte Rom. Er konnte die Stadt buchstäblich aushungern. Fast der gesamte Warenverkehr kam über den Fluss, und die Hafenzölle bedeuteten in Abwesenheit des Papstes eine wichtige Einnahmequelle für die Stadtregierung.

Die alteingesessenen Baronalfamilien taten deshalb alles, um ihre Privilegien wiederzuerlangen. Auch der Papst wollte Cola Stadt und Fluss nicht überlassen, allzu unberechenbar erschien dem Franzosen Clemens VI. der populistische Römer. Kurz vor Weihnachten 1347 vertrieben adlige Truppen Cola vom Kapitol und der päpstliche Bannspruch den Tribun aus der

Stadt. Cola war jetzt ein Gejagter, der sich bei einem Eremiten in den Abruzzen verstecken musste. Zum Heiligen Jahr 1350 kam er als Pilger zurück, wohl auch, um die Chancen für ein Comeback zu eruieren. Tatsächlich kippte die Stimmung noch einmal zu seinen Gunsten, und so konnte er im Sommer 1354 triumphal auf das Kapitol zurückkehren – diesmal als von Innozenz VI. bestallter «Senator». Doch nur wenige Wochen später entfachten seine alten Feinde aus dem Stadtadel eine Revolte, die für den Sohn des Volkes tödlich endete.

Overtourism und Pilgerkatastrophe

Über 70 Jahre vergingen, bis die Stadt sich von der Zeit des päpstlichen Exils gänzlich erholt hatte und ein strahlendes Jubeljahr feiern konnte. 1450 wollten Pilger aus ganz Europa Rom in neuem Glanz sehen, mit einem Papst, der endlich wieder am Tiber residierte. Hunderttausende machten sich auf. Bereits zu Weihnachten 1449 war die Stadt so voll, dass der Papst den Mindestaufenthalt für den Generalablass auf drei Tage senkte – zum Unmut der Römer, die argwöhnten, sie könnten nicht genug verdienen.

Im Januar machten die Pilger Pause, doch zur Fastenzeit kamen sie wieder. Unter ihnen war auch der 47-jährige Giovanni di Paolo Rucellai, ein reicher und hochgebildeter Bankier und Tuchhändler, der mit *Zibaldone* eine der interessantesten Schriften über seine Heimatstadt Florenz hinterließ. Er erwähnt darin auch seine Wallfahrt nach Rom und die elf Kilometer lange Ablasswanderung zwischen den vier Hauptkirchen. Standesgemäß absolvierte Rucellai sie hoch zu Ross. Schließlich galt sein größtes Interesse ohnehin nicht der Buße, sondern der Innenausstattung der Gotteshäuser und ganz besonders der Verwendung von antikem Marmor. Wie ein moderner Tourist besichtigte der Florentiner das Kolosseum und das Marcellus-Theater, die Triumphsäulen und die Diokletiansthermen. Er wohnte einem Fest auf der Piazza Navona bei, bestieg sogar den Monte Testaccio und sah den prächtigen Palast von Kardinal Orsini. Als Geschäftsmann befasste Giovanni Rucellai sich aber auch mit den ökonomischen Begleiterscheinungen des Heiligen Jahres. Nicht weniger als 1200 Gasthäuser «mit Schild» gebe es in Rom, dazu viele andere Privatunterkünfte, die auf Außenwerbung verzichteten – also wie Bed and Breakfasts funktionierten. Die hohe Anzahl von Gasthäusern war wahrscheinlich grob überschätzt, andere zeitgenössische Quellen lassen eher auf die Hälfte schließen. Insgesamt boten sie nicht mehr als 8000 Betten, was angesichts des enormen Andrangs nicht annähernd ausreichend war.[27] Rucellai selbst war vermutlich bei Verwandten untergekommen – oder im Pilgerhospiz der Florentiner am Tiberufer unweit der Engelsbrücke. Seit dem Frühmittelalter waren für die Wallfahrer Herbergen und Krankenhäuser entstanden wie das große Gebäude bei St. Peter, in dem der schon erwähnte Amandus von Maastricht möglicherweise wohnte. Bald unterhielten die großen europäischen Staaten, aber auch die italienischen Fürstentümer ihre «Nationalkirchen» mit angeschlossenen Pilgerhospizen, die oft von Bruderschaften betrieben wurden. Dort fanden weniger die bedürftigsten Landsleute aus Portugal, Frankreich, Spanien oder England ein Dach über dem Kopf als vor allem die Wohlhabenden, Mächtigen, Adligen und die Geistlichen. Das Hospiz der deutschen Kirche Santa Maria dell'Anima etwa nahm während der Jubeljahre des 15. Jahrhunderts nur handverlesene Pilgerinnen und Pilger auf.[28]

Die Armen mussten draußen bleiben, obwohl die Kirche ihr Scherflein gern annahm. In normalen Jahren, rechnete der Bankier Rucellai vor, würden in der Pauluskirche 1500 Dukaten an Opfergaben eingenommen, zum Heiligen Jahr seien es vermutlich 60 000. Der scharfen Beobachtungsgabe des Florentiners entging aber auch nicht, dass die Infrastruktur Defizite aufwies. Der Zustand von Stadtmauern, Türmen und Tiberbrücken sei mit dem der «Wunderdinge» in den Kirchen nicht vergleichbar.[29] Das aber sollte sich als fatal erweisen, wie wir noch sehen werden.

Der zeitgenössische Chronist Paolo Dallo Mastro, Spross einer alteingesessenen, wohlhabenden Händlerfamilie in Rom, war den einfachen Pilgern näher als der reiche Florentiner Rucellai. Die Wallfahrer zogen an seinem Haus vorbei, denn Paolo lebte gegenüber der Engelsburg im Viertel Ponte, das nach der Engelsbrücke benannt war. *Ponte*, einfach nur «Brücke», so nannten die Römer diesen wichtigsten Flussübergang, so wie der Tiber für sie schlicht *fiume* war, der Fluss. Paolo bemerkte, dass zahlreiche Pilger in den Weinbergen bei St. Peter oder am Tiberufer schlafen mussten, denn zu Ostern 1450 waren so viele Menschen in der Stadt, dass es keine Schlafplätze mehr gab.

Auch die Engelsbrücke war bedrohlich überlastet. Bis drei Uhr morgens drängten sich die Menschen auf ihr, um von der Peterskirche zurück in die Stadt zu gelangen. Die Wächter der Engelsburg riefen nach Verstärkung,

Obwohl manche
römische Wirte ihre
Gäste zu acht in
ein Bett pferchten,
waren in einem
Heiligen Jahr oft
alle Schlafplätze
ausverkauft. Wer
kein Dach über
dem Kopf fand
oder keines zahlen
konnte, wich in die
Weinberge aus
oder zeltete beim
Kolosseum (Codex
Escurialensis, um
1500).

und so trieb der Chronist selbst «die armen Romieri» mit Stöcken ausein-
ander, um ein Chaos zu vermeiden.[30] Doch nicht alle Römer hatten Mitleid mit den Pilgern. Viele dachten ähnlich wie Poggio Bracciolini, der
Sekretär Martins V. Der Geistliche ätzte gegen die Wallfahrer, ihre Horde
sei «schlimmer als eine Barbareninvasion» und hinterlasse eine Spur der
Verwüstung, «Gestank, Kot und Läuse».[31]

Zur Heiligsprechung des sechs Jahre zuvor verstorbenen Bernhardin von
Siena versammelten sich am 24. Mai 1450 mehr als 4000 Franziskanermön-
che in St. Peter. Dann kam der Sommer, mit ihm eine Typhusepidemie
und «das große Sterben», wie es Paolo Dallo Mastro nannte. Während der
Papst aus der Stadt in die Marken floh, seien die «Pilger auf der Straße gestorben wie die Hunde».[32] Bis zur Rückkehr von Nikolaus V. im Oktober

wurde der Ablass ausgesetzt bzw. zu Hause gewährt, um nicht noch mehr Menschen in die Stadt zu holen. Doch kaum war das Klima kühler geworden, da drängten die Pilger wieder an den Tiber. Schnell waren die Hotels überfüllt, gab es auch in den Privathäusern kaum noch ein freies Bett. Dort wurden Schlafplätze auch deshalb untervermietet, weil der Mietzins zu Jubeljahren kräftig angehoben werden durfte. Und diese Erhöhung gaben die Mieter an die Pilger weiter.[33]

Die Wirte konnten es sich jetzt sparen, wie in den mageren Jahren bis zum Ponte Milvio zu laufen, um die *Romei* abzufangen, sie «einzuladen, besser bei ihnen als bei anderen einzukehren», und in ihre Unterkünfte zu eskortieren. Das Recht für diese aggressive Form der Gastlichkeit hatten sie sich vom Papst verbriefen lassen.[34] «Eingeteilt» wurde die Kundschaft nach Sprachzugehörigkeit, denn wer etwa aus Deutschland kam und des Italienischen nicht mächtig war, freute sich, wenn ihm vor den römischen Stadttoren im vertrauten Idiom ein Zimmer angeboten wurde. Nun war solcher Einsatz überflüssig. «Jedes Haus war eine Herberge, und es reichte nicht», sah Dallo Mastro, selbst für gutes Geld kamen die Gäste nicht unter. Wieder schliefen viele in den Gärten oder am Tiberufer und zelteten sogar am Kolosseum. Als die Temperaturen im Spätherbst fielen, starben einige an Unterkühlung.

An einem Samstag, dem 19. Dezember 1450, kam es zur Katastrophe. Noch um 23 Uhr waren Hunderte Pilger vom Petersplatz zu ihren Gasthäusern auf der anderen Seite des Tibers unterwegs. Viele von ihnen waren seit dem frühen Morgen auf den Beinen, hatten Stunden in der Peterskirche gekniet, gebetet und gesungen. Sie hatten mit Papst Nikolaus V. die Messe gefeiert, seinen apostolischen Segen empfangen und einen Blick auf das Schweißtuch der Veronika werfen dürfen, welches angesichts der Massen nun auch am Samstag gezeigt wurde. Für die verzückten Wallfahrer ein Höhepunkt ihrer Romfahrt, ja ihrer ganzen Lebensreise, von dem sie Kindern und Enkeln würden berichten können. Doch nun waren sie vor allem erschöpft. Die meisten hatten bereits am folgenden Morgen die Heimreise vor sich – an Sonntagen leerte sich die Stadt. Ungeduldig drängten die Gläubigen in ihre Herbergen, um wenigstens ein paar Stunden Schlaf zu ergattern.

Quälend langsam wälzte sich die riesige Menschenmenge durch die engen Gassen zwischen Peterskirche und Fluss, den sie über die Engelsbrücke überqueren mussten. Ein Nadelöhr. Die Brücke war schon voll, bevor der erste Fromme seinen Fuß daraufgesetzt hatte. Denn in ihrer Mitte reihten sich Läden und Werkstätten, dazu fliegende Händler mit ihren Karren voller Souvenirs. Gaukler zeigten Kunststücke, Bettler erflehten Almosen. Alle wollten sie noch einmal gute Geschäfte machen an diesem vierten Advent, kurz vor Abschluss des Heiligen Jahres.

Da scheute am anderen Ende der Brücke plötzlich ein Maultier und stürmte der Menge entgegen. Panik brach aus. Menschen wurden zerquetscht, andere warfen sich in Todesangst in die trüben, stinkenden Fluten des randvollen Tibers. Die wenigsten von ihnen konnten sich in der starken Hochwasserströmung über Wasser halten und ans Ufer retten, viele wurden mitgerissen und ertranken.

In seinem Haus am Fluss hörte Paolo Dallo Mastro die Verzweiflungsschreie und machte sich mit seinen Nachbarn auf zur Brücke. Er sah, wie der Übergang von den Wachen der Engelsburg abgeriegelt wurde. Sie schlossen das schwere Bronzetor und sperrten die Nachrückenden aus. Zu deren Rettung.

Dallo Mastro und die anderen Helfer bargen die Opfer: «Wir holten die Toten von der Brücke und legten sie rechts und links an der Straße nieder. So konnten diejenigen, die sich noch auf der Brücke befanden, abziehen (…) Danach brachten wir die Toten nach St. Celso, und ich, Paolo, half, zwölf von ihnen zu bringen. Da sah man die ganze Grausamkeit und 172 Leichen auf einmal, beweint von Vätern, Söhnen, Brüdern. Es war eine Hölle. Die Leute suchten ihre Angehörigen mit Kerzen in den Händen. Sie fanden Brüder, Kinder, Schwestern, und ihr Weinen und Schreien verdoppelten sich. Es war das schlimmste Grauen, das je gesehen wurde, und es dauerte die halbe Nacht. Der Papst schickte drei Mal sechs Leichenkarren (…) und ließ sie (die Toten) zum Friedhof bringen, wo sie den ganzen Sonntag zur Erkennung durch die Angehörigen aufgebahrt blieben.»[35]

Das christliche Rom erlebte die größte Pilgertragödie seiner Geschichte. Dabei kam diese Katastrophe keineswegs aus heiterem Himmel. Eigentlich war längst klar, dass zwar viele Wege in die Ewige Stadt führten, aber viel zu wenige über den Tiber. Von den ursprünglich sieben antiken Flussübergängen im Stadtbereich waren nur noch vier im Betrieb. Zwischen der Engelsbrücke, dem zentralen Zubringer zur Peterskirche, und den nächsten Übergängen an der Tiberinsel lagen fast drei Kilometer. Wenige Hundert Meter flussabwärts folgte dann noch der Pons Aemilius. Und außerhalb der Stadt, gut vier Kilometer von St. Peter entfernt, empfing der Ponte

Milvio Reisende, die über die alten Konsularstraßen nach Rom gelangten. Für die höchstens 40 000 ständigen Einwohner war das gerade ausreichend, für die enormen Pilgermassen im Heiligen Jahr aber viel zu wenig. Als die Pilger abgezogen waren, begann Nikolaus V., die stattlichen Einnahmen des Jubeljahres in ein Bauprogramm zu investieren. Er konzentrierte sich auf die Stadtbefestigung, die alten Stadtmauern von Kaiser Aurelian und die vatikanischen von Papst Leo, sowie auf die strategisch wichtige Engelsburg. Der Sitz der Päpste sollte zur uneinnehmbaren Festung ausgebaut werden, in der die Kleinodien der Kirche verschlussfest aufbewahrt werden mussten. Rom durfte nicht das Schicksal Konstantinopels erleiden, das 1453 an die Türken gefallen war. So dachte Nikolaus. Für die Instandhaltung von Straßen und Fluss setzte er *magistri stratarum*, Straßenmeister, ein. Aber eine weitere Brücke für das nächste Jubeljahr in Auftrag zu geben, fiel ihm nicht ein.

Immerhin veranlasste der Papst die Renovierung des Ponte Milvio. Er vertrieb die Händler von der Engelsbrücke, auf dass dem Pilgerstrom fortan nichts mehr im Wege stehe. Und er beauftragte den Architekten Leon Battista Alberti, die Brücke mit einer eleganten Loggia zu überdachen, «zum Schutz vor der Sonne im Sommer und vor Regen und Wind im Winter», wie der Künstlerbiograph Giorgio Vasari schrieb.[36] Auf der Seite gegenüber der Engelsburg wurden Häuser und ein kleiner antiker Bogen abgerissen, um Platz für die Wartenden zu schaffen, die sich hier «stauten», bevor sie geordnet auf die andere Tiberseite wechseln durften. Zum Gedenken an die Tragödie von 1450 ließ Nikolaus zwei Kapellen mit kreisrundem Grundriss erbauen. Eine wirkliche Erleichterung war das noch nicht.[37]

Ein Papst baut eine Brücke

Neue Kirchen statt neuer Brücken, daran hielten sich auch die nächsten drei Päpste. Erst Sixtus IV. (1471–1484) erwies sich als echter Pontifex Maximus. Der Sohn eines Schiffers aus Ligurien erkannte die Bedeutung des Tibers für die Stadt: Ohne den Fluss keine Baumaterialien, keine Waren und Lebensmittel für die neue Hauptstadt, die Sixtus vorschwebte. Rom sollte in seinem Pontifikat nicht nur Mittelpunkt der Christenheit werden, sondern auch die glänzende Kapitale eines Kirchenstaates, der an Größe,

Einfluss und Wohlstand Florenz übertraf und es mit Neapel aufnehmen konnte. Der Vatikan und der Borgo waren das Herz dieser Kapitale, aber dazu gab es noch Rom, einen lebendigen Stadtkörper aus Wirtschaft und Kultur, mit dem Tiber als Lebensader. Sixtus wurde der erste Brückenbauer seit der Antike – und der einzige Papst überhaupt außer dem letzten Pontifex-Regenten Pius IX. (1846–1878), der einen Flussübergang bauen ließ. An den Ufern des Tibers wuchs jetzt ein neues Rom. Nicht nur die schon von jeher stark besiedelte linke Seite erlebte einen Aufschwung, auch Trastevere wuchs zusehends zu einem neuen Zentrum. Rom zog Künstler und Handwerker aus allen Teilen Italiens und Europa an. Aus Deutschland kamen vor allem Buchdrucker und Bäcker, aus Norditalien viele Männer des gerade gewaltig anschwellenden Kurienapparats, in dem der findige Sixtus Posten aller Art gegen Geld verkaufte. Auch die Römer wusste der neue Papst mit gezielten Geschenken für sich einzunehmen. Er übergab ihnen die symbolträchtigsten Statuen der Stadtgeschichte, die Etruskische Wölfin, den Dornauszieher und den Kolossalkopf des Konstantin für das erste Stadtmuseum der Welt, die Kapitolinischen Museen.

Sehr viel Geld investierte der Papst in das Krankenhaus Santo Spirito in Sassia. Gegründet 727 als Herberge und Hospital für Petrus-Pilger von König Ine von Sassia, dem heutigen Wessex, um 1200 von Innozenz III. wiederaufgebaut, war die Anlage inzwischen von Hochwassern verwüstet.[38] Doch Rom brauchte dringend ein Krankenhaus, und dieses, direkt am Tiber vor der Peterskirche gelegen, konnte als Visitenkarte des Vatikans erscheinen. Sixtus machte aus dem Hospital eine Renommier-Immobilie, die direkt dem Papst unterstellt wurde. Das sollte sich für seine Nachfolger als ausgesprochen einträglich erweisen. Der Spendenberg wuchs so exorbitant, dass Paul V. 1605 den Banco di Santo Spirito eröffnen konnte, Roms erste Bank. Sixtus aber zahlte zunächst noch drauf. «Exhausta pecuniis», meldete sein Finanzminister 1478: Wir haben kein Geld mehr. Das lag indes auch an der Brücke.

Sie fußte auf den Fundamenten eines Übergangs, den einst Augustus' Stellvertreter Marcus Agrippa installiert hatte, um vom Marsfeld zu seiner Residenz am rechten Ufer zu gelangen. In der Kaiserzeit war der Pons Agrippae mehrfach restauriert worden, bevor er verfiel und das Hochwasser 791 schließlich nur noch ein paar kümmerliche Reste stehen ließ. Die waren kaum noch zu gebrauchen, doch ihre Position auf halbem Weg zwischen Engelsburg und Tiberinsel blieb perfekt. Künftig sollten die

Pilger über diese Brücke in ihre Herbergen zurückkehren und so die Engelsbrücke entlasten. Doch nur für *Romei* wurde der Übergang natürlich nicht gebaut. Er sollte das aufstrebende Viertel Trastevere mit den neuen Marktplätzen auf dem Campo de' Fiori und der Piazza Navona verbinden.

Zur feierlichen Grundsteinlegung 1473 begab sich der Papst mit vier Kardinälen und vielen Bischöfen ans Ufer und versenkte einen Stein: «Sixtus Quartus Pont Max Fecit Fieri …» Zusätzlich wurden einige Goldmünzen mit seinem Konterfei in den Tiber geworfen.[39] Sechs Jahre lang war ein Team bekannter Architekten mit der Brücke beschäftigt, die 1475 provisorisch eingeweiht wurde, auch wenn sie noch nicht ganz fertig war.[40] Auf einem Fresko im Hospital Santo Spirito ist das gut zu sehen: In vollem Ornat steht der Papst segnend auf dem ersten, offenbar fertiggestellten Brückenbogen, hinter ihm seine Gefolgschaft, darunter ein Kardinal. Der Papst schreitet zu einem festlich geschmückten Altar, doch gleich dahinter steht noch ein Baukran und Handwerker sind mit dem Zuschnitt von Steinen beschäftigt. Die Leitern, mit denen sie zu den Brückenfundamenten gelangen, wurden für das Einweihungsfest nicht weggeräumt, weil sie offenbar gleich wieder im Einsatz sein werden.[41]

Von seinem Bibliothekar und Hofchronisten Bartolomeo Platina ließ Sixtus gleich zwei Lobpreisungen auf der Brücke platzieren, die als Ponte Sisto seinen Namen erhielt. «Zum Nutzen des römischen Volkes und der Pilger des Heiligen Jahres», verkündet die eine, habe Sixtus IV. weder Kosten noch Mühe gescheut.[42] Deshalb sollten alle Brückennutzer für ihn beten, verlangt die zweite. In Wirklichkeit gab dieser Papst sich mit Gotteslohn nicht zufrieden, er pflegte vielmehr zutiefst weltliche Ambitionen. Dazu gehörte, dass er seine eigene Familie in bislang unbekanntem Ausmaß an der Macht beteiligte, mit Ämtern und Pfründen überhäufte, seinen Neffen und Cousins Kardinalshüte und Grafschaften zuschanzte, den einen zum Präfekten von Rom berief und für den nächsten eine einträgliche Heirat arrangierte. Der ganze Clan hielt sich am Patrimonium Petri schadlos, kassierte Einkünfte aus reichen Abteien, Steuern und Schenkungen. Allein der Lieblingsneffe Kardinal Pietro Riario kam auf eine Jahresrente von 60 000 Dukaten – dem Gegenwert von einem Dutzend Luxusimmobilien in Rom.[43]

Der junge Kardinal gab das Geld mit vollen Händen aus, seine Turniere, Theateraufführungen und Feste waren berühmt, seine Verschwendungssucht war berüchtigt. «Das Leben dieses Parasiten am Papstthron, der (…) seine Reichtümer und sich selbst verschwelgte, ist das grellste Bild von Nepotenglück überhaupt», urteilte Gregorovius, der an antike Gastmähler gemahnende, verschwenderische Feste des Geistlichen beschrieb und Riario attestierte, er sei stets mit einem Gefolge auf hundert Rassepferden in den Vatikan geritten.[44] Als der Papstneffe im Alter von 28 Jahren starb, hatte er in nur zweijähriger Amtszeit 200 000 Goldgulden verprasst, einen halben Staatsschatz. Die Verschwendungssucht des Neffen fiel auf Sixtus zurück, obwohl dieser an seinem eigenen Hof wohlweislich keine Festmähler veranstaltete. Bis heute gilt er als vornehmlich an Geld und Macht interessierter Kirchenfürst, der mit halb Italien Krieg führte und noch nicht einmal vor einem (missglückten) Mordkomplott gegen die Medici aus Florenz zurückschreckte, weil diese es wagten, ihm die Stirn zu bieten. Zweifellos trieb der Papst aus Ligurien die «Verweltlichung» der Kirchenherrschaft voran.

Damit der während seines Pontifikats aufgebaute Familienbesitz nach seinem Ableben nicht an die Kirche fiel, erließ er sogar ein neues Gesetz, von dem auch seine Nachfolger nach Kräften profitierten. Danach durften Geistliche ihre Immobilien vererben – auch an illegitime Kinder.[45] Diese Klausel klingt nach dreistem Nepotismus. Aber sie sorgte auch dafür, dass Roms Kurienmänner sich ebenfalls Paläste bauten wie der weltliche Adel in Florenz und dass die Stadt am Tiber sich in eine glänzende Renaissance-Kapitale verwandelte. Der Papst war nun Mittelpunkt eines Hofes – und an diesem arbeiteten Künstler wie Perugino, Pinturicchio, Botticelli und Ghirlandaio, die Sixtus zur Ausstattung der nach ihm benannten Sixtinischen Kapelle berief.

Seine Höflinge verliehen ihm den Titel *Conditor Urbis* (Stadtgründer), mit dem sich einst sein größter Vorgänger als Pontifex Maximus schmückte: Augustus.[46] Wie der erste Prinzeps hinterließ dieser Kirchenfürst neben einer verschönerten, vor allem aber effizienteren Stadt eine Art *Res Gestae*, einen «Tatenbericht», von dem der Maler Melozzo da Forlì auf einem Fresko verewigt.[47] Das Gemälde zeigt Sixtus im Kreise von Verwandten und Höflingen in einem säulengerahmten Prunksaal, der an die grandiosen Tempel der Antike gemahnt. Der Cäsarenkopf des Papstes erscheint im Stil altrömischer Münzen im Profil. Umrankt von den Eichenblättern aus dem Familienwappen ist die Gruppe illustrer Männer auf einem Marmorfundament platziert, in das Melozzo Sixtus' Ruhmestaten «gemeißelt» hat. Aufgeführt wird unter anderem die Tiberbrücke, als eine der wichtigsten Hinterlassenschaften des Pontifikats.[48] Der Küstensohn Sixtus verstand die Zerstörungskraft, aber auch die Bedeutung des Wassers. Er ließ die Abwasserkanäle im Tiberknie ausbessern und vollendete die Restaurierung des Aqua-Virgo-Aquädukts, das bis heute das Stadtzentrum und seine Brunnen mit Trinkwasser versorgt. Er setzte das antike Hafenbecken von Kaiser Trajan instand inklusive seiner kühnen sechseckigen Form. Und er machte seinen Neffen, den späteren Papst Julius II., zum Burgherrn von Ostia. Kardinal Giuliano della Rovere kontrollierte nun den Hafen wie vormals der von Cola di Rienzo hingerichtete Martino Stefaneschi.

In einer glanzvollen Prozession war Sixtus 1472 wie ein antiker Pontifex Maximus von der Peterskirche nach Ripa Grande gezogen, um an den Füßen des Ponte Sublicio die «heiligen Hölzer» seiner Schiffe zu segnen, die man eigens zu dieser Gelegenheit den Tiber hinaufgezogen hatte. Gut 50 000 Dukaten hatte der Kirchenfürst investiert, dafür fast alles Silber in seinem Besitz und sogar liturgische Gefäße einschmelzen lassen. Halb Rom war auf den Beinen und umjubelte die Flotte, als liege die Eroberung eines neuen Weltreichs in der Luft.[49] Zunächst waren die päpstlichen Seekrieger auch erfolgreich. Sie eroberten einige türkische Schiffe und brachten 25 Gefangene im Triumph nach Rom, wo diese gezwungen wurden, auf Kamelen durch die Stadt zu reiten.[50] Doch die Träume von einem siegreichen Seekrieg gegen die Sarazenen zerstieben dann doch. Der von Sixtus zum Admiral beförderte Kardinal konnte die Türken nicht aufhalten, die 1480 mit 700 Schiffen das apulische Otranto einnahmen.

Wie kein anderer Pontifex der Kirchengeschichte befasste sich Sixtus IV. mit dem Fluss. Doch bezwingen ließ sich der Tiber auch von diesem Papst nicht. Er bestimmte letztlich, ob Pilger kamen oder verängstigt zu Hause blieben, ob die Wirtschaft blühte oder Rom zu einem schlammbesudelten Trümmerhaufen herabsank. Im Heiligen Jahr 1475 überflutete er die Stadt derart, dass die Pilgerkirchen nur noch per Boot zu erreichen waren. Viele Straßen hatten sich in Schmutzwasserkanäle verwandelt, auch in den Herbergen stand das Wasser. Sixtus, der die Stadt selbst verlassen hatte, war gezwungen, den Ablass bereits in Bologna zu gewähren – für jene Pilger, die dort auf dem Weg zu den Apostelgräbern stecken geblieben waren. Als das noch nicht reichte, verkündete er Indulgenz auch für die Daheimgebliebenen.

Auf das Hochwasser folgte die Pest. Eine Hungersnot brach aus, Tag und Nacht bedrängten die Römer ihren Papst mit Wehklagen und Forderungen. Anstatt der erhofften wirtschaftlichen Erholung hatte das Jubiläum ihnen nur Not und Elend gebracht, Sixtus sollte es gefälligst verlängern! Der Papst gab nach und dehnte das Ablassjahr bis Ostern 1476 aus. Auch das vergebens, denn statt des ersehnten Pilgerstroms kam die nächste Pestwelle.[51] Zum ersten Mal wurde das Heilige Jahr ein Flop, weil der Tiber bewies, dass der christliche Glaube vielleicht Berge versetzen kann, aber nicht einen römischen Flussgott bändigen.

Kapitel 6

ZUR HÖLLE MIT DEM TIBER!

Wie der Fluss seine Stadt unter Wasser setzte

Mittwoch, 14. November 2012. Es ist ein warmer, sonniger Herbsttag, im milden Licht leuchtet gelb das letzte Laub der Platanen an den Uferstraßen. Doch die Stadt ist in Aufruhr. Schaulustige drängen sich auf den Brücken, schauen gespannt nach unten – in den breiten, rülpsenden, drecksbraunen Strom, der mit dem freundlich «blonden» Tiber nichts mehr gemein zu haben scheint. Auf dem Ponte Milvio fehlt nicht viel und die Brühe schwappt auf die Brücke. Durch das *Occhialone* («großes Auge»), wie die Römer das Brückenloch in der Mitte des Ponte Sisto nennen, fließt das Wasser schon. In 13 Meter Höhe liegt das Loch, auf 13,50 Meter ist der Tiber gestiegen.[1] In früheren Jahrhunderten hätte der Fluss mit diesem Pegel die halbe Stadt überschwemmt, doch heute verhindert das zumindest im Zentrum die Uferbefestigung.

Nördlich der Innenstadt sind indes schon einige Viertel überflutet. Tierheime müssen evakuiert, Straßen und Bahnlinien geschlossen werden, ausgerechnet in den Kellern des Zivilschutzes unweit der Via Flaminia steht das Wasser. Und dann ist da noch die Tiberinsel, die jetzt wie ein großes Schiff auf dem Fluss zu schwimmen scheint. Die Notaufnahme des Inselkrankenhauses Fatebenefratelli ist geschlossen, der restliche Betrieb geht weiter – vorerst. Mit den Patienten und Ärzten hält die ganze Stadt den Atem an: Wie weit wird der Tiber noch steigen? In den Römern, deren Vorfahren über Jahrhunderte dem Fluss hilflos ausgeliefert waren, steigt jetzt eine tief verwurzelte Angst hoch: das Grauen vor dem Tiber. Unberechenbar und gewaltig war einst der heute nur scheinbar gezähmte Strom, seine Wasser verwüsteten die Stadt, töteten Menschen und Tiere, brachten Hunger und Krankheiten.

Hochwasser kommen in Rom noch vor, haben aber anders als früher keine verheerenden Konsequenzen. So stieg der Pegel am 19. März 2018 auf 8,32 Meter, im Januar 2023 nicht ganz so hoch. Vorausgegangen waren beide Male starke Regenfälle, die nicht länger als eine Woche gedauert hatten. Das reichte, um nach Monaten der Dürre den Tiber überlaufen zu lassen. In Zukunft könnten durch den Klimawandel verursachte Extremwetterlagen allerdings schlimmere Folgen als die kurzfristige Überschwemmung der Uferwege haben.

Die für den Fluss zuständige Aufsichtsbehörde sieht Gefahren für mindestens 250 000 Menschen im Stadtgebiet, angesichts der Tatsache, dass bereits Starkregen mehrmals im Jahr die Überflutung von Bahnhöfen, U-Bahn-Schächten und Unterführungen auslöst. Hinzu kämen eine mangelhaft gewartete Kanalisation sowie gut 20 Relikte von Partybooten und Schiffsanlegern, die seit Jahren auf dem Tiber dümpeln und seinen Fluss hemmen, eines von ihnen mitten in der Stadt beim Ponte Sisto.[2] Lange hat sich Rom mit der 1926 fertiggestellten Uferbefestigung und mit vier Schleusen am Oberlauf des Flusses in Umbrien und Latium in Sicherheit wiegen können. Zwar stieg der Tiber zwischen 1870 und 2023 55 Mal über die kritische 13-Meter-Marke, der Schaden hielt sich aber jeweils in Grenzen. Neuerdings jedoch staut sich das Winter-Hochwasser wie in alten Zeiten am Ponte Milvio. Und was geschehen kann, wenn große Regenmassen in ein ausgetrocknetes Flussbett stürzen, konnte man im Mai 2023 in der Emilia-Romagna sehen, wo in der Winterdürre fast versiegte Flüsse nach zwei Tagen Dauerregen plötzlich überliefen.

Bis zu einer Marke von fünf Metern führt der Tiber offiziell Niedrigwasser, bis sieben Meter Pegel gilt als Normalzustand. Überschwemmung der Uferzonen und Überlauf der Kanalisation treten ab 13 Metern ein, Land unter ab 14 Metern. Ein Hochwasser über 16 Metern gilt als extrem.

Verglichen mit den Flussriesen der Welt mag der in Rom 100 Meter breite Tiber ein Zwerg sein angesichts von gerade einmal 200 Kubikmetern Wasser, die er durchschnittlich in der Sekunde transportiert. Zum Vergleich: Der Rhein bringt es bei 350 Metern Breite in Köln bei Normalpegel auf 2000 Kubikmeter, also das Zehnfache, die Wolga gar auf 7700 Kubikmeter pro Sekunde. Bei einem Pegelstand von 16 Metern rauschten aber auch in Rom schon 3000 Kubikmeter durch. In den Jahrhunderten seit der ersten Pegelmessung 1180 kamen solche Rekordüberschwemmungen 23 Mal vor, zuletzt 1937. Chroniken und Augenzeugenberichte lassen indes wenig

Zweifel daran, dass sich auch in der Antike und im frühen Mittelalter Extremfluten ereigneten.[3]

Ein Augenzeugenbericht vom November-Hochwasser 1345 (Pegel nicht überliefert) lässt uns erahnen, wie es den Menschen früherer Zeiten erging, wenn sie dem Fluss ausgeliefert waren:

«Den ganzen Sommer über öffnete Gott die Schleusen und schickte oftmals dichten, wenn auch keinen starken Regen. Nach der Weinlese jedoch, von Allerheiligen an, schien es, dass die Hölle alle ihre Brunnen öffnete, um Wasser zu speien. Da begann der Tiber anzuschwellen und hörte gar nicht mehr auf. (…) Da füllte er die gesamte Ebene um Rom, dann die Stadt selbst. Ganz Rom geriet ins Schwimmen. Nur die sieben Hügel schienen nicht im Wasser zu verschwinden. (…)

Der Platz vor dem Pantheon war derart überschwemmt, dass man ihn weder zu Fuß noch mit dem Pferd betreten konnte. Auch das Viertel um Sant'Angelo in Pescheria bis zum Judenplatz stand unter Wasser. (…)

Auch von denen, die sich oben auf dem Gianicolo-Hügel befanden, hört man, dass sich zu ihren Füßen ein See befand und mitten darin ein Kloster. Auch die Weinberge und Felder um St. Paulus waren überschwemmt, die gesamte Ostiense-Gegend sowie die Weinberge um St. Peter, kurzum: das gesamte Flachland um den Fluss (…)

Der Tiber zerstörte alle Felder und überzog die Weinberge mit Schlamm. Er entwurzelte Bäume und ließ Mauern und Häuser einstürzen sowie das Vieh ertrinken. Im Stadtgebiet verursachte er einen Schaden von 200 000 Gulden. Er zerbrach auch die eisernen Ketten der Wassermühlen und ließ fünf große Mühlen zum Meer abtreiben. Diese waren verloren, andere konnten unter großen Mühen gerettet werden. Im Wasser trieben Baumstämme, Schiffe, Mühlen, Möbel, Tiere, Häuser. Manches konnte gerettet werden, anderes trieb ins Meer, auch Türen, Truhen und volle wie leere Weinfässer. Plünderer fischten sich Weinfässer und Geldtruhen aus dem Hochwasser, aus einer dieser Truhen vernahm man die Schreie eines Jungen, der darin eingeschlossen den Fluss hinuntertrieb, gemeinsam mit Ochsen im Geschirr.»[4]

Man fühlt mit dem unglücklichen kleinen Dieb, der vielleicht gerade in der Truhe wühlte, als er von der Flut überrascht und mitgerissen wurde. Deren Wucht konnten noch nicht einmal die Ochsen widerstehen. Zugtiere bildeten oft den wichtigsten Besitz eines Landwirts, nicht selten teilten sich mehrere Familien ein Ochsenpaar, weil sie die Kosten allein nicht tragen konnten. Wenn diese Tiere im Hochwasser endeten, noch dazu mitsamt dem Pflug, so hatte dies weitreichende Konsequenzen für die Bestellung der Felder und die Landwirtschaft noch Monate nach der Überschwemmung. Ähnliches gilt für die ebenfalls erwähnte Zerstörung von Getreidemühlen. Wenn der anonyme Chronist den Schaden der Tiberflut auf 200 000 Gulden schätzt, dann entsprach das fast 120 Millionen Euro. Der Pegel war nach starken Regenfällen fünf Tage lang gestiegen, am sechsten stagnierte er, am siebten Tag sank er. Anschließend zeigten sich die Spuren der Verwüstung in nahezu allen Stadtvierteln, von der Piazza del Popolo über das Marsfeld bis hin zum Fuß des Kapitols, ganz zu schweigen von den Flussufern und Trastevere. Überall hatte der Tiber sein Werk der Zerstörung vollbracht, niemand konnte ihm entkommen. Auch nicht der Schlachter Pisciainsanti, der sein Geschäft direkt am Tiber betrieb. Angesichts des steigenden Pegels hatte der pfiffige Metzger seine wertvollen Ochsenhälften vorsorglich in ein weiter vom Fluss entferntes Haus verfrachtet, doch der Tiber ließ sich nicht überlisten. Am nächsten Morgen schwamm dem armen Pisciainsanti die unrettbar ruinierte Ware entgegen.[5]

Nicht nur das Fleisch war verdorben. Mit der Überschwemmung kam die Not, die Menschen mussten hungern und dursten. Die Trinkwasserbrunnen füllten sich mit schmutzigem Flusswasser, die Öfen in den Bäckereien waren zerstört. Wie lange die Stadt an den Folgeschäden des Hochwassers litt, überliefert der *Anonimo Romano* nicht. Aber andere Quellen bezeugen, dass unterspülte Häuser noch Monate nach der Flut einstürzen konnten.

Götterzorn und Hochwasserschutz

Im Frühling und vor allem im Herbst war jederzeit mit langen Regenperioden und anschließenden Überflutungen zu rechnen. Bei nur 122 attestierten Überschwemmungen in rund 2700 Jahren Stadtgeschichte müssen wir von einer hohen «Dunkelziffer» ausgehen, vermutlich haben knapp 80 Generationen von Römern mindestens einmal in ihrem Leben die Stadt unter Wasser gesehen.[6] Roms Geschichte ist auch eine Abfolge von Überschwemmungen und von Versuchen, den Höllenfluss zu bändigen, ohne gleichzeitig die Lebensader versiegen zu lassen. Ein ewiges Dilemma, das bereits in der Antike begann, wo die erste *inundatio* in den Annalen für 414 v. Chr. vermerkt wurde.[7]

Seit der Antike wurde die sumpfige Gegend am Forum Boarium, dem alten Rindermarkt, bei Hochwasser zuerst überflutet. Hier befanden sich die Stelle der legen-
dären Aussetzung von Romulus und Remus im Tiber und der erste Flusshafen Portus
Tiberinus. Links der Tempel des Hercules Victor, rechts der Tempel des Hafengottes
Portunus in einer Fotografie, die bei der Überschwemmung 1870 entstand.

Die lakonische Nüchternheit, mit der Titus Livius in seiner Stadtgeschichte die meisten Überflutungen abhandelt – sogar die Rekordzahl von
zwölf *inundationes* in einem einzigen Jahr (192 v. Chr.) erwähnt er in einem
Satz –, könnte darauf hindeuten, dass ein Tiberhochwasser damals wie
andere Naturphänomene mit einem gewissen Fatalismus erduldet wurde.[8]
Wahrscheinlicher ist allerdings, dass es meistens keine schwerwiegenden
Folgen hatte.

Wenn der Tiber über die Ufer trat, überschwemmte er zunächst die ihm
benachbarten Gebiete und dann die Talmulden der Stadt. Routinemäßig
stand die Gegend zwischen Fluss und Porta Flumentana mindestens einmal
im Jahr unter Wasser.[9] Das inzwischen verschwundene antike «Tor zum
Fluss» öffnete seit dem 5. Jahrhundert v. Chr. die Servianische Stadtmauer
am Fuße des Kapitols zum «Rindermarkt», dem Forum Boarium, und
dem dahinter liegenden Tiberhafen. Dieses Marktviertel, das angrenzende
Sumpfgebiet des Velabro und die Talmulde des Circus Maximus waren den

Launen des Flusses besonders ausgesetzt, ebenso das Marsfeld. Bis in die Zeit von Augustus bestand Letzteres vor allem aus ausgedehnten Wiesen. Gelegentlich fanden dort Truppenübungen statt, ansonsten waren die «Felder des Kriegsgottes Mars» am linken Ufer für Weidevieh reserviert. Doch auch in der Antike verliefen nicht alle Überschwemmungen glimpflich. Der Tiber konnte damals Brücken einreißen (besonders häufig den hölzernen Pons Sublicius), Häuser zum Einsturz bringen, Menschen aus ihren Wohnungen und Werkstätten schwemmen, Viehherden vernichten.[10] Das Leben in der Metropole kam zum Erliegen, der Warentransport musste ausgesetzt werden, Markttage wurden abgesagt, Gerichtsprozesse verschoben. Für die Menschen war es, als gehe ein göttliches Strafgericht über sie nieder, denn im alten Rom galten Naturphänomene als Ausdruck von Götterwille und Götterzorn. Auguren lasen aus dem Vogelflug, Priester interpretierten Starkwetterlagen und eben auch Überschwemmungen, und ihre Orakel beeinflussten oder verifizierten politische Entscheidungen.

Mindestens einmal wurde wegen der Flut ein Krieg unterbrochen – wobei jenseits des Menetekels auch praktische Erwägungen eine Rolle gespielt haben könnten: Anstatt gegen den Feind zu kämpfen, mussten Heerführer und Soldaten sich erst einmal um die vom Hochwasser verwüsteten Felder kümmern.[11] Im Jahr 363 v. Chr. unterbrach der Tiber ein Wagenrennen im Circus Maximus. Mitten im Programm quoll Wasser auf die Rennbahn, eilig wurden die Pferde in Sicherheit gebracht. Der Schrecken war groß, denn die Menschen befürchteten den Zorn der Götter als Motiv der plötzlichen Überschwemmung.[12] Doch ebenso plötzlich, wie das Wasser gestiegen war, verzog es sich auch wieder.[13]

Kompliziert wurde für Roms Priester und Seher die Interpretation eines Winter-Hochwassers am 17. Januar des Jahres 27 v. Chr. Eigentlich war nichts daran ungewöhnlich – außer einem bedeutenden Ereignis tags zuvor: Am 16. Januar hatte der Senat offiziell den langen Bürgerkrieg für beendet erklärt, den Sieger Octavian, Julius Caesars Adoptivsohn, als Alleinherrscher anerkannt und sich damit selbst entmachtet. Man verlieh Octavian den Ehrentitel Augustus, «der Erhabene». Rom war nun faktisch keine Republik mehr, sondern eine Monarchie. Die ganze Stadt war auf den Beinen, um den Prinzeps zu feiern, die Zelebrationen zogen sich bis in den Abend. So berichtet es Cassius Dio. Als alle Festgäste gegangen waren und Augustus sich in seinen Palast auf dem Palatin zurückgezogen hatte, da eroberte überraschend der Tiber die Szene, «sogleich in der Nacht, ein bedeutungsvolles

Zeichen. Der Fluss trat über seine Ufer und überschwemmte alle Niederungen Roms, so dass man auf Kähnen fahren musste».[14] Wollten die Götter mit dem Überlaufen des Tibers ihren Zorn über den Untergang der Republik zeigen? Das Volk fürchtete sich, doch die Priester wiegelten ab. Nach eingehender Beratung verkündeten sie, das Hochwasser sei ein gutes Omen. Es bedeute, «dass Augustus zu hoher Macht gelangen und die ganze Stadt in seiner Gewalt haben werde». Genau wie der Tiber, der die Metropole soeben in einen See verwandelt hatte. Der Fluss, so die offizielle Interpretation, sehe in dem jungen Prinzeps jetzt seinesgleichen – einen gottgleichen Herrscher, gegen den jeder Widerstand zwecklos, ja lästerlich sei.

Augustus' Ehrgeiz war es, eine Weltmetropole zu schaffen, hinter der die Konkurrenz in Griechenland und Ägypten verblasste.[15] Rom musste wachsen, und es wuchs unweigerlich am Fluss. Auf dem Marsfeld zwischen Tiber und heutiger Via del Corso entstand «eine regelrechte Augustus-Topographie», in der ein auf dem Tiber importierter Obelisk aus dem ägyptischen Heliopolis, der Stadt des Sonnengottes, eine zentrale Rolle spielte, als Zeiger einer überdimensionalen Sonnenuhr.[16]

«Schon die Größe des Marsfeldes ist bewundernswert», staunte der griechische Historiker und Geograph Strabon. «Sie erlaubt gleichzeitig ohne gegenseitige Behinderung Wagenrennen und alle anderen Arten von Pferdesport. Daneben sieht man Scharen von Ringern, Ball- und Reifenspielern. Kunstwerke schmücken alle Wege, die Gärten grünen und blühen zu allen Jahreszeiten, und der Kranz der Hügel, die sich bis zum Tiber hinziehen, schafft eine einzigartige Stadtlandschaft.»[17]

In einem beispiellosen Personenkult ließ Augustus für sich und seine Familie ein Mausoleum anlegen, wie es Rom noch nicht gesehen hatte. Direkt am Flussufer erhob sich inmitten eines paradiesischen Gartens das gigantische Grabmal des Herrschers, das den Vergleich mit dem Mausoleum von Halikarnassos, einem der sieben Weltwunder, nicht scheuen musste. Seine Dimensionen übertrafen jene der Alexandergruft in Ägypten, bis heute ist es mit einem Durchmesser von 87 Metern das größte Rundgrab der Welt. Der zentrale Zylinder, in dem sich vermutlich die Augustus-Urne befand, war mit einer Höhe von 40 Metern weithin sichtbar, zumal er mit einer Bronzestatue des Kaisers gekrönt wurde. Solcher Grandezza konnte auch der Tiber nichts anhaben: Die Grabkammer war wasserdicht.[18]

Die aufstrebende Oberschicht der neuen Senatoren und Ritter folgte

Augustus' Beispiel und baute ebenfalls nah am Wasser. Der Politiker und Feldherr Lucius Cornelius Balbus aus dem südspanischen Cadiz etwa wurde mit einem Feldzug in der Sahara so reich, dass er es sich leisten konnte, auf dem Marsfeld ein prächtiges Theater zu errichten. Die Eröffnung sollte 13 v. Chr. zu Ehren der Rückkehr von Augustus nach einem langen Auslandsaufenthalt stattfinden. Doch da trat der Tiber auf den Plan, überflutete die Straßen vor dem Theater und das Parterre. Augustus ließ sich nicht blicken, Cornelius Balbus aber hielt unverdrossen seinen Einzug – im Boot.

Im Unterschied zu seinen Schauspielern, die als Geringverdiener vermutlich in einer *insula* (Mietshaus) lebten, konnte sich der Mäzen Balbus nach der feuchten Eröffnung in seine *domus* fern des Tibers zurückziehen. Die Reichen und Mächtigen schwebten in ihren Villen auf den Hügeln über dem Hochwasser, während die Armen ihm oftmals ausgeliefert waren.[19] Die meisten Römer lebten in billig gebauten, chronisch überfüllten *insulae*, die sich beiderseits der Via Lata (Via del Corso) unterhalb des Kapitols und in Trastevere ausbreiteten, also im Flutgebiet. In den Mauern dieser bis zu 20 Meter hohen, häufig siebenstöckigen Gebäude hielt sich das Wasser zermürbend lange. Vor allem aber riskierte die hier ansässige Plebs ihr Leben, wenn der Tiber ins Haus kam. In jedem vierten Flutbericht aus der Antike werden namenlos menschliche Opfer erwähnt. Es starben «alle Menschen, die sich nicht rechtzeitig in höher gelegene Gegenden retten konnten, ob in ihren Wohnungen oder auf den Straßen», berichtete etwa Cassius Dio über eine Überschwemmung 54 v. Chr.[20]

Sieben Überflutungen sind während der 45-jährigen augusteischen Regentschaft überliefert. Dass keine zur Katastrophe geriet, war zumindest zum Teil der sorgfältigen Pflege geschuldet, die das Regime dem Tiber angedeihen ließ. Regelmäßig säuberten Sklaven zur Hochwasserprophylaxe das Flussbett und erweiterten es an neuralgischen Punkten.[21] Die Instandhaltung der Ufer wurde als wesentliche öffentliche Aufgabe betrachtet, schließlich befanden sich dort die größten Getreidespeicher (*horrea*) mit dem importierten Korn aus Ägypten und Sizilien. Wurden die Speicher vom Flutwasser durchnässt, so drohten Versorgungsengpässe, sogar Hungersnöte.

Von Tacitus erfahren wir, dass bei einer Tiberflut 69 n. Chr. auch gewöhnlich sichere Gebiete überschwemmt werden. «Viele Menschen wurden auf offener Straße von den Fluten weggerissen, noch mehr in ihren Geschäften oder in ihren Betten. Das Volk verhungerte, weil es keine Arbeit fand und die Nahrungsmittelversorgung nicht ausreichte.»[22] Ob die Hungersnot ausbrach, weil der Tiber die Getreidevorräte durchnässte, oder ob die Speicher zum Zeitpunkt des Hochwassers in Erwartung der neuen Ernte leer waren, erwähnt Tacitus nicht. Wahrscheinlicher ist Letzteres. Denn die *horrea* etwa in Testaccio oder am Fuße des Palatins waren festungsähnliche Silos mit meterdicken Mauern, winzigen Lüftungsfenstern und wasserdichten Türen. Sie wurden durch Sandsäcke zusätzlich geschützt und standen leicht erhöht wie Inseln in der Flut. Zudem wurde das Getreide meistens nicht im Erdgeschoss gehortet.[23]

Für den Hochwasserschutz wurden seit Kaiser Tiberius (14–37 n. Chr.) zwei *curatores riparum et alvei Tiberis*, Verantwortliche für Ufer und Bett des Tibers, berufen. In ihre Zuständigkeit fielen auch die Lizenzen für Bootsanlegeplätze und den Bau von Hafenanlagen sowie die Verpachtung von Wiesen und anderen Flächen am Fluss. Die Auserwählten waren ehemalige Konsuln, also hochrangige Männer. Als Flussaufseher hatten sie im Jahr 15 n. Chr. im Senat einen großen Auftritt.

In diesem ersten Jahr nach dem Tod des Augustus ereignete sich eine Überschwemmung mit erheblichen Schäden. Gebäude stürzten ein, es gab Todesopfer.[24] Die Kuratoren berieten sich mit ihren Experten und kamen zu dem Schluss, die Nebenflüsse im Oberlauf des Tibers müssten «neutralisiert» werden. Ins Visier gerieten dabei der Clanis in der heutigen Toskana sowie Nera und Velino in Umbrien, drei wasserreiche Zuflüsse, die den Pegel in Regenzeiten erheblich nach oben trieben. Die römischen Behördenchefs wollten sie zur Entlastung des Tibers umleiten, doch kaum waren die Pläne publik, da regte sich in den betroffenen Städten und Kolonien Protest.

Laut Tacitus kam es unter Tiberius' Vorsitz zu einer Anhörung im Senat, bei der sich die Parteien erbittert bekämpften: «Die Florentiner baten, man solle nicht den Clanis aus seinem bisherigen Bett verdrängen und in den Arno umleiten, weil das für sie selbst verhängnisvoll würde. Die Gesandten aus Terni äußerten ähnliche Bedenken. Wenn der Nera, wie beabsichtigt, in einzelne Kanäle aufgeteilt würde und die dann Hochwasser führten, würden die fruchtbarsten Felder Italiens verwüstet. Auch die Reatiner schwiegen nicht. Sie lehnten den Plan ab, den Abfluss des Velinersees in den Nera einzudämmen, weil sonst das umliegende Land überflutet würde.»[25]

Am Ende ruderte Tiberius zurück. Aufwand und Risiken waren gemessen an den unsicheren Erfolgsaussichten zu groß. Außerdem gab es noch einen anderen, sehr gewichtigen Grund, darauf zu verzichten, dem Tiber an seinem Oberlauf das Wasser abzudrehen: Die Lebensader der Hauptstadt musste das ganze Jahr über schiffbar bleiben. Eine Kanalisierung der wasserreichen Nebenflüsse aber hätte den Tiber und damit Rom in den Sommermonaten aufs Trockene setzen können. Und das ausgerechnet in der Hauptsaison für Bauarbeiten, deren Material nur über den Fluss geliefert werden konnte. Da war ein bisschen Hochwasser im Herbst entschieden das kleinere Übel.

Peinlich, dass die Experten von der Flussaufsicht das nicht bedacht hatten. Aber man fand einen Ausweg und lenkte im Senat mit religiösem Pathos von der Panne ab: Nicht ohne Grund hätten die Götter Flüssen eine Quelle, einen Verlauf und eine Mündung gegeben, da solle der Mensch besser nicht eingreifen. Und überhaupt wäre der Tiber sicherlich erzürnt, wenn er ohne das Wasser seiner Nebenflüsse «mit weniger Gloria» in Rom ankommen müsste. Den Flussgott aber wolle man besser nicht provozieren. Ein Vertrauter des Kaisers stellte den Antrag, alles beim Alten zu lassen – und der Senat stimmte zu.

Beim Balanceakt zwischen Überschwemmungsprophylaxe und Schiffbarkeitsgarantie zeigten sich die Römer erfinderisch und pragmatisch. Als etwa nach dem neuntägigen Großbrand im Jahr 64 Rom buchstäblich in Trümmern lag, befahl Kaiser Nero, die Berge von Schutt und Asche zu nutzen – um Senken zu füllen. So wurde eine gewaltige Talmulde in Flussnähe geschlossen (und viel später darauf die große Kirche Sant'Andrea della Valle errichtet), der Velabro aufgeschüttet und die Via Sacra auf dem Forum um zwei Meter erhöht. Das Marsfeld wuchs durchschnittlich sogar um drei Meter. Die Stadt wurde also systematisch höher gelegt, um sie vor Überflutung zu schützen. Gleichzeitig wuchs sie aber immer weiter an den Fluss heran, wodurch die Überschwemmungen folgenreicher wurden.[26]

Aus den Gesetzen und Vorschriften für den Hochwasserschutz und die Normen zur Entschädigung können wir lesen, wie sehr der Fluss die Herrscher der Antike beschäftigte. So verpflichtete der Staat Bürger, deren Grundstücke an den Tiber reichten, zur Instandhaltung und Pflege der Ufer. Herabgefallene Äste oder entwurzelte Bäume galten als Hindernisse für den Fluss und somit als Hochwassertreiber. Bäume mussten deshalb regelmäßig beschnitten, totes Holz musste entfernt werden. Am Flussufer durfte nicht gebaut werden, auch keine Brücken zur Verbindung von beiderseits des Tibers gelegenen Grundstücken. Private Anrainer hatten den Zugang zum Wasser freizuhalten. Wer den Fluss und seine öffentliche Nutzung behinderte, wurde bestraft.[27]

Bei Überschwemmungen zahlte der Staat keine Entschädigungen. Sie fielen in die gleiche Kategorie wie Feuer, Erdbeben, Volksaufstände und Kriege: «vis maior cui resisti non potest» – höhere Gewalt, gegen die man nichts ausrichten konnte. Das war aber keineswegs ein Freibrief für Plünderei. Was der Fluss mitriss, blieb weiter Besitz des Geschädigten – wenn er es denn überhaupt noch verwerten konnte. «Hausrat der Reichen und kostbares Geschirr; dort Ackergerät, hier Ochsen, Pflüge (...) sich selbst überlassenes Zugvieh und dazwischen Baumstämme oder Balken von Landhäusern» – alles das sah der jüngere Plinius im Hochwasser treiben.[28] Ulpian, der große Jurist des frühen 3. Jahrhunderts, erwähnt in seinem Zivilrecht, dass Bürgern, deren Hab und Gut vom Tiber auf andere Grundstücke getrieben wurde, Zugang zur Sicherung ihres Eigentums gewährt werden musste. Das galt auch für vom Fluss abgetriebene Boote.[29]

Die Armen, denen der Tiber oftmals ihre einzigen Kleidungsstücke nahm und ihre wenigen Möbel zerstörte, dürften von diesen Gesetzen nicht profitiert haben. Im Übrigen ist augenfällig, dass bei Hochwasserberichten aus dem alten Rom ökonomische Aspekte im Vordergrund standen. Menschliche Opfer wurden nicht gezählt, obwohl sich für andere Naturkatastrophen oder Tragödien durchaus Zahlen finden. Vielleicht war die Ermittlung von Toten und Vermissten bei einer Flut besonders schwierig – wenn sich die Behörden die Suche nicht ohnehin sparten. Vieles deutet aber darauf hin, dass der Sachschaden bei einer Überschwemmung üblicherweise hoch war, die Opferzahl hingegen begrenzt.[30]

So rasch, wie die Flut im alten Rom kam, ging sie auch wieder. Nach durchschnittlich fünf Tagen zog das Wasser ab.[31] Der Tiber floss damals schneller, er war mit 130 Metern um ein Drittel breiter als heute. Zudem erreichte er seine Mündung vier Kilometer früher. Auf dem Weg nach Ostia hatte der Tiber außerdem ein größeres Gefälle, erst gegen Ende des 4. Jahrhunderts stieg der Meeresspiegel, und gleichzeitig versandete die alte Mündung.[32] Alles das könnte dazu beigetragen haben, dass Überschwemmungen in der Antike glimpflicher verliefen.

Die Rache des Verwahrlosten

Im christlichen Rom des Jahres 589 wurde ein Hochwasser hingegen als Zeichen der drohenden Apokalypse empfunden. Gerade hatten sich die Römer für einen riesigen Betrag von den Langobarden freigekauft, die sie mit Plünderung bedrohten. Doch kaum waren die Eroberer zum reichen Kloster von Monte Cassino weitergezogen, das als Beute so viel lohnender schien als die verarmte und verlassene ehemalige Hauptstadt, da wurde Rom von einem ungleich gnadenloseren, unerbittlichen Eindringling heimgesucht: dem Tiber. Nichts konnte ihm Einhalt gebieten, schon gar nicht die im 3. Jahrhundert bis an sein linkes Ufer gebaute Aurelianische Stadtmauer. Das Wasser kletterte darüber und überschwemmte das gesamte Siedlungsgebiet. Der Tiber habe die antiken Tempel zerstört und sei sogar in die Getreidespeicher aus der Kaiserzeit gedrungen, erzählte Paulus Diaconus in seiner *Historia Langobardorum*. In den schmutzigen Fluten sei totes Vieh getrieben, außerdem «eine große Menge von Wasserschlangen und ein Drache von monströser Größe».[33] Der fromme Chronist schrieb im 8. Jahrhundert, war also kein Zeitgenosse. Der zitierte Drache weist schon darauf hin, dass er im Tiber satanische Kräfte am Werk sah. Seine dramatische Darstellung einer Naturkatastrophe von apokalyptischen Ausmaßen war dazu angetan, einen heiligen Mann ins rechte Licht zu rücken, der als Retter des christlichen Roms erscheinen sollte: Gregor den Großen.

Die Papstwahl dieses römischen Patriziers aus der uralten Familie der Anicier war eine direkte Folge der Überschwemmung. Gregors Vorgänger Pelagius II. war am 7. Februar 590 an der Pest gestorben, die nach der Flut in Rom grassierte. Endzeitstimmung erfasste die Stadt: erst die Langobarden, dann das Hochwasser, die Hungersnot und schließlich die Seuche. Gregor wurde gewählt, weil er vor seiner Bekehrung zum Mönchstum als hoher Beamter Erfahrung in der Verwaltung gesammelt hatte und mit den Problemen der Stadt bestens vertraut war. Ein erfahrener Krisenmanager, ausgestattet mit gehörigem Charisma.

Wie damals für Angehörige der römischen Elite üblich, war Gregor klassisch gebildet. Sein rhetorisch-politisches Talent hatte er als Gesandter beim Kaiser in Konstantinopel bewiesen. Gleichzeitig war der neue Papst ein frommer Theologe. Das große Familienvermögen investierte er in Klostergründungen, sechs auf Sizilien, eine weitere in seinem römischen Stadtpalast auf dem Celio-Hügel. Dort empfing er Bedürftige, in der Tradition altrömischer Aristokraten, die für ihre *clientes* (Klientel) sorgten. Augustus hatte seinerzeit auf dem benachbarten Palatin-Hügel ganz ähnlich Hof gehalten.[34] Durch Gregor, der mit seinem Beinamen «der Große» Kirchengeschichte machte, wurde der Papst zu einem römischen Monarchen, der die alten Modelle von Macht und Mythos neu zu interpretieren wusste. Eine neue Epoche brach an, und wieder spielte der Tiber dabei eine Hauptrolle.

Nicht von ungefähr läutete Gregorovius mit der Bußprozession, die Papst Gregor nach überstandener Pestwelle am 29. August 590 anführte, das Mittelalter ein: «Indem nun diese Trauerchöre des ganzen römischen Volks die Lüfte mit ihren Hymnen erschütterten, während sie sich zwischen Ruinen durch die verödete Stadt bewegten, schienen sie das antike Rom selbst zu Grabe zu tragen und die Augurien jener trostlosen Jahrhunderte zu begehen, die jetzt folgen sollten.» In sieben Zügen – die für die Stadtgeschichte entscheidende, mythische Zahl war nicht zufällig gewählt – bewegten sich die Büßerinnen und Büßer auf St. Peter zu. Am Tiber trafen sie zusammen, und an seinem Ufer erlebten sie: ein Wunder. Über dem Fluss, der Rom so tief verwundet hatte, sahen die Gläubigen ein «himmlisches Bild», ein Gotteszeichen: «Der Erzengel Michael schwebte über dem Grabmal Hadrians; er steckte ein flammendes Schwert in die Scheide, zum Zeichen, dass die Pest erloschen sei.»[35] Die antike Grabanlage wurde zur Engelsburg, auf deren Spitze bis heute ein Bronze-Michael die Legende von der Ewigkeit Roms verkündet.

Erstmals wurde einem Papst die Heldenrolle als *constructor urbis* im Mythos von Verfall und Wiederaufbau eingeräumt, für den der Tiber die Ursuppe bildete. Die Erzählung des Mönchs Paulus Diaconus musste auf den Wendepunkt am Fluss zulaufen, der Tiber vom Höllenfluss Styx wieder zum Jordan werden, durch die sakrale Aura Gregors und das Eingreifen himmlischer Kräfte. Je düsterer die vorangegangene Katastrophe, desto strahlender musste die Geschichte wirken, der Papst habe Rom durch seine Tatkraft den lang ersehnten Aufschwung beschert – auch wenn dieses Chiaroscuro der historischen Realität nicht ganz entsprach. Denn obwohl der Verfall schon länger im Gang war, blieb den immerhin noch 90 000 Einwohnern doch ein Grundgerüst an Versorgungsdiensten und städtischer Organisation, ohne die beispielsweise der «Freikauf» von den Langobarden gar nicht möglich gewesen wäre. Der Tiber geißelte Rom, bedrohte aber nicht die Existenz der Stadt.[36]

Im Grunde war es eine Neuauflage des Konstantins-Mythos um die Milvische Brücke. Wieder war der Fluss Zeuge einer Neugründung, nur mit dem Unterschied, dass er diesmal selbst mitsamt der alten Heidenburg Hadrians «gereinigt» wurde. Letzteres allerdings ausschließlich im spirituell-religiösen Sinne.

Denn dass die großen Überschwemmungen fortan verheerender wurden als in alten Zeiten, war das Resultat einer konsequenten Vernachlässigung. Gregor und seine Nachfolger machten Rom wieder zum Zentrum des Abendlandes, um den Tiber kümmerten sie sich nicht weiter.

Das mittelalterliche Rom recycelte die Baumaterialien der antiken Kapitale für Kirchen, Häuser und Paläste. Für die eingestürzten Brücken aber gab es keine Verwendung. Man baute auch keine neuen, sondern ließ die Ruinen einfach im Fluss liegen. Dort hemmten sie seinen Lauf derart, dass der Tiber über Jahrhunderte zwischen Engelsburg und Flussinsel nicht mehr befahren werden konnte. An den Pfeilerresten sammelte sich Abfall, bildeten sich Strudel, so dass der Kanal auch für kleine Boote immer enger geriet. Gelegentlich war das Anlass für Proteste von Müllern, Fischern oder Bootsführern. Ernsthaft Abhilfe geschaffen wurde nie.[37]

Während der Tiber also einerseits verwilderte, wurden seine Ufer immer städtischer. Hinter der Einrahmung durch die antiken Stadtmauern entstanden neue Wohnquartiere, weil der Fluss durch den Verfall der Aquädukte zum wichtigsten Trinkwasserlieferanten avancierte. Gleichzeitig nahm er die Abwässer zahlreicher Werkstätten auf, denn Gerber, Tuchfärber und Metzger arbeiteten direkt am Ufer, wo sie ihre Waren am Hafen abholen und das Wasser für ihre Arbeit nutzen konnten.[38] Alle erdenklichen Abfälle hinderten den Lauf des Flusses ebenso wie ein Wald von Mühlen. Der Tiber lief bei Normalpegel Slalom – und wenn er gewaltig anschwoll, lief er Amok.

Einer der wenigen mittelalterlichen Päpste, die nennenswerte Maßnahmen zum Hochwasserschutz ergriffen, war Papst Hadrian (772–795). Unterhalb der Engelsburg ließ er unter Einsatz von 12 000 Tuffsteinblöcken eine Ufermauer bauen. Der Tiber drängte an dieser Stelle mit Macht gegen das rechte Ufer und bedrohte somit die stark frequentierte Pilgerstraße zum Vatikan. Hadrians Konsolidierungsversuch war der erste seit der Antike und sollte für Jahrhunderte der letzte bleiben.[39] Den Tiber vermochte die Mauer nicht aufzuhalten, doch verhinderte sie immerhin das Abrutschen der Uferwand.

Die Folge der dichten Bebauung und des eingeengten Flussbetts waren Hochwasser mit immer höheren Pegelständen, oftmals über Wochen. Stets lief der Tiber nach dem gleichen Muster über: Nördlich der Stadt konnte er sich über sein gesamtes Tal ausbreiten und kurz vor Rom noch den Nebenfluss Aniene aufnehmen, um dann vom Ponte Milvio abwärts immer wieder gestaut zu werden, bis er nach ungefähr acht Kilometern wieder aus der Stadt heraustrat.

Rechtsseitig lief das Wasser am Fuße des Monte Mario in Richtung Borgo und verwüstete auf seinem Weg die Saaten oder Ernten der Felder. Beim Krankenhaus Santo Spirito vereinte es sich mit der Flutwelle, die durch das reguläre Flussbett von der Engelsburg herunterschwappte. Dort wurde der Fluss angestaut, denn die Engelsbrücke war im Laufe der Zeit zu einem regelrechten Damm ausgebaut worden, während die Verteidigungsmauern der Burg immer weiter in den Fluss hinausragten. So ereignete sich jedes Mal, was der anonyme Chronist 1345 beobachtete: «Das Wasser erfüllte ganz Santo Spirito und den Platz vor der Engelsburg (…) Es drang in die Brückentore, das untere aus Metall und auch das obere aus Holz. Die Wasserwelle, die aus der Porta der Leostadt an der Engelsburg schwappte, vereinte sich mit jener von Santo Spirito. Es sah aus wie ein See, das gesamte Viertel war nur mit der Barke zu erreichen.»[40]

Auf der linken Tiberseite bot sich ein ähnliches Bild. Im Norden hatte der Fluss die Via Flaminia auf seinem Weg in die Stadt wie einen Kanal genutzt und strömte durch die Porta del Popolo. Durch alle Lücken in der Aurelianischen Mauer, die als Zugang zu Mühlen und Anlegestegen dienten, floss das Wasser in Richtung Corso. Die Uferstraßen des Zentrums füllten sich und wurden ihrerseits zu Flüssen − der alte Name der Via dei Banchi Nuovi, «Canale di Ponte», erinnert noch daran. Es waren schmutzige Kanäle, denn der Tiber riss allen Dreck mit, den die Römer gewöhnlich auf die Straße warfen oder in ihren Kellern und Senkgruben ließen. Eine übel stinkende Brühe aus Flusswasser, Hausmüll und Fäkalien überzog die Stadt. Aus Tiberinus war *receptaculum omnium purgamentorum Urbis* geworden − ein Auffangbecken für allen Unrat, das während des gesamten Mittelalters nie gesäubert wurde.[41]

Mehr noch als Päpste, Adlige und Tribunen schien der Tiber die Stadt zu beherrschen. Weil die Menschen sich ihm schutzlos ausgeliefert fühlten, gaben manche Überflutungen Anlass zu Verschwörungstheorien und Legenden. Der Chronist Stefano Infessura etwa vermutete hinter dem Hochwasser vom November 1422 einen Racheakt des Condottiere Braccio da Montone. Dieser Söldner und Glücksritter hatte vielen Herren gedient und war wegen seines brutalen Regiments gefürchtet. Seine Belagerungen hatten ihn reich und mächtig gemacht, er war Prinz von Capua und Senator von Rom, kontrollierte zeitweise das ganze obere und mittlere Tibertal und regierte somit quasi einen (Gegen-)Staat im Kirchenstaat. Enea Silvio Piccolomini, der gelehrte Papst Pius II., schrieb rückblickend über ihn: «Braccio war von angenehmem Äußeren, seine Rede sanft und gewinnend, doch er hatte ein grausames Temperament und lachte, während er befahl, Menschen zu foltern, sie auf das Gemeinste zu quälen und sich daran zu delektieren, sie von hohen Türmen zu werfen (…) Braccio glaubte weder an das Paradies noch an die Hölle und war absolut unwürdig, ein christliches Begräbnis zu erhalten.» Als einzige gute Tat Braccios lobte Pius, der selbst einen Stausee plante, aber nie realisierte, den Bau von Entwässerungskanälen für den Trasimenischen See, die den schwankenden Wasserpegel des Sees regulierten und sogar den Betrieb von Getreidemühlen ermöglichten.[42]

Gerade diese Erfolge führten offenbar dazu, dass die Römer dem Condottiere zutrauten, aus Hass auf ihre Stadt und den Papst die *Cascata delle Marmore* zwischen Terni und Rieti manipuliert zu haben, um Rom zu überfluten. Dieser künstliche Wasserfall, bis heute der weltweit höchste seiner Art, war zu Zeiten der Römischen Republik 271 v. Chr. mit dem Ziel angelegt worden, die Nebenflüsse des Tibers zu regulieren. Braccio aber sollte diese wasserreichen Zuflüsse ungebremst in den Tiber geleitet haben.[43] Die Überschwemmung in Rom wurde auf einen Pegelstand von 17,22 Metern berechnet, muss also gewaltig gewesen sein. Das Wasser bedeckte die Bögen der Engelsbrücke und blieb einen ganzen Monat lang im Innenraum des Pantheons stehen.

Theoretisch wäre eine Manipulation an der *Cascata* möglich gewesen, doch hätte sie zunächst den Nebenfluss Nera zum Überlaufen gebracht – mit allen Folgen in Braccios eigenem, rund 100 Kilometer von Rom entfernten Herrschaftsgebiet. Der «Kirchenfeind» war also wohl nur ein Sündenbock.

Das große Sterben

An rund 90 erhaltenen Pegelmessern, zumeist an Hauswänden oder Kirchenfassaden, sind die Hochwasserniveaus aus acht Jahrhunderten bis heute überall in der römischen Altstadt abzulesen. Der älteste stammt aus dem Jahr 1277 und war ursprünglich gegenüber der Engelsburg neben der um 1510 neu errichteten Kirche S. Celso und S. Giuliano angebracht. Heute befindet er sich am Eingang der Via Arco dei Banchi. «Bis hierhin reichte der Tiber», steht darauf, «aber trübe zog er sich bald zurück.»

Seit 1500 erfolgte die Aufzeichnung der Hochwasserstände mit einer gewissen Regelmäßigkeit. 1782 wurde am Hafen von Ripetta ein offizieller Pegelstandmesser montiert, 1821 erneuerte man ihn. 1893 wurde das Messgerät in Ripetta durch ein anderes beim Ponte Cavour ersetzt, das immer noch in Betrieb ist. Mithilfe dieser Daten und von älteren Messinschriften an Haus- und Kirchenwänden haben Experten errechnet, dass sich zwischen 1180 und 1870 21 extreme Hochwasser ereigneten, davon 13 in den 225 Jahren zwischen 1476 und 1700. 16 Hochwasser blieben unter 16 Metern, darunter eines im Jahr 1686, das mit 15,99 Metern angegeben wird. Weitere 25 Hochwasser sind ohne Pegelstand verzeichnet. Die sieben schlimmsten Hochwasser mussten die Römer in den gut 120 Jahren zwischen 1476 und 1598 erleiden, mit einem durchschnittlichen Pegel von 17,67 Metern.[44]

Dieser Zeitraum fällt in die «kleine Eiszeit», in der auch in Rom die Temperaturen sanken und die Regenmengen stiegen.[45] Doch das scheint weder der einzige noch der entscheidende Grund für die Häufung von Flutkatastrophen gewesen zu sein, von denen sich die drei folgenreichsten 1530, 1557 und 1598 ereigneten. Heute wird das Motiv für die massiven Überflutungen in der systematischen Vernachlässigung des Flusses gesehen, seiner Ausbeutung als Müllkanal und der raschen Bebauung seiner Ufer. Der Tiber hatte in Rom keinen Platz mehr für sein Wasser. Also suchte er ihn sich, mit schrecklichen Folgen.

Die erste der drei verheerenden Fluten trat nach starken Regenfällen im Oktober 1530 ein, also zu einem Zeitpunkt, als die Stadt sich gerade von der Plünderung durch die Landsknechte Karls V. im Mai 1527 (dem Sacco di Roma) erholte und nicht mehr als 30 000 Einwohner hatte. Angeblich verursachte sie 3000 Tote, doch ist diese Zahl mit Vorsicht zu betrachten, denn die Quellenberichte sind rar, und die Schätzung, nach der jeder zehnte Einwohner den Tod fand, ist sehr wahrscheinlich übertrieben.[46] Ein prominenter Augenzeuge war der Goldschmied und Bildhauer Benvenuto Cellini, dessen *Vita* von Goethe übersetzt wurde: «Meine große Arbeit ging zu Ende, als die fürchterliche Wasserflut eintrat, durch welche ganz Rom überschwemmt wurde. Es war schon gegen Abend, als das Wasser noch immer wuchs; meine Werkstatt lag niedrig, wie die Bänke überhaupt, das Haus aber war hinterwärts an den Hügel gebaut. Ich dachte daher an mein Leben und an meine Ehre, nahm alle die Juwelen zu mir, ließ die Goldarbeit meinen Gesellen, stieg barfuß zu meinen hintersten Fenstern heraus, watete, so gut ich konnte, durch das Wasser und suchte auf Monte Cavallo zu kommen; daselbst bat ich Herrn Johann Gaddi, der mein großer Freund war, mir diesen Schatz aufzuheben. Nach einigen Tagen verlief sich das Wasser, ich konnte endlich das große Werk fertigmachen, und ich erlangte durch meine anhaltende Bemühung und durch die Gnade Gottes großen Ruhm; denn man behauptete, es sei die schönste Arbeit, die noch jemals dieser Art in Rom gesehen worden.»[47]

Cellinis Schilderung können wir entnehmen, dass das Wasser langsam und über Tage anstieg, weshalb der Künstler lange abwartete, bevor er seine Werkstatt an den «Bänken», also unmittelbar am Tiberufer, verließ. Dass er sich Zeit nehmen konnte, um seinen «Schatz» in Sicherheit zu bringen, verdeutlicht eine gewisse Erfahrung im Umgang mit dem Tiberhochwasser. Offenbar kam es selten über Nacht. Viel Routine beweist auch, wie Cellini nach der Flut zur Tagesordnung überging, ohne sich mit Schilderungen etwaiger Schäden aufzuhalten. Aber wir wissen natürlich nicht, wie repräsentativ sein Bericht ist.

Denn die einen traf es mehr, die anderen weniger. Über das Hochwasser im September 1557, Pegel 18,90 Meter, schrieb der in Rom lebende Arzt und Philosoph Andrea Bacci, dass nach einem «heiteren Frühling» und «trockenen Sommer» ein «düsterer Herbst» überall in Italien Fluten ausgelöst hatte. Allerdings sei das Wasser in Rom langsam gestiegen, so dass die Menschen Zeit gehabt hätten, ihr Hab und Gut zu retten. Dagegen habe der Arno in Florenz mit niedrigerem Pegel größere Schäden bewirkt.[48]

Als weitaus dramatischer empfand der Zeitzeuge Angelo degli Oldradi die Tiberflut. Sie habe 1000 Menschen «erstickt». Ganze Viehherden seien ertrunken, und Korn, Hülsenfrüchte, Wein, Öl seien vernichtet worden.

Der Tiber habe unzählige Häuser zum Einsturz gebracht und zehn Getreidemühlen mitsamt ihren schweren Ankerketten mitgerissen und zum Meer getrieben. Um die Stadt mit Mehl zu versorgen, mussten die Mühlen im 30 Kilometer entfernten Tivoli aushelfen.[49] Die Santa-Maria-Brücke (der Ponte Rotto) wurde derart schwer beschädigt, dass auf ihren Wiederaufbau endgültig verzichtet wurde. Noch folgenreicher war, dass der Tiber kurz vor der Mündung beim heutigen Ostia Antica aus seinem gewohnt kurvigen Bett ausbrach, um sich den direkten Weg zum Meer zu bahnen. Bis heute ist er bei diesem Verlauf geblieben, der mittlerweile versandete Altarm ist als *Fiume Morto* (toter Fluss) bekannt.

Den höchsten Pegelstand in der Geschichte der Aufzeichnungen erreichte der Tiber an Weihnachten 1598. Auf 19,56 Meter stieg das Wasser, der Fluss führte 4000 Kubikmeter pro Sekunde. Rom war ein schwarzer, stinkender See. Auf der Piazza Navona stand das Wasser fünf Meter hoch, die Säulen des Pantheons verschwanden bis auf eine Höhe von sechs Metern. Man kann sich ausrechnen, was das für die umliegenden Häuser bedeutete.[50]

Dramatisch klingt ein Augenzeugenbericht aus der deutschen Nationalkirche Santa Maria dell'Anima: «Nachdem der fatale Fluss lange und inständig an die Mauern unserer Kirche geschlagen hatte, mit allem, was er an Mühlenteilen und Bootshölzern mitführte, aber vergebens, denn das Bauwerk hielt stand, begann er, im Inneren der Kirche zu wüten: Er verwüstete alle Gräber und spülte die Leichen heraus, die Asche, das Verwesende, mischte es mit dem Wasser der Brunnen und dem Trinkwasser, der Erde, der Luft, wie er konnte; er riss das Chorgestühl weg und das der Sakristei, er schändete das Bild unserer Lieben Frau, das er beim Altar fand. Die Türen wurden gefaltet, geknickt und weggerissen, sogar die zu Weihnachten aufgehängten Wandteppiche wurden von dem Dreckswasser bis zur Hälfte durchtränkt und entfärbt, beschädigte die Marmormonumente und Inschriften; darunter jene des Herzogs von Cleve und von Papst Hadrian VI.»[51]

Nur wenige Tage nach dem Desaster, am 2. Januar 1599, ließ Clemens VIII. einen Schadensbericht veröffentlichen, der es uns ermöglicht, das Geschehen zu rekonstruieren. Demnach hatte ein starker Scirocco-Wind das Wasser vom Meer in den Fluss gedrückt und den Tiber am Abend des 23. Dezember über die Ufer treten lassen. Bis um 22 Uhr am 24. Dezember sei das Wasser gestiegen und habe nach und nach die ganze

Wenn sich die Straßen nahe den Tiberufern bei Hochwasser in Kanäle verwandelten, blieb nur noch das Boot als Fortbewegungsmittel. Auf diesem Stich von Bartolomeo Pinelli (1781–1835) verteilen die päpstlichen Emissäre Anfang des 19. Jahrhunderts nahe der Piazza del Popolo Brot an die Anwohner, die vom Wasser in ihren Häusern eingeschlossen sind.

Stadt bedeckt, «außer den sieben Hügeln und einigen höher gelegenen Stellen». Das Hochwasser habe alle vorhergegangenen übertroffen, ob «zu antiken oder zu modernen Zeiten», insbesondere jenes von 1530 um gleich zwei Handspannen.

Der wirtschaftliche Schaden des «horrenden Spektakels» war enorm. Acht Mühlen wurden mitsamt den in ihnen arbeitenden Männern und dem Getreide von der Flut mitgerissen. Der Ponte Milvio und die Engelsbrücke wurden schwer beschädigt, ebenso «alle Häuschen und Werkstätten nahe der Engelsburg». Viele weitere Häuser waren durch Unterspülung einsturzgefährdet, Lager von Wein und Öl und Hallen mit «einer enormen Menge an Getreide für die öffentlichen und privaten Bedürfnisse der Stadt» waren verwüstet.[52]

Im Weihnachtshochwasser starben 1400 Menschen, darunter 40 Häftlinge im Gefängnis Tor di Nona. Angaben zu Vermissten fehlen in diesem einzigen offiziellen Dokument, das eine konkrete Opferzahl benennt.[53]

Zum Vergleich: Die Sturmflut von 1962 kostete im Hamburger Stadtgebiet 315 Menschen das Leben.

Von den Überflutungen waren neben den Einheimischen oft auch Pilger betroffen, deren Unterkünfte zumeist in unmittelbarer Ufernähe lagen. Einzelne Wallfahrer befanden sich immer in der Stadt, besonders folgenreich aber war die Flut während eines Heiligen Jahres, wenn Rom Tausende Pilger beherbergte. Im November 1475, im November 1500 und im November 1700 mussten jeweils die Schlusszeremonien des Jubeljahres verschoben werden, 1475 sogar bis auf Ostern 1476, weil die Stadt von Schlamm überzogen war und sich die Aufräumarbeiten hinzogen. Fast immer wurde bei Extremhochwasser der Petersplatz überschwemmt, im Jahr 1700 konnte die Pauluskirche acht Tage lang nicht betreten werden, weil das Wasser in ihr meterhoch stand. Und dann betraf das Hochwasser natürlich auch die Pilgerstraßen längs des Tibers, namentlich die Gegend um den Ponte Milvio und die Via Flaminia.

Immer wieder vergingen zwischen Zerstörung und Wiederaufbau Monate. Immer wieder mussten die Päpste die hungernde Bevölkerung mit Brot versorgen. Auf Booten bewegten sich ihre Helfer durch die schwimmende Stadt, und manche zu Kardinälen beförderte Nepoten hatten dabei ihren großen Auftritt. Bis ins 19. Jahrhundert galten Notfallpläne für die Lebensmittelspenden mit dem Pantheon und den Stadttoren als festen Punkten für die Austeilung von Brot. Bei Bedarf fuhren die Vorratsboote auch in überflutete Straßen, um die Eingeschlossenen direkt zu beliefern. Das galt etwa für die Juden im tibernahen Ghetto, die von Überschwemmungen zumeist als Erste betroffen waren.[54]

Im Bulletin nach dem Rekordhochwasser von 1598 wurde angekündigt, zur Vermeidung von weiteren Katastrophen den Fluss umzuleiten, «durch das sogenannte Höllental», die *Valle dell'Inferno* nordwestlich vom Vatikan. Doch das Vorhaben wurde stillschweigend zu den Akten gelegt. Ebenso still verlängerte die Kurie ihre Baulizenzen und Pachtverträge für die Wassermühlen. Denn die brachten viel Geld – bis sie beim nächsten Hochwasser zerstört wurden.

Sämtliche Aufräumarbeiten lasteten die päpstlichen Behörden der Bevölkerung auf. Umgehend seien die verwüsteten Wohnstätten in Ordnung zu bringen, die Keller zu befreien, «nicht ohne Angst, dass wir durch all diese Feuchtigkeit im Frühling große Krankheiten erleiden müssen». Alles, was im Fluss gefunden worden sei, müsse den rechtmäßigen Besitzern zu-

rückgegeben werden. In Rekordzeit sollte Rom zur Tagesordnung überge-
hen, obwohl eine Woche nach der Überschwemmung vermutlich noch gar
nicht alle Opfer geborgen und begraben waren. Doch das Heilige Jahr
1600 stand vor der Tür, und die Vorbereitungen durften nicht von einer
Tiberflut unterbrochen werden. Wie so oft «vergaß» die Kurie innerhalb
von kürzester Zeit, was der Fluss angerichtet hatte, verzichtete auf aufwändigen Hochwasserschutz und überließ die Römer dem Tiber und ihrem
Schicksal. Das Einzige, was stets pünktlich eingefordert wurde, war das Sau-
bermachen der Stadt nach der Überschwemmung. 1606 verpflichtete Paul V.
dazu alle arbeitsfähigen Männer, selbst die Obdachlosen.[55]

Das 17. Jahrhundert brach herein und mit ihm weitere Extremfluten mit
Pegelständen über 16 Meter. Und im Januar 1786 zeichnete Goethes Freund
und Mitbewohner in der Künstler-WG an der Via del Corso, der Maler
Johann Heinrich Wilhelm Tischbein, das überflutete Pantheon, durch des-
sen grandiosen Innenraum Boote fuhren. Der Dichterfürst kam erst im
Oktober, ihm entging dieses Spektakel.

Ferdinand Gregorovius hingegen, der große Chronist des römischen
Mittelalters, erlebte das letzte verheerende Hochwasser als Augenzeuge. In
seinem Tagebucheintrag vom Silvestertag 1870 heißt es:

«Am 28. trat der Tiber mit furchtbarer Gewalt aus und setzte halb Rom
unter Wasser. Die Flut stieg plötzlich um 5 Uhr morgens und bald bedeckte
sie den Corso und drang durch die Via Babuino bis gegen den spanischen
Platz vor. Seit 1805 hatte keine Tiberüberschwemmung eine gleiche Höhe
erreicht. Der Ghetto, die Lungara, die Ripetta haben stark gelitten. Man
berechnet den Schaden auf viele Millionen. Der Anblick der Straßen, worin
Kähne fahren wie in Venedig, war seltsam; die Fackeln und Lichter werfen
auf das Wasser breite, spiegelnde Reflexe. Aus den Häusern schrie man verzweifelt nach Brot. Zum erstenmal machte sich die neue Nationalgarde
durch praktische Dienstleistungen bemerkbar. Es wurde musterhafte Ordnung gehalten. Die Pfaffen schrien alsbald, daß dies der Finger Gottes und
die Wirkung der päpstlichen Exkommunikation sei. Was aber mag dieser
Papst im Vatikan dabei gedacht haben? Eine wildere Flut hat er selbst über
Rom heraufbeschworen; dem Zauberlehrling gleicht er, der nun die Wasser
nicht mehr bannen kann.

Heute am Morgen kam der König. Mittelalterliche Chroniken fabeln
oft von Wasserdrachen, welche die Tiberüberschwemmung nach Rom
hineingeworfen haben; die große Balena war diesmal Viktor Emanuel. Er

brachte Rom in fieberhafte Bewegung. Noch ertrinkend bedeckte sich die Stadt mit Trikoloren. Er stieg ab im Quirinal. Um Mittag fuhr er durch die Straßen (…) Das Volk wogte auf und ab. (…) Welch ein merkwürdiger Jahresschluß für Rom ist diese Erscheinung des Königs des einigen Italiens! Sie schließt das Mittelalter ab.»[56]

Für Gregorovius begann also das Mittelalter mit einer Überschwemmung und endete mit einer anderen. Tatsächlich ereignete sich 1870 die bislang letzte Flutkatastrophe der Stadtgeschichte. Auf sie folgte die Zähmung des Tibers durch die Ingenieure des Königreichs. 2600 Jahre lang war der Fluss in Rom tonangebend gewesen. Dann ließ die moderne Technik ihn verstummen.

Kapitel 7

CLOACA MAXIMA

Wie der Tiber den Abfall der Stadt entsorgte

Das alte Rom war eine Stadt, in der Tag und Nacht die Brunnen flossen. Es gab Wasser überall und im Überfluss, stetig wurde die Stadt erfrischt und saubergespült. Meisterhaft gebaute Aquädukte versorgten die Bevölkerung mit frischem Trinkwasser und die Thermen mit dem saubersten Badewasser. Die Römer exportierten ihre Wasser-Infrastruktur ebenso in die Provinzen wie ihre gepflasterten Straßen und zivilisierten auf diese Weise die halbe Welt.[1]

Als der jüngere Plinius Statthalter in Prusa (der heutigen Stadt Bursa am türkischen Marmarameer) war, schrieb er einen Brief an Kaiser Trajan: «Die Bewohner von Prusa, oh Herr, haben ein unhygienisches und altmodisches Bad. Deshalb halten sie es für wichtig, eine neue Anlage zu bauen, und ich meine, Du könntest ihnen diesen Wunsch bewilligen. Geld für den Bau wird nämlich zur Verfügung stehen (…) zudem fordert (…) der Glanz Deines Zeitalters geradezu ein solches Bauwerk.»[2] Trajan stimmte postwendend zu. Auch im fernen Osten sollten die Untertanen von Rom träumen dürfen, der Welthauptstadt des Wassers, in der sich die Bürger allenthalben erfrischen konnten, weil die Obrigkeit in verschwenderisch luxuriöse Bäder investierte.

Stimmt alles – aber auch das Gegenteil. Denn viele Straßen der alten *urbs* waren mit Schmutz, Abfällen und Kot überzogen, weil längst nicht alle Häuser an die Kanalisation angeschlossen waren. Und die Cloaca Maxima, die schon die Menschen der Antike als Gipfel römischer Ingenieurskunst empfanden, war eben eine Kloake, keine Kläranlage. Ungefiltert schwemmte sie den Schmutz der Stadt, darunter auch das Badewasser aus den Thermen, in den Tiber.

Göttliche Kloake

Die griechische Göttin Aphrodite, lateinisch Venus, gilt der Sage nach als Urmutter Roms. Der trojanische Held Aeneas soll ihr Sohn gewesen sein. Er wiederum galt als Stammvater des Geschlechts der Julier, zu dem auch Augustus gehörte. Überall in der Stadt waren der Venus Statuen gewidmet, am Forum Romanum war ihr gemeinsam mit der Stadtgöttin Roma der größte Tempel geweiht. Nicht weit davon entfernt stand seit Urzeiten ein einfacher Altar aus einem zylinderförmigen Tuffsteinblock. Auf diesem opferten die Römer einer ganz besonderen Göttin: der Venus Cloacina. Die «Kloakenvenus» sollte den Abwasserkanal beschützen, der unmittelbar nebenan verlief. Denn ohne Reinheit und Sauberkeit keine Schönheit. Und ohne Entwässerung und Kanalisation keine Stadt.[3]

Tatsächlich würde es das Forum ohne die Kanäle gar nicht geben. Die Talmulde zwischen Kapitol und Palatin war ein Sumpfgebiet, ebenso wie der Circus Maximus und der angrenzende Velabro. Nicht von ungefähr ließ Nero an der Stelle, wo später das Kolosseum entstand, einen großen See anlegen, der aus mehreren Quellen gespeist wurde. Römische Archäologen fanden unweit des Titusbogens sogar Spuren eines Flusses, den sie Paläo-Tiber nannten, in der Annahme, dass der Tiber dort sein altes Bett gehabt habe. Die ersten Kloaken wurden in der Frühzeit der Stadt um 600 v. Chr. gebaut, um die Gegend trockenzulegen. Nur so konnte das Forum als politisch-gesellschaftlicher Mittelpunkt der aufstrebenden Stadt und des späteren Imperiums entstehen.

Die Cloaca Maxima, bis heute wohl der berühmteste Abwasserkanal der Welt, verlief zunächst als offener Graben mitten durch das Forum Romanum und schlängelte sich über den Velabro bis zum Tiber. Damit bei Hochwasser der Rückstau im Kanal verlangsamt wurde, war die Kloake kurvenförmig gebaut.[4] Augustus' enger Freund Marcus Agrippa ließ sie zu einem riesigen Sammelbecken der Millionenstadt ausbauen, unerreicht in ihren Ausmaßen und ihrer Funktionalität. Dabei handelte es sich um eine monumentale Tunnelanlage, bis zu 3,30 Meter breit und 3,50 Meter hoch. Wenn in ihr auch keine beladenen Heuwagen fuhren, wie Cassius Dio behauptete, passten doch die Karren für die Reparatur und Reinigung mühelos hinein.[5]

Für Plinius den Älteren, den berühmten Gelehrten und Naturforscher, bildeten die Kloaken von Rom «das größte aller Werke», wichtiger als Paläste, Tempel und Thermen. Hingerissen beschrieb er das System der Abwasserkanäle: «Es stoßen durch unterirdische Gänge sieben Bäche zusammen, welche auf ihrem schnellen, reißenden Lauf alles, was ihnen im Wege liegt, mit sich nehmen und wegschwemmen (...), die zuweilen rückwärts eindringenden Fluten des Tibers aufnehmen, gegen dieselben von der anderen Seite ankämpfen – und dennoch steht der ganze Bau unerschütterlich fest.»[6] Sieben Bäche wie sieben Hügel und sieben Könige: Auch die Schmutzkanäle waren ein Teil des römischen Stadtmythos und hatten deshalb Anspruch auf die magische Zahl.

Um 200 n. Chr. malte sich der Staatsmann und Chronist Cassius Dio aus, wie Marcus Agrippa auf einem Schiff durch die unterirdischen Kloaken zum Tiber fuhr. Auf eigene Kosten, schwärmte Cassius, habe Agrippa die Kanäle ausgebaut und gereinigt.[7] Das sicherte seinen Ruf als umsichtiger Verwalter Roms ebenso wie die unter seiner Ägide erbauten Aquädukte. Überhaupt war Marcus Agrippa ein Mann des Wassers. Alte Leitungen ließ er modernisieren, zwei neue erbauen – die Aqua Julia und die Aqua Virgo.[8] Damit führten elf Wasserleitungen nach und durch Rom, die 700 Becken zum Waschen und für die Fischzucht, 130 Zisternen und 500 Brunnen speisten.

Die Trinkwasserversorgung war nun weitestgehend vom Tiber abgekoppelt, kaum ein Römer musste noch aus dem Fluss trinken. Und auf dem Marsfeld am linken Flussufer spendierte Agrippa den Hauptstädtern den ersten öffentlichen Badepalast. Seine Thermen lagen inmitten eines großzügigen Landschaftsparks. Ein mit Marmor verkleideter Kanal führte zum Tiber, auch er mit frischem Wasser aus der Aqua Virgo gespeist und bei den schwimmenden Jünglingen der Oberschicht äußerst beliebt.[9] Die von Agrippa installierte Hydro-Infrastruktur sollte bis weit in die Neuzeit unübertroffen bleiben. Auch als Admiral war der «Wassermann» des Augustus erfolgreich – er gewann die beiden entscheidenden Seeschlachten, die dem Freund den Weg zur Alleinherrschaft ebneten.

Die Erweiterung der Cloaca Maxima war für diesen Strategen und Verwalter also nur ein Projekt unter vielen. Allerdings ein überaus Wichtiges, denn aller Dreck, aller Abschaum sollte aus der Stadt gespült werden. Wohin, das war für die antiken Chronisten, aber auch für die moderne Geschichtsschreibung kaum der Rede wert: selbstverständlich in den Tiber. Der Fluss fungierte als die wahre Große Kloake der Metropole, als oberster Reiniger der imperialen Hauptstadt, die ihre Abfallentsorgung sogar als rituelles Fest beging. Dem Festkalender des Ovid entnehmen wir, dass die Vesta-Priesterinnen alljährlich am 15. Juni sämtlichen Müll aus ihrem Tempel dem Fluss übergaben: «Das ist der Tag, an dem du, Tiber, den Unrat des Vesta-Tempels in deinen etruskischen Fluten zum Meer beförderst.»[10] Allerdings scheint es sich eher um eine symbolische Aktion gehandelt zu haben, denn öffentliche Bauten waren gewöhnlich an die Kanalisation angeschlossen.

Die Kanäle entwässerten vor allem das innerste Stadtzentrum, nahmen also Regen- und Schmutzwasser von Straßen und Plätzen bestimmter Bezirke sowie Abwasser und Abfälle der Tempel, Thermen und Paläste auf. Die überwiegende Menge der privaten Häuser aber, etwa Zehntausende von *insulae*, wurde in der Regel nicht entlastet. Dort landeten Fäkalien und Müll in Senkgruben oder wurden direkt auf der Straße «entsorgt».

Allein die menschlichen Bewohner Roms produzierten nach vorsichtiger Schätzung täglich zwischen 50 und 100 Tonnen Exkremente, vom Tierkot ganz zu schweigen. In der Millionenstadt der Kaiserzeit türmte sich also ein riesiger Mistberg auf, den die Verwaltung unermüdlich abtragen ließ, damit er nicht die Stadt verschmutzte, mit Gestank überzog und Abermillionen Fliegen nährte. Sogenannte *cloacarii* waren für die Kanalräumung, Straßensäuberung und Grubenentleerung zuständig. Ihre Abfallkarren durften im Gegensatz zu anderen Fahrzeugen auch tagsüber in der Stadt verkehren, damit sie die Hinterlassenschaften der Römer aufs Land bringen konnten, wo sie als Düngemittel Einsatz fanden.[11]

Wie systematisch diese Reinigung erfolgte und ob sie in allen Stadtbezirken funktionierte, wissen wir nicht. Wahrscheinlich wurde in der Innenstadt, also im Bezirk der Cloaca Maxima, gründlicher «geputzt», denn hier entfaltete sich das ganze Machtgepränge des Regimes. Auch in unmittelbarer Nachbarschaft der Kaiserforen fanden Archäologen Kloaken. Die waren jedoch teils hoffnungslos verstopft und durchaus nicht erst im Mittelalter vollgelaufen, sondern vermutlich schon wenige Jahre nach ihrem Aushub. Das bedeutet, dass die römische Unterwelt keineswegs so perfekt durchgespült war, wie die antiken Chronisten und die Nachwelt glaubten.

Die Kloaken im alten Rom nahmen Regenwasser und Abwasser gleichzeitig auf. Nicht alle waren gemauert, so dass das Schmutzwasser in den Boden und damit ins Grundwasser dringen konnte.[12] Viele führten offen an den Straßen vorbei, mit ersichtlichen Folgen für die Hygiene. Dass sie alle im Tiber zusammenliefen, rächte sich regelmäßig. Denn wenn der Fluss bei Hochwasser über die Ufer trat, bildete sich ein Rückstau im Abwassersystem. Lange bevor die Stadt überflutet wurde, liefen neben den Kloaken zuerst die Senkgruben über – und die Latrinen. 144 öffentliche Bedürfnisanstalten soll es in der späten Kaiserzeit gegeben haben, die fast ausnahmslos an die Kanalisation angeschlossen waren.

Die Nutzer saßen nebeneinander auf Marmor- oder Holzsitzen mit angepassten Löchern, vor ihren Füßen floss ein kleines Rinnsal, in dem sie ihre Reinigungsschwämme waschen konnten: eine bemerkenswerte zivilisatorische Leistung, aber weit entfernt von modernen Hygienestandards. Für die Römer habe Hygiene in erster Linie bedeutet, dass sie den Schmutz nicht sahen, erkannte die Archäologin Ann Koloski-Ostrow, die als eine der Ersten die Latrinen der römischen Welt erforschte.

Ihre Ergebnisse sind ernüchternd. Zwar verfügten die Thermen über Latrinen mit bis zu 50 Plätzen, zwar waren auch die meisten Theater damit ausgestattet; manche Bedürfnisanstalt wurde sogar beheizt und in der späteren Kaiserzeit mit Fenstern und Wandmalereien geradezu wohnlich eingerichtet. Ähnliches galt für die Palastanlagen, in denen riesige Latrinen für die Sklaven und kleine mit drei Plätzen für die Herrschaft reserviert waren. Doch in den meisten Privathäusern gab es allenfalls einen Abort in oder neben der Küche, direkt über der Senkgrube. Ausnahmslos alle Römer hantierten mit Nachtgeschirr, das sie bestenfalls in einer dafür vorgesehenen Grube, oft aber einfach in Gärten oder gleich auf der Straße entleerten. Die Straßen wurden durchgespült – hohe Bordsteine und Trittsteine als Fußgänger-Übergänge zeugen etwa in Pompeji noch davon, dass sie regelmäßig unter knöcheltiefem Wasser standen. Und der Dreck aus den Häusern landete im Kanal und schließlich im Tiber.

Nach Sonnenuntergang war die Stadt finster, die öffentlichen Bedürfnisanstalten wurden vermutlich geschlossen. Ohnehin wissen wir nicht, wer sie frequentierte. Durften – oder wollten – Frauen sie betreten? War ihre Benutzung kostenpflichtig (der Beruf des Latrinenpächters, des *forcarius*, deutet darauf hin), und wenn ja, wie hoch waren die Tarife? Umsonst und immer verfügbar, zumindest für Männer, blieb die *amphora in angiporto*, die Amphore im Nebengässchen. Hinter dem poetisch klingenden Namen verbargen sich rudimentäre Pissoire aus abgeschlagenen Amphoren. Tuchwalker und Gerber, die den Urin zur Reinigung von Kleidung oder für die Lederproduktion verwendeten, stellten die Vasen in dunklen

Die Lithographie von Carl Votteler zeigt die Einmündung der Cloaca Maxima in den Tiber um 1890 unterhalb des Hercules-Tempels am Forum Boarium. Beim Bau der neuen Uferbefestigung wurde sie wenige Jahre später ein Stück flussabwärts versetzt.

Straßenecken bereit. Regelmäßig wurden sie ausgeleert – und dann galt auch hier: Am Ende floss alles in den Tiber, an dessen Ufern sich auch die Waschzuber der Walker und die Werkstätten zur Lederverarbeitung befanden.[13]

Die Kausalität zwischen Wasserverschmutzung und Infektionsgefahr war für die wenigsten ersichtlich. Die eingeschränkte Nutzung des Tibers als Trinkwasserlieferant lag wohl vor allem an der Bedeutung des Flusses als Transportweg. Skepsis gegenüber der Wasserqualität war jedenfalls nicht der Hauptgrund, galt doch *Tiberinus pater* sogar als heilkräftig. Es war üblich, dass Kranke in ihm badeten, ja, archäologische Funde deuten sogar auf rituelle «Trinkkuren» mit dem Flusswasser hin. Gefunden wurden einschlägige Votiv-Terrakotten und Tontässchen ausgerechnet unterhalb der heutigen Kirche Santa Maria in Cosmedin, am sagenhaften Fundort von Romulus und Remus. Gleich nebenan mündete die Cloaca Maxima in den Tiber – doch das scheint das Vertrauen in die Heilkräfte des Flussgottes nicht getrübt zu haben.[14]

Immerhin gab es auch in der Antike schon Forscher, für die gesundheitliche Folgen der Gewässerverschmutzung durchaus ein Thema waren. Zu diesen Ausnahmen gehörte der griechische Arzt Galenos, der sich um 160 n. Chr. in Rom aufhielt, und für Kaiser Marcus Aurelius als Seuchenarzt arbeitete. Galenos warnte vor dem Verzehr von Fischen aus dem Tiber und seinem durch Exkremente und Abfälle verunreinigten Wasser.[15] Doch der Rat des Gelehrten wurde kaum befolgt und Alternativen zur Entsorgung in den Tiber wurden erst recht nicht gesucht. Die Bewohner der Metropole, allen voran manche Kaiser, kippten Unmengen von Abfällen in ihren Stadtfluss. Claudius warf angeblich eine von seinem Vorgänger Caligula übernommene Kiste voller Giftstoffe in die Tibermündung und verursachte damit ein erhebliches Fischsterben.[16] Und Nero soll sogar für die Plebs bestimmtes Getreide, das durch allzu lange Lagerung in den *horrea* verdorben war, im Tiber versenkt haben, «um den Glauben an die gesicherte Getreideversorgung aufrechtzuerhalten», wie Tacitus sich mokierte. Wo diese Propagandaaktion stattfand, ist nicht überliefert, vermutlich aber aus praktischen Gründen direkt unter den Getreidesilos mitten in der Stadt.[17]

Zu den vielen Eskapaden, die über Nero berichtet werden, gehört, dass er bei nächtlichen Streifzügen aus purem Übermut jene Unglücklichen verprügeln ließ, die ihm und seiner Eskorte auf den dunklen Straßen zufällig begegneten. Die mehr oder weniger schwer Verletzten stieß er dann brutal in den größten Abwasserkanal.[18] Sueton überliefert das als eine von vielen Anekdoten zur Untermauerung von Neros Exzentrik, aber andere Quellen erzählen ebenfalls Schauergeschichten rund um die Kloake, in der wohl auch Leichen verschwanden – oder zumindest verschwinden sollten.

So versuchten die Mörder von Elagabal im März des Jahres 222, den verstümmelten Leichnam des jugendlichen Herrschers in die Cloaca Maxima zu werfen. Doch der Kanal war angeblich an der Stelle zu eng, also endete Elagabal im Tiber.[19] Erfolgreicher hantierten die Henker um 288 mit dem heiligen Sebastian, einem gutaussehenden Offizier der kaiserlichen Garde, auf den der Legende nach Kaiser Diokletian selbst ein Auge geworfen hatte. Die Zuneigung wich erbitterter Wut, als Diokletian feststellen musste, dass sein Günstling sich zum Christentum bekehrt hatte. Der Herrscher verurteilte den Offizier zur Hinrichtung durch Bogenschützen, deren Pfeilregen Sebastian jedoch auf wunderbare Weise überlebte. Anstatt zu flüchten, suchte er Diokletian auf und wurde ein zweites Mal zum Tode verurteilt. Nun erschlug man ihn im Circus auf dem Palatin. Den von Geißeln und Bleikolben geschundenen Leichnam verfrachteten Diokletians

Schergen anschließend in die Cloaca Maxima, worauf der gut gefüllte Abwasserkanal ihn bis zum Tiber transportierte. Aus dem Fluss konnte der tote Märtyrer dann von Mitchristen geborgen werden, nachdem er einer frommen Frau im Traum erschienen war und ihr Anweisungen zum Fundort gegeben hatte.[20]

Für das christliche Mittelalter war die Cloaca Maxima kein Wunderwerk antiker Hydrotechnik, sondern ein veritabler Höllenfluss. Deshalb sollte das leichenschänderische Detail die grenzenlose Grausamkeit der Heiden verdeutlichen: Anstatt dem toten Offizier ein angemessenes Begräbnis zu gewähren, überließen sie seine Leiche einem Kanal voller Unrat. Drei weitere Märtyrer sollen Sebastians Schicksal geteilt haben. Die heilige Concordia wurde nach ihrer Hinrichtung von dem frommen *cloacaro* Ireneo aus der Cloaca Maxima geborgen, der dabei ertappt und seinerseits zum Tode verurteilt wurde. Die heidnischen Henker befestigten einen schweren Stein an Ireneos Hals und ertränkten ihn in der Kloake. Ganz ähnlich die Legende von der heiligen Felicula, einer Freundin der Petrus-Tochter Petronilla, die ebenfalls tot von einem Glaubensbruder aus dem Abwasserkanal geholt wurde – worauf die Heiden diesen zur Strafe in den Tiber warfen.[21]

Im Frühchristentum war die Entwürdigung der toten Christen in der Kloake und ihre anschließende Bergung und Bestattung durch unerschrockene Glaubensbrüder also ein Topos. Sebastian avancierte zu einem der wichtigsten Heiligen, interessanterweise auch zum Schutzpatron der Pestkranken – als man in späteren Jahrhunderten einen Zusammenhang zwischen Kloakenschmutz und Seuchenverbreitung erkannte. Zudem war er ein Lieblingsobjekt der Kunstgeschichte. Unzählige Bilder zeigen ihn halbnackt, gebunden an eine Art Marterpfahl, durchbohrt von Pfeilen der kaiserlichen Bogenschützen. Seltener thematisierten die Maler die Behandlung seines Leichnams, aber auch mit diesem Sujet sind einige Werke erhalten.

Bei Lodovico Carracci übernehmen 1612 zwei Soldaten diesen Henkersdienst und berauben dabei den Märtyrer auch seines Leichentuchs. Zwei weitere Uniformierte stehen Wache, während ein junger Mann in Zivilkleidung dazu eine Art Schleusentor betätigt. Der Regensburger Albrecht Altdorfer malte 1509–1518 die Bergung des Heiligen durch christliche Glaubensschwestern, wobei er sich die Maxima als noch nicht einmal knöcheltiefen Tümpel vorstellte. Die Szene des Pfeilmartyriums verlegte Altdorfer

Kein würdiges Begräbnis für den kaiserlichen Offizier: Soldaten werfen die Leiche ihres Vorgesetzten Sebastian in die Cloaca Maxima. Der Legende nach soll der Märtyrer auf Befehl von Kaiser Diokletian wegen seines christlichen Glaubens hingerichtet worden sein (Gemälde von Lodovico Carracci, 1612).

interessanterweise unter eine römische Brücke – daher fließt indes nicht der Tiber, sondern der gemauerte Abwasserkanal. Hier haben wir also eine Gleichsetzung von Fluss und Kloake, oder wohl eher eine Verwechslung, denn offenbar ist Altdorfer nie in Rom gewesen.[22]

Wenn die Cloaca Maxima auch die Phantasie der Römer zu allerlei Legenden inspirierte, für die Experten der antiken Verwaltung kam es nur darauf an, dass sie reibungslos funktionierte. Ihrer Verantwortung oblag es, den Tiber als Transportweg zu erhalten und die Trinkwasserversorgung durch Aquädukte zu garantieren. Die Zuständigkeiten für Wasserversorgung und Abwasserentsorgung waren dabei säuberlich getrennt. So erwähnt Sextus Julius Frontinus in seiner Abhandlung *De aquaeductu urbis Romae* («Von den Wasserleitungen der Stadt Rom») den Tiber mit keinem Wort. Als *curator aquarum* (Verantwortlicher für die Wasserwirtschaft) war er 97 n. Chr. von Kaiser Nerva ins Amt berufen worden, das er auch unter Trajan fünf Jahre lang ausübte, bis er 103 starb. Mit 700 Mitarbeitern war die von Frontinus und zwei weiteren verdienten Männern aus dem Senatorenstand geleitete Behörde eine der größten in Rom.[23]

Frontinus' in kaiserlichem Auftrag verfasste Abhandlung war eine Art Gebrauchsanweisung für Führungskräfte des Wasserwesens. Jedes einzelne Aquädukt wurde darin beschrieben, mitsamt Entstehungsjahr, Quelle und technischen Einzelheiten. Der Autor entzauberte allerdings auch den Mythos, dass die Leitungen nur bestes Trinkwasser lieferten. Er warnte sogar davor, aus dem Anio Vetus zu trinken, transportierte dieses Aquädukt doch Wasser aus dem Aniene, einem Zufluss des Tibers. Lediglich «zur Bewässerung der Gärten und zu den schmutzigeren Diensten der Stadt selbst» sei dieses Wasser zu verwenden, erklärte Trajans Wasserbehördenchef.[24]

Ausführlich erläuterte er, was unter «schmutzigeren Diensten» zu verstehen war: Der Überlauf aus Brunnen und Aquädukten wurde systematisch zur Straßenreinigung genutzt, und das ständig nachlaufende Wasser spülte nicht zuletzt auch die Kloaken. Das mache die Stadt sauberer, «und die Ursachen der fast erstickenden Ausdünstung, wodurch bei den Alten die städtische Luft verrufen war, sind beseitigt.»[25] Dass am Ende alles im Tiber landete, musste Frontinus, wie gesagt, nicht interessieren. Dafür waren andere zuständig.

Wasser, so ist seinem Traktat zu entnehmen, war ein wichtiges öffentliches Gut. In einem ewigen Kreislauf sollte der Durst der Römer gestillt und ihre Stadt sauber gehalten werden.[26] Und in diesem Kreislauf spielte schließlich auch der Tiber eine wichtige Rolle. Besonders im Sommer war man darauf bedacht, seinen Pegel zu halten, nicht nur für die Schifffahrt, sondern auch für die Abwasserentsorgung. Der Fluss profitierte von der ständigen Spülung der Kloaken durch den Überlauf der Aquädukte und zudem von regelmäßigen Säuberungen seines Bettes.[27]

Wahrscheinlich setzte man für diese Arbeiten Schleusen ein, mit denen Teilabschnitte zeitweise trockengelegt werden konnten. Der Abtransport des Schlamms aus dem Flussbett erfolgte dann wohl mit Ochsen, die stark genug waren, auch Baumstämme und Mauerreste wegzuschaffen. Diese Technik blieb anscheinend über Jahrhunderte gleich.[28] Das alte Rom verfügte über genügend Mittel, nicht zuletzt auch über die Arbeitskraft vieler Sklaven, um die Verschlammung des Tibers zu verhindern. Seit dem Mittelalter wurde darauf verzichtet.

Hauptsache frische Luft

Die Aquädukte verfielen nun, die Abwasserkanäle verstopften, die Kultur der Thermen und Latrinen existierte bald nicht mehr, und der Zauber der Wasserspiele verging. Die Stadt schrumpfte von der Metropole zu einer randständigen Siedlung, in der nur noch einige zehntausend Menschen lebten – und doch war das Rom des Mittelalters keineswegs sauberer als jenes der Antike. Schon gar nicht der Tiber.

Erst in der Renaissance zeigten die Päpste Interesse für den Stadtfluss. Nikolaus V. (1447–1455) versuchte als Erster, die Funktion des Tibers als Kloake offiziell zu regeln. In den Statuten der von ihm nominierten «Straßenmeister» (*magistri stratarum*) ließ er festsetzen, zweimal im Jahr, zu Ostern und im Juli, die großen Dung- und Abfallhaufen längs der Ufer sowie alles, was sich in der Stadt ansammelte, in den Tiber zu werfen, der zu dieser Zeit Niedrigwasser führte.[29] Die Anordnung entwuchs der Überzeugung, dass schlechte Luft und vor allem Gestank Krankheiten erregen könnten, während fließendes Wasser alles reinigte. Der Tiber wurde also als sauber empfunden, solange er nur allen Abfall in seiner Strömung verschwinden ließ.

Dieser Irrglaube hielt sich über Jahrhunderte und führte dazu, dass die Römer im Mittelalter bedenkenlos das Wasser aus dem Fluss tranken, in dem sie ihren sämtlichen Unrat entsorgten. Nicht das vermüllte Wasser galt als gefährlich, nur die stinkende Luft.[30] Wie es um den Tiber stand, kann man sich angesichts eines Beschwerdeschreibens ausmalen, das der römische Statthalter Papst Clemens' V. (1305–1314) an den fernen Pontifex in Avignon schickte: Das Personal des Hospitals Santo Spirito entledige sich der Abfälle, indem es Essensreste und Fäkalien von Pilgern und Patienten einfach auf die von Wallfahrern genutzte Straße kippe. Das sei nicht nur ekelhaft, sondern gefährlich wegen der Verbreitung von «Pestilenz» in unmittelbarer Nähe des Vatikans. Vorgeschrieben war die Entsorgung in den Tiber, aber offensichtlich war das Krankenhauspersonal nicht willens, die wenigen Schritte zum Flussufer zurückzulegen. Nach der Zurechtweisung durch den Papst könnte sich das geändert haben: Ab in den Fluss mit dem Krankenhausdreck, rein ins Wasser mit dem Inhalt der Nachttöpfe. So waren die Regeln.[31]

Kritische Stimmen, die es durchaus schon gab, wurden geflissentlich überhört. Der Arzt und Philosoph Andrea Bacci ging 1576 in seinem Traktat über den Tiber auch auf die Gesundheitsgefährdung durch Abwässer ein. Schon im alten Rom, so Bacci, sei durch die Cloaca Maxima eine massive Gewässerverschmutzung verursacht worden. Aparterweise vermutete der Renaissance-Mediziner den Grund dafür nicht in den Fäkalien, die der Abwasserkanal in den Tiber schwemmte, sondern im Zufluss aus den Thermen. Höchst gefährlich seien der Schweiß und die Hautöle aus den Badeanstalten gewesen, in denen sich die Römer sieben Mal am Tag wuschen und vor allem salben ließen – damit ihre Körperkräfte durch das Öl verschlossen und so gewissermaßen für die Kriegsführung «konserviert» wurden.

Als Kind seiner Zeit glaubte auch Bacci, dass der Geruch, nicht das Wasser selbst gesundheitsgefährdend sei, deshalb seine Abneigung gegen Schweiß und Salben. Besonders im Sommer stank der Tiber ihm gewaltig. Und nur, weil er den starken Geruch für gefährlich hielt, schlug er vor, den Fluss gründlich von Fäkalien zu säubern. Die hohen Kosten könnten durch den Verkauf wertvoller Fundstücke wieder wettgemacht werden. Anschließend könnten die Flussufer durch die Anpflanzung von Pappeln und Weiden gefestigt und verschönert werden.[32]

Doch diese Ideen fanden kein Gehör. Der Tiber wurde kein Gesundheitsstrom, sondern weiter als Müllfluss benutzt, als «große Kloake Umbriens, der Sabiner Berge und des Latiums», wie ihn ein Chronist des 16. Jahrhunderts schmähte.[33] Man warf den Dreck mit bestem Gewissen dorthin, wo er am schnellsten floss, und vermutete gleichzeitig Pesterreger in jeder Pfütze. Dass der Fluss den Römern trotzdem zusehends unheimlich wurde, lag an seinen häufigen zerstörerischen Überschwemmungen. Ganz abgesehen von deren unmittelbaren Folgen hielt man das nur langsam aus der Stadt abziehende Hochwasser für einen Krankheitsherd. So warnte der päpstliche Arzt Niccolò Galli nach einer Überflutung, das überall in der Stadt stagnierende Wasser sorge für Ratten- und Insektenplagen sowie für «schlechte Luft». Dabei lag Galli mit dem Hinweis auf das Ungeziefer gar nicht falsch, denn tatsächlich flohen die Ratten vor dem Überlaufen der Kloaken an die Oberfläche. Sie kletterten aus den Senkgruben der Häuser, strömten aus der Kanalisation und kamen auf diese Weise noch leichter mit Menschen in Berührung.[34]

Als verheerend erwies sich in dieser Beziehung die Überflutung im Winter 1475. Weil die Stadt mitsamt ihren wichtigsten Pilgerstätten unter Wasser stand, war der feierliche Abschluss des Heiligen Jahres unmöglich. Er wurde auf Ostern 1476 terminiert – doch da litt Rom dann unter der Pest. Es war schon die zweite Welle nach einer ersten noch im Winter, bald nachdem der Tiber sich in sein Bett zurückgezogen hatte. Der Zusammenhang zwischen Hochwasser und Epidemien ist noch wenig erforscht, was keinesfalls heißt, dass es ihn nicht gegeben hätte. Ein Hinweis auf die Auffassungen früherer Zeiten ist, wie erwähnt, die Anrufung des heiligen Sebastian als «Pestpatron» seit den Seuchenjahren des Mittelalters.

Aber war der Tiber wirklich ein Pestfluss? Einige Koinzidenzen zwischen Hochwasser und Seuchen sind immerhin historisch verbrieft für 1422 (Pest), 1450 (Typhus) und 1485 (Pest). Dem schlimmsten Pestausbruch 1656/57 ging keine nennenswerte Überflutung voraus, ebenso wenig der Cholera von 1837. Allerdings haben die Quellen nicht jede Epidemie erfasst, namentlich nicht die durch verunreinigtes Trinkwasser verursachten Seuchen Typhus und Cholera. Sie gehörten in früheren Jahrhunderten zum Alltag und ängstigten die Menschen trotz hoher Sterblichkeitsraten lange nicht wie die Pest. Lediglich aus einem Nebensatz und einer Fußnote in dem umfangreichen Werk des italienischen Archäologen Rodolfo Lanciani über die Altertümer Roms kann man entnehmen, dass in der Gegend unter dem Pincio-Hügel zwischen Piazza del Popolo und der Spanischen Treppe im 16. Jahrhundert viele Anwohner an Malaria erkrankten und dass namentlich die Via Margutta bis zum Ende des Pontifikats von Pius IX. (1878) regelmäßig vom Sumpffieber heimgesucht wurde.[35]

Der Grund dafür könnte die unzureichende Entwässerung des sumpfigen Geländes gewesen sein, aber auch Hochwasser, das nicht schnell genug abfloss.

An der etruskischen Westküste, an der Tibermündung und in den von der Via Appia durchquerten Pontinischen Sümpfen war die Malariagefahr allgegenwärtig und verursachte Epidemien mit Tausenden von Toten. Aber auch das mittlere Tibertal litt unter der Krankheit. DNA-Untersuchungen auf einem Kinderfriedhof im umbrischen Lugnano ergaben, dass die meisten der 47 dort bestatteten Babys am Sumpffieber gestorben waren, das den Ort in einem Sommer um die Mitte des 5. Jahrhunderts n. Chr. heimgesucht hatte. Ähnliche Epidemien wurden bis ins 19. Jahrhundert aus den weiter flussabwärts gelegenen Städten Orte und Narni gemeldet. Der Tiber brachte die Malaria nicht direkt, aber sein Hochwasser sorgte für die Vermehrung der Mücken.[36]

Die römischen Ärzte der Antike kannten Malaria, ahnten aber nichts von ihrem Übertragungsweg. Erst im späten 19. Jahrhundert, im Jahr 1880, entdeckte ein französischer Arzt den Erreger, und sein englischer Kollege fand wenig später (1897) die Mücke als Überträgerin. Im Rom der Renaissance vermuteten die Leibärzte der Päpste zwar einen Zusammenhang zwischen Tiberflut und Seuchengefahr, konzentrierten ihre Befürchtungen jedoch auf den Gestank des Flusswassers und seiner Hinterlassenschaften – tatsächlich bedeutet das italienische Wort *malaria* nichts anderes als «schlechte Luft».

Geradezu obsessiv wurde den Bürgern nach Überschwemmungen befohlen, ihre Keller und Senkgruben zu räumen, damit das stehende Wasser daraus abfließen konnte. So ordnete gleich nach dem Novemberhochwasser 1589 der päpstliche Kardinalkämmerer an, innerhalb von acht Tagen alle betroffenen Gebäudeteile aufzuräumen und dort angesammeltes Flusswasser herauszubringen. Wer feststelle, dass die Nachbarn ihrer Pflicht nicht nachkämen, sei gehalten, auch deren Räume in Ordnung zu bringen und sich anschließend dafür bezahlen zu lassen. Papst Clemens VIII. gab nur eine Woche nach der Rekordflut vom Dezember 1598 mit mindestens 1400 Toten den Befehl, verwüstete Wohnungen aufzuräumen und das Wasser aus den Kellern zu schöpfen, um dem Ausbruch von Seuchen im Frühjahr vorzubeugen. Im Februar 1599 folgte ein Edikt für Kutscher und Lastkarrenfahrer, denen bei Strafe von zehn Scudi und «drei Seilschlägen» verboten wurde, Heu und Stroh auf der Straße abzuladen, vor allem auf der Piazza del Popolo und vor der Porta Flaminia. Nasses Heu und Stroh, so die Erklärung, hätten durch Verstopfung der Abwässerkanäle im Dezember den Abfluss des Hochwassers verhindert und so neben der «Infizierung der Luft» auch die Verschandelung der Stadt verursacht.

Im März 1599 forderte der päpstliche Generalvikar die Angehörigen der Verstorbenen, die in der Kirche Santa Maria sopra Minerva bestattet waren, auf, die Grabstätten zu renovieren. In der Kirche hatte das Tiberwasser fast vier Meter hoch gestanden, die Gräber beschädigt und den Fußboden mit Schlamm überzogen. Drei Monate lang hatten die Behörden sich offenbar nicht um die Aufräumarbeiten gekümmert – und schlugen nun Alarm, weil sie Krankheiten durch üble Gerüche fürchteten.[37]

Um 1600 ließ man auch die Umgebung des Vatikans systematisch «durchlüften». Pius V. ordnete 1567 die Entwässerung von 17 Weinbergen an, damit sich dort keine «Pestpfützen» bilden konnten. 1607 wurde dann ein *Edikt zur Säuberung der Gräben um die Mauern von Borgo Pio und der Engelsburg* erlassen. Die tiefen, offenbar verschlammten Burggräben mussten ausgehoben werden, um «sumpfiges Wasser zu entfernen». Und wieder wurden die Besitzer von Weinbergen und Gemüsegärten der nahe gelegenen *Valle dell'Inferno* aufgefordert, innerhalb von drei Tagen ihre Entwässerungsgräben zu säubern und auszuschachten, damit darin stehendes Wasser abfließen konnte.[38]

Die Anweisungen zur Säuberung von Gräben, Fluss und Kellern wiederholen sich durch das gesamte 17. Jahrhundert, offenkundig mit wenig Erfolg. Auch die illegale Müllentsorgung konnte die Polizei kaum verhindern. 1608 wurde angeordnet, Bauschutt zum Monte Testaccio oder auf eine Kippe vor der Porta Flaminia zu befördern, Verstöße wurden mit der Konfiszierung von Karren und Zugtieren geahndet. Sie blieben trotzdem an der Tagesordnung, vor allem nachts wurden die Abfälle an den Fluss gebracht. Dann beförderten die Römer auch ihren Latrinenaushub an den leicht zugänglichen Anlegestellen ins Wasser, statt vorschriftsmäßig in die Strömung. Aus dem Jahr 1618 ist der Fall eines gewissen Hercole überliefert, der von den Wachen der Straßenmeisterei dabei ertappt wurde, wie er zwei Wagenladungen Schotter bei der Piazza Nicosia in den Fluss kippte. Zur Strafe wurden seine beiden Pferde konfisziert. Hercole beklagte sich, er sei so arm, dass er eines der beiden Tiere noch gar nicht bezahlt habe, und kam schließlich mit einer lächerlich geringen Geldbuße davon. Zwei anderen «alten, armen und kinderreichen» Römern erging es schlechter: Sie mussten ins Gefängnis, weil sie gegen das Müllabladeverbot verstoßen hatten.[39]

Seit April 1633 war es bei Strafe von 25 Scudi untersagt, Erde, Schutt, Vasenscherben und anderes festes Material in den Tiber zu werfen. Ausnahmen bestätigten die Regel: Der Bauschutt der Kirche S. Girolamo in Trastevere stellte angeblich «keine Gefahr für den Tiber dar», die Straßenmeister waren angewiesen, dafür zu sorgen, dass die Arbeiter ungestört vorgehen konnten. Auch die Pater von Santa Maria del Popolo waren befugt, ihre Baustellenabfälle in den Fluss zu schütten, ebenso wie der Abt eines Klosters in Trastevere seinen Erdaushub. Vergebens protestierten Müller und Schiffer um 1650 gegen die Schuttberge im Fluss. Mehr als 500 Karren Abfall würden täglich entladen, klagten sie. Man komme mit den Booten kaum durch, auch behindere das verstopfte Flussbett die Arbeit der Mühlen.[40]

Hausabfälle sollten vergraben werden, doch viele türmten sie einfach unter freiem Himmel, mitten in der Stadt. Dort wurden sie bestenfalls von den Müllwagen weggeräumt, die dreimal in der Woche vorbeikamen und eigentlich nur für die Abfälle der Handwerker und Händler vorgesehen waren. Aber auch diese hielten sich nicht an die Vorschriften, obwohl überall in der Innenstadt entsprechende Marmortafeln angebracht wurden, von denen sich viele bis heute erhalten haben und einen Eindruck von der Dringlichkeit des Problems vermitteln.

Seit 1624 galt ein Verbot für Metzger, Seiler, Kerzenmacher und Gerber, «stinkende Arbeitsmaterialien» im Haus oder in der Werkstatt aufzubewahren. Alles musste ordnungsgemäß an die Müllabfuhr übergeben werden. Doch die Archive quellen über von behördlichen Klagen über Wirte, Obst- und Gemüsehändler, Fischhändler, Färber und Strohhändler, die Roms Straßen und Plätze in Müllhalden verwandelten, über Wäscherinnen, die ihre Seifen- und Aschenlauge in die Gosse kippten. Mal campierten Hirten mit ihren Schaf- und Ziegenherden mitten in der Stadt, mal hinterließen besonders dreiste Römer ihren Abfall auf den Stufen der Peterskirche (oder war das eine politische Demonstration?). Anno 1713 verpestete der Müllberg vor der Chiesa Nuova die Luft in der Kirche derart, dass selbst massiver Einsatz von Weihrauch nichts half und die Priester sich weigerten, die Messe zu lesen. Rom erstickte buchstäblich am eigenen Dreck. Die Strafen wurden verschärft, aber der Kampf der Behörden blieb aussichtslos. «Nur unter großen Schwierigkeiten und sehr selten erwischen wir die Delinquenten», klagten die Straßenmeister. 224 illegale Müllkippen hatten sie 1743 ausgemacht, die meisten unmittelbar am Fluss.

Ständig verstopften in den von Schmutz überladenen Straßen die Abflüsse – bis der Tiber beim nächsten Hochwasser allen Müll neu verteilte. Bei den Aufräumarbeiten wurde dann wieder aller möglicher Abfall in den Fluss gekippt: ein Teufelskreis. Erst als Rom Hauptstadt des Königreichs Italien wurde und seine Bevölkerung rasant wuchs, wurden die Abwässer aus der Stadt hinausgeleitet – immer noch in den Tiber, nur weiter flussabwärts.[41]

Dennoch war der Tiber wohl nie so dreckig wie in den Jahrzehnten zwischen 1950 und 1974, als Roms Einwohnerzahl beständig wuchs, von 1,6 auf 2,7 Millionen. Damals war der Fluss schier hoffnungslos verseucht mit Chemikalien und Kolibakterien, denn es gab keine Kläranlage. Die Kloaken der Antike funktionierten noch immer, sie hatten die Jahrtausende überdauert. Doch die Römer, die diese technischen Wunderwerke einst erfunden hatten, hinkten nun der modernen Entwicklung hinterher. Noch in den 1980er Jahren waren fast zwei Millionen Einwohner nicht an die Kanalisation angeschlossen, 1997 waren es noch fast 300 000, also jeder Zehnte. Im Jahr 2000 hatte sich diese Zahl auf 50 000 verringert. Heute sind nur noch einige Barackensiedlungen ohne Anschluss.

Erst 1974 wurden im Osten der Stadt unweit des Nebenflusses Aniene und an der Mündung bei Ostia die ersten Kläranlagen in Betrieb genommen. Weitere folgten 1981 am nördlichen Stadtrand nahe der Via Flaminia und 1985 im Süden bei Tor di Valle. Langsam, sehr langsam durfte der Tiber aufatmen, er bekam buchstäblich mehr Luft, der Sauerstoffanteil stieg und stieg. Heute gilt er als sauber, auch das Meer an seiner Mündung in Ostia ist so klar wie vielleicht noch nie. Wie andere Städte auch nutzt Rom den Klärschlamm seiner Abwasserkanäle zur Energiegewinnung. Nach fast 3000 Jahren ist der Tiber keine Cloaca Maxima mehr. Das letzte Teilstück des großen Abwasserkanals vor der Mündung in den Fluss ist stillgelegt, man kann es besichtigen. Wie ein Stück aus dem Museum.

~ Kapitel 8 ~

DIE EINGESCHLOSSENEN

Roms Juden und das Ghetto am Fluss

Lange vor den Christen gab es am Tiber schon Juden. Ab dem 2. Jahrhundert v. Chr. siedelten sie im damals noch heidnischen Rom und bald danach auch in Ostia. Sie erlebten den Niedergang der griechisch-römischen Götter, den Aufstieg des Christentums und die Machtübernahme durch die Päpste. Die älteste überdauernde Glaubensgemeinschaft blieb eine Minderheit mit prekären Rechten, die gelegentliche Verfolgungen erdulden musste. Zu Pogromen kam es nie, doch am 14. Juli 1555 änderte sich die Situation der relativen, stets eingeschränkten Freiheit mit der berüchtigten Bulle *Cum nimis absurdum* von Papst Paul IV. Die römischen Juden wurden in ein Ghetto gesperrt. Über Nacht waren sie rechtlos geworden und blieben es über 300 Jahre lang, bis zum Ende des Kirchenstaates.

Für die Juden im Ghetto wurde der Fluss zur Bedrohung, zum Feind. Immer hatten sie direkt am Tiber gewohnt, zunächst in Trastevere, dann, im Mittelalter, am anderen Ufer. Die Bedingungen waren dort günstig für Arbeit und Handel. Doch in den Jahrhunderten der Gefangenschaft bedeutete der Tiber vor allem Tod und Verderben: Bei jedem Hochwasser wurde das eng besiedelte Ghetto zuerst überschwemmt. Die Kirche gewährte keinerlei Schutz, im Gegenteil. Durch die stetig wiederkehrende Geißel der Tiberflut sollten die Juden zum rechten Glauben bekehrt werden. Der Fluss mutierte zum Werkzeug der Ausgrenzung und Unterdrückung.

Toleranz und Verfolgung

Im antiken Rom arbeiteten Juden in allen möglichen Berufen, etwa als Bootsbauer, Maler, Metzger, Gerber, Lehrer, Kaufleute, Wirte. Offenbar schätzte man ihre Arbeitskraft, denn Julius Caesar garantierte ihnen Religionsfreiheit, die Befreiung vom Militärdienst und eine eigene Gerichtsbarkeit im Rahmen der römischen Gesetze. Es war ihnen auch gestattet, Spenden für den Tempel in Jerusalem zu sammeln – ein außerordentliches Privileg, wenn man bedenkt, dass auf diese Weise an der stets unersättlichen Staatskasse vorbei viel Geld für das Gotteshaus einer «unrömischen» Religion in eine ferne, widerborstige Provinz floss.

So eng waren die Beziehungen zwischen Caesar und der jüdischen Gemeinschaft, dass der Diktator nach seiner Ermordung von den Juden Roms ostentativ betrauert wurde.[1] Caesars Adoptivsohn Augustus bot der Gemeinde ebenfalls weitreichenden Schutz, mit dem Effekt, dass immer mehr Juden nach Rom zogen, zumeist nach Trastevere, wo viele Einwanderer aus Vorderasien und Griechenland lebten. Im Jahr 4 v. Chr. bildeten 8000 jüdische Männer das eindrucksvolle Empfangskomitee für eine Delegation aus der Provinz Judäa. Sie repräsentierten eine Gemeinde mit über 40 000 Gläubigen, die mindestens zwölf Synagogen frequentierten und fünf Katakombenfriedhöfe unterhielten: eine starke und sichtbare Minderheit.[2]

Der Einfluss der Juden reichte bis ins Kaiserhaus, seit Sprösslinge des judäischen Königshauses in die Hauptstadt zogen, um Latein zu lernen und zu verstehen, wie die Herrschaft des Weltreichs funktionierte. Diese Juden fanden Aufnahme in der Kaiserfamilie, wo sie gemeinsam etwa mit der Tochter, den Stiefsöhnen und den Enkeln von Augustus zu Führungspersönlichkeiten erzogen wurden. Herodes Agrippa I. (41–44) war das herausragendste Beispiel dieser Familiendiplomatie. Benannt nach Marcus Agrippa, wuchs er am Kaiserhof als Spielgefährte von Tiberius' Sohn Drusus auf. Mit diesem befreundete sich Herodes so eng, dass er nach dessen frühem Tod die Stadt verlassen musste: Als trauernder Vater konnte Tiberius den Anblick des überlebenden Freundes nicht ertragen.[3]

Jahre später berief Tiberius Herodes Agrippa wieder zu sich, diesmal nach Capri, wo der Kaiser dauerhaft residierte. Der judäische Prinz sollte dort Drusus' Sohn erziehen, der als Kaiserenkel für die Nachfolge in Frage kam. Auf der abgelegenen Felseninsel fiel der lebenslustige Herodes beim gestrengen Tiberius in Ungnade, schloss aber Freundschaft mit dem sehr viel jüngeren Caligula. Der direkte Draht wurde besonders vorteilhaft, als Caligula in Rom an die Macht kam. Mit viel persönlichem Einsatz konnte Herodes den Freund davon abbringen, die Vergöttlichung des Kaisers auch in Judäa voranzutreiben und überall Caligula-Statuen aufstellen zu lassen, vor denen die Juden Opfer bringen sollten.[4]

Aber das war außenpolitische Realpolitik. Bei innenpolitischen Krisen dagegen initiierten die Kaiser immer wieder Verfolgungen der Andersgläubigen. Tiberius zwang 19 n. Chr. die Hauptstadtjuden, ihre kultischen Gewänder und Gerätschaften zu verbrennen – ein Frontalangriff auf die Religionsfreiheit. Per Senatsbeschluss wurden 4000 wehrtaugliche Männer vorgeblich «zur Räuberbekämpfung» nach Sardinien geschickt, was de facto einer Verbannung gleichkam, denn die Rückkehr war nicht vorgesehen. Wer zu alt zum Kriegsdienst war, wurde unter Androhung der Sklaverei aus der Stadt vertrieben.[5] Solche Aktionen fanden den Beifall einer Oberschicht, die der religiösen Minderheit skeptisch bis ablehnend gegenüberstand.[6]

Dauerhafte Konsequenzen hatten diese Repressalien nicht. Nach Tiberius' Tod kehrten die Juden nach Rom zurück, bis sie von Claudius erneut vertrieben wurden.[7] Unter dessen Nachfolger Nero verschärfte sich die Situation auch für Roms Juden, als der römische Statthalter im Frühjahr 66 den Tempelschatz in Jerusalem plünderte. Die darauffolgende Rebellion war der Anfang des sogenannten Jüdischen Krieges. An seinem Ende standen im Jahr 70 die Belagerung Jerusalems, der Hungertod Tausender und die Zerstörung des Jerusalemer Tempels. Die überlebenden jüdischen Freiheitskämpfer wurden gefangen genommen und in die Sklaverei verschleppt. Sie mussten halbnackt und gefesselt im Triumphmarsch des Titus mitlaufen und mitansehen, wie der kostbare Tempelschatz der johlenden römischen Plebs vorgeführt wurde. Sein Prunkstück war ein gewaltiger siebenarmiger Leuchter, die sagenhafte Menora. Vier Legionäre mussten sie tragen, so schwer war der Kerzenhalter. Seine detaillierte Beschreibung verdanken wir dem jüdischen Historiker Flavius Josephus, einem Augenzeugen:

«Ein Leuchter von eitel Gold, 100 Minen (knapp 50 Kilo) schwer. Er war aus kleinen Kugeln, Lilien, Granatäpfeln und Kelchen, im ganzen 70 an der Zahl, aus einem einzigen Fuß heraus in die Höhe gearbeitet, und teilte sich in so viele Arme, wie Planeten sind, einschließlich der Sonne. Er ging nämlich in sieben Spitzen aus, die in gleichen Abständen voneinander sich befanden und in einer Reihe standen. Auf denselben leuchteten sieben Lampen, ebenfalls so viele als Planeten sind.»[8]

Diese Zeilen und ein Reliefbild auf der Innenseite des Titus-Triumphbogens sind alles, was vom berühmtesten Leuchter der Weltgeschichte bleibt. Seit die Vandalen 455 Rom plünderten, ist die Menora verschollen. Viele Legenden ranken sich um sie, mal wurde sie im Vatikan vermutet, mal in den antiken Abwasserkanälen oder im Tiber selbst. Gefunden hat man sie nie.

Titus' brutaler Unterdrückungsfeldzug war der Beginn der Diaspora. Die jüdische Gemeinde am Tiber wuchs mit den gefangenen und nach Rom deportierten Glaubensbrüdern und -schwestern sprunghaft an. Für alle wurden die Zeiten härter. Weil der Tempel zerstört war, mussten die Juden ihre Spenden nun als Kopfsteuer (*fiscus judaicus*) direkt an den Kaiser entrichten. Titus' Bruder und Nachfolger Domitian vertrieb die Juden zeitweise aus Trastevere in das fünf Kilometer vom Kapitol entfernte Caffarella-Tal. Für die Nutzung des Brachlandes weit vor den Toren der Stadt mussten sie auch noch eine Pacht zahlen.[9]

Antijüdische Zwangsmaßnahmen gab es also schon, bevor das Christentum die Stadt eroberte, und zwar ganz unabhängig von der persönlichen Haltung der Herrschenden. Der Tempelzerstörer Titus etwa, der Sohn von Kaiser Vespasian, lebte, bevor er selbst die Herrschaft übernahm, im römischen Kaiserpalast mit Berenike zusammen, der Tochter von Caligulas Freund Herodes Agrippa. Die judäische Prinzessin, die in ihrer Heimat große Ländereien besaß, wurde in der Hauptstadt hofiert und galt als sehr einflussreich. Doch als Titus im Jahr 79 den Thron bestieg, musste er sich von seiner jüdischen Lebensgefährtin trennen. Ein römischer Imperator durfte keine andersgläubige Nicht-Römerin heiraten. Berenike kehrte in ihre Heimat zurück. Ihre Glaubensgenossen am Tiber hatte sie ohnehin nicht schützen können.[10]

Geduldet von den Päpsten

Waren die Juden in der Antike vom Wohlwollen der Kaiser abhängig, so mussten sie im Mittelalter auf die Duldung der Päpste hoffen. Schon im 6. Jahrhundert galt das Judentum als «Sekte», deren Synagogen in Spanien und Süditalien geschlossen und zu Kirchen umgewandelt wurden.[11] Den

Verfolgungen gebot Gregor der Große (590–604) Einhalt. Er gewährte den
Juden freie Ausübung ihrer Religion und schützte sie vor Kränkungen und
Zwangstaufen. Doch die später immer wieder erneuerten Grundrechte
fußten keineswegs auf Religionstoleranz. «Obwohl der Unglaube (*perfidia*)
der Juden auf das Strengste zu verdammen ist, dürfen sie dennoch nicht
von den Gläubigen verfolgt werden, da sich ja durch sie unser Glaube be-
wahrheitet.» So heißt es in der Bulle *Licet perfidia judaeorum* von Innozenz III. aus dem Jahr 1199. Die Präsenz der «Ungläubigen» im Zentrum
der Christenheit diente letztlich der Zementierung päpstlicher Macht, lieferten die Juden als angebliche «ältere Brüder» doch den Herkunftsnach-
weis des Christentums und manifestierten zugleich den überwundenen
«Aberglauben». Noch im 19. Jahrhundert schrieb der sonst so aufgeschlos-
sene Kardinal Carlo Luigi Morichini: «Zwei Religionen sind auf der ganzen Welt verbreitet: die katholische und die jüdische – also die Wahre und
der Beweis der Wahren.»[12]

Sozialer Aufstieg in der christlich dominierten Gesellschaft blieb Juden
versperrt. Als einzige jüdische Familie schafften es die mit Handel und
Geldverleih reich gewordenen Pierleoni, um das Jahr 1000 in den stadtrö-
mischen Adel befördert zu werden – allerdings erst nach ihrer Taufe. Es
dauerte dann noch 130 Jahre, bis Kardinal Pietro Pierleoni als Anaklet II.
zum Papst gewählt wurde. Aber er ging nur als Gegenpapst zu Innozenz II.
in die Kirchengeschichte ein, obwohl er bis zu seinem Tod 1138 in Rom residierte, unterstützt von der Bevölkerung und weitgehend auch vom Adel.
Als Wohltäter der Juden zeichnete sich Anaklet nicht aus. Vermutlich
musste eine Abordnung der Gemeinde auch ihm an der Engelsbrücke den
rituellen Tribut entrichten.

Dabei präsentierten die Gemeindeälteren dem neugewählten Papst auf
Knien liegend die Thora. Was auf den ersten Blick wie ein integrierendes
Ritual erscheinen könnte – jüdische wie christliche Römer waren ja unter-
schiedslos Untertanen der Päpste –, war immer auch eine diskriminierende
Unterwerfungsgeste. Bestenfalls sprach der Pontifex dabei nur eine ableh-
nende Formel gegen die alttestamentarischen Gesetzesbücher: «Confirma-
mus sed non consentimus» (Wir bestätigen, aber stimmen nicht zu), und
ließ die Thora dann weiterreichen oder zu Boden fallen. Nicht selten kam
es aber zu Übergriffen. Das anwesende Volk wartete nur auf ein Zeichen
des Papstes, um die jüdische Gesandtschaft zu verhöhnen oder gar zu verprügeln. Die Attacken wurden im Laufe der Zeit so zahlreich und gefähr-

lich, dass Innozenz VIII. den Juden 1484 erlaubte, ihm innerhalb der Engelsburg ihre Aufwartung zu machen.[13]

Vorausgegangen waren unter Nikolaus V. (1447–1455) weitreichende Restriktionen. Dieser Papst befahl den Juden, sich mit einem Stück farbigen Stoffs auf ihrer Kleidung kenntlich zu machen, als Neuauflage einer Verordnung von 1215. Er untersagte den Neubau von Synagogen, außerdem durften Juden in der Karwoche die Fenster und Türen ihrer Häuser nicht öffnen. Es war ihnen verboten, mit Christen zu essen oder sie medizinisch zu versorgen. Für Christen stand andererseits das Backen des Sabbatbrotes unter Strafe. Diese harten Maßnahmen waren ein Vorgeschmack auf das Ghetto und bezeugen, wie sehr die Juden Roms päpstlicher Willkür ausgeliefert waren. Zwar kam es nie zu Pogromen wie in anderen europäischen Städten, doch die Obrigkeit hetzte nun auch in Rom, wo Juden viel länger ansässig waren als die herrschenden Christen, gegen die angeblichen «Gottesmörder».

Die Politik der Päpste blieb widersprüchlich. Einerseits war Juden seit 1360 der Zinsverleih verboten, andererseits profitierte die Kurie weiter von den Krediten jüdischer Bankiers, denen sie kurzerhand erlaubte, ihre Geschäfte außerhalb der Stadt zu betreiben. Papst Bonifaz IX. (1389–1404) ernannte mit Benedetto Melis sogar einen Juden zum Verantwortlichen für das Vermögen der Apostolischen Kammer, verlieh ihm alle höfischen Privilegien und befreite ihn von der Pflicht des Kleidungsstigmas, das durch die Jahrhunderte in immer neuen Abwandlungen fortbestand.[14]

Ein Blick in das Archiv der Apostolischen Pönitentiarie, eines der päpstlichen Gerichtshöfe, beweist, dass die Kurie bei allen Einschränkungen für die jüdische Gemeinschaft in Einzelfällen durchaus kulant blieb. So wurde jüdischen Ärzten noch 1536 ausdrücklich erlaubt, Christen zu behandeln, wenn sie versicherten, diesen die Krankenölung zu verschaffen und keine «Zauberkünste» anzuwenden. Ein solches Versprechen war schnell gegeben und zeigt einmal mehr, dass die Restriktionen oftmals reine Symbolpolitik blieben.[15]

Insgesamt war das Rom des späten Mittelalters und der frühen Renaissance eine weltoffene Stadt, ein wichtiges europäisches Finanzzentrum mit einem auffallend hohen Ausländeranteil. Dieser stieg nach der Vertreibung der Juden aus dem spanischen Herrschaftsbereich 1492 noch weiter an. Die Gemeinde am Tiber musste nun sehr viele Exilanten von der Iberischen Halbinsel, aus Sardinien und Sizilien aufnehmen. Die Zahl der Mitglieder verdoppelte sich, es kam zu Spannungen zwischen den «Alteingesessenen» und den im Schnitt erheblich wohlhabenderen «Neuen». Ein Verzeichnis von 1521 zeigt, wie erfolgreich die Zuwanderer waren: Mehr als die Hälfte der mit päpstlicher Erlaubnis neu eröffneten jüdischen Banken gehörte den «Spaniern», ein Drittel war in Händen von Süditalienern. Für die Einheimischen war das eine neue Erfahrung: Nach vielen Jahrhunderten wurde die jüdische Gemeinde plötzlich wieder so «international», wie es der katholische Hof schon lange war.

Aber diese kurze Blütezeit war schnell vorbei. Der Sacco di Roma, die verheerende Plünderungswelle deutscher Landsknechte im Mai 1527, stürzte viele Römer ins Elend. Es kam zu Versorgungsengpässen und anschließend zu Hungerrevolten. Wie auch anderswo nährte die Not antijüdische Ressentiments, denn es waren vor allem jüdische Bankiers, die Kleinkredite vergaben und Pfandleihe betrieben. Doch der wirtschaftliche Aspekt war nur die eine Seite. Der andere, weitaus tiefgreifendere Grund für den grassierenden Antijudaismus war die Gegenreformation, die alles Nicht-Katholische, Andersartige mit einem in Rom bislang unbekannten Furor bekämpfte. In den Augen katholischer Eiferer musste die jüdische Gemeinschaft nun ausgelöscht werden, wenn auch nicht physisch, so doch spirituell. Eingesperrt und rechtlos sollten die Juden zum rechten Glauben finden und Christen werden.

300 Jahre Gefangenschaft

Wenn man durch das Viertel zwischen Marcellus-Theater und Tiber mit seinen hell gestrichenen, renovierten Häusern, den kleinen Läden und zahlreichen Restaurants streift, ist schwer vorstellbar, dass sich hier einmal das «traurigste Quartier Roms» befunden haben soll, «ein Winkel des Schmutzes und der Armut». So erschien es Ferdinand Gregorovius, als er um 1850 in den dunklen, engen Gassen spazierte. In den überfüllten, düsteren, feuchten Räumen der sechs- bis siebenstöckigen Häuser waren die Römer jüdischen Glaubens eingepfercht, zum Zeitpunkt von Gregorovius' Reportage rund 4000 Menschen. Der «Judenzwinger», wie der deutsche Chronist das Ghetto nannte, erstreckte sich gegenüber der Tiberinsel am unbefestigten linken Ufer. Seine letzte Häuserreihe an der Via Fiumara stand direkt am – oder besser: im Fluss.

Das eng besiedelte Ghetto der römischen Juden war von Tiberüberflutungen besonders betroffen. Die Häuser der 1589 erbauten Via Fiumara standen direkt am Fluss. Das Foto zeigt sie kurz vor ihrem Abriss 1882. Im Hintergrund der Ponte Fabricio zur Tiberinsel.

Der Tiber bedeutete eine ständige Gefahr für Besitz, Leben und Gesundheit. Ein einziger Brunnen stand den Bewohnern zur Verfügung, sonst gab es Trinkwasser nur aus dem Fluss, der im Sommer Seuchen brachte, im Herbst und Winter verheerendes Hochwasser. Gregorovius sah es mit eigenen Augen: «Seine gelbe Flut strömte durch die Fiumara, die unterste Ghettostraße, deren Häuserfundamente unmittelbar als Quai den Strom einfassen; es strömte der Fluss auch am Bogen der Octavia, und das Wasser bedeckte die unteren Räume der tiefer stehenden Häuser. Welch ein melancholischer Anblick, das elende Judenviertel in den trüben Tiberfluten versinken zu sehen! Alljährlich muss Israel in Rom die Sündflut an sich erleben, und der Ghetto schwimmt in den Wellen wie die Arche Noah mit Menschen und Getier. Es steigt die Not, wenn der Tiber, vom Schnee der Berge und der Regenflut schwellend, noch durch den Westwind vom Meer zurückgetrieben überströmt; dann flüchtet sich, was zuunterst wohnt, in die oberen Stockwerke, welche sich unerträglich anfüllen und von erstickender Atmosphäre sich durchpesten. Das Unglück ist größer, weil Nahrung und Erwerb stockt und die Flut verwüstet, was nicht rettbar ist.»[16]

Als Gregorovius das Ghetto durchquerte, waren Roms Juden schon seit 300 Jahren in das Viertel am Tiber eingepfercht, nachdem die Bulle *Cum nimis absurdum* am 14. Juli 1555 ihre Gefangenschaft eingeläutet hatte. «Überaus absurd und höchst unpassend» sei es, so hieß es dort, dass Juden, «wegen ihrer Schuld zu ewiger Sklaverei verdammt, mit der Ausrede christlicher Nächstenliebe als Nachbarn inmitten der Christen geschützt und toleriert, eine solche Undankbarkeit gegenüber eben jenen zeigen (…) und sich anmaßen, sie zu dominieren, anstatt ihnen, wie es ihre Pflicht wäre, zu dienen.» Nach gerade zwei Monaten im Amt verfügte Paul IV., dass Roms Juden ab sofort in einem geschlossenen, vom Rest der Bevölkerung getrennten Bezirk mit nur einem Ein- und Ausgang wohnen sollten.

Die Wahl fiel auf die *Contrada degli Ebrei*, eine Gegend am linken Tiberufer, wo bereits viele Juden siedelten. Seit dem 11. Jahrhundert waren sie aus Trastevere auf die andere Flussseite in das aufstrebende Viertel der großen Märkte und der Banken gezogen. In Trastevere und auf der Tiberinsel blieben zwar noch Synagogen und ein Friedhof in Betrieb, doch avancierte der Tempel an der heute verschwundenen Piazza Giudea zum wichtigsten der Stadt. Mit der Einrichtung des Ghettos wurden die letzten Juden aus Trastevere auf die andere Tiberseite getrieben, ihre Synagogen mussten schließen.

Vergebens versuchten die jüdischen Gemeindeoberen, den Papst umzustimmen oder seine Anweisungen zumindest abzumildern, und boten dafür die gewaltige Summe von 40 000 Scudi. Als Antwort folgten weitere Repressionen. Mit Paul IV. war ein Fanatiker auf den Papstthron gelangt, der über 1100 Bücher verbot und zum christlichen Glauben konvertierte Juden ebenso auf dem Scheiterhaufen verbrennen ließ wie innerkirchliche Kritiker. Unter seiner Ägide verwandelte sich Rom von einer toleranten Metropole zu einer von Spionen und Denunzianten durchsetzten, verängstigten und rückständigen Stadt.[17]

Das etwa einen Hektar umfassende Ghetto am Tiber orientierte sich am seit 1516 existierenden Vorbild in Venedig, allerdings mit deutlich verschärften Bedingungen für die Insassen. Der Papst verzichtete auf die Vertreibung der jüdischen Gemeindmitglieder, die offenbar gut integriert und im innerstädtischen Wirtschaftsgefüge unverzichtbar waren. Stattdessen sollten die Juden zur Bekehrung «geleitet» werden, das Ziel war also die «Selbstauflösung» der Gemeinde, deren Angehörige im Ghetto zur «Selbsterkenntnis» gelangten und «Buße» taten, um schließlich ihr «Heil» in der Taufe zu finden.

Sämtlicher Besitz wurde eingezogen, jüdische Immobilienbesitzer mussten ihre Häuser zu einem Fünftel des Verkehrswertes an Christen verkaufen. Aber am schlimmsten war die Freiheitsberaubung. Innerhalb von wenigen Wochen wurde das Viertel mit einer Mauer umzogen, die ursprünglich über nur zwei Tore verfügte. 1577 wurden es drei, 1589 schließlich fünf Ausgänge, die ein päpstlicher Befugter in der Zeit von Ostern bis Allerheiligen jeden Abend eine Stunde nach Sonnenuntergang, im Rest des Jahres zwei Stunden nach Fortgang des Lichts verschloss.

Wer innerhalb der Mauer wohnen musste, war nicht nur nachts eingesperrt, sondern auch im Alltag vollkommen entrechtet. Zwar durften sich die jüdischen Römer tagsüber im «christlichen» Teil der Stadt bewegen, doch mussten sie dabei kenntlich sein. Die Anzahl der Synagogen wurde auf zwei, später nur eine reduziert. An christlichen Sonn- und Feiertagen war jede Arbeit untersagt. Getreide- und Lebensmittelhandel war für die Leute aus dem Ghetto verboten, ebenso jede handwerkliche Tätigkeit. Jüdische Ärzte durften keine Christen behandeln und umgekehrt. Angesichts des Mangels an katholischen Medizinern wurde diese Vorschrift jedoch ständig umgangen. Zu keinem Zeitpunkt schloss die Universität jüdische Medizinstudenten aus, verlangte von ihnen allerdings das Dreifache des Studiengelds.

Neben den Chirurgen ging noch ein anderer jüdischer Berufsstand in den Krankenhäusern und Pilgerhospizen ein und aus: Die Lumpensammler besorgten sich dort ihr Material, das sie an Papierhersteller verkauften. Der Erwerb von Altkleidern blieb den Juden aus dem Ghetto gestattet und bildete über die Jahrhunderte ihre Haupttätigkeit. Was wir heute vielleicht mit Armut, aber sicher nicht mit Gefahr assoziieren, war damals ein ausgesprochen riskanter Beruf.

In seinem Traktat über Berufskrankheiten, *De morbis artificum diatriba* (1700), erläuterte der Arzt Bernardino Ramazzini sehr eindrücklich, was am Lumpensammeln so gefährlich war. Er beschrieb, wie die Juden Roms mit ihren Säcken voller Krankenhauswäsche und anderer Stofffetzen nach Hause kamen, dort alles ausleerten und den Lumpenberg nach wertvoller Seide oder Wolle durchwühlten. «Es ist schier unglaublich, wie stark der Gestank ist, der jedes Mal aufsteigt, wenn sie die großen Säcke bewegen oder auskippen.» Denn, so der Arzt, «es gibt nichts Schmutzigeres und

Ekelhafteres als diesen Berg aller möglichen Dreckslappen von Männern, Frauen und Leichen.»[18]

Dauerhusten, Asthma, Schwindelanfälle und Appetitlosigkeit seien deshalb verbreitete Berufskrankheiten, die nichts mit der «Rasse» der Lumpensammler oder ihrer Ernährung zu tun hätten. Hinzu komme die Matratzenerneuerung, ein anderes jüdisches «Monopol», schädlich nicht wegen der alten Wolle, die aus der Matratze geschlagen werde, «sondern wegen des Schmutzes jener, die darauf geschlafen haben».[19] Auch hier erzeuge der Staub Asthma und Husten, zudem die Krätze und andere Hautkrankheiten, die viele Römer für eine Art «jüdische Lepra» hielten, obwohl sie sich ausschließlich über die Arbeitsmaterialien verbreiteten. Weil man den Juden aber nicht den Lumpenhandel abnehmen könne, empfahl der gelehrte Doktor, ihren Brechreiz zu stimulieren, damit sie sich der schädlichen Stäube entledigen könnten. Und vor allem riet er, Nase und Gesicht beim Hantieren mit den Lumpen bedeckt zu halten. Die jüdischen Frauen hingegen, die als erstklassige Näherinnen bekannt seien, aber vom vielen Arbeiten «mit 40 Jahren krumm und kurzsichtig» würden, sollten öfter die Nähnadel zur Seite legen und sich bewegen.[20]

Da war der ebenfalls erlaubte Geldverleih schon weitaus weniger gesundheitsschädlich, wenn auch alles andere als einträglich. Denn der Apostolische Stuhl legte die Kreditzinsen auf niedrigem Niveau fest. In den Augen der Obrigkeit blieben Juden geborene Wucherer – und sollten es unter der strengen Kontrolle und zum Nutzen der Christen bleiben. Allerdings war nur eine Minderheit in der Lage, als Bankier zu arbeiten. Zwei Drittel der jüdischen Römer wurden Lumpen- und Schrotthändler, fast alle Frauen arbeiteten als Näherinnen. Das Judenghetto wurde innerhalb kürzester Zeit zu einem Elendsviertel.[21]

Unter Pius V. (1566–1572) verschärfte sich die Lage noch. Mit der Bulle *Hebraeorum gens* verfügte der Papst am 26. Februar 1569, dass alle Juden des Kirchenstaates in die Ghettos von Rom und Ancona umziehen müssten. Auf diese Weise verschwanden gut 50 jüdische Gemeinden in Latium, Umbrien, der Emilia-Romagna und den Marken. Und das ohnehin überfüllte römische Ghetto musste noch mehr Menschen aufnehmen, Verzweifelte, die von den Bütteln des Papstes aus ihren Heimatstädten vertrieben worden waren.

Sixtus V. (1585–1590) vergrößerte das Viertel zum Tiber hin mit einer Häuserreihe, die an der Via della Fiumara direkt am Fluss stand. Zwei weitere Tore in der Ghettomauer Richtung Trastevere wurden eröffnet. Das Judenviertel umfasste nun drei Hektar, die ursprüngliche Fläche hatte sich also verdreifacht, doch das reichte immer noch nicht aus für menschenwürdige Wohnverhältnisse: Die römische Gemeinde musste immer neue Zugewiesene aus Mittelitalien und schließlich auch aus der spanisch besetzten Lombardei aufnehmen. Immerhin erleichterte Sixtus das Leben der Ghettobewohner, indem er das Handelsverbot weitgehend aufhob, ihnen den Austausch mit Christen zugestand, die Abgaben senkte und die Sabbatarbeit sowie Zwangstaufen verbot.[22]

Doch schon zur Thronbesteigung von Gregor XIV. im Jahr 1590 gab es neue Demütigungen und Zwangsabgaben. Unter enormem Kosten- und Arbeitsaufwand hatte die Ghettogemeinschaft die große Treppe vom Kapitol und den Triumphbogen des Septimius Severus mit wertvollen Teppichen zu bedecken. Bei den folgenden Papst-Inthronisierungen verlangte die Kurie noch mehr. Nun mussten die Teppiche auch noch die Via Sacra auf dem Forum und ausgerechnet den Titusbogen schmücken, das Monument des Tempelzerstörers.[23]

Die Entscheidung Urbans VIII. (1623–1644), den Juden den Exklusivauftrag für die Matratzen der Kurie und ihres Heeres zu erteilen, verhieß zunächst einen wirtschaftlichen Aufschwung, doch bald zerplatzte auch diese Illusion. Zwei Jahrzehnte lang ließ sich der Hof von den jüdischen Matratzenmachern beliefern – und zahlte nie. 1682 verhängte Innozenz XI. für jüdische Bankiers ein Berufsverbot, mit der Folge, dass sein Nachfolger Innozenz XII. eine Kongregation beauftragen musste, den drohenden Bankrott der jüdischen Gemeinde abzuwenden – nicht etwa aus Barmherzigkeit, sondern weil die Pleite weitreichende Folgen für die gesamte Ökonomie gehabt hätte.

Dieses Bankenverbot bedeutete die wahre Zäsur für die jüdische Gemeinde. Zuvor war die Zahl der Geldinstitute kontinuierlich gestiegen, von 20 im Jahr 1521 auf 70 zum Zeitpunkt des Geschäftsverbots. Darunter waren das reiche Bankhaus des Giuseppe Ambros mit einem Kapital von 23 000 Scudi ebenso wie kleine Pfandleiher gefallen. Halb Rom hatte am Tropf der jüdischen Kreditgeber gehangen, deren Profite von der Kurie peinlich kontrolliert wurden. Auch nach der Einrichtung des Ghettos hatten die jüdischen Bankiers am Tiber Freiheiten genossen, die anderswo in Europa nicht gewährt wurden. Doch während Ende des 17. Jahrhunderts im Norden die jüdische Emanzipation begann, sollte in Rom die schwerste

Zeit erst noch anbrechen. Der Kontrollwahn der Kurie führte zur einsei-
tigen Förderung päpstlicher Bankhäuser, allen voran des 1605 gegründeten
Banco di Santo Spirito.[24]

Sonderabgaben wie die «Karnevalssteuer» von jährlich 1130 Golddukaten belasteten die verarmende Gemeinde zusätzlich. Seit 1668 war zwar das
demütigende «Juden-Wettrennen» auf der Via del Corso abgeschafft – ein
grausamer Brauch, bei dem die nur mit einem Lendenschurz bekleideten
jüdischen Läufer vom christlichen Publikum verhöhnt und gepiesackt
wurden. An ihrer Stelle belustigten nun Pferde das Volk, allerdings auf
Kosten der jüdischen Gemeinde, die dafür 300 Scudi extra zahlen musste.
Demütigungsrituale wie der Kniefall vor den städtischen Magistraten am
Karnevalssamstag auf dem Kapitol bestanden aber weiterhin. Der christliche Repräsentant setzte dabei einen Fuß auf die Stirn des vor ihm liegenden jüdischen Gesandten.

Als wirklich existenzgefährdend erwiesen sich jedoch die Zwangstaufen
und «Bekehrungsmessen», zu denen am Sabbat mindestens 100 Männer
und 50 Frauen mit ihren über zwölfjährigen Kindern in der Kirche Sant'Angelo in Pescaria erscheinen mussten. Mit Peitschenhieben trieb die Polizei
die «Kirchgänger» in die Messe. Am Eingang wurde kontrolliert, ob sie die
Mindestzahl erfüllten, die willkürlich auch verdoppelt werden konnte. Die
Predigt bezog sich auf dieselbe Stelle des Alten Testaments, über die zeit-
gleich der Rabbi in der Synagoge sprach. Wer einnickte oder sich nach Einschätzung der Wächter abgelenkt zeigte, riskierte Peitschenhiebe. Um 1800
war die Zahl solcher Zwangsmessen auf fünf im Jahr begrenzt worden,
doch Leo XII. ordnete sie 1823 wieder für jeden Samstag an. Erst Pius IX.
(1846–1878) schaffte sie endgültig ab.

Befreiung und Shoah

Als Napoleons Truppen 1798 die Stadt besetzten, öffneten sie die Tore des
Ghettos und stellten mittendrin einen «Freiheitsbaum» auf. Die Freude darüber hielt sich in Grenzen. Denn nun galten die Juden als Franzosen-
freunde, Aufrührer und Subversive, die die Papstherrschaft bedrohten und
antirömische Interessen vertraten. Alltagskonflikte zwischen jüdischen und
christlichen Römern wie etwa die Konkurrenz der Fischhändler auf dem
Markt an der Portikus der Octavia wurden zu Religionskämpfen hochstili-

siert. Als der Fischhändler Gioachino Savelli, genannt Cimarra, ein stadt-
bekannter Guerillakämpfer gegen die französischen Besatzer, getötet wurde,
verbreiteten die Papisten das Gerücht, seine jüdischen Kollegen hätten ihn
aus Neid ermorden lassen. In einer gespenstischen Prozession wurde Cimar-
ras aufgebahrter Leichnam bei Fackelschein und dumpfem Getrommel
nachts durch die Straßen der Stadt getragen.[25]

1814 wurden die Tore des Ghettos erneut geschlossen, das 1825 sogar
noch einmal ausgeweitet wurde. Als 1837 eine Cholera-Epidemie ausbrach,
genehmigten die Behörden erst nach langem Hin und Her die Einrichtung
eines improvisierten Lazaretts, mit der Auflage, es mit dem Ende der Epidemie gleich wieder zu schließen. Ein Krankenhaus im Ghetto gab es
nicht, und der Zugang zu den katholischen Hospitälern blieb Juden verwehrt.

Pius IX. ließ 1848 endlich die Mauern einreißen, aber das Recht auf freie
Wohnungssuche gewährte er nicht. So vergingen die letzten Jahrzehnte des
Kirchenstaates für die Ghettobewohner zwischen Hoffen und Bangen. Als
im Februar 1849 die Römische Republik ausgerufen wurde, schien das die
lang ersehnte Wende zu bedeuten. Doch bereits im Juli waren die Franzosen wieder in der Stadt, diesmal nicht als Befreier, sondern an der Seite des
Ancien Régime. Das war die Lage, als Gregorovius durch das Judenviertel
ohne Mauern spazierte und mit kaum verhohlener Verachtung die Armut
dort beschrieb:

«Sie sitzen in den Türen oder draußen auf der Gasse, die kaum mehr
Licht gewährt als die feuchte und dumpfige Kammer (…) und nähen und
flicken emsig. Es ist nicht zu sagen, welches Chaos von Flicken und Lappen hier zusammengehäuft ist. Die ganze Welt scheint aus Judenplunder in
zahllosen Fetzen und Lappen zerrupft und zerrissen umherzuliegen (…)
Die Juden könnten damit die ganze Schöpfung ausflicken und die ganze
Erde so bunt belappen wie ein Harlekin bunt ist.»[26]

Für Gregorovius waren die römischen Juden eine «misshandelte Men-
schensekte», die aus «verrotteten Familiengeschlechtern» bestehe und mit
ihrer «lasterhaften Absonderung» selbst die Verfolgungen provoziert habe.
«Ich möchte behaupten, dass die Schuld jener in allen Zeiten gleich großen
Judenverachtung in dem Naturell der Hebräer selbst lag, welche den Römern durch eine an die Karikatur streifende Persönlichkeit lächerlich sein
mussten.»[27] Die Juden seien «bei aller Verschmitztheit und Unterwürfig-
keit frech und zudringlich» gewesen: «Während Judenweiber in den Häu-

sern des Adels wahrsagten und in geheimer Nacht Liebestränke ver-
schmachtenden Edeldamen brauten, gingen Juden frank und frei bei den
geldbedürftigen und verschuldeten Päpsten aus und ein.»[28] Solche antisemitischen Stereotype waren im 19. Jahrhundert in Italien so verbreitet wie
in Deutschland.

Auf ihre endgültige Emanzipation musste die jüdische Gemeinde bis zur
Eroberung Roms durch die Truppen des italienischen Königreichs im September 1870 warten. Das Ende des Kirchenstaates bedeutete endlich volle
Bürgerrechte. Nach 1871 wurden die tibernahen Häuser abgerissen, um
Platz für die neue Uferbefestigung zu schaffen. Unter den vielen Italienern,
die ihr Glück in der neuen Hauptstadt suchten, waren auch Juden. So
wuchs die Gemeinde von 5000 Menschen 1870 auf 7000 im Jahr 1901 und
schließlich auf 9000 im Jahr 1911.[29] Das Ghetto war nun Vergangenheit –
doch Ausgrenzung und Verfolgung waren es nicht. Viele Familien blieben
im alten Judenviertel, weil sie anderswo in Rom keine Wohnung fanden.
Die jüdischen Römer genossen nunmehr zwar volle Rechte als Staatsbür-
ger, wurden jedoch weiter als «Fremde» wahrgenommen.

Daran änderte wenig, dass Rom ab November 1907 von einem Juden
regiert wurde. Der neue Bürgermeister Ernesto Nathan war in London
aufgewachsen, wo er sich in dem Kreis um den italienischen Freiheitskämpfer Giuseppe Mazzini politisch engagierte. Wie Mazzini war Nathan
ein linker, antiklerikaler und unreligiöser Freimaurer, der mit den konser-
vativen römischen Juden wenig gemeinsam hatte und weit entfernt vom
Tiber an der neuen, repräsentativen Via Nazionale wohnte. Unter seiner
Ägide verwandelte sich Rom in eine moderne Kapitale mit einer zeitgemä-
ßen Verkehrsinfrastruktur und dem ersten kommunalen Elektrizitätswerk.
Erstmals verabschiedete die Verwaltung auf dem Kapitol einen Stadtent-
wicklungsplan, nach dem die neu entstandenen Wohnviertel systematisch
mit Schulen und Bibliotheken ausgestattet wurden. Für die Römer war das
ebenso revolutionär wie die 150 Kindergärten, die Nathan in seiner sechsjährigen Amtszeit einrichten ließ.

Mit diesem Bürgermeister rückte die jüdische Gemeinde ins Zentrum
des Interesses. Viele Gemeindemitglieder zogen als Freiwillige in den Ersten Weltkrieg, allen voran, ungeachtet seiner 70 Lebensjahre, Ernesto Nathan. Doch die Hoffnung auf Integration als Belohnung für Patriotismus
erwies sich schon bald als illusorisch. Nach der Machtübernahme der
Faschisten im Herbst 1922 wurden die Juden wieder ausgegrenzt und ge-

jagt. Wenn Mussolini auch nicht mit dezidiert antisemitischen Parolen an die Macht gekommen war, so erließ er doch bereits 1930 Vorschriften, die den jüdischen Gemeinden ihre Autonomie nahmen und sie unter die Kontrolle des faschistischen Staatsapparats stellten. Das Innenministerium konnte fortan gewählte Oberrabbiner ablehnen und jüdische Gemeinden auflösen.

Ab November 1938 katapultierten die sogenannten Rassengesetze die Juden zurück in düsterste Zeiten. Jüdische Kinder durften nicht mehr zur Schule gehen, Studierende nicht länger die Universität besuchen, Lehrer und Dozenten nicht mehr arbeiten. Juden wurden aus Wissenschaft, Justiz und Verwaltung ausgeschlossen, viele Berufe und Tätigkeiten wurden ihnen verboten. Dass unter diesen auch das Lumpensammeln war, entpuppte sich für die faschistische Stadtverwaltung groteskerweise als Boomerang. Über Jahrhunderte waren Schrott- und Lumpenhandel in Ermangelung anderer Berufsmöglichkeiten ein jüdisches Monopol geworden. In den 1930er Jahren war das Recycling wichtiger Rohstoffe zu 75 Prozent in jüdischer Hand. Und die «arische» Konkurrenz sei nicht annähernd so professionell, klagten hinter vorgehaltener Hand die faschistischen Verantwortlichen. Horrende Preissteigerungen und der zeitweilige Zusammenbruch des Marktes waren die Folgen.[30]

Statt ihnen die angestammten Geschäftsfelder zu lassen, kommandierte die Stadtverwaltung jüdische Männer, denen der Militärdienst verwehrt war, zur Zwangsarbeit ab. Vom Sommer 1942 an wurden sie zu Arbeiten am Tiberufer eingesetzt, um mit Spaten und Spitzhacke die Böschungen zu verstärken – auch unterhalb jener Gegend, die immer noch «Ghetto» genannt wurde, obwohl das schon seit sieben Jahrzehnten nicht mehr existierte. Die Ältesten in der Gemeinde hatten die Gefangenschaft noch erlebt und mussten nun sehen, dass eine neue Knechtschaft begann: mit jüdischen Rechtsanwälten, Händlern und Professoren, die als Bauarbeiter am Fluss eingesetzt wurden.[31]

Es kam noch schlimmer, als die Deutschen am 10. September 1943 die von König und Regierung verlassene Stadt besetzten. Am 26. September bestellte SS- und Gestapo-Kommandant Herbert Kappler den Vorsteher der lokalen jüdischen Gemeinde und den Präsidenten der italienisch-jüdischen Union in sein Hauptquartier an der Via Tasso. Kappler teilte den beiden Männern seinen erpresserischen Befehl mit: Innerhalb von 48 Stunden seien 50 Kilo pures Gold abzuliefern, andernfalls würden 200 Gemeindemitglieder deportiert. Eine fieberhafte Suche nach dem Lösegeld begann. Am Abend des 28. September wurde das Gold übergeben, doch schon am Morgen danach überfielen SS-Männer das Gemeindebüro, durchwühlten Tresore und Archivschränke, stahlen Bargeld, Kultgegenstände und vor allem eine Liste mit den Namen der Gemeindemitglieder. Die brauchte Kappler für die Organisation des Massenmordes.

In den frühen Morgenstunden des 16. Oktober stürmten deutsche Soldaten, unterstützt von italienischen Faschisten, in die Wohnungen jüdischer Familien im ehemaligen Ghetto. Die Terroraktion zog sich über mehrere Stunden hin, es kam zu Tumulten und brutaler Gewalt. Am Ende trieben die Deutschen 1259 Menschen auf der Via del Portico d'Ottavia zusammen. 1023, darunter über 200 Kinder, deportierten sie in den Tagen danach in verplombten Viehwagen nach Auschwitz. Nur 15 Männer und eine Frau kehrten nach dem Krieg zurück. Weitere Razzien und Verschleppungen folgten. Insgesamt wurden 2091 jüdische Römer in die Vernichtungslager deportiert. 101 von ihnen überlebten die Shoah.

Die große Mehrheit der Gemeinde konnte sich retten, auch mit Hilfe von katholischen Mitbürgern und der katholischen Kirche. Viele Klöster nahmen Verfolgte auf. Die Nonnen der mittelalterlichen Klosterburg Santi Quattro Coronati etwa versteckten die jüdischstämmige Ehefrau des Generals Mario Caracciolo, des militärischen Kommandanten der antifaschistischen Resistenza, und ihren jüngsten Sohn. Doch von dem tiefen Einschnitt der nationalsozialistischen Verfolgung und dem Verrat durch italienische Faschisten erholten sich die jüdischen Römer lange nicht. Und antisemitische Ressentiments halten sich bis heute.

So wird das ehemalige jüdische Viertel am Tiber auch von offiziellen Stellen immer noch als Ghetto bezeichnet. Und als 2017 die Abordnung der jüdischen Resistenza-Brigade beim Nationalfeiertag am 25. April ausgeladen wurde, fühlte sich die Gemeinde ausgerechnet beim Gedenken an die Befreiung von Faschismus und Nationalsozialismus brüskiert.[32] An der Porta S. Paolo, Schauplatz des Befreiungskampfes um Rom, fanden über Jahre zwei Kundgebungen statt: eine des italienischen Partisanenverbandes ANPI, der dazu auch Palästinenserverbände einlud, – und wenige Hundert Meter entfernt die der jüdischen Gemeinde.

Gut 14 000 Juden leben zu Beginn des 21. Jahrhunderts in Rom, ihre Gemeinde ist mit Abstand die größte in Italien. Die wenigsten sind im Viertel geblieben, das kein Ghetto mehr ist, aber mit der Synagoge, dem

Museum, der jüdischen Bäckerei und einigen koscheren Restaurants immer noch ein Zentrum des Gemeindelebens. Für die zahlreichen Touristen, die durch die verwinkelten Straßen laufen, ist das ehemalige Ghetto ein besonders pittoresker Teil von Rom. Sie bewundern mittelalterliche Häuser, in deren Fassaden antike Spolien eingefügt sind, die plätschernden Brunnen und besuchen das jüdische Museum und die restaurierte, frei zugängliche Ruinenlandschaft zwischen Portikus der Octavia und Marcellus-Theater. In manchen Winkeln aber erahnt man noch immer die frühere Enge. Auch die Armut ist hier nicht ausgezogen: Geschützt unter Torbögen liegen die Matratzen und Habseligkeiten der Wohnungslosen. Kaum ein Lichtstrahl dringt in die dunklen Ecken des alten Ghettos, heute wie damals. Nur der Lärm der Uferstraße ist überall zu vernehmen. Dahinter fließt, gezähmt und friedlich: der Tiber.

Kapitel 9

DIE RANDGESELLSCHAFT

Arme, Kranke, Prostituierte, Gefangene:
Der Tiber als Fluss der Ausgegrenzten

Die meisten Römer waren arm, und das zu allen Zeiten. In der Kaiserzeit lebte mindestens ein Viertel der Bevölkerung von staatlicher Zuwendung, sehr viel mehr Menschen kamen gerade so über die Runden. Im Mittelalter verklärten Bettelorden Besitzlosigkeit zum religiösen Idealzustand, während sich die Stadt mit Pilgern aus ganz Europa füllte. Auch unter ihnen waren die meisten so arm, dass sie sich kaum eine Unterkunft und ein Essen leisten konnten. Daran änderte sich auch nichts, als die Stadt zu einem prachtvoll ausgebauten Zentrum der Renaissance und später des Barock wurde. Als anstelle der Päpste die italienischen Könige regierten, wuchs die neue Hauptstadt schnell zu einer Metropole, doch eine große Mehrheit der Bevölkerung konnte von dem Aufschwung kaum profitieren. Sie bildete das *popolino*, die Unterschicht der «kleinen Leute».

Die Armut in Rom hatte viele Gesichter. Da waren die Kranken, die nicht versorgt wurden, weil sie keinen Arzt bezahlen konnten. Die Frauen, die sich prostituierten, auch und gerade bei den Kurienmännern. Da waren die Gefangenen, von denen der Großteil im Gefängnis saß, weil er seine Schulden nicht bezahlen konnte oder kleine Diebstähle begangen hatte. Und dann gab es die Bettler und die Obdachlosen, von denen die Stadt auch heute noch voll ist. Man sieht sie auch am Tiber, wo sie unter den Brücken oder an den unbefestigten Böschungen außerhalb der Innenstadt ihre Zelte aufbauen, beim Fischen oder bei der Wäsche am Fluss.

Abseits des Roms der Touristen ist der Tiber ein Fluss der Armen geblieben. Sie sind dort sich selbst überlassen, ausgegrenzt aus der Stadt oberhalb der Ufermauern. Wer am Tiber lebt, gehört nicht mehr dazu. Er ist oftmals nur wenige Meter entfernt von den Sehenswürdigkeiten, die Reisende aus aller Welt bestaunen, und doch ganz unten im Niemandsland angelangt. Der Fluss bietet nichts außer seinem Wasser, am wenigsten gewährt er Schutz. Im Gegenteil, wenn der Pegel steigt und er über die Uferbänke schwappt, müssen die Armen wie in vergangenen Jahrhunderten vor ihm fliehen.

Früher gab es am Fluss Bewegung, Leben, Arbeit. Dort befanden sich die Häfen, die Mühlen, die Werkstätten vor allem der «schmutzigen» Berufe wie der Walker, Gerber, Färber, Metzger. Sie bildeten das *popolino* und blieben, ein Leben lang bemüht, nicht abzurutschen zum Fußvolk der besitzlosen *poveracci*. Auch diese befanden sich am Tiber, denn an seinen Ufern reihten sich die Stätten für jene, die in der Gesellschaft nicht erwünscht waren. Am Tiber waren die Kranken in Hospitälern isoliert, die Häftlinge in Gefängnissen verschlossen. Prostituierte wurden am Fluss interniert, Bettler in Armenhäusern untergebracht. So befanden sich die Außenseiter am Rande der Stadt und gleichzeitig unter der Kontrolle einer Obrigkeit, die sich zwischen Fürsorge und Restriktion bewegte.

Die Armen

Für die Kirche war Armut lange Zeit keine Schande, allerdings auch kein Missstand, den die Päpste ernsthaft überwinden wollten. Die Armen wurden geduldet und notdürftig versorgt in einer Welt, in der Besitzlosigkeit die Normalität darstellte. Andererseits ertrug auch das *popolino* eine soziale Ungerechtigkeit, die ihm als gottgegeben erklärt wurde. Hungeraufstände gegen den Papst scheint es nicht gegeben zu haben, allerdings konnte auch kein Pontifex gegen die Römer regieren oder sie gar zu seinem Nutzen ausbeuten.

Seit der zweiten Hälfte des 16. Jahrhunderts wurden die Armen jedoch zunehmend als Problem, ja als Gefahr für diesen, wenn auch prekären, sozialen Frieden wahrgenommen. Mit der Verlagerung der Handelswege nach der Entdeckung Amerikas und des Seewegs nach Indien über Kap Horn litten Italien und insbesondere Rom unter einer Wirtschaftskrise. Die Zahl der Einwohner stieg, während die Produktivität stagnierte. Viele Zuwanderer, die mit der Hoffnung auf ein besseres Leben vom Land in die Stadt strömten, fanden sich als Bettler auf der Straße wieder. Und sie waren nicht bereit, sich damit abzufinden. Im Volk der Armen rumorte es.[1]

Priester, Pilger und Geschäftsleute fühlten sich von diesen als zudringlich empfundenen Hungerleidern zunehmend belästigt, die auf der Straße
und sogar während der Messen lauthals Unterstützung einforderten. Nicht
auszudenken, wenn die Bettler eine Revolte anzettelten! Obdachlosigkeit
und Arbeitslosigkeit wurden von der Obrigkeit plötzlich als subversiv ein-
gestuft – wer sich in die Schlange vor der Brotausgabe einreihte, musste die
Schwielen an seinen Händen vorzeigen, um zu beweisen, dass er sich «be-
mühte» und nicht auf der faulen Haut lag. Auch mittellose Pilger waren
nicht mehr willkommen. Die Kurie weigerte sich, das Elend ganz Europas
aufzunehmen.

Papst Pius V. (1566–1572) verbot das Betteln in den Kirchen, sein Nachfolger Gregor XIII. hätte die Bettler am liebsten aus der Stadt vertrieben,
entschied sich aber dann für ihre Internierung. In einer spektakulären
Aktion ließ er im Februar 1581 die Obdachlosen von der Polizei zusammen-
trommeln und sich in einer langen Schlange aufstellen. Allerdings folgte
nur eine kleine Minderheit der Hilfesuchenden dem päpstlichen Befehl:
850 sollen gekommen sein. Gewaltsam wurden sie aus der Stadt getrieben
und in ein leerstehendes Nonnenkloster an der Via Appia Antica verfrachtet. Doch viele flohen schon bald aus dieser malariaverseuchten Unterkunft, die eher einem Gefängnis denn einem Hospiz glich und außerdem
viel zu abgelegen lag: «In ganz Rom hörte man die lauten Stimmen der Armen, die schrien, sie wollten lieber Hunger leiden als sich dort einpferchen
lassen.» Das Problem konnten die Behörden ohnehin nicht auf diese Weise
lösen, denn für jeden vertriebenen Bettler kamen viele neue nach. In einer
einzigen Nacht seien am 21. Mai 1586 rund 4000 Bauern aus dem Umland
auf der Suche nach Brot in die Stadt gewandert, hieß es in einer päpstlichen Verlautbarung.[2] Das Heer der Armen wuchs, und die Päpste hatten
ihm kaum mehr entgegenzusetzen als Aktionismus und Symbolpolitik.

Als knallharter Law-and-Order-Pontifex erwies sich Sixtus V. (1585–
1590). Wie die Sünder beim Jüngsten Gericht teilte er die Armen in «gute»
und «böse», und für Letztere kannte er kein Pardon. Gnadenlos jagte er alle,
die nichts mehr zu verlieren hatten und in Banden organisiert auf Raub-
züge gingen. An Sixtus' Grabmal in Santa Maria Maggiore findet sich ein
Relief, das an eine antike Schlachtszene zwischen Römern und Barbaren
erinnert: Man sieht die Häscher des Papstes auf Verbrecherjagd in einer
von Aquädukten durchzogenen, ländlichen Umgebung am Rande Roms.
In ihren Händen halten sie die abgeschlagenen Köpfe bärtiger Männer und

bringen sie als Trophäen in den Vatikan. Dort zelebrierte Sixtus seinen Sieg über die «Banditen» – die so genannt wurden, weil der Papst sie per Steckbrief (*bando*) suchen ließ.[3]

Auf der anderen Seite seines Grabmals wird in gleicher Machart der Papst als Wohltäter der «guten» Armen gewürdigt, der sich um die Lahmen, die ledigen Mütter und die alten Bettler kümmert. 1587 richtete Sixtus das erste Armenhaus am Tiber ein. Er kaufte mehrere Häuser an der Via Giulia in unmittelbarer Nähe des Ponte Sisto und eröffnete ein Hospiz, das vor allem dem Zweck diente, Bettler von der Straße zu holen, aber auch junge Frauen vor der Prostitution zu schützen. Finanziert werden sollte das Projekt unter anderem mit dem Wegegeld der Schiffer, die sich den Tiber hochtreideln ließen.

Als das nicht reichte, bediente sich der Papst bei den Juden im benachbarten Ghetto: Die Mieteinnahmen von der Piazza Giudea flossen ebenso ins Hospiz wie eine «Lumpensteuer» für die verschlissenen Laken und Windeln der Krankenhäuser, mit denen die Juden handeln durften. Zusätzlich brummte Sixtus einem reichen jüdischen Kaufmann aus Venedig, der in Rom Geschäfte machte, eine jährliche Abgabe auf. Den christlichen Armen mit jüdischem Geld zu helfen, war ein politisch geschickter Schachzug, wirtschaftlich scheint er nicht ganz so erfolgreich gewesen zu sein. Denn der Vatikan musste sich auch beteiligen und stiftete den Ertrag einer Wassermühle sowie die Steuer aus dem Lotto an das Armenhaus. Die Investition wurde als notwendig empfunden, schließlich sollte Rom endlich eine Stadt sein, in der kein Bettler mehr den Eindruck von Glanz und Gloria störte.[4] Die Armen sollten weg von der Straße, sie sollten religiös unterrichtet und zu gehorsamen, arbeitsamen Untertanen erzogen werden.[5]

Bei allen Bemühungen konnten die Päpste die Armut nicht besiegen. Im 18. Jahrhundert kümmerten sich über 100 Laienbruderschaften um die Bedürftigen, doch all' ihre Aktivitäten blieben angesichts der Masse unzureichend. Immerhin waren die Zügel der Obrigkeit nun deutlich lockerer als zur Zeit von Sixtus V., und die Ideen der Aufklärung breiteten sich auch am Tiber aus. Langsam, aber unaufhaltsam entstand im päpstlichen Rom ein neues Bewusstsein für den Nutzen von Bildung zur Bekämpfung der Armut. Öffentliche Grundschulen (für Jungen) wurden eröffnet, ein *maestro pubblico*, der direkt dem Rektor der Universität Sapienza unterstand, war für die religiöse Erziehung der Unterschichtskinder zuständig.[6] Während im übrigen Europa die Armut in den schnell wachsenden Groß-

Altenheim, Erziehungsanstalt, Jugendgefängnis, Armenhaus und Frauenhaftanstalt: Das päpstliche Ospizio di S. Michele war zeitweise das längste Gebäude Europas, ein veritables «Versailles der Armen». Mittendrin befand sich die Zollstation für den Flusshafen Ripa Grande, direkt unter dem riesigen Gebäudekomplex.

städten grassierte und bald auch revolutionäre Stimmungen entfachte, starteten die Päpste am Tiber ein pharaonisches Projekt der Fürsorge und Kontrolle.

Oberhalb des Hafens Ripa Grande errichteten sie ein riesiges Schloss der Armen. Begonnen wurde der Bau 1686 von Innozenz XI., fertiggestellt erst 1834 unter Gregor XVI. Immer neue Gebäudeteile wurden hinzugefügt, um weitere Randgruppen aufzunehmen und das apostolische Hospiz S. Michele zu einem veritablen Versailles der Wohlfahrt zu machen. Mit einer Fassadenlänge von 335 Metern parallel zum Tiber und einer Fläche von 27 000 Quadratmetern war das Hospiz im 18. und 19. Jahrhundert eines der größten Gebäude Europas, gebaut für alle, die Schwierigkeiten hatten, in der Gesellschaft ihren Platz zu finden. Waisen, jugendliche Häftlinge, unverheiratete Frauen, arme Alte, Behinderte: Sie alle waren in diesem labyrinthischen Komplex am Fluss untergebracht, teilweise auch eingeschlossen, vor allem aber beaufsichtigt und versorgt. Die Päpste erklärten die Armen Roms zu ihren «Verwandten», denen sie ein neues Zuhause geben wollten. Das gelang allerdings nicht ganz: Wer in das päpstliche Hospiz aufgenommen wurde, durfte sich zu den Privilegierten zählen. Es war zwar riesig, reichte aber bei weitem nicht aus.

Die ersten, die einzogen, waren Waisen und männliche Findelkinder. Rund 200 fanden Aufnahme, Betten aus Kastanienholz und eine sorgfältige Erziehung. Die Talentiertesten wurden nach der Grundschulzeit noch weiter in Geschichte, Anatomie, Geometrie und Mythologie unterrichtet. Je nach Begabung folgte eine Lehre als Drucker, Buchbinder, Schneider, Schuster, Hutmacher, Tischler, Färber, Sattelmacher, Weber oder Schmied. Besonders Geschickte durften Maler, Kupferstecher, Bildhauer oder Juwelier werden.

Zu den Jungen gesellten sich bald die Invaliden und dann, nach Geschlechtern getrennt, die Alten. Um einen Platz im S. Michele zu erhalten, mussten sie nachweislich seit mindestens fünf Jahren in Rom ansässig sein, durften natürlich nichts besitzen und auch nicht bettlägerig sein – Kranke gehörten ins Krankenhaus. 120 Greise und 90 alte Frauen befanden sich um 1840 noch in dem Komplex, ursprünglich waren es mehr gewesen. Wer noch rüstig genug war, wurde in der Küche, aber auch zur Betreuung der Jungen eingesetzt. Zur Unterstützung insbesondere der Frauen gab es 30 junge Helferinnen, die im ganzen Institut Hausarbeit verrichteten und vor allem die Wäsche übernahmen.

Clemens XI. fügte nach 1704 auch noch ein Jugendgefängnis hinzu. Dieses «Haus der Korrektur» nahm Straftäter unter 20 Jahren auf, die man nicht im Männergefängnis auf der anderen Tiberseite verschließen wollte, um ihnen eine bessere Chance für die Wiedereingliederung in die Gesellschaft zu geben. 1719 wurde das Conservatorio delle Zitelle eröffnet, ein Heim für unverheiratete Frauen, die zuvor im Lateranpalast untergebracht gewesen waren. 240 Ledige mussten an den Tiber umziehen und wurden dort auf neun Schlafsäle verteilt. Einen Anspruch auf Privatsphäre gab es nicht. Die *zitelle* durften das Hospiz nur als Gruppe in Begleitung der Oberin und eines Priesters verlassen und mussten dazu die Anstaltsuniform aus einem schwarzen Kleid und einer weißen Haube tragen. 1735 folgte schließlich noch ein Frauengefängnis. Damit hatte das Hospiz S. Michele die «guten» und die «schlechten» Armen unter einem Dach versammelt. Durch Holzgitter streng nach Geschlecht und Zugehörigkeit getrennt, trafen sie sich in der großen Anstaltskirche zur Messe.

Strafvollzug und offene Wohnheime existierten also ganz selbstverständlich nebeneinander, und ein Dach über dem Kopf, saubere Kleidung und regelmäßige Mahlzeiten waren sicherlich für alle Insassen das Wichtigste. Im Jahr 1779 bekam man mittags anderthalb Stücke Brot, ein Glas Wein, eine Suppe aus Hülsenfrüchten mit Nudeln oder Reis und 100 Gramm Fleisch. Abends gab es dann wieder Brot, ein halbes Glas Wein, ein Ei oder Schinken oder Käse und Salat.[7] Die zehn Höfe des Gebäudekomplexes, von denen die größeren mit Orangenbäumen und Kräutern bepflanzt waren, boten genügend Platz, um sich zu bewegen oder einfach frische Luft zu schnappen. Für damalige Verhältnisse war das Hospiz vorbildlich. Aus ganz Europa reisten die Experten nach Rom, um das S. Michele zu bestaunen.

Von 1834 bis 1840 war Kardinal Carlo Luigi Morichini stellvertretender Anstaltsleiter. Dieser studierte Jurist und Kirchenmann, der sich auch für Ökonomie interessierte und nach seiner Zeit im S. Michele Nuntius in Deutschland, später Erzbischof von Bologna und Präfekt des päpstlichen Gerichts wurde, war einer der Begründer der katholischen Soziallehre. Sein dreibändiges Werk über die Armeninstitute und Gefängnisse von Rom erlaubt tiefe Einblicke in das städtische Leben und zugleich in das Bemühen der Kirche, die sozial Schwachen zu integrieren.

Das Rom des 19. Jahrhunderts war natürlich kein moderner Sozialstaat, aber doch auch Lichtjahre entfernt von jenem gnadenlosen Industriekapitalismus, wie er in England oder Deutschland herrschte. Die Päpste als monarchische Herrscher kümmerten sich um die Armen – wobei die Kasse am Ende stimmen musste, was Morichini akribisch für die einzelnen Institute vorrechnete. Sozialfürsorge war nicht umsonst zu haben, die Insassen des S. Michele arbeiteten für den Papst in den anstaltseigenen Manufakturen. Sie fertigten die Stoffe aus Wolle und Seide für sämtliche Mitglieder der Kurie, für kirchliche Institute und für die Schweizergardisten. Zudem webten sie Wandteppiche, die an Europas Fürstenhöfe exportiert wurden. Vor allem Letzteres erwies sich als so erfolgreich, dass auswärtige Arbeitskräfte angeworben werden mussten, denn die Insassen reichten für die Webmanufaktur zeitweise nicht aus.

Dabei erwies sich die Nähe des Tibers für die Produktion als äußerst praktisch. Für die Wollverarbeitung wurde Wasser gebraucht, und die fertigen Teppiche konnten direkt im Hafen verladen werden. Ursprünglich war das Grundstück des S. Michele vor allem deshalb erworben worden, weil es besonders preiswert zu haben war, aber Kardinal Morichini sah auch da nur beste Absichten. Der Fluss trage «zur Sauberkeit und Gesund-

heit der Stadt bei», der ganze Ort sei heiter, «denn nah an der Porta Portese
gelegen, hat er schon etwas Ländliches. Außerdem ist er ruhig, weil er weit
entfernt vom Trubel der Stadt liegt.»[8]

Das galt wohl vor allem für das Büro der Anstaltsleitung im obersten
Stock des großen Gebäudes, aus dem der Kirchenmann die Aussicht genie-
ßen konnte: «Unterhalb des Aventin-Hügels, im Fluss, der hier ruhig und
blond dahinfließt, siehst du an die Wasseroberfläche die Reste des antiken
Ponte Sublicio stoßen. Und am linken Ufer weiß glänzend den Marmor
aus Carrara, der dort abgeladen wurde, wo die alten Schiffswerften lagen
(…) Südlich folgt das Auge dem Tiber in seinem Lauf und sieht ein breites
Tal mit alten und modernen Gebäuden sich ausbreiten, inmitten von
Weinbergen und Gärten, die sich bis zum Meer erstrecken.»

Ganz so idyllisch war es wohl nicht. Zwar war das Hospiz am Fuße des
Gianicolo-Hügels von lieblicher Campagna umgeben, doch befand es sich
direkt oberhalb der Kaimauer des Hafens Ripa Grande mit seinem durchaus noch regen Betrieb. Sämtliche Waren, die von Ostia nach Rom gelangten, wurden dort gelöscht. Ein Gebäude des Zolls war in den Institutskom-
plex eingefügt, während sich unmittelbar hinter der Porta Portese das neue
Schiffsarsenal von Clemens XI. mit den Reparaturwerkstätten der päpstlichen Handelsflotte befand. Immerhin ließ der Tiber die Hospizbewohner
in Ruhe, nachdem sein Hochwasser 1695 auf der Baustelle eine Mauer eingerissen hatte.

Das Ende des Kirchenstaates bedeutete auch den Anfang vom Niedergang des Armenhauses. Nur die Gefängnisse blieben, die anderen Gebäudeteile wurden nach und nach verlassen. 1938 zog das kirchliche Institut endgültig um in die Vorstadt Tor Marancia, wo es heute noch ein Altersheim
betreibt. Das Versailles der Armen am Tiber verfiel, bis nach der Schlie-
ßung des letzten Jugendgefängnisses 1972 alles von Grund auf renoviert
wurde. Heute residieren im S. Michele einige Unterabteilungen des italienischen Kulturministeriums. Büros und Konferenzsäle ersetzen in dem
Gebäude mit den eleganten, von Loggien gesäumten Innenhöfen die
Zellen und Arbeitshallen der Insassen früherer Jahrhunderte.

Etwas weiter flussaufwärts, unmittelbar gegenüber dem Petersplatz eröffnete Papst Franziskus 2019 eine neue Obdachlosenunterkunft. Den
schlichten, vierstöckigen Palazzo am Largo degli Alicorni 28 hatte die adlige Familie Migliori Anfang des 19. Jahrhunderts als Residenz errichten
lassen, bevor die Immobilie an den Vatikan fiel. Franziskus erhielt dafür

Angebote von Luxushotelketten – und schlug sie alle aus. Er, der statt im Apostolischen Palast in einer einfachen Pension in unmittelbarer Nachbarschaft wohnt, wollte hier die Armen aufnehmen. Rund 50 Bedürftige, im Winter auch mehr, werden von ehemaligen Obdachlosen versorgt, die mit Unterstützung der Kirche inzwischen eine Wohnung gefunden haben. Denn das ist das Ziel – die Menschen aus dem Heim in ein normales städtisches Leben zu bringen. Dafür übergab Franziskus die Leitung des Heims an die in Trastevere ansässige Basisgemeinde Sant' Egidio, eine international erfolgreiche Organisation mit ehrenamtlichen Helfern in 70 Ländern. Wer im «Palazzo Migliori» keinen Schlafplatz findet, und das sind Abend für Abend Dutzende von Menschen – der darf unter den Kolonnaden des Petersplatzes übernachten, wo der Papst für sie öffentliche Bäder eingerichtet und damit einen Service des Mittelalters neu belebt hat. Hier, auf der Grenze zwischen Kirchenstaat und Italien, schlagen die Armen ihr Quartier auf, wenn die Pilger und Touristen abgezogen sind. Viele bauen Zelte auf, andere begnügen sich mit Decken. Das Abendessen wird aus der Küche des Heims geliefert, Carabinieri patrouillieren. Zur Kontrolle, aber auch zum Schutz.

Bedrohte Mädchen, gefallene Frauen

Im Rom der Päpste waren Frauen in der Minderheit. Sie waren nicht nur weniger sichtbar, es herrschte schlicht ein deutlicher Männerüberschuss. Die herrschende Klasse der Stadt bestand aus unverheirateten Männern, und dieser Männerhof der Kurie – der innere Zirkel des Papstes und der erweiterte der Kardinäle – zog weitere männliche Geistliche an.[9] Anders als in Florenz, Neapel oder Venedig waren Frauen an diesem Hof überhaupt nicht vertreten. Auch unter den Pilgern gab es weitaus mehr Männer als Frauen, so dass während der Jubeljahre der Frauenmangel noch sichtbarer wurde.

In dieser einzigartigen Metropole der unverheirateten Männer waren ledige Frauen der Obrigkeit ein Dorn im Auge. Weibliche «Unkeuschheit» wurde zu einer regelrechten Obsession, noch nicht einmal den Nonnen trauten die Kirchenführer über den Weg. Innozenz III. (1198–1216) hätte sie am liebsten in ein einziges Kloster eingesperrt, um sie besser kontrollieren zu können, und unterstützte den heiligen Dominikus nach Kräften, der um 1220 schließlich die Klausur für Ordensschwestern einführte.[10] Sogar Päpste, die mehr oder weniger offen in Partnerschaften mit Frauen lebten wie Alexander VI. oder Paul III., verheirateten ihre Gefährtinnen – um sie gesellschaftlich abzusichern, aber auch, weil man sich auf die Kontrolle durch einen Ehemann verlassen konnte. Arme, unverheiratete Mädchen hingegen drohten stets in die Prostitution abzurutschen und somit die Kirchenmänner moralisch zu korrumpieren. Kirchliche Mündel wie die Waisenmädchen aus dem Hospital Santo Spirito in Sassia wurden gedrängt, bei Erreichen ihrer Volljährigkeit möglichst rasch zu heiraten. Der Papst persönlich führte am Pfingstmontag eine Prozession mit den Santo-Spirito-Mädchen durch den Borgo an, damit seine Schützlinge sich interessierten jungen Männern am Straßenrand präsentieren konnten. Kam es zur Eheschließung, zahlte der Heilige Stuhl die Mitgift. Eine ähnliche Prozession veranstaltete alljährlich am 25. März die 1460 gegründete Erzbruderschaft der Annunziata in Santa Maria Sopra Minerva. Dort spendeten 200 Laienbrüder für die Mitgift von 15-Jährigen.[11]

Martin Luther war bei einer jener Pfingstprozessionen zugegen und spottete: «Zu Rom sind der Hurenkinder also viel geborn worden, daß man um derselbigen Fundelkinder willen eigene Klöster gebaut hat, da man sie innen auferzeucht, und der Papst wird ihr Vater genennet. Und wenn die großen Processiones zu Rom sind, so gehen dieselbigen Fundelkinder alle für dem Papst her.»[12] Der deutsche Reformator verbreitete hier das in Rom wohlbekannte Gerücht, dass die «Hurenkinder» anonyme Kleriker als Väter hätten. Bei der Überzahl von Geistlichen in der Stadt ist ihre Beteiligung an ungewollten Schwangerschaften nicht ganz von der Hand zu weisen. Dennoch war wohl weniger das schlechte Gewissen der Kirchenoberen Anlass ihrer Fürsorge im Mädchen-Waisenhaus von Santo Spirito. Die Mädchen sollten verheiratet werden, damit ihr «Seelenheil», vor allem aber ihr Lebensunterhalt gesichert war.

Mit der Gegenreformation wurden die *zitelle* zur Zielscheibe der Kirchenmänner. Unverheiratete Frauen standen unter Generalverdacht – schlossen sie sich zusammen, machten sie sich zeitweise sogar strafbar. Außerhalb der Nonnenklöster waren Wohn- und Lebensgemeinschaften von Ex-Prostituierten und Witwen nun gesetzlich verboten. Es blieben nur die Heirat oder ein Platz im Heim.

Auf die Spitze getrieben wurde der Kampf gegen angebliche weibliche Zügellosigkeit von dem später heiliggesprochenen Papst Pius V. (1566–

1572). Der aus bitterarmen Verhältnissen stammende Norditaliener war ein Asket, von erbitterter Strenge gegen sich selbst und alle anderen. Von ihm ging die Sage, er könne durch seinen bloßen Anblick Protestanten und andere Sünder bekehren, tatsächlich geschah das aber wohl eher durch Verfolgung, Folter und Hinrichtungen. Erbarmungslos bekämpfte Pius alle Untertanen, die ein irgendwie anstößiges Leben führten: Homosexuelle, Ehebrecher, Gotteslästerer, Juden. Sein Ziel war die Ausrottung des «Unkrauts der Häresie». Sogar der Karneval wurde unter ihm abgeschafft. Ausgelassenes Feiern war für diesen Papst, der seinen allzu lebenslustigen Neffen aus dem Vatikan jagte, Teufelswerk. Erst recht der Besuch im Bordell.

Gleich nach seiner Wahl am 7. Januar 1566 verfügte Pius die Vertreibung sämtlicher Sexarbeiterinnen aus der Stadt und löste damit zunächst eine Hetzjagd aus. Denn in den Augen mancher Römer waren diese Frauen nun Freiwild, das sie ungestraft ausrauben, quälen, sogar töten konnten. Im Tiber trieben plötzlich auffallend viele Frauenleichen. Auf den Straßen des Stadtzentrums, an der Via della Scrofa, bei Sant'Agostino und der Chiesa Nuova, wagten die Huren nicht mehr, sich den Männern anzubieten. Sie flehten um ein bisschen Brot: Aus den Prostituierten waren obdachlose Bettlerinnen geworden. Sie blieben in der Stadt, weil sie nicht wussten wohin.

Der Papst konnte seinen Plan nicht realisieren. Nicht nur die Kurienmänner und ihre Untertanen, auch die Pilger waren Konsumenten von käuflichem Sex, weswegen zu jedem Heiligen Jahr Frauen vom ganzen Kontinent nach Rom reisten, um sich zu verkaufen. Die Zahl der Straßenprostituierten soll zeitweise bei knapp 7 000 gelegen haben, die besser gestellten Kurtisanen nicht mitgerechnet. Andere Schätzungen lagen sogar bei «30 000 Huren und 9 000 leichten Mädchen» im Jahr 1524. Sie sind sicherlich ebenso unrealistisch wie die weit verbreitete Annahme, Prostitution sei der meistausgeübte Beruf im Rom der Renaissance gewesen. Der Zensus von 1526 gab 1500 Sexarbeiterinnen an, 1598 waren es 760 und im folgenden Jahr 801. Nach 1629 (angeblich 1036 Prostituierte) sank die Zahl.[13]

Die Päpste bekämpften das Phänomen mehr oder weniger entschlossen. Leo X. nahm den Huren eine Sondersteuer für den Straßenbau ab, Calixtus II. und Pius II. planten einen geschlossenen «Rotlichtbezirk». Der Hardliner Pius V. machte dann Ernst damit, nachdem er das totale Prostitutionsverbot auf Einwirkung seiner Höflinge wieder aufheben musste. Die «gefallenen» Frauen durften nun bleiben, allerdings, ähnlich den Juden, in einem abgesonderten Bezirk, einem «Serail». Der Platz dafür wurde auf dem Marsfeld ausgemacht, zwischen dem Augustus-Mausoleum und dem Tiber. Eine üble Gegend, die ohnehin schon von Huren, Freiern und Zuhältern frequentiert wurde. Jetzt bekam sie den Namen *Hortaccio* (etwa: «verwilderter Garten») und wurde ummauert wie das Judenghetto. Die beiden Tore wurden nach Sonnenuntergang abgeschlossen und sollten während der ganzen Fastenzeit verriegelt bleiben.

Offiziell bestand der *Hortaccio* anderthalb Jahrhunderte, doch seine Tore blieben schon nach kürzester Zeit offen. Bald trafen sich Huren und Freier wieder überall in der Stadt – den von reichen Männern ausgehaltenen Mätressen hatte der Papst sowieso nichts anhaben können. Auch «Erziehungsmaßnahmen» wie die erzwungene Teilnahme an der Messe in der nahe gelegenen Kirche Sant'Agostino führten nicht auf den Pfad der Tugend. Es fehlte schlicht an Möglichkeiten für die Frauen, sich ihren Lebensunterhalt auf andere Weise zu verdienen.[14]

Die Nachfolger des strengen Pius hatten eine bessere Idee als das Frauenghetto. Sie brachten jüngere Ledige ohne Vermögen in Hospize, damit sie in klosterähnlichen Verhältnissen lebten.[15] Das erste Frauenhospiz ließ der erwähnte «Banditenjäger» Sixtus V. direkt neben dem Aufgang zum Ponte Sisto am linken Tiberufer errichten. Sein Architekt Domenico Fontana, der sich eigentlich auf das Aufstellen von Obelisken spezialisiert hatte, präsentierte das Zentrum mit unverhohlenem Stolz: «Hier gibt es riesige Aufenthaltsräume, eine Vielzahl von Zimmern und separate Wohnungen für unverheiratete und verheiratete Frauen, für Alte und junge Mädchen, und die haben dort alle Bequemlichkeiten. Dieser Ort kann 2000 Menschen beherbergen, ohne dass einer den anderen stört. Gegenwärtig befinden sich dort zwischen 600 und 1000 Arme, und allen gibt man zu essen und zu trinken. Man kleidet sie und versorgt sie gut. Die jungen Mädchen lehrt man Lesen, Schreiben und Zeichnen, die Unverheirateten nähen.»[16] Die «Auserwählten» des päpstlichen Frauenheims wurden also alphabetisiert und bekamen damit eine für die damalige Zeit beachtliche Bildung, die «draußen» auch den meisten Männern verwehrt blieb.

Noch 1842 gab es in Rom nicht weniger als 18 Frauenheime, etwa unweit von Ripetta, unterhalb des Forum Boarium und an der Via delle Zoccolette zwischen Ponte Sisto und Tiberinsel. In das Letztere wurden 1715 gut

200 Mädchen gebracht, «um ihre Schamhaftigkeit zu schützen». Der Straßenname erinnert noch an das Heim, denn *zoccolle* hießen die Holzschuhe, die damals alle trugen, deren Vermögen für edles Lederschuhwerk nicht ausreichte. Es ist aber auch ein römischer Dialektausdruck für Prostituierte, deren klapperndes Schuhwerk sie nachts verriet, wenn sie auf den Straßen auf Freier warten mussten. Die *zoccolette* in diesem päpstlichen Armenhaus unweit des Tiberufers waren vielleicht Töchter von Prostituierten, möglicherweise wurden sie vom römischen Volksmund aber auch so genannt, weil sie nach ihrer Zeit im Heim zumeist auf der Straße landeten. Denn wenn die Mädchen auch nähen und sticken lernten, mit der Volljährigkeit mussten sie ausziehen und ihren Platz den nächsten überlassen.[17]

Ein Regelkatalog für das Frauenheim in Santo Spirito in Sassia erhellt für uns den Alltag am Anfang des 19. Jahrhunderts.[18] Ausdrücklich wird da festgestellt, kein Mädchen dürfe mit Drohungen und schlechter Behandlung zu einer Ehe gezwungen werden, noch weniger zu einer Ehe mit einer bestimmten Person. Über jeden Interessenten zog die Anstaltsleitung Erkundigungen ein und lud den Kandidaten dann vor die offene Anstaltstür, wo ein Mädchen nach dem anderen an ihm vorbeiflanieren musste. Der junge Mann konnte wählen, dann wurde das Mädchen gefragt. Bei einer Hochzeit wurde es mit 100 Scudi Mitgift ausgestattet, «und es ist ausdrücklich verboten, von dieser Summe etwas abzuziehen, auch wenn dieser Missbrauch inzwischen zur Gewohnheit geworden ist».[19] Falls die verheiratete *zitella* in jungen Jahren ohne Nachkommen starb, musste der Witwer die Mitgift an das Institut zurückzahlen.

Einmal in der Woche durften die 200 Mädchen von Santo Spirito ihr Heim verlassen und einen Ausflug «vor ein Stadttor» unternehmen, natürlich unter Aufsicht. Ihre Priorin war eine Frau mittleren Alters, zu deren Aufgaben es gehörte, nachts die Küche gegen Naschkatzen abzuschließen und dafür zu sorgen, dass in jedem Schlafsaal mindestens eine Kerze brannte. Wer die Kerze ausblies, musste zur Strafe drei Tage in den Kerker.[20] Aus diesen strengen Vorschriften spricht noch der Geist der Gegenreformation und seine Fixierung auf weibliche Keuschheit: Man glaubte, dass die Dunkelheit im Schlafsaal «unsittliche» Handlungen begünstige. So viele junge Frauen wie möglich wegzusperren, um sie Tag und Nacht zu beaufsichtigen und auf diese Weise vor jeder nur erdenklichen «Unzucht» zu schützen, war auch im 19. Jahrhundert noch oberstes Ziel der kirchlichen Wächter.

Die Kranken

An der südlichen Spitze der Tiberinsel, zum linken Flussufer hin, befindet sich an den Fundamenten der Polizeistation ein antiker Schiffsbug aus Travertinplatten. Dieses Relief stammt, wie die beiden Brücken, die die Insel mit der Stadt verbinden, aus dem 1. Jahrhundert v. Chr. Der «Bug» ist vielleicht Teil einer größeren Verzierung, mit der die natürliche Schiffsform der 300 Meter langen und maximal 80 Meter breiten Insel optisch betont wurde. Diese Form hatten die Römer noch zugespitzt, indem sie die Ufer mit *opus caementicium* verstärkten, einem Beton aus gebranntem Kalk, Tuff, Ziegelstücken, Vulkanasche und gemahlenen Ziegeln, der die Erosion der Insel durch den Fluss verhinderte.[21] Gut sichtbar auf dem Relief ist ein Stab, um den sich eine Schlange windet. Das Attribut von Äskulap, dem griechisch-römischen Gott der Heilkunst, weist auf einen Tempel hin, der sich hier erhob, als Schutzort der Kranken.

Als Rom 260 v. Chr. von einer Seuche heimgesucht wurde, schickte der Senat eine Delegation zum Hauptsitz des Äskulap-Kultes nach Epidauros, an den östlichen Zipfel der Peloponnes. Dort erwarben die Römer eine heilige Schlange, die nach ihrer Rückkehr im Tiber ausgesetzt wurde. Die Schlange schwamm flussabwärts bis zur Insel – und verschwand dort, womit sie den Ort für die Errichtung des Heiligtums anzeigte.

Fortan zogen Kranke auf die Tiberinsel, um die Gunst des Gottes zu erbitten. Wie viele es waren, wie groß ihre Hoffnung auf Heilung, davon zeugen Gelübdetäfelchen, die später aus dem Fluss geborgen wurden. Die Menschen beteten am Tempel, schliefen auf seinen Stufen, tranken Wasser aus einer Quelle, die als heilsam galt. Eine medizinische Versorgung jedoch gab es hier nicht. Erste-Hilfe-Stationen oder gar Krankenhäuser waren außerhalb des Militärs unbekannt, Gesundheit war Privatsache.[22]

Das änderte sich im Mittelalter, als aus dem Tempel eine dem heiligen Bartholomäus gewidmete Kirche wurde. Ihr Hauptaltar steht über der Heilquelle, auch die Säulen im Kirchenschiff stammen aus dem antiken Vorgängerbau. Der Märtyrer Bartholomäus gilt als Schutzpatron der Hautkranken, weil ihm der Legende nach bei lebendigem Leib die Haut abgezogen wurde. Die Bestimmung des Gotteshauses blieb also gleich: Hierhin pilgerten die Kranken. Nebenan eröffneten Benediktinerinnen ein Hospiz, in dem Bedürftige gepflegt wurden. 1548 wurde dann das Krankenhaus

Das Krankenhaus Fatebenefratelli auf der Tiberinsel scheint wie ein großes Schiff in den Fluten des Tibers zu schwimmen. Wenn der Fluss hier, wie im Januar 2021, Hochwasser führt, muss das Hospital schon mal die Notaufnahme im Untergeschoss schließen.

Fatebenefratelli eröffnet, dessen zunächst 15 Krankenbrüder modernste Methoden der Krankenpflege einführten – etwa die, jedem Patienten sein eigenes Bett zuzuweisen. Bald war das Inselkrankenhaus erste Adresse für die Pestkranken, die hier von der übrigen Stadt isoliert werden konnten. Das Fatebenefratelli spezialisierte sich auf Epidemien, und wenn die Pestwelle von 1656 in Rom «nur» 15 000 Menschenleben auslöschte (gegenüber 200 000 in Neapel), lag das auch an der Umsicht der Krankenbrüder. Noch 1837 wurde bei einem Cholera-Ausbruch als Erfolg verbucht, dass die Hälfte der Patienten überlebte.[23]

Heute genießt vor allem die Entbindungsstation des alten Krankenhauses einen exzellenten Ruf. Natürlich liegt das am medizinischen Personal, aber der *genius loci* spielt durchaus auch eine Rolle. Viele Römer finden es passend, dass ihre Kinder mitten in der Stadt, buchstäblich auf dem Fluss zur Welt kommen – ganz nah an der Stelle, wo der Sage nach die Wölfin Romulus und Remus säugte. Die Faszination des Krankenhauses hat auch mit den alten Mythen zu tun.

Wie ein großer schwerer Dampfer liegt das Fatebenefratelli auf dem Tiber. Aber es kann nicht schwimmen und wurde immer wieder von Überschwemmungen betroffen. Zuletzt verursachte das Hochwasser im November 2012 mehrere Hunderttausend Euro Schaden an Diagnosegeräten, weil einige unterirdische Laborräume geflutet wurden.[24] Der 6000 Quadratmeter große Gebäudekeller wurde in der Folge mit viel Aufwand abgedichtet. In den oberen Stockwerken bestehen Fenster und Einfassungen aus Schiffsmaterialien. Selbst wenn der Tiber bis auf die Höhe der Krankenzimmer steigen würde, wäre vorgesorgt.[25]

Das Fatebenefratelli war nicht das einzige Krankenhaus auf der Insel. Gleich gegenüber konnte im Jahr 1884 die endlich befreite jüdische Gemeinde ein eigenes Hospital eröffnen – mit einer Sondererlaubnis der Behörden, nachdem ein schwer erkrankter jüdischer Römer von den katholischen Krankenhäusern abgewiesen worden und gestorben war. Das Ospedale Israelitico überstand zwei Weltkriege und die Verfolgungen durch die Nazis, bevor es in den 1970er Jahren in ein modernes Gebäude einige Kilometer flussabwärts in der Vorstadt Magliana umzog. Auf der Insel blieb nur noch ein Ärztezentrum, das sich den Eingang mit der Wasserschutzpolizei teilt.

Die Ordnungskräfte der *Nautica*-Einheit fahren mit ihren Motorbooten Patrouille auf dem Fluss und hatten während der Coronapandemie 2020 insbesondere die Aufgabe, die Römer vom Tiber fernzuhalten. Denn die strengen Ausgangssperren galten auch für das Flussufer, an dem zeitweise niemand spazieren gehen durfte. Selten in ihrer langen Geschichte war die Insel im Fluss derart isoliert gewesen.

Das Fatebenefratelli ist wegen seiner Lage das bekannteste Hospital der Innenstadt. Aber auch Roms ältestes Krankenhaus liegt am Tiber. Das Ospedale Santo Spirito in Sassia wurde wenige Hundert Meter flussaufwärts bereits im Jahr 727 gegründet und im Laufe der Jahrhunderte erweitert. Noch in den 1970er Jahren wurden die Patienten in den riesigen Bettensälen aus der Renaissancezeit untergebracht, die inzwischen Teil eines weitläufigen Museums sind.

Auf den Fresken über ihren Betten sahen die Kranken damals auch verstörende Bilder von Müttern, die ihre neugeborenen Kinder töten und von der Engelsbrücke in den Fluss werfen. Tiberfischer bergen die kleinen Leichname in ihren Netzen und bringen sie zum Papst.[26]

Dargestellt ist hier der Mythos um die Neugründung des Krankenhauses 1198 durch Innozenz III. Danach soll der Papst, tief erschüttert durch den Anblick der toten Kinder, am neuen Hospital eine «Klappe» zur anonymen Abgabe der Babys eingerichtet haben, um der Massentötung von Neugeborenen Einhalt zu gebieten. An die Stelle der «sündigen Mütter», die ihre Babys grausam ermordeten, trat als gütiger Ziehvater der Papst selbst. Unter seiner Obhut wurden die Findelkinder im Santo Spirito erzogen. In anderen Versionen der Tiberkinder-Sage fischt Innozenz III. sogar persönlich die Säuglinge aus dem Fluss, zunächst 87, dann sogar 344 «geborene und ungeborene Kinder».[27] Der Nachfolger des Fischers Petri als Menschenfischer aus jenem Fluss, der als *Pater Tiberinus* noch die Stadtgründer gerettet hatte, im christlichen Rom aber den Kindern der Sünde nicht helfen konnte. Das vermochte nur der Papst.

Die Szenen wirken verstörend realistisch, doch in Wirklichkeit haben weder das «Kinderfischen» noch die massenhaften Kindstötungen am Tiber jemals stattgefunden.[28] Und auch die «Kinderklappe» wurde wohl später angebracht. In einer Bulle aus dem Jahr 1204 erwähnte Innozenz sie noch nicht. Stattdessen nannte er als Aufgaben des Hospizes «die Hungrigen zu speisen, die Durstigen zu tränken, die Gäste aufzulesen, die Nackten zu kleiden, die Krankheit mit den Kranken zu teilen und schließlich auch den Toten das Begräbnis zu bereiten».[29] Erst im *Liber regulae sancti spiritus*, dem Hospital-Kodex von 1350, tauchten die Findelkinder auf: Säuglinge durften nicht mit der Amme in einem Bett schlafen, sondern nur in ihrer eigenen Wiege. Doch das Santo Spirito war eben keineswegs nur ein Kinderheim, sondern ein multifunktionales Kranken- und vor allem Armenhaus, wie es zur damaligen Zeit üblich war.[30] Mit 30 «Krankenbrüdern» und deren Assistenten war das Hospital das größte von mindestens 25 in der Stadt.[31] Dass die Brüder eine medizinische Ausbildung genossen hatten, kann man nur vermuten – die 1303 gegründete Universität La Sapienza befand sich mit ihrer Medizinfakultät jedenfalls ganz in der Nähe des Vatikans.

Einmal in der Woche wurden von Nachbarn oder Verwandten angezeigte Kranke sogar zu Hause abgeholt und ins Hospital gebracht. An jedem Dienstag wuschen die Pfleger und Pflegerinnen den Patienten die Haare, an jedem Donnerstag die Füße. Außerdem wurde wöchentlich die Bettwäsche gewechselt. Letzteres vermittelt ein erstaunlich ausgeprägtes Verständnis für die Wichtigkeit von Hygiene. Das Krankenhaus war zudem mit einer Eingangspforte direkt am Flussufer ausgestattet, damit die Erstuntersuchung getrennt von den anderen Kranken erfolgen konnte. Ein Krankenboot, vergleichbar mit der modernen Ambulanz auf Rädern, transportierte Seuchenpatienten über den Fluss, was viel schneller ging als mit einem Karren über die holprigen Straßen, aber auch der frühzeitigen Isolation diente. Wer befallen war, wurde in einem vom Hospital abgetrennten Gebäude untergebracht.[32]

Derselbe Luther, der sich über die päpstliche Prozession der *zitelle* mokierte, zeigte sich enthusiastisch über den Standard des Krankenhauses Santo Spirito. Er nannte es ein «fürstliches Gebäude», in dem die Patienten mit köstlichen Speisen und Getränken versorgt würden. «Die Pfleger sind sehr vorsichtig, die Ärzte sehr gelehrt, die Betten und die Kleidung sehr sauber (…) Sobald ein Kranker eintrifft, wird er ganz ausgezogen. In Anwesenheit eines Notars, der jedes Stück zählt, bringt man seine Kleidung in einen Schrank. Man zieht ihm ein weißes Hemd an, man legt ihn in ein schön bemaltes Bett (…) und sofort kommen zwei Ärzte. Später bringen Pfleger Essen und Getränke in sehr sauberen Gläsern.»[33] War der deutsche Reformator bei seiner Romreise 1510/11 selbst Patient oder besuchte er jemanden? Sicher ist: Wenigstens das päpstliche Krankenhaus hätte er vom Tiber gern nach Deutschland gebracht.

Die Gefangenen

Eine riesige Menschenmenge hatte sich bereits am frühen Morgen des 11. September 1599 am Platz vor der Engelsbrücke am linken Tiberufer versammelt. Unter ihnen Kleriker, Adlige, die prominenten Maler Caravaggio, Orazio Gentileschi und dessen Tochter Artemisia. Die Menschen drängten bis ans Ufer, so dicht, dass im Laufe des Vormittags einige in den Fluss fielen und ertranken. Die Unglücklichen wurden kaum beachtet, so fieberhaft konzentrierten sich die Zuschauer auf eine spektakuläre Hinrichtungs-Show.

Drei Mitglieder der einstmals reichen und mächtigen Familie Cenci wurden hier exekutiert, als Auftraggeber für den Mord an ihrem Mann und Vater Francesco Cenci. Die Witwe Lucrezia und ihre beiden Stiefkinder Beatrice und Giacomo waren zum Tode verurteilt worden, nachdem man ihnen die entsprechenden Geständnisse mit schwerer Folter abgepresst hatte. Ein weiterer Bruder, der erst 13-jährige Bernardo, wurde zu lebenslanger Zwangsarbeit auf den päpstlichen Galeeren verdammt und musste, auf einem Stuhl gefesselt, die Hinrichtung seiner Angehörigen mitansehen.

Viele im Publikum empfanden die harten Urteile als Skandal. Das Volk murrte, vergeblich hatten einflussreiche Kardinäle Papst Clemens VIII. um Gnade gebeten. Der Papst bestand auf den Hinrichtungen und ließ das Vermögen der Cenci konfiszieren. Nach dem Vatermord sollte die ganze Familie ausgelöscht werden, ganz wie im alten Rom.

Doch die Menge auf der Piazza litt besonders mit Beatrice. Für die Römer war der Mord pure Notwehr und die 22-Jährige nicht Täterin, sondern zweifaches Opfer ihres Vaters und der päpstlichen Justiz. Ihr Leben lang hatte die junge Frau unter dem gewalttätigen Vater gelitten. Gegen ihren Willen hatte er sie und die Stiefmutter auf eine seiner Burgen im hintersten Winkel der Sabiner Berge verschleppt und dort eingesperrt. Mit ihrer Freiheit bezahlte Beatrice für seine Vergehen, denn Francesco Cenci war ein Outlaw der römischen Gesellschaft. Wirtshausprügeleien, Körperverletzung, Betrug und sexuelle Ausschweifungen hatten ihn immer wieder ins Gefängnis gebracht und sein Vermögen schrumpfen lassen. Zwei Söhne waren bei Straßengefechten ums Leben gekommen, die fünf anderen Kinder litten unter dem finanziellen und sozialen Niedergang der Familie. Um sich verheiraten zu können, hatte eine von Cencis Töchtern sogar den Papst um Hilfe gebeten. Clemens VIII. hatte sie prompt mit einem umbrischen Adligen vermählt und den Brautvater zur Zahlung einer fetten Mitgift gezwungen.

Auch Beatrice hatte sich an den Papst gewandt, auch für sie war ein Bräutigam gefunden. Doch der Vater wollte diesmal unter keinen Umständen zahlen und die Hochzeit der Jüngsten deshalb mit allen Mitteln verhindern. Lieber verbannte er sie auf die Rocca di Petrella, gemeinsam mit seiner zweiten Frau, die zu den Kindern hielt. Zwei Jahre lang hielt Cenci seine Angehörigen fernab von Rom in vollkommener Einsamkeit verschlossen. Dann flüchtete er selbst vor seinen Gläubigern in die Berge. Und die Situation eskalierte.

Es gab Streit, Beschimpfungen, Schläge – immer, wenn die Frauen aufbegehrten, oder auch nur, wenn Cenci sich betrank. Das Leben auf der Burg glich zusehends mehr einer Kerkerhaft, und ein Ende war nicht in Sicht. Alle litten unter Cenci, seine Frau, seine Tochter, seine Diener. Gemeinsam mit den ebenfalls in Petrella eingetroffenen Söhnen beschlossen sie schließlich die Beseitigung des Tyrannen. Zwei Untergebene erschlugen Cenci im Schlaf und warfen ihn, um den Mord wie einen Unfall aussehen zu lassen, von der Balustrade in den Garten. Doch die Tat flog auf, und die Diener gestanden unter der Folter.

Die Geschwister und ihre Stiefmutter wurden gefangen genommen, die Söhne ins römische Gefängnis Tor di Nona gebracht, die beiden Frauen in die Corte Savella an der Via Monserrato, eine Haftanstalt vor allem für Prostituierte und ihre Zuhälter. Beide Gefängnisse lagen am Tiber und waren chronisch überfüllte, schmutzige, von Ratten bevölkerte Verliese, in denen bei jeder Überschwemmung das Wasser stand. Für ein wenig Stroh und dünne Suppe wurden den Häftlingen die letzten Scudi abgenommen.[34] Beim Weihnachtshochwasser 1598, kurz bevor die Cenci-Brüder hinter Gitter kamen, waren in Tor di Nona 40 Häftlinge in ihren Zellen ertrunken, wehrlos der Flut ausgeliefert.[35] Es waren die Ärmsten der Insassen, die im Erdgeschoss untergebracht waren, während die Bessergestellten sich Zellen in oberen Stockwerken leisten konnten.[36] Seit der Überschwemmung waren kaum die Wände getrocknet, und nach dem Sommer stieg mit dem Wasserpegel die Angst vor der nächsten Katastrophe. In diesem Elend und unter der Folter der päpstlichen Schergen gestanden die Geschwister Cenci ihre Tat. Monate waren seither vergangen, zwischen Hoffnung auf Begnadigung und Furcht vor dem Todesurteil. Am Abend des 10. September, genau ein Jahr nach dem Tod des Familienvaters, erging der Beschluss des Papstes.

Am Hinrichtungsmorgen war es außergewöhnlich warm. Einige Zuschauer erlitten einen Hitzschlag, die Menschen fielen ohnmächtig um im Gedränge, einer brach tot zusammen. Bewaffnete Wachen hielten die Menge in Schach, die Atmosphäre war ebenso erstickend wie die Luft.

Als Erste bestieg die Witwe Lucrezia das Podest, dann Beatrice, unter dem lauten Weinen und dem Protestgeheul des Publikums. Gefasst kniete die junge Frau vor dem Henker und beugte den Kopf, während der kleine Bruder Bernardo in Ohnmacht fiel. Für Giacomo hatte das Gericht eine besonders grausame Hinrichtungsart verfügt. Die Henkersknechte quälten den jungen Mann mit glühenden Zangen, zertrümmerten dann seinen Kopf mit Hammerschlägen und vierteilten schließlich seinen zerschundenen Körper.[37]

Die Auslöschung der Familie Cenci belastete das Pontifikat Clemens' VIII. Die Römer verdammten diesen Papst, der die Notwehr einer jungen Frau so brutal bestraft hatte. Die tote Beatrice inspirierte noch Jahrhunderte später Schriftsteller wie Shelley, Stendhal und Moravia, avancierte zur romantischen Opernfigur und zur Kinoprotagonistin. 400 Jahre nach ihrem Tod ließ die Stadt Rom am Ort ihres Gefängnisses, der Corte Savella, eine Gedenktafel anbringen, auf der Beatrice Cenci als beispielhaftes Opfer einer ungerechten Justiz gewürdigt wird.

Nur auf dem Hinrichtungsplatz am Tiber erinnert nichts an sie. Dabei war dieser Ort gegenüber der Engelsburg mit dem großen Schafott neben dem kleinen Fischmarkt seit dem ausgehenden 15. Jahrhundert Schauplatz von Exekutionen. Am 27. August des Heiligen Jahres 1500 wurden hier nicht weniger als 18 Delinquenten gehängt, unter ihnen ein Arzt des Hospitals Santo Spirito auf der anderen Tiberseite, der seine Patienten vergiftet hatte, um sie zu bestehlen. Im März 1532 starben zwei Brüder aus der weitverzweigten Sippe der Orsini durch das Schwert, weil sie in der Kirche Santa Maria in Aracoeli einen Goldschmied aus Siena erschlagen hatten, von dem sie sich beleidigt fühlten. Im Heiligen Jahr 1600, als eine friedliche Invasion von Pilgern die Stadt auf der Suche nach Generalabsolution flutete, wurden 32 Hinrichtungen vollzogen, darunter die Verbrennung des Mönchs und Naturforschers Giordano Bruno wegen Ketzerei auf dem Campo de' Fiori.[38]

Gewöhnliche Delinquenten mussten noch nach ihrem Tod für ein grausiges Schauspiel herhalten. Ihre abgetrennten Köpfe wurden auf der Engelsbrücke ausgestellt, ihre Hände auf das Geländer genagelt. Wer zur Peterskirche pilgerte, kam unweigerlich an ihnen vorbei, musste ihren Anblick und den Gestank auf dem Weg zum Apostelgrab ertragen. Diese Inszenierung von Macht und Strafe auf dem wichtigsten Pilgerweg der Christenheit diente dem Zweck der Abschreckung und Mahnung. Die Gläubigen sollten sehen, dass es vor dem Jüngsten Gericht immer noch das Gericht der Päpste gab und vor seinen Henkern kein Entrinnen.

An den Ufern des Tibers lagen die Gefängnisse und ihren letzten Weg absolvierten die Todgeweihten am Fluss entlang. Das gemeine Volk schmachtete von 1408 bis 1658 in Tor di Nona und Corte Savella. Den Päpsten, ihren Höflingen, den Adligen und anderen Mitgliedern der Oberschicht war dagegen die Engelsburg vorbehalten, wo sie je nach der Schwere ihres Vergehens durchaus komfortabel untergebracht waren. Man konnte aber auch dort in menschenunwürdigen Löchern verschwinden. Der Goldschmied, Schriftsteller und Bildhauer Benvenuto Cellini, eine der schillerndsten Persönlichkeiten seiner Zeit, erlebte beides, nachdem er 1537 wegen des Diebstahls päpstlicher Juwelen verhaftet worden war.

Man brachte ihn zunächst in ein annehmlich ausgestattetes Turmzimmer der Festung, in dem sogar eine kleine Werkstatt eingerichtet war. Doch Cellini dachte nicht daran, geduldig seinen Prozess abzuwarten. Er floh alsbald, indem er sich an zusammengeknoteten Leintüchern herabließ. Weit kam er nicht, wurde wieder gefangen und zurückgebracht – nunmehr in eine Zelle, die deutlich ungemütlicher war als die erste und anstatt oben im Turm im finsteren Souterrain lag: «Man trug mich unter den Garten in ein dunkles Behältnis, das sehr feucht war, voll Taranteln und giftiger Würmer. Man warf mir eine Matratze von Werg auf die Erde, gab mir diesen Abend nichts zu essen und verschloß mich mit vier Türen. So blieb ich bis neunzehn Uhr des andern Tages: da brachte man mir zu essen, und ich verlangte einige meiner Bücher zum Lesen. (…) Den andern Morgen reichten sie mir eine Bibel und die Chronik des Villani. Ich verlangte noch einige andere Bücher, aber sie sagten mir: daraus würde nichts werden, ich hätte an diesen schon zu viel. So lebte ich, elend genug, auf der ganz verfaulten Matratze, denn in drei Tagen war alles nass geworden. Wegen meines zerbrochenen Fußes konnte ich mich nicht regen, und wenn ich um einer Notdurft willen aus dem Bette mußte, so hatte ich mit großer Not auf allen vieren zu kriechen, um den Unrat nur nicht nahe zu haben. Ungefähr anderthalb Stunden des Tages drang ein wenig Widerschein durch ein kleines Loch in die unglückseligste Höhle: nur diese kurze Zeit konnte ich lesen, übrigens war ich Tag und Nacht in der Finsternis.» Bis Dezember 1539 blieb Cellini in der Engelsburg und musste in seinem Verschlag die Hinrichtungen anderer Gefangener mitanhören, die im Hof vollzogen wurden. Dazu ertönte eine Glocke, die *Campana della Misericordia* zu Füßen des Erzengels.[39]

Der Klang dieser Glocke und das Gefängnis in der Engelsburg wurden durch eine Oper weltberühmt. Seit der Uraufführung von Giacomo Puccinis Liebestragödie *Tosca* am 14. Januar 1900 in Rom schmelzen die Zuschauer dahin, wenn der zum Tode verurteilte Gefangene Mario Cavaradossi sich mit der Arie «E lucevan le stelle» von seiner Geliebten Tosca verabschiedet. Die Sterne funkeln, trauerschwarz fließt der Tiber. Wenn der Morgen graut, stirbt der Held, und Tosca stürzt sich von den Zinnen.

Die Wirklichkeit war nicht ganz so spektakulär. 1900 hatte die Engelsburg als Gefängnis längst ausgedient, ebenso wie die *Carceri Nuove* («Neue Haftanstalten»), die Innozenz X. zwischen 1652 und 1655 an der Via Giulia 52 zwischen Chiesa Nuova und Tiber erbaut hatte. Das wuchtige Gebäude dient derzeit hauptsächlich als Sitz der Antimafia-Einheit der italienischen Justiz.

Die erhaltene Inschrift über dem Portal war Programm. Der Papst versprach darin «Gerechtigkeit, Milde und eine sicherere und menschlichere Bewachung der Schuldigen», und tatsächlich galten die Carceri Nuove weithin als Modellgefängnis. Sie bestanden aus vier Stockwerken plus Erdgeschoss und zwei Höfen sowie drei Kapellen. Für Frauen, Geistliche und Juden gab es Sonderzellen, ebenso für Häftlinge mit Hautkrankheiten. Ein Brunnen versorgte das Gefängnis mit Trinkwasser, die Abwässer wurden direkt in den Tiber geleitet, dessen Wasser regelmäßig zur Säuberung in die Höfe gepumpt wurde.[40]

Bei der Uraufführung von «Tosca» war auch der Henker in Rom schon Geschichte. Der berühmteste Scharfrichter war Giambattista Bugatti, genannt «Mastro Titta». Fast sieben Jahrzehnte lang, von 1796 bis 1864, arbeitete Bugatti im Dienst der Päpste sowie zeitweise auch der französischen Besatzer. Zeit seiner langen Karriere beförderte er 514 Delinquenten ins Jenseits, bevor Pius IX. ihm mit 85 Jahren endlich die Pensionierung gewährte.[41]

Bugatti hatte eine Dienstwohnung im Vicolo del Campanile im Borgo, wo er auch sein Regenschirmgeschäft betrieb – von den Hinrichtungen allein konnte er nicht leben. Ob er seine Schirme persönlich verkaufte, sei dahingestellt, denn jeder kannte ihn und alle mieden ihn. Ein Henker war kein freier Mann, er durfte sich nicht durch die ganze Stadt bewegen. Den Tiber zu überqueren, war ihm bei Strafe verboten. «Boia nun passa Ponte», «der Henker geht nicht über die Engelsbrücke», lautet ein Sprichwort im römischen Dialekt, was in seiner Bedeutung ungefähr dem deutschen «Schuster, bleib bei deinen Leisten» gleichkommt.

Schritt Mastro Titta, angetan mit seinem scharlachroten Mantel, doch über den Fluss, so tat er das in höherem Auftrag: Er begab sich zur Hinrichtungsstätte am linken Ufer: Auf der Vatikanseite fanden damals keine Exekutionen mehr statt. Das Schafott stand entweder auf der Piazza Ponte, auf dem Campo de' Fiori oder auch auf der Piazza dei Cerchi zwischen Tiber und Circus Maximus – also immer in unmittelbarer Nähe des Flusses, der als stummer Zeuge gleichgültig dahinfloss, wie zum Beweis dafür, dass das Leben nach dem makabren Schauspiel für das Publikum, die Stadt und den Tiber weiterging.[42]

Unter den Delinquenten des Mastro Titta, der ihnen, bevor er zur Tat schritt, stets höflich eine Prise Schnupftabak anbot, befanden sich Mörder, Aufwiegler, Postkutschendiebe und am 23. November 1825 zwei «Verschwörer gegen den Papst». Sie wurden mit der Guillotine exekutiert, die dem

Scharfrichter seit 1815 zur Verfügung stand. Zuvor setzte er das Schwert ein, den Galgenstrick und bei besonders grausigen Mordfällen den Hammer; hatte Letzterer sein Werk verrichtet, wurden die Verurteilten anschließend geviertelt. In seiner langen Karriere erfuhr Bugatti wie sein ganzer Berufsstand epochale Veränderungen, der letzte Henker des Papstes aber war er nicht: Das letzte Todesurteil im Kirchenstaat wurde vier Jahre nach seiner Pensionierung am 24. November 1868 auf der Piazza dei Cerchi vollstreckt.[43] Unter dem Fallbeil starben die beiden Antiklerikalen Gaetano Tognetti und Giuseppe Monti, die ein Attentat auf ein Gebäude der päpstlichen Wachen verübt hatten. Vergebens hatte Monti dem Papst einen reumütigen Brief geschickt: «Mit wahrem Verlangen Ihren heiligen Fuß küssend, erbitte ich von Neuem Vergebung.»

Auch das einzige noch bestehende Gefängnis am Tiber ist eng mit der Kirche verbunden. Gerade einen Kilometer vom Vatikan entfernt, liegt es mitten in Trastevere, in unmittelbarer Nähe der Villa Farnesina und des Palazzo Corsini. Bis heute trägt die Haftanstalt den Namen «Regina Coeli» (Himmelskönigin), wie das Kloster der Unbeschuhten Karmeliterinnen, das zwei adelige Damen der Familie Colonna um 1650 dort eröffneten. Dieser Konvent wurde Ende des 19. Jahrhunderts zum Gefängnis umgebaut und ein benachbartes Kloster als Frauenhaftanstalt dazugefügt.

Regina Coeli ist eine der letzten Haftanstalten im Zentrum einer europäischen Metropole. Tag und Nacht verkehren Autos und Fußgänger vor dem schweren, aber unscheinbaren Eingangsportal, über dem die italienische Trikolore gehisst ist. Die senfgelb gestrichene Fassade könnte auch zu einem der vielen Verwaltungsgebäude aus der Reichsgründerzeit gehören, doch vom hinter der Anstalt gelegenen Gianicolo-Hügel aus sind Funktion und Ausmaße des Gefängnisses klar zu erkennen. Eisern hält sich der Brauch der «Weihnachtsgrüße», die lauthals zwischen den Häftlingen und ihren auf dem Hügel stehenden Verwandten ausgetauscht werden.[44] Und hartnäckig wird in Rom das alte Sprichwort weitergegeben, nach dem nur der ein «echter Römer» sei, der in Regina Coeli gesessen habe: «A via de la Lungara ce sta 'n gradino/chi nun salisce quelo nun è romano/e né trasteverino.» («In der Via della Lungara gibt es eine Stufe/Wer die nicht überschritten hat, ist kein Römer/und kommt auch nicht aus Trastevere.»[45])

Was vordergründig wie die folkloristische Verbrämung von (Klein-)Kriminalität klingt, verdeutlicht den Stellenwert von Schuld und Sühne im römischen Sozialgefüge. Um ihre Verbundenheit mit den reuigen Sündern hinter Gittern zu zeigen, pilgern seit Johannes XXIII. (1958–1963) die Päpste nach Regina Coeli. Papst Franziskus absolvierte dort die traditionelle Gründonnerstags-Fußwaschung an Häftlingen, die verschiedenen Religionen angehörten. Für die Demutsgeste des Waschens und Küssens der Füße von Strafgefangenen fuhr Franziskus als erster Papst auch in die große neue Haftanstalt Rebibbia am östlichen Stadtrand, von der das Gefängnis in Trastevere eigentlich nur noch eine Filiale ist.

Denn Regina Coeli ist ein Auslaufmodell, überaltert und chronisch überfüllt. Auf 323 Zellen mit ebenso vielen Lichtschaltern, Steckdosen und Toiletten, 150 Duschen und aus nicht ersichtlichen Gründen nur einem Bidet kamen im Mai 2023 insgesamt 1002 Häftlinge – obwohl eigentlich nur Platz für 628 vorgesehen ist. Das Personal ist hingegen unterbesetzt, statt 516 Justizvollzugsbeamten arbeiteten zu dem Zeitpunkt nur 373 dort. Sport- oder Trainingsplätze gibt es gar nicht, dafür aber eine Kapelle, vier Bibliotheken, acht Unterrichtsräume und ein Theater. Wöchentlich kommen Angehörige mit Lebensmittelpaketen für die Häftlinge, deren Inhalt genau vorgeschrieben ist: keine Bananen oder Feigen, keine Tomaten und Paprika, insgesamt nicht mehr als fünf Kilo.[46] Noch gehört Regina Coeli für die Römer zur Stadt und zum Tiber. Aber es ist abzusehen, dass das altertümliche Gebäude bald anders genutzt wird – als Hotel vielleicht oder als Kulturzentrum. Es wäre dann kein Fremdkörper mehr im gentrifizierten Stadtzentrum, wo das *popolino* und die *poveracci* schon lange nicht mehr wohnen.

Kapitel 10

NASSES GRAB

Die Toten im Tiber

In der Nacht vom 12. zum 13. Juli 1881 verließ eine schwarze Kutsche, begleitet von einigen Reitern, den Vatikan. Der Trauerzug begleitete den Leichnam von Pius IX., der nach dem Tod des Papstes am 7. Februar 1878 zuvor provisorisch in der Peterskirche bestattet worden war. Doch Pius IX., als letzter *Papa Re* (Papstkönig) Herrscher über Rom, hatte testamentarisch sein Begräbnis in der Basilika S. Lorenzo fuori le mura verfügt. 29 Monate später wurde der Wunsch des Papstes endlich erfüllt. Tausende von Römern in Trauerkleidung waren auf den Straßen, Fackeln erleuchteten die Szenerie.

Sechs Kilometer waren von St. Peter bis S. Lorenzo zu bewältigen. Doch kaum war die schwarze Kutsche mit dem Sarg auf der Engelsbrücke angekommen, als ein Tumult losbrach. «In den Tiber mit dem Schweinepriester!» riefen einige Männer und versuchten, den Leichenwagen zu stürmen und den Sarg herunterzustoßen. «In den Fluss mit dem Aas!» Sofort versammelten sich die berittenen Wachen um die Kutsche und hieben auf die Angreifer ein. Die Gläubigen schauten passiv zu.

Es rächte sich jetzt, dass die römischen Behörden darauf verzichtet hatten, die Überführung des toten Papstes mit einem starken Polizeiaufgebot abzusichern. Man wollte Pius IX., der den Kirchenstaat so vehement gegen das Königreich Italien verteidigt hatte, nicht zuviel der Ehre erweisen. 31 Jahre, sieben Monate und 31 Tage lang hatte Pius auf dem Papstthron gesessen, sich in diesem längsten Pontifikat der Kirchengeschichte vom Reformer zum erbitterten Traditionalisten gewandelt und damit viele Römer gegen sich aufgebracht. Die Wut der Antiklerikalen entlud sich jetzt gegen seine Leiche. «In den Tiber mit ihm! Tod allen Priestern!» Die Schreie hallten durch die Stadt, als der Zug mühsam seinen Weg fortsetzte. Steine flogen auf die

Papst-Kutsche, immer wieder gab es neue Versuche, den Sarg zu entwenden. Bis endlich das Militär anrückte – die Soldaten jenes Königs, den Pius zu Lebzeiten so leidenschaftlich bekämpft hatte, sorgten nun dafür, dass seine sterblichen Überreste unbeschadet ihre letzte Ruhestätte erreichten.[1]

Schon in der Antike hatten die Römer den Drang, unbeliebte Herrscher postum in den Tiber zu befördern. Sueton berichtet, wie sich das Volk in den Straßen der Urbs versammelte, als sich im Jahr 37 n. Chr. die Nachricht vom Tod des Kaisers Tiberius verbreitete. Die Leute skandierten: *Tiberium in Tiberim*, also «Tiberius in den Tiber!»[2] Auch hier blieb der Protest folgenlos. Die Leiche des in Misenum verstorbenen Tiberius wurde von Hunderten, bis an die Zähne bewaffneten Soldaten in die Stadt begleitet und mit einer feierlichen Zeremonie öffentlich verbrannt. Die Asche-Urne hatte ihren Platz im festungsähnlich gesicherten Augustus-Mausoleum.

Der Leichenwurf in den Tiber galt zu allen Zeiten als ultimative Demütigung für Tyrannen, aber auch für Delinquenten. Im Fluss zu landen und wie Abfall aus der Stadt hinausgespült zu werden, war buchstäblich das Letzte, weil das Wasser des Tibers im Glauben der Römer alle Spuren, alle Erinnerung an den Toten tilgte. Eine grauenhafte Vorstellung schon für die Menschen der Antike, denn Begräbnis- und Ahnenkult spielten für sie eine große Rolle. Bei den Trauerzügen der Mächtigen, ja selbst im Circus, wurden Porträts der Ahnen gezeigt; aus dem Nichts zu kommen und im Nichts zu verschwinden, war undenkbar. Das Christentum setzte diese Tradition fort und verstärkte noch die Bedeutung der Begräbniskultur mit dem Glauben an die Auferstehung der Toten.[3]

Der Tiber stellte auch in dieser Beziehung eine Bedrohung da, er stand für das Nichts, eine kalte Hölle der ewigen Verdammnis. Als Totenfluss war er Hinrichtungsstätte für Mörder und Unschuldige, nasses Grab für Mächtige und Namenlose. Mit gruselndem Respekt betrachteten die Römer die Bruderschaft der Sacconi Rossi (etwa: «rote Säcke»), deren Name auf ihre blutroten Kapuzenmäntel zurückgeht. Seit ihrer Gründung 1768 waren die Brüder rund 200 Jahre lang auf der Tiberinsel ansässig, um sich um die Toten im Fluss zu kümmern. Sie bargen die Leichen und brachten jene, für die sich keine Angehörigen fanden, in den Gewölbekeller des Gebäudes links der Bartholomäus-Kirche. Dort drapierten sie die zuvor sorgsam präparierten Skelette zu bizarren «Figurengruppen», bis nach dem Ende des Kirchenstaates dieser barock-makabre Brauch verboten wurde.

Noch immer sterben Menschen im Tiber, birgt die Wasserschutzpolizei

Leichen aus dem Fluss, berichtet die Lokalpresse über Gewalttaten und traurige Schicksale, die in seinen Wassern enden. Und noch immer wird für die «armen Seelen im Tiber» am Allerseelentag, dem 2. November, eine Messe auf der Tiberinsel gelesen.

Von vier Toten im Tiber soll hier erzählt werden. Beispielhaft stehen sie für ihre Epochen – Antike, Mittelalter, Renaissance und die unmittelbare Nachkriegszeit –, wie sie unterschiedlicher nicht sein könnten. Und doch endeten die vier Männer, ein Kaiser, ein Papst, ein Papstsohn und ein Gefängnisdirektor, im Fluss. Um sie noch im Tod zu entwürdigen, um ein Verbrechen zu vertuschen oder um sich an ihnen zu rächen.

Der Tiber hat die Erinnerung an sie und die vielen anderen nicht gelöscht. Er bewahrt das Gedächtnis der Stadt, auch wenn er sich stets erneuert. Der Fluss urteilt nicht, demütigt nicht, vertuscht nicht. Er ist weder Richter noch Henker, sondern fließt einfach weiter. Für ihn sind alle gleich, Täter und Opfer, Reiche und Arme, Tyrannen und Gerechte. Und Lebende wie Tote.

Kaiser Elagabal (222)

Er war 18 Jahre alt und seit vier Jahren Kaiser von Rom. Ein sanftes Jungengesicht, das aus großen Augen hoffnungsfroh in die Welt blickt, auf den vollen Lippen leichter Bartflaum. So zeigt ihn die einzige erhaltene Porträtbüste: Der angeblich mächtigste Mann des Imperiums war eigentlich noch ein Kind.[4]

Marcus Aurelius Antonius, so lautete sein «römischer» Name, muss geahnt haben, in welcher Gefahr er schwebte, als er am 11. März 222 mit seinem Cousin Alexander die Kaserne der kaiserlichen Leibgarde besuchte. Es war kein Gunstbeweis, erst recht keine Routinehandlung, sondern eher eine Unterwerfungsgeste des jungen Herrschers. Die Soldaten hatten von ihm verlangt, ihnen Alexander zu bringen, um das Gerücht zu entkräften, der Kaiser habe den 13-jährigen Verwandten ermorden lassen, obwohl er ihn doch erst vor wenigen Monaten adoptiert hatte – gezwungenermaßen. Ein 18-Jähriger als Adoptivvater eines 13-Jährigen, auch das war möglich, wenn es um die Macht in Rom ging.

Diese Macht gehörte keinem der beiden Jungen, sondern ihrer gemeinsamen Großmutter Julia Maesa. Sie hatte die Fäden in der Hand und die

Adoption angeordnet. Jetzt entschied sie, einen ihrer beiden Enkel zu opfern, um den anderen zu ihrer Marionette zu machen. Julia Maesa hatte die Leibgarde bestochen, damit diese ihren älteren Enkel umbrachte – und ihre ältere Tochter gleich mit.

Als die zwei Heranwachsenden und ihre Mütter die Kaserne betraten, bejubelte die Garde nur Alexander. Den Kaiser ignorierten sie. Das war nicht nur unerhört – es bedeutete ein Todesurteil. In Panik schrie Marcus Aurelius, seine Garde solle die lautesten Verräter festnehmen. Es war sein letzter Befehl.

Blitzschnell verwandelte sich die kaiserliche Elitetruppe in einen enthemmten Mob, der sich auf den Herrscher und seine Mutter Julia Soaemias stürzte. Die Frau versuchte noch, sich zu wehren und ihren Sohn zu schützen. Doch dann trafen unzählige Säbelhiebe die beiden, sie wurden in Stücke gerissen. Man schnitt ihnen die Köpfe ab, schleifte die verstümmelten Leichen durch Rom – und warf sie schließlich in den Tiber. Die frühlingshaft wilde Flut trug den zerschundenen Körper des Kaisers zum Meer und tilgte alle Spuren des Jünglings, der kaum erwachsen werden durfte. Weder mit seinem Herrschernamen noch mit seinem Geburtsnamen Varius Avitus Bassianus ging er in die Geschichte ein. Im Tiber versank Elagabal, während an den Ufern schon der nächste Kaiser ausgerufen wurde: Severus Alexander, der Cousin. Auch er sollte dereinst mit seiner Mutter von Soldaten ermordet werden, 235 von Legionären in Mainz.

Severus Alexander ist heute weitgehend vergessen, Elagabal aber wurde trotz der über ihn verhängten *damnatio memoriae*, der vom Senat verhängten Auslöschung jedweder Erinnerung, zu einer sagenumwobenen Gestalt. Er inspirierte Schriftsteller wie Boccaccio und Stefan George, bewegte den Italiener Francesco Cavalli zu einer Barockoper (1667) und Hans Werner Henze zu dem Orchesterwerk *Heliogabalus Imperator* (1972). Unter dem Einfluss des jeweiligen Zeitgeistes wurden Elagabals kurzes Leben und sein dramatisches Ende von Geschichtsschreibern und Künstlern verdammt oder verklärt. Fasziniert von ihm waren sie alle.

Verantwortlich dafür sind zwei zeitgenössische Chronisten. Cassius Dio und Herodian beschrieben den Spross einer einflussreichen syrischen Familie als sexbesessenes Monster, das den Römern einen orientalischen Kult aufzwingen wollte und seine Regierungstätigkeit darauf beschränkte, die Staatskasse zu plündern und politische Gegner grausam zu verfolgen. Alles, was vormals Nero und Caligula als «Cäsarenwahn» angedichtet worden

war, wurde für Elagabal wieder aufgewärmt. Er sei ein Muttersöhnchen gewesen (wie Nero), habe sich seinen Liebhabern unterworfen, Frauenklei-
der angezogen und Schminke getragen (wie Caligula). Ein weibischer
Jüngling auf dem Thron von Augustus und Trajan, der eine Sadomaso-
Beziehung zu seinem Favoriten unterhielt und die Kastration mit nach-
folgender Geschlechtsumwandlung ersehnte – für die Römer war besonders Letzteres eine Horrorvorstellung.

Zwar war Promiskuität bei Männern der Oberschicht gang und gäbe,
ein reges Sexualleben mit Frauen wie Männern galt sogar als Zeichen von
Virilität. Allerdings war eine passive Rolle dabei tabu. Ein Römer, der sich
seinen Sexpartnerinnen und -partnern «unterwarf», verlor seine Ehre, er
wurde «unrömisch». Einem Herrscher nachzusagen, er habe eine Frau sein
wollen, war deshalb die schwerste Rufschädigung.[5]

Dass Elagabal nach dem Brauch seiner Religion beschnitten war, gab
Anlass zu ausufernden Spekulationen. Es hieß, er habe mit vielen Frauen
geschlafen, nur um von ihnen weibliches Sexualverhalten zu lernen. Er sei
als Hure verkleidet nächtelang durch die Stadt gezogen, um sich Freiern
anzubieten, und habe (genau wie angeblich Caligula) selbst den Kaiserpalast zu einem Bordell gemacht. Vor einem Mann mit einem riesigen Ge-
schlechtsteil habe er impotent versagt, seinem Gott aber habe er ein abge-
schnittenes Glied zum Opfer gebracht. Gegen derartige Unterstellungen
klingt es harmlos, fast poetisch, dass der Kaiser sich auch bei Staatshand-
lungen am liebsten tänzelnd bewegt und einen Hang zu schönen Kleidern
gepflegt haben soll. Doch all' diese Details dienten nur dazu, die zentrale
These zu untermauern, Elagabal sei als Kaiser eine Gefahr für Rom gewesen. Dass der kindliche Hohepriester aus Syrien so beispiellos negativ
beschrieben wurde, hängt vermutlich mit seiner Herkunft zusammen. Ver-
ächtlich nannte sein Biograph Cassius Dio ihn «Pseudoantonius» oder gar
«Sardanapal», nach dem legendär-berüchtigten letzten assyrischen Herrscher.[6]

Der Senat bekämpfte den jugendlichen Kaiser und seinen von Frauen
dominierten Familienclan, weil dieser die stadtrömische Aristokratie
schlichtweg ignorierte. Elagabals Großmutter Julia Maesa, eine Tante des
Vorgängerkaisers Caracalla, setzte stattdessen ganz auf das Heer und seine
korrupten Offiziere. Als weiteren unverzeihlichen Affront empfand die
eingesessene Oberschicht, dass die «Syrer» ihren Kult als neue Staatsreli-
gion durchsetzen wollten. Als Mitglied eines Priestergeschlechts war der

Herrscher bereits als Siebenjähriger Hohepriester des Gottes Elagabal gewesen, dem er schließlich seinen Namen verdanken sollte. Die Ausübung orientalischer Riten war zwar in Rom selten problematisch geworden, doch durften sie der Verehrung der angestammten Götter um Jupiter keine Konkurrenz machen.

Der jugendliche Kaiser aber, der von seiner Großmutter auf den Thron gehievt worden war, betrieb genau das und schreckte auch vor der offenen Verhöhnung der römischen Götter nicht zurück, indem er eine Vestalin heiratete. Seine Begründung, er wolle mit der zur Keuschheit verpflichteten Priesterin «göttliche Kinder» zeugen, brachte die gedemütigten Senatoren noch mehr gegen ihn auf. Wahrscheinlich zog Julia Maesa ihren anderen Enkel Alexander als Alternative zu Elagabal aus dem Hut, um die Aristokraten zu besänftigen.

Doch die Schändung der Leiche, ihr Ende im Fluss, das waren keineswegs spontane Aktionen des Volkszorns. *Tiberinus* nannte Cassius Dio den unglücklichen Kaiser, weil dieser dem Fluss überlassen worden war wie eine Opfergabe.[7] *Tiberinus* lautete der Name all' derer, die im Tiber endeten und auf diese Weise ihren wirklichen Namen verloren.

Der Fluss hatte hier eine doppelte Funktion, als Rächer und als Reiniger. Er sollte die Stadt von den «unrömischen» Eigenschaften ihres gestürzten Herrschers befreien und reinwaschen. Gleichzeitig war die Versenkung im Tiber für die römische Justiz die härteste Strafe. Seit der Republik galt das «Säcken» im Fluss als grausamste Hinrichtungsart für das schlimmste aller Vergehen: den Mord an den eigenen Eltern (*parricidium*). Eine solche Tat erschütterte die Ordnung des Reiches in seinen Grundfesten, sie galt als Attacke auf den Staat, der auf dem hierarchisch-klientelhaften Gefüge der Familie mit dem *pater familias* an der Spitze fußte. Für Elternmörder gab es keine Rechtfertigung und keine Gnade. Also wurde der Delinquent mit einem Hund, einem Hahn, einer Schlange und einem Affen in einen mit Pech versiegelten Sack gesteckt und zusammen mit den Tieren im Fluss ertränkt. Besonders viele solcher Säckungen sind von Claudius überliefert.[8] Um ihre Bedeutung zu unterstreichen, ließ der Kaiser diese Hinrichtungen in seinem Beisein vollziehen.

Claudius' Stiefsohn und Nachfolger Nero wurde selbst zum Muttermörder. Auf seinen Befehl töteten Offiziere die Kaisermutter Agrippina. Die Tat wurde mit der Begründung, Agrippina habe ihrerseits dem Sohn nach dem Leben getrachtet, gerechtfertigt. Doch die Römer ließen sich davon

nicht überzeugen. Überall in der Stadt baumelten Ledersäcke an den Bild-
säulen des Herrschers – in Anspielung auf das Säcken, das in den Augen
der Untertanen für den kaiserlichen Muttermörder Nero die gerechte
Strafe gewesen wäre.[9]

Elagabal war schon tot, als er in den Fluss geworfen wurde. Seine Mörder hatten ihm keinen Prozess gemacht und ihn nicht zum Tode verurteilt.
Und doch endete der junge Kaiser wie ein Elternmörder im Tiber, weil er
mit seinen fremden Riten die Traditionen der großen Mutter verraten
hatte: Rom selbst, so empfanden es seine Feinde, war von diesem Diener
eines fremden Götzen geschändet worden. Und dafür überließ man ihn dem
rächenden römischen Flussgott.

Papst Formosus (897)

Das 9. Jahrhundert neigte sich seinem Ende zu, als im großen Ratssaal des
Apostolischen Palastes am Lateran das makaberste Schauspiel der Kirchengeschichte inszeniert wurde: ein Prozess gegen einen Toten. Auf dem Thron
im Saal der Bischofssynode saß, mit dicken Tauen festgeschnürt, damit er
nicht herunterfallen konnte, der halb verweste Leichnam von Papst Formosus. Der war neun Monate zuvor, im April 896, gestorben und in der
Peterskirche begraben worden. Aber sein Nachfolger Stephan VI. hatte ihn
aus der Gruft gezerrt und in den Lateran bringen lassen. Neben der Leiche
musste ein Pflichtverteidiger Platz nehmen, der unter dem Tuch für Mund
und Nase verzweifelt nach Luft schnappte. Dass Formosus immerhin mit
päpstlichen Gewändern neu eingekleidet und mit Parfüm bespritzt worden
war, half wenig gegen den penetranten Gestank.

Ungerührt verlas Stephan VI. eine umfangreiche Anklageschrift. Es ging
im Wesentlichen um Verrat in zwei Punkten: Erstens hatte Formosus im
Februar 896 den Bayern Arnulf von Kärnten zum Kaiser gekrönt, obwohl
er 892 die gleiche Weihe schon Arnulfs noch lebendem Gegenspieler Lambert von Spoleto gewährt hatte. Zweitens hatte der tote Papst sich als Bischof der kleinen Hafenstadt Portus an der Tibermündung über das «Trans-
lationsverbot» hinweggesetzt. Diese kanonische Vorschrift verbot einem
amtierenden Bischof, in eine andere Diözese zu wechseln. Der Passus war
beschlossen worden, um die Macht der Bischöfe zu beschneiden. Diese
durften somit nicht Papst werden, weil der immer zugleich Bischof von

In der Phantasie des französischen Malers Jean-Paul Laurens sah die Leichensynode gegen den toten Papst Formosus so aus (1870). Wahrscheinlich war Laurens' Vorstellung nicht sehr weit von der Realität entfernt. Nur der Ankläger hat vermutlich mehr Abstand gehalten.

Rom war und ist. Für Formosus war aber seinerzeit eine Ausnahme gemacht worden.

Auch Stephan VI. war vor seiner Papstwahl schon Bischof gewesen, in dem Bergstädtchen Anagni südlich von Rom. Formosus hatte ihn damals berufen, vielleicht um den Ehrgeiz dieses Konkurrenten zu bremsen. Indem Stephan nun als amtierender Papst seinen Vorgänger anklagte, wusch er sich selbst vom Vorwurf der Amtsanmaßung rein: Er selbst war rechtmäßig Papst, weil Formosus rechtswidrig auf den Stuhl Petri gelangt war und ihn deshalb gar nicht zum Bischof von Anagni hätte ernennen dürfen. So kompliziert die Sachlage heute erscheint, für Stephan VI. gab es eine einfache Lösung.

Wenig überraschend wurde Formosus schuldig gesprochen. Stephans Diener rissen dem Toten die prachtvollen Kleider vom Leib und hieben die drei «Segensfinger» seiner rechten Hand ab, Daumen, Zeigefinger und Mittelfinger, die bei einem Papst die göttliche Dreieinigkeit symbolisieren. Aber damit war das Gruseltheater noch nicht ganz vorbei. Im Lateran senkte sich zwar der Vorhang, doch die Leiche des ehemaligen Papstes musste noch öffentlich gedemütigt werden. Rom sollte sehen, dass ein Verräter auf dem Papstthron auch nach seinem Tod keine Ruhe fand. Er hatte nicht nur kein Recht, unter den Nachfolgern des Apostels zu ruhen, sondern überhaupt keinen Anspruch auf irgendein Grab: Stephan befahl, Formosus in den Tiber zu werfen. Der Verräter musste ein *Tiberinus* werden wie dereinst der verfemte Elagabal. Der Fluss, der die Stadt von allem Unrat reinigte, sollte Rom auch von Formosus befreien, der als Usurpator Abschaum geworden war.[10]

«Man schleppte den Toten mit barbarischem Geschrei aus dem Saal, schleifte ihn durch die Straßen und stürzte ihn unter dem Zulauf des heulenden Pöbels in den Tiberfluss.» So stellte sich Gregorovius den Epilog der von ihm in den düstersten Farben ausgemalten «Leichensynode» vor.[11] Doch angesichts der Tatsache, dass der Tiber vom Lateran gut drei Kilometer entfernt ist, darf man sich getrost den Einsatz eines Karrens zum Transport der bereits ziemlich ramponierten Leiche vorstellen. Schließlich wurde ein päpstlicher Befehl für einen verurteilten «Delinquenten» ausgeführt, nicht etwa ein verhasster Mächtiger vom aufgebrachten Mob spontan ins Wasser befördert.

Wieder kam das uralte Ritual des Verbrecher-Versenkens zur Aufführung, wieder wurde der Tiber als Kloake und Styx benutzt, als Reiniger und Höllenfluss der Verdammten. Wieder wurde er zum Garanten der *damnatio memoriae*. Er sollte Überreste und Andenken eines Papstes hinwegtragen, der nach dem Urteil seines Nachfolgers niemals Papst hätte sein dürfen. Zum Zeitpunkt des grausigen Geschehens hatte der Reliquienkult im christlichen Europa einen Höhepunkt erreicht. Überall in Rom wurden auf der Suche nach Reliquien die Ruhestätten angeblicher Heiliger geöffnet, während man die Gräber der Päpste im Vatikan aus gutem Grund streng bewachte. In Stephans Augen durfte Formosus auf gar keinen Fall zum Märtyrer seiner Anhänger werden und so noch aus dem Jenseits Macht ausüben. Auch deshalb erscheint es wenig einleuchtend, dass der malträtierte Papst, wie einige Quellen angeben, zunächst auf einem Fremdenfriedhof verscharrt wurde, um dort erneut ausgegraben und erst anschließend in den Tiber geschafft zu werden.[12]

Die Leiche trieb bis kurz vor die Tibermündung, wurde aber bei Formosus' ehemaligen Bistum Portus von Mönchen geborgen und heimlich beerdigt (bei Gregorovius sind es Tiberfischer). Stephan VI. zahlte wenige

Monate später seinen Tribut für die Leichenschändung. Als ein Erdbeben das Dach der Lateranbasilika zum Einsturz brachte und auch den Schauplatz der «Leichensynode» schädigte, da interpretierten die Römer das als Gottesstrafe für den lästerlichen Papst. Stephan wurde ins Gefängnis gebracht und dort erwürgt. Sein Nachfolger Romanus hielt sich gerade drei Monate auf dem Stuhl Petri und flüchtete dann in ein Kloster. Theodor II., im November 897 gewählt, starb nach einer verdächtig kurzen Amtszeit von 20 Tagen – verdächtig deshalb, weil man ihn vermutlich aus dem Verkehr zog, nachdem er sämtliche Urteile der «Leichensynode» für ungültig erklärt und Formosus feierlich wieder in St. Peter bestattet hatte. Blieb der Umstrittene dort oder wurde er von seinem Erzfeind Sergius III., der 904 auf den Stuhl Petri gelangte, erneut herausgezerrt und noch einmal in den Tiber geworfen?

Jahrhundertelang glaubte man das, weil Sergius die Verdikte der «Leichensynode», zu deren eifrigsten Betreibern er selbst gehört hatte, wieder in Kraft setzte. Seine beiden Vorgänger Benedikt IV. und Christophorus hatte er hinrichten lassen, um selbst Papst zu werden. Einem solchen Mann war auch zuzutrauen, dass er den toten Formosus noch einmal prozessierte, um ihn danach endgültig dem Fluss zu übergeben. Doch die Vorstellung eines zweiten Totengerichts geht wohl auf ein Missverständnis des Chronisten Liutprand von Cremona (920-972) zurück.[13]

Jenseits der makabren Details zeigt die grausige Story um Formosus die ganze Zerrissenheit einer Kirche, die nach dem Untergang des Karolingerreiches ohne ihre verlässliche Schutzmacht dastand. Mit der erzwungenen Abdankung Karls des Dicken 887 zerfiel das alte Frankenreich in viele Teile. In Italien traten selbstbewusste Fürsten auf den Plan, die nun nach der Königs- oder gar der Kaiserwürde strebten. Kaiser aber krönte, seit Leo III. in der Weihnachtsnacht des Jahres 800 Karl den Großen zum Imperator erhoben hatte, nur der Papst. Es war der Beginn eines gegenseitigen Treuebündnisses gewesen, das den Karolingern die Aura des Gottesgnadentums beschert und den Päpsten im Gegenzug militärischen Beistand garantiert hatte. Mit dem Tod des dicken Karl 888 wurde dieser Pakt in Ermangelung direkter Nachfolger obsolet. In Italien stritten nun zwei Fürsten um die Königswürde, Markgraf Berengar aus Friaul und Herzog Wido von Spoleto. Der Letztere setzte sich durch, ließ sich 889 zum König und 891 von Formosus' Vorgänger Stephan V. zum Kaiser krönen – als erster Nicht-Karolinger.[14]

Die Kurie wie auch der römische Adel waren damals gespalten in Kräfte, die auf eine lokale, mittelitalienische Schutzmacht setzen wollten, und solche, die einen Garanten bevorzugten, der in Rom nicht so dauerpräsent war wie Wido. Während Stephan VI. und Sergius III. Parteigänger von Wido und dessen Sohn Lambert waren, versuchte sich Formosus an einem waghalsigen diplomatischen Spagat. 892 erhob er, sicher unter dem Druck der Spoleto-Partei, Lambert zum Mitkaiser neben dessen Vater. Doch eigentlich wollte er sich aus dem Würgegriff der umbrischen Fürsten befreien, die ihre Finger nach den päpstlichen Besitztümern ausstreckten, die politische Einflussnahme des römischen Pontifex beschnitten und ihre Spione in jedem Beichtstuhl hatten. Hilfesuchend wandte sich Formosus an den deutschen König Arnulf von Kärnten.

Arnulf ließ ihn zappeln, denn die Zeit konnte nur für ihn arbeiten. Erst im Februar 896 kam er in Rom an. Wido war inzwischen gestorben, am Tiber hielt sein Sohn Lambert mit der Witwe Ageltrude die Stellung. Formosus hatte die beiden als Verräter in der Engelsburg inhaftiert. Arnulf eroberte die Stadt, vertrieb Lambert und dessen Mutter und befreite den Papst. Im Gegenzug verlangte und erhielt er die Kaiserkrönung. Formosus und sein neuer Verbündeter schienen am Ziel ihrer Wünsche, die Macht der Spoleto-Fraktion war eingedämmt. Doch kurz darauf erlitt Arnulf einen Schlaganfall und ließ sich, gelähmt auf einer Bahre liegend, über die Alpen heimwärts tragen. Der greise doppelte Kaisermacher Formosus starb im April, und zweieinhalb Jahre später ereilte das Schicksal auch Lambert. Bei der Jagd im Oktober 898 fiel der junge Ex-Kaiser von seinem Pferd und brach sich das Genick. Der Kampf um Rom ging weiter, allein in den acht Jahren zwischen Formosus' Tod und Sergius' Machtübernahme wurden neun Päpste gekürt. Anfang des 10. Jahrhunderts war das Pontifikat zur Pfründe der Adelsfamilien verkommen, die es sich mit dynastischen Schachzügen zu sichern versuchten.

Die «Leichensynode» fixierte einen Tiefpunkt der Kirchengeschichte. Einen toten Papst aus seinem Grab zu zerren, ihn als Häretiker zu verurteilen und ihn in den Tiber zu werfen, das bedeutete eine beispiellose Entweihung der Nachfolge Petri. Immerhin blieb Formosus in jeder Hinsicht einmalig: Kein anderer Papst wagte es, seinen Namen anzunehmen.

Herzog Juan Borgia (1497)

Rom, 14. Juni 1497. Zwei junge Männer reiten an diesem lauen Sommerabend den Fluss entlang, der träge die neuen Prachtbauten an seinem linken Ufer spiegelt. Die kostbare Kleidung der Jünglinge und das Zaumzeug
ihrer Maultiere verraten ihren Reichtum, die winzige Eskorte zeigt an, dass
sie zu ihrem Vergnügen unterwegs sind. Wer ihnen begegnet, grüßt sie ehr-
erbietig. Jeder kennt sie, viele fürchten sie – die Brüder Juan und Cesare
Borgia. Ihr Vater Rodrigo Borgia hat im Jahr der Entdeckung Amerikas
1492 als Papst Alexander VI. den Stuhl Petri bestiegen und seiner Familie
damit eine ungeheure Machtfülle beschert. Jawohl, dieser Papst hat Familie. Seine vier Kinder mit der Italienerin Vannozza de' Cattanei hat er ganz
ungeniert sogar beim Notar anerkannt. Inzwischen ist der päpstliche Nach-
wuchs schon in Amt und Würden oder, im Falle der Tochter Lucrezia, mit
einem Fürsten verheiratet. Der 1475 geborene Cesare war mit 16 Jahren bereits Doktor der Rechte und Bischof von Pamplona. Mit 17 wurde er von
seinem Vater zum Kardinal von Valencia befördert – ohne Priesterweihe.
Zusätzlich unterstehen Cesare Borgia jetzt nicht weniger als sieben reiche
Klöster und Diözesen in fünf Ländern, die seinen aufwändigen Lebensstil
in Rom finanzieren.

Sein ein Jahr jüngerer Bruder Juan ist verheiratet mit einer Cousine Ferdi-
dinands von Aragon, dem Regenten von Spanien. Durch Ferdinand wurde
Juan zum Herzog von Gandia, durch seinen Vater zum Oberbefehlshaber
der päpstlichen Truppen. Seit ein paar Tagen ist er außerdem Herzog von
Benevent, Terracina und Teamo sowie Herzog von Sessa. Die Menge der
Pfründen dieses 21-Jährigen ist ebenso unübersehbar wie die Anzahl seiner
Feinde, gilt er doch als arrogant und im Gegensatz zu dem ehrgeizigen
Cesare als unfähig und faul. Dass Juan der erklärte Augapfel seines päpstlichen Vaters ist, macht seinen Ruf nicht besser. Die Gegner der Borgia
empfinden es als Skandal, dass dieser jugendliche Nichtsnutz als illegitimer
Papstsohn derart schamlos seine Privilegien zelebrieren darf, ganz so, als
berechtige das höchste Amt der Kirche zu entfesselter Raffgier und unver-
blümtem Nepotismus.

Cesare und Juan sind an diesem Juniabend unterwegs zu einem Abendessen bei ihrer Mutter Vannozza in deren Landhaus auf einem Weinberg
bei S. Martino ai Monti. Das Detail verrät die Lebensart von Vannozza

(eine Verkürzung von Giovanna), die als stadtbekannte Geliebte des Papstes ein wenig glamouröses, zurückgezogenes Leben bevorzugte. Stets war sie anderweitig verheiratet, um die Fassade zu wahren. Zum Zeitpunkt des Geschehens ist sie in dritter Ehe mit Carlo Canale vermählt, mit dem sie vier Jahre zuvor das Haus in Monti für stattliche 600 Dukaten gekauft hat.

Vannozza ist eine umsichtige Geschäftsfrau. Die Beziehung zu Borgia hat sie wohlhabend gemacht, doch stellt sie ihren Reichtum nie zur Schau und führt ein zurückgezogenes Leben. Ebenso diskret wie konsequent investiert sie in Immobilien mit Wohnungen und Werkstätten, die sie vermietet. Die Papstwürde ist flüchtig wie das Leben selbst, Häuser jedoch bleiben. Und so hat die Geliebte des Pontifex 1469 für 500 Dukaten ihr erstes Gebäude in der Via del Pellegrino gekauft, 1472 auch das Haus gegenüber. Längst umgibt sich Papst Alexander mit jüngeren Gespielinnen, derzeit heißt seine Favoritin Giulia Farnese. Der Papst ist 66 Jahre alt, Giulia 23. Die Beziehung zu Borgia wird ihrem Bruder den Kardinalshut einbringen, später wird der Farnese als Paul III. selbst Papst – mit Familie. Das alles stört Vannozza nicht. Sie hat ausgesorgt.

Mit Hotels verdient sie viel Geld. Rund um den Campo de' Fiori schafft sich die Mutter der Papstkinder ein kleines Imperium, mit Herbergen für jene Pilger, die Alexander VI. nach Rom holt: Wallfahrten als Familiengeschäft, wobei die unermüdliche Signora auch dann weiterarbeitet, als ihre Kinder schon Fürstentümer verwalten. Sie betreibt die *Locanda del Biscione* (heute *Albergo del Sole*), die *Fontana* sowie den *Leone Grande* und den *Leone Piccolo*. Rechtzeitig zum Heiligen Jahr 1500 erwirbt sie die *Vacca* und macht das Haus an der Ecke Vicolo del Gallo/Via dei Cappellari zu einem der renommiertesten Hotels der Stadt. *Vacca* heißt Kuh, der Name bezieht sich auf den Borgia-Stier im Wappen der Hausherrin, das bis heute an der Fassade sichtbar ist. Die aufwändigen Renovierungen bezahlt Vannozza mit Bargeld, Schmuck, Silber und Getreide, bevor sie das Hotel einem Krankenhaus und anderen religiösen Instituten überschreibt.

Als sie im November 1518, lange nach dem Borgia-Papst stirbt, bekommt sie ein Begräbnis, das eines Kardinals würdig wäre, so beliebt und hoch geachtet ist die «Witwe» des verhassten Alexander VI. Der amtierende Papst Leo X. schickt zur Trauerfeier sogar eine Abordnung aus dem Vatikan. Vannozza wird in einer vormals von ihr erworbenen und ausgestatteten Kapelle in Santa Maria del Popolo bestattet. Bis 1760 liest man dort Messen für sie, so lange hält sich das Gedenken an die brave Christin an der Seite eines berüchtigten Papstes.[15]

Doch zurück ins Jahr 1497 und in den Weinberg auf einem Hügel unweit des Kolosseums, dem «Landsitz» von Vannozza. Das Abendessen dort darf man sich üppig, aber familiär-informell vorstellen. Vielleicht war der Papst anwesend, sicher hat die Familie über Lucrezias Trennung von ihrem bisherigen Ehemann Giovanni Sforza gesprochen. Erst am Tag zuvor hat Alexander VI. Sforzas mächtigen Bruder Kardinal Ascanio darüber informiert. Lucrezia ist mit dem jähen Ende ihrer Ehe und vor allem mit der bevorstehenden zweiten Heirat nicht einverstanden, aus Protest zieht sie zeitweise in ein Kloster an der Via Appia Antica. An diesem Sommerabend trifft sich der Rest der Familie ohne sie, und Vannozza muss vermutlich versprechen, beruhigend auf die Tochter einzuwirken. Lucrezia soll sich nicht so anstellen. Wenn es um das Wohl aller Borgias geht, muss jeder sein Scherflein beitragen![16]

Das gilt auch für die Brüder. Cesare, der so gar nicht zum Geistlichen taugt, musste Kardinal werden. Und Juan wurde drei Jahre lang gegen seinen Willen in Spanien festgehalten, bevor er im August 1496 endlich nach Rom zurückkehren durfte, allerdings ohne seine Frau und seinen Sohn. Im Oktober zwang der Vater ihn, gegen die Orsini ins Feld zu ziehen, obwohl sein hochgewachsener und schöner Lieblingssohn von Kriegsführung überhaupt nichts versteht. Prompt gab es ein Fiasko und die verhassten Orsini siegten.

Jetzt endlich gibt es für Juan etwas zu feiern: Die Erhebung zum Herzog von Benevent. Diese Entscheidung löst nicht nur in der Kurie Entsetzen und Empörung aus, denn noch nie hat es ein Papst gewagt, den Besitz der Kirche seiner Verwandtschaft zuzuschanzen – schon gar nicht einem Sohn. Auch der König von Neapel muss sich durch den neuen «Nachbarn», der natürlich mit einem Heer ausgestattet wird, bedrängt fühlen. Der spanische Botschafter soll vor Alexander auf die Knie gefallen sein, im vergeblichen Bemühen, den Papst von diesem Vorhaben abzuhalten. Doch der Borgia-Patriarch gibt nicht nach. Sein Leben lang wird er versuchen, die Familie auch in Italien als mächtigen Adelsclan zu etablieren.

Zu später Stunde brechen die Brüder Cesare und Juan auf. Sie umarmen die Mutter, besteigen ihre Maultiere und reiten in Richtung Vatikan. Am heutigen Corso Vittorio Emanuele, nicht weit vom Tiber, verabschiedet sich Juan von Cesare. Er habe noch etwas zu erledigen, sagt er dem Bruder, und dabei wolle er allein sein. Nur ein Knecht und eine maskierte Person, die ihm seit einiger Zeit wie ein Schatten folgt, sollen ihn begleiten. Cesare vermutet hinter dem Maskierten einen Leibwächter, der Juan auch Frauen zuführt, und hält die nächtliche Privatangelegenheit für ein Liebesabenteuer. Juan ist berüchtigt für seine Affären auch mit verheirateten Frauen, immer mal wieder hat er Ärger mit den betrogenen Ehemännern. Wahrscheinlich gibt Cesare ihm eine Warnung mit auf den Weg. Nachts allein die dunkle Stadt zu durchstreifen, ist für alle gefährlich, besonders aber für einen Papstsohn. Wahrscheinlich winkt Juan ab, belustigt, amüsiert, in Gedanken schon woanders. Er entfernt sich mit seinen beiden Begleitern, reitet tiberabwärts bis zum sogenannten Judenplatz in dem Viertel, aus dem später das Ghetto wird. Hier befiehlt er dem Knecht, eine Stunde lang auf seine Rückkehr zu warten und, im Falle seines Ausbleibens, ohne ihn in den Papstpalast zurückzukehren.

Juan Borgia kam nicht zurück. Am nächsten Morgen machte sich der Vater zunächst noch keine Sorgen. Er glaubte, sein Lieblingssohn habe die Nacht bei einer neuen Flamme verbracht und liege dort noch im Bett. Erst als der Knecht schwer verletzt im Judenviertel gefunden wurde – am selben Ort, wo Juan ihn verlassen hatte –, bekam der Papst es mit der Angst zu tun. Er schickte seine Garde, den Sohn zu suchen. Prompt wurde die ganze Stadt durchkämmt, wurden Adelspaläste ebenso durchsucht wie Bordelle. Die zahlreichen Geliebten des Vermissten mussten sich peinlichen Verhören unterziehen: «Man folterte die Dienerschaft, man verdächtigte Personen hohen Ranges, wie die schöne Tochter des Grafen Anton Maria von Mirandola», eine angebliche Liebschaft des Herzogs.[17] Straße für Straße wurde durchschritten, und am Flussufer schauten die Soldaten besonders genau hin, denn im Tiber endeten nicht wenige Opfer von Überfällen.

Bei der Kirche S. Girolamo unweit des Augustus-Mausoleums vernahmen die Wachen einen Kohlehändler. Er sagte aus, zwei Männer seien in der vergangenen Nacht aus einer Gasse zum Tiber gekommen. Sie hätten sich umgeschaut und seien zurückgekehrt. Bald seien zwei weitere Männer erschienen, die sich ebenfalls umsahen und, als sie niemanden erblickten, ein Zeichen gaben. Darauf sei, begleitet von seinen Helfershelfern, ein Reiter auf einem weißen Pferd gekommen, einen Toten quer hinter sich, dessen Kopf und Arme auf der einen Seite und dessen Füße auf der anderen Seite herabhingen. Der Tote sei ans Flussufer gebracht worden, dorthin, wo man Abfall in den Tiber werfe, weil der Strom hier besonders schnell fließe. Mit aller Kraft hätten die Männer die Leiche in den Fluss geworfen. Gefragt, warum er das Geschehen nicht sofort der Polizei gemeldet habe, antwortete der Zeuge lakonisch: «An dieser Stelle habe ich mindestens 100 Leichen im Tiber landen sehen, ohne dass sich irgendjemand darum gekümmert hätte.»[18] Für so viele wurde der Tiber damals zum nassen Grab, dass sich die überforderten Ordnungskräfte kaum noch für die Opfer interessierten.

Am Mittag des 16. Juni stieß der Fischer Battistino da Taglia im seichten Uferwasser unweit der Piazza del Popolo auf einen Toten: einen jungen Mann mit durchgeschnittener Kehle, fürstlich gekleidet, in der Tasche fanden sich noch 30 Dukaten. Das war ein kleines Vermögen, Raubmord war also ausgeschlossen. Aufgeregt schrie Battistino nach den päpstlichen Wachen, schließlich war für den Fund des Papstsohnes inzwischen ein Lohn von zehn Dukaten ausgelobt. Schnell rannten die Soldaten herbei, umgehend erkannten sie: Der Tote im Tiber war Juan Borgia, mit neun Messerstichen im zerschundenen Körper. Wer hatte ihn getötet? Der Reiter auf dem weißen Pferd, den der Kohlehändler gesehen hatte, schien es nicht gewesen zu sein. Denn der Fundort von Juan Borgias Leiche lag einige Hundert Meter stromaufwärts.

Noch waren die Boten zu Alexander VI. unterwegs, da wurde Juan schon auf einer Barke zur Engelsburg gefahren, dort gewaschen, neu eingekleidet und aufgebahrt. In Windeseile machte die Nachricht die Runde, die Römer ließen alles stehen und liegen und begaben sich an das Kastell am Tiber. Am Abend wurde Juan Borgia, umgeben von 200 Fackelträgern, im offenen Sarg über den Fluss und am Ufer entlang zu seiner Grabstätte in der Kirche Santa Maria del Popolo getragen, vorbei an der Stelle, wo man ihn gefunden hatte. Der Papst hatte sich in seinem Palast verschlossen, aß und schlief drei Tage und Nächte nicht. Alexander VI. war verzweifelt.

Am 19. Juni rief er seine Kardinäle zusammen. «Wenn ich sieben Papsttümer hätte, wollte ich sie alle für das Leben meines Sohnes hergeben», schluchzte er. Tief erschüttert kündigte er weitreichende Kirchenreformen an. Schluss mit dem Nepotismus, zurück zu echter Frömmigkeit, versprach der Papst. Die Kardinäle trauten ihren Ohren nicht – zu Recht, denn Alexanders «Reue» war Ausgeburt des großen Trauerschocks und die Reform sollte nie umgesetzt werden. Stattdessen gestattete der Pontifex alsbald seinem Erstgeborenen Cesare, die Kardinalswürde gleich einem zu eng gewordenen Gewand abzustreifen und, wie einst der tote Juan, Herzog und Feldherr zu werden.[19]

Cesare war einer der Verdächtigen für den Mord, der nie aufgeklärt wurde. Schließlich profitierte er vom Tod des Bruders, auf den er immer eifersüchtig gewesen war, weil Juan vom Vater vorgezogen wurde. Cesare Borgia konnte nun endlich das Leben führen, das er immer wollte, konnte seinen Ehrgeiz stillen, seinen Drang zur Macht befriedigen, heiraten und herrschen. Er galt als rachsüchtig und skrupellos, von eigener Hand tötete er später den zweiten Ehemann seiner Schwester. Aber ein Brudermord?

Als zweiter Tatverdächtiger erschien Ascanio Sforza. Der Kardinal hatte Rodrigo Borgia bei der Papstwahl unterstützt und dafür im Gegenzug unter anderem das zentrale, einträgliche Amt als Kanzler der vatikanischen Bürokratie und den Stadtpalast erhalten, vor dem sich die Brüder Borgia in Juans letzter Nacht getrennt hatten. In unmittelbarer Nähe von Sforzas Weinberg, der sich nahe der Piazza del Popolo bis zum Tiber zog, war der tote Papstsohn dann geborgen worden. Doch neben der Tatortnähe gäbe es auch noch ein Motiv. Vom Freund des Papstes hatte sich Sforza zu dessen Intimfeind gewandelt, spätestens seit Lucrezia Borgia gezwungen wurde, sich von ihrem Mann aus der Familie des Kardinals zu trennen. Als Annullierungsgrund für die Ehe gaben die Borgia Nicht-Vollzug an – eine Ohrfeige für die Sforza. Demonstrativ erschien der Kanzler nicht, als der Papst nach Juans Begräbnis die Kardinäle einberief. Er ließ sich vom spanischen Gesandten entschuldigen: Aus Furcht vor den spanischen Wachen sei er nicht gekommen, die von dem Gerücht aufgehetzt würden, er sei Juans Mörder. Alexander VI. äußerte Verständnis. Er habe niemals Ascanio verdächtigt, der für ihn wie ein Bruder sei.

Auch die Orsini wurden verdächtigt, schließlich hatte Juan gegen sie einen Feldzug angeführt – allerdings auch verloren, was die Rache eigentlich erübrigte. Und was war mit dem jüngsten Borgia-Bruder Jofré? Juan sollte ein Verhältnis mit dessen Frau gehabt haben. Weil ihm aber Liebesaffären mit so vielen Römerinnen nachgesagt wurden, verloren sich die Spuren, die zu seinem Mörder hätten führen können, im Tibersand. Schon nach zwei Wochen stellte Alexander VI. die Ermittlungen ein. Gregorovius folgert daraus, dass der Papst seinen Sohn Cesare als Mörder erkannt, diese schreckliche Wahrheit aber nicht habe öffentlich machen können.[20]

In Wahrheit boten der schamlose Nepotismus und die ungenierte Machtgier des Papstes Mordmotive für sehr viele Personen. Unbeirrt vom Tod seines Lieblingssohns baute Alexander VI. weiter an seinem Familienimperium, das nach seinem eigenen Ableben 1503 wie ein Kartenhaus in sich zusammenfiel.

Donato Carretta (1944)

Im Fluss kämpft ein Mann um sein Leben, mitten in der Stadt. Hunderte schauen zu, weiden sich daran, niemand hilft, im Gegenteil: Die Menge auf dem Ponte Cavour wünscht ihm lautstark Tod und Verderben. Von dieser Brücke haben sie ihn hinuntergeworfen, nun sind sie erbost darüber, dass er den tiefen Sturz überlebt hat. Es ist der 18. September 1944, später Vormittag. Am Tiber sind die Badeanstalten in diesem warmen Spätsommer noch geöffnet. Unter der Engelsburg liegen Sonnenhungrige auf den Decks, einige Schwimmer erfrischen sich im Wasser. Der Mann im Fluss versucht, sich ihnen anzunähern. Aber er kommt nicht weit. Ein Ruderboot folgt ihm, hat ihn schnell erreicht. Das Ruder wird erhoben, geht auf seinen Kopf nieder. Das Opfer taucht unter Wasser und kommt noch einmal hoch. Erneute Schläge. Dann das Ende.

Der Tote wird aus dem Tiber gezogen und das Ufer entlang geschleift, bis zur düsteren Fassade des Gefängnisses Regina Coeli. Dort hängen die Mörder die geschundene, halbnackte, blutüberströmte Leiche des ehemaligen Gefängnisdirektors Donato Carretta kopfüber neben das Eingangsportal. Das Bild des Grauens zieht feixende Schaulustige an, Männer, Frauen und Kinder, die von überall herbeieilen. So endet der Auftakt des ersten Prozesses gegen einen faschistischen Verbrecher in Lynchjustiz, ohne dass die Verhandlung selbst überhaupt eröffnet wurde. Der vom Mob zum Tode verurteilte Carretta war nicht der Angeklagte, sondern nur als Zeuge vorgeladen.

Auf die Anklagebank gehörte der frühere römische Polizeichef Pietro Caruso. Aber der erschien aus gesundheitlichen Gründen nicht, während Carretta pünktlich um neun Uhr morgens am Justizpalast eintraf. Vor dem riesigen Gründerzeitbau am Tiberufer (Orson Welles drehte hier 1962 seinen von Kafka inspirierten Film *Prozess*) drängten sich Hunderte Menschen, die schon seit Stunden mit allen Mitteln versuchten, in den Prozessraum zu gelangen, gegen die schweren Eisentore schlugen oder einfach darüber kletterten. Die überforderten Wachen konnten nicht verhindern, dass das Publikum schließlich durch einen unbewachten Hintereingang in den Verhandlungssaal strömte und ihn hoffnungslos überfüllte. Unter den Wartenden befanden sich viele Angehörige der Opfer Carusos. Die Witwen und verwaisten Mütter waren in Trauerkleidung gekommen, schützend drängte sich die Menge um diese Frauen.[21]

Rom war eine Stadt in Aufruhr und Trauer. Nur wenige Wochen waren vergangen seit dem Abzug der deutschen Besatzer, die auf ihrer Flucht am 4. Juni noch 14 Gefangene vor den Toren der Stadt erschossen hatten, darunter den populären Gewerkschaftsführer Bruno Buozzi. Als die Amerikaner nur Stunden später endlich in Rom einzogen, wurden sie enthusiastisch begrüßt. Doch auf die Freude über die Befreiung folgte bald die Konfrontation mit den Verbrechen der Deutschen – und ihrer faschistischen Helfershelfer.

Nach Mussolinis Absetzung am 25. Juli 1943 und der Flucht des Königs am 8. September hatten die Deutschen Norditalien überfallen und auch in der Hauptstadt ein Terrorregime installiert. Sie hatten die jüdische Gemeinde zerstört und über 2000 jüdische Römer in die Vernichtungslager deportiert. Tausende junge Männer versteckten sich während der Besatzungsmonate in Klöstern, sogar in den Katakomben, um nicht aus ihren Wohnungen, vom Arbeitsplatz oder aus der Straßenbahn festgenommen und in ein deutsches Arbeitslager verschleppt zu werden.[22]

Mit dem Prozess gegen Caruso begann eine juristische und historische Aufarbeitung, die bis heute unvollendet ist.[23] Dabei hatte die Abrechnung mit dem faschistischen Regime bereits begonnen, als Norditalien noch besetzt war. Außerordentliche Schwurgerichte brachten zwischen 1945 und 1947 über 20 000 Faschisten und Kollaborateure auf die Anklagebank, verhängten fast 1000 Todesurteile und mehrere Tausend langjährige Haftstrafen.[24]

In Rom verloren 3700 Faschisten bereits im ersten Monat nach der Befreiung durch die Alliierten ihren Arbeitsplatz.[25] Im Justizpalast war der ehemalige Polizeichef Caruso als Helfershelfer bei einem der schlimmsten deutschen Kriegsverbrechen angeklagt, dem Massaker in den Ardeatinischen Höhlen am 24. März 1944. In den Grotten unweit der Via Appia Antica wurden auf Befehl des zuständigen Wehrmacht-Kommandos 335 Männer erschossen – zur «Vergeltung» für ein Attentat der antifaschistischen Resistenza auf Südtiroler Polizisten am Tag zuvor, bei dem an der Via Rasella im Stadtzentrum 33 Polizisten und zwei Passanten getötet worden waren.[26] Caruso hatte dem Gestapo-Kommandeur Herbert Kappler, der den Massenmord organisierte, geholfen, die Liste der Gefangenen zusammenzustellen. Für jeden toten Südtiroler Polizisten zehn Römer, das war die Maßgabe.

Caruso lieferte den Nazis 50 Häftlinge aus, die meisten aus dem Gefängnis Regina Coeli. Offiziell handelte es sich um Männer, die zum Tode verurteilt waren, doch in Wirklichkeit gab es bei weitem nicht so viele Todeskandidaten in den römischen Gefängnissen. In den *Fosse Ardeatine* wurden zumeist Häftlinge hingerichtet, die wegen Bagatelldelikten einsaßen. Es starben Juristen und Militärs, Scherenschleifer und Angestellte, Studenten und Straßenhändler, Bauern und Ärzte, Metzger, Tischler, Automechaniker und Künstler, Lehrer und ein Priester. Auch ein Bruderpaar wurde getötet, der 15-jährige Duilio Cibei und der fünf Jahre ältere Gino. Am Ende erschossen die Nazis fünf Opfer mehr, als sie selbst in ihrer wahnwitzigen Rache-Rechnung geplant hatten. Es waren Juden, und sie starben nicht etwa aus Versehen. Kappler hatte auf ihrer Ermordung bestanden.

Alles das sollte im Prozess gegen Caruso zur Sprache kommen. Fünf Monate waren seit dem Massaker im April vergangen, doch erst seit Juli hatten die Mütter, Partnerinnen, Schwestern, die jetzt unter der Menge im Justizpalast Genugtuung für ihre ermordeten Angehörigen forderten, ihre Lieben identifizieren können. Bei Prozessbeginn waren noch immer nicht alle Opfer begraben. Der Eingang zu den Höhlen, den die Deutschen mit Sprengstoff absichtlich verschüttet hatten, wurde mühsam freigelegt, 2000 Kubikmeter Schutt und Erde mussten weggeräumt werden. Danach boten sich den Römern grausige Bilder. In Leichenbergen lagen viele Tote mit gefesselten Händen, 39 von ihnen waren enthauptet worden.[27]

Die Menge im Justizpalast dürstete nicht nur nach Gerechtigkeit. Sie hungerte nach Vergeltung, sie wollte sich rächen an dem Faschisten Caruso. Doch statt des Angeklagten erschien nur der Zeuge Donato Carretta.

Der Mann in Anzug und Krawatte sah Caruso nicht ähnlich, wurde aber von vielen mit ihm verwechselt. Andere erkannten ihn und überhäuften ihn mit Vorwürfen. Frauen stürzten sich auf ihn, beschimpften ihn in größter Erregtheit als Mörder ihrer Söhne und Männer. Dutzende von Händen zerrten an dem untersetzten Mann, Dutzende Fäuste schlugen ihn, während die Ordnungskräfte eher halbherzig versuchten, ihn abzuschirmen. Im Saal befand sich mit seinem vierköpfigen Team auch der später weltbekannte Regisseur Luchino Visconti. Im Auftrag der Alliierten sollte er den ersten Prozess gegen Faschisten als einen Meilenstein in der Befreiung Roms dokumentieren. *Tage des Ruhms* (*Giorni di Gloria*) heißt der Dokumentarfilm, doch statt eines Siegs der Gerechtigkeit filmte Visconti im Justizpalast die Jagd auf Donato Carretta.

Als die Verhandlung vertagt wurde, hatte sich Carrettas Zeugenaussage erübrigt, also geleiteten ihn Polizisten nach draußen zum Taxistand. Eine fatale Entscheidung. Die entfesselte Menge folgte ihnen. Frustriert vom Nichterscheinen des tatsächlichen Angeklagten, warfen sich die Zuschauer auf den Zeugen, der in ihren Augen auch «einer von denen» war und bestraft gehörte – mit oder ohne Richterspruch, und zwar sofort. Die Wachen konnten Carretta noch ins Taxi hieven, doch bevor der verängstigte Fahrer den Motor starten konnte, wurde der mittlerweile ohnmächtige Passagier aus dem Auto gezerrt. Die Polizei unternahm nichts dagegen.[28]

Einige Männer legten den bewusstlosen Carretta auf die Tramschienen auf der Piazza. Prompt kam eine Straßenbahn – und bremste scharf vor dem Körper ab. Eisern weigerte sich der Tramfahrer, den Wehrlosen zu überfahren. Als der Mob sich auch auf ihn stürzen wollte, zog der Straßenbahner seinen Mitgliedsausweis der Kommunistischen Partei aus der Westentasche. Das machte Eindruck. Man ließ von ihm ab, einige versuchten, die Straßenbahn eigenhändig zu bewegen, doch der Fahrer hatte sie blockiert.

Abermals wurde Carretta gepackt, nun ging es zum Tiber. Die Rädelsführer schleiften ihn zur Brücke. Und es folgte der letzte Akt bis zur brutalen Ausstellung seiner Leiche am Gefängnistor.

Vier Tage später wurde Pietro Caruso zum Tode verurteilt und erschossen. Er starb als überzeugter Faschist. Carretta aber war als Antifaschist gestorben, nachdem er sich bei seiner vorletzten Dienststelle in Civitavecchia noch einen Ruf als harter Zuchtmeister der Resistenza-Häftlinge erworben hatte. Als er dann im Oktober 1943 nach Rom versetzt wurde, änderte er seine Haltung. Der Gefängnischef verbündete sich heimlich mit den bei ihm inhaftierten Sozialisten aus dem Widerstand, namentlich mit Leone Ginzburg, Giuseppe Saragat und Sandro Pertini. Dass der 34-jährige Ginzburg im Februar 1944 an den Folgen schwerer Folter in Regina Coeli starb, konnte der Anstaltsleiter offenbar nicht verhindern. Saragat und Pertini jedoch hatte er zuvor die Flucht ermöglicht. Beide wurden später Staatspräsidenten der Republik Italien, Saragat von 1964 bis 1971, Pertini von 1978 bis 1985. Donato Carretta hatte also zwei späteren Staatsoberhäuptern das Leben gerettet, bevor er selbst als angeblicher Handlanger der Faschisten den Tod im Tiber fand.

Die Hauptverantwortlichen für das Massaker in den Ardeatinischen Höhlen konnten sich retten. Ex-Gestapo-Kommandant Herbert Kappler wurde 1948 von einem italienischen Militärgericht zu «lebenslänglich» verurteilt und saß seine Strafe in streng bewachten Festungen ab. Als er 1977 an Krebs erkrankte, wurde er nach Rom verlegt, ins Militärkrankenhaus auf dem Celio-Hügel unweit des Kolosseums. Aus diesem Hospital gelang ihm, wahrscheinlich mit Billigung der Verantwortlichen, mit seiner Frau die Flucht nach Deutschland, wo er einige Monate später starb. Wütende Proteste in Rom waren die Folge, doch Deutschland weigerte sich, den Kriegsverbrecher auszuliefern.

Zwei subalterne Mörder der römischen Geiseln lebten nach dem Krieg lange in Freiheit. Südtiroler Franziskaner versteckten SS-Hauptsturmführer Erich Priebke vor der Justiz und verhalfen ihm zur Flucht nach Argentinien. Dort lebte er mit deutschem Pass und Kriegsrente, bis er 1994 in einem Fernsehinterview auftauchte und die Aufmerksamkeit der italienischen Behörden weckte. Priebke wurde nach Italien ausgeliefert und in Rom vor ein Militärgericht gestellt, das ihn 1996 zunächst freisprach, zwei Jahre später in höherer Instanz jedoch zu «lebenslänglich» verurteilte. Wegen seines hohen Alters von 85 Jahren bekam Priebke Haftverschonung und durfte seine Strafe in einer Wohnung unweit des Vatikans verbüßen. Schon bald wurde dieser Wohnort zum Wallfahrtsziel für italienische Neofaschisten. Als Priebke 2013 mit 100 Jahren starb, reisten zu seiner Totenmesse Neonazis aus dem In- und Ausland an, was die Behörden dazu brachte, das Requiem zu unterbrechen. Der Ort der Beisetzung ist bis heute geheim. Bis zu seinem Tod blieb Priebke überzeugter Nazi und zeigte keine Reue.[29]

Ähnlich Karl Hass, Priebkes ehemaliger Unteroffizier. Er lebte Jahrzehnte unter dem Namen seiner zweiten Ehefrau in Italien, engagierte sich für die Pflege von Soldatenfriedhöfen und spielte sogar in zwei Spielfilmen mit – in Nazi-Rollen. 1996 kam er nach Rom, um gegen Priebke auszusagen. Ein Fluchtversuch kurz vor dem Auftritt vor Gericht scheiterte, weil er sich ein Bein brach. Hass wurde 1998 zu «lebenslänglich» verurteilt, auch er bekam Hausarrest. Sechs Jahre später starb er in einem römischen Altenheim.

Sandro Pertini verurteilte den Lynchmord an Donato Carretta auf das Schärfste. 1946 wurde einigen der Beteiligten der Prozess gemacht. Sie erhielten Bewährungs- bzw. kurze Haftstrafen. Erst viele Jahre nach seinem Tod erfuhr der ehemalige Gefängnisdirektor durch journalistische und historische Recherchen eine Rehabilitierung. Sein Tod im Tiber markierte eine Zeit des Aufruhrs und der Rache. Bis heute gibt es keine Gedenktafel, die an den unglücklichen Carretta erinnert.

Kapitel 11

SPLASH!

Spektakel, Schwimmen, Flanieren: Ein Fluss zum Vergnügen

So viel Wasser mitten in der Stadt! Das kann nützlich sein und manchmal verheerend. Aber es kann auch Spaß machen. Bis vor wenigen Jahrzehnten wurde im Tiber gebadet. Mit oder ohne Badehose, ab in den Fluss! Generationen von Römern haben im Tiber schwimmen gelernt, als es noch keine Frei- oder Hallenbäder gab, von der Antike bis in die 1960er Jahre. Heute sind die Flussbadeanstalten verschwunden, aber nicht die Restaurantboote, auf denen vom Aperitif bis zum Hochzeitsmahl mit Tanz alles möglich ist. An den Ufern der nördlichen Innenstadt sind feine Ruderclubs ansässig, deren Mitglieder frühmorgens oder bei Sonnenuntergang auf dem Fluss ihre Bahnen ziehen. Auf dem Uferradweg lernen kleine Römerinnen Rad fahren, auf der Tiberinsel treffen sich Gymnastik- und Tai-Chi-Gruppen. Dort gibt es abends im Sommer Freiluftkino vor der Flusskulisse, während das rechte Ufer mit Holzbuden in eine Gastronomiemeile verwandelt wird. Der Tiber ist ein Freizeitfluss geblieben, aber nur für Trockenübungen. Reinspringen, das geht leider nicht mehr. Oder noch nicht? Vielleicht kehrt sie ja noch einmal zurück, die über Jahrhunderte so selbstverständliche Unbeschwertheit beim Eintauchen in den Fluss.

Seeschlachten und Schwimmwettkämpfe in der Antike

Ganz Rom versammelte sich am Tiber an diesem Tag im Frühjahr 2 v. Chr. Ganz Rom, denn alle hatten frei. Zur glanzvollen Eröffnung seiner *Naumachia*, cincs riesigen Wasserbeckens in Trastevere, hatte Augustus einen außerordentlichen Feiertag gewährt, damit möglichst viele Menschen an dem Ereignis teilnehmen konnten. Niemand arbeitete, die Schulen und

Gerichte blieben geschlossen, weder Märkte noch Feste oder Trauerzüge fanden statt. Die Stadt war leergefegt bis auf die Wachbataillons, die herumstreunende Diebe von der Plünderung der Häuser abhalten sollten – aber wahrscheinlich wollte auch die römische Unterwelt das sensationelle Geschehen an der *Naumachia Augusti* nicht verpassen.[1] Schon Monate vorher war die Show angekündigt worden, damit Touristen aus ganz Italien anreisen konnten. «Junge Männer und Mädchen von beiden Meeren» (gemeint waren Tyrrhenisches Meer und Adria) beobachtete Ovid. Sie waren zum Teil Wochen nach Rom unterwegs gewesen, um sich den Mega-Event nicht entgehen zu lassen: «In der Stadt war die ganze weite Welt vertreten.» Der Dichter der *Liebeskunst* witterte in dem Fest am Tiber eine schöne Gelegenheit, amouröse Bekanntschaften zu machen: «Wer fand in jener Menschenmenge keinen Gegenstand für seine Liebe?»[2]

Auf dem Programm stand allerdings keine Liebeskomödie, sondern Schiffeversenken im großen Stil. Unter dem Titel «Persien gegen Athen» lieferten sich Tausende von Männern eine veritable Seeschlacht.[3] Jeweils 30 Drei- und Zweiruderer fuhren auf, Erstere rund 40 Meter lang, gefahren von 180 Ruderern in drei Reihen – daher der Name. Die Zweiruderer waren entsprechend kleiner. Beide Modelle verfügten über einen Rammsporn am Bug, der gegnerische Schiffe regelrecht aufspießen sollte. Genau darum ging es bei diesem Spektakel: den Gegner zu rammen und möglichst effektvoll versinken zu lassen. Etwa 3000 Kämpfer waren an Deck im Einsatz, während die Ruderknechte versuchten, ihre Boote über Wasser zu halten.[4] Nicht alle schafften das. Planken zersplitterten, Mastbäume knickten um, Menschen wurden verletzt. Manche überlebten die aufregende Show nicht, die der reichste Mann des Imperiums für seine Untertanen veranstaltete, um seine eigene Macht und die Größe Roms zu manifestieren.[5]

Inszenierte Seeschlachten hatte es zwar schon in der späten Republik gegeben, doch noch nie mit solchem Aufwand in einem derart riesigen Pool.[6] Stolz zählt der Bauherr Augustus in seinem «Rechenschaftsbericht» beeindruckende Maße auf: 1800 Fuß lang und 1200 Fuß breit war die Naumachie, umfasste also fast 190 000 Quadratmeter oder 19 Hektar.[7] Wie tief das Becken war, verrät Augustus nicht, angesichts der eingesetzten Schiffe müssen es aber mindestens 1,50 Meter gewesen sein. Trotz der Ausmaße gab es angesichts der vielen Beteiligten vermutlich ein wildes Gedrängel auf dem Wasser. Das war beabsichtigt, denn die Römer liebten derartige Massenszenen mit vielen gleichzeitig inszenierten Kämpfen.

Die Zuschauerränge zogen sich den Gianicolo-Hügel hoch, das Publikum schaute also aus idealer Position von oben auf die Vorführung. Eine zusätzliche Attraktion bot die kleine künstliche Insel vor dem südlichen Beckenrand. Eine riesige Lärche war dorthin transportiert worden, angeblich der größte Baum Italiens. Der kleine Landflecken war Teil der Kampfchoreographie, auch dort wurden Gefechte ausgetragen. Gleich dahinter lag der Tiber, der durch einen kurzen Kanal mit der Naumachie verbunden war. Man kann sich vorstellen, wie die Schiffe mit großem Getöse vom Fluss in den Schlachtpool gefahren kamen – sicher nahm schon diese Zeremonie Stunden in Anspruch. Nach Ende der Kampfhandlungen hatten es die Schiffe nicht weit in die Reparaturwerkstatt, denn am gegenüberliegenden Tiberufer befand sich eine große Werft.[8]

Augustus hatte die Naumachie auf dem Höhepunkt seiner Macht erbauen lassen und für das neue Prunkstück kaiserlichen Vergnügens weder Kosten noch Mühen gescheut. Um das Becken zu speisen, hatte er eigens ein Aquädukt bauen lassen. Die Aqua Alsietina pumpte Wasser aus dem 30 Kilometer nördlich gelegenen kleinen Vulkansee Lacus Alsietinus, dem heutigen Lago di Martignano. Zum Trinken nicht geeignet, diente es auch der Bewässerung der Horti Caesari, also des gesamten riesigen Parkgeländes, das einst Julius Caesar gehört hatte. Der amerikanische Archäologe Rabun Taylor hat errechnet, dass man bei der in den Quellen erwähnten Wassermenge des Aquädukts 27 Tage gebraucht hätte, um den Pool der *Naumachia* zu füllen. Das allerdings hätte unter anderem hygienische Probleme verursachen können. Taylor geht deshalb davon aus, dass das Wasser im Becken durchlaufend erneuert wurde. Doch ist fraglich, ob der Lago di Martignano das hergab.[9]

Den Tiber für die Naumachie anzuzapfen, kam aus ersichtlichen Gründen nicht in Frage: Roms Fluss und Lebensader musste schiffbar bleiben. Die Versorgung der Stadt war wichtiger als jedes Spektakel, Brot wog mehr als Spiele. Wie oft Augustus Seeschlachten veranstalten ließ, ob es nach der Eröffnung überhaupt weitere gegeben hat, ist ebenso wenig bekannt wie der Sieger von «Persien gegen Athen». Aber die Tatsache, dass der erste Prinzeps gleich neben seinem Wasserstadion einen Hain für seine kurz nach der Zeitenwende verstorbenen Enkel und Adoptivsöhne Gaius und Lucius anliegen ließ, deutet darauf hin, dass die Naumachie zu den regelmäßig frequentierten Stätten von Spiel und Spektakel gehörte. Sicher musste sie oft gereinigt werden, um beispielsweise das Algenwachstum zu

verhindern. Und sie war offenbar reparaturanfällig, denn schon Augustus'
Stiefsohn und Nachfolger Tiberius restaurierte das Becken und die Klapp-
brücke (Pons Naumachiarius) über den Kanal zum Tiber.

Sueton erwähnt, dass der Kaiser von seinem Exilort Capri einmal auf
einem Dreiruderer nach Rom anreiste und bis zur Parkanlage bei dem großen Pool gebracht wurde. Zuvor hatte Tiberius vorsorglich Wachen an den
Ufern des Tibers postiert, die das Volk davon abhalten mussten, den Herrscher an der Anlegestelle «abzuholen». So war es Brauch – wenn ein Kaiser
über den Landweg nach Rom kam, gingen ihm nicht selten Hunderte entgegen. Tiberius aber hasste und fürchtete Menschenmengen, nicht von ungefähr hatte er sich auf einer Insel verbarrikadiert. Es sollte das letzte Mal
sein, dass er persönlich einem großen Event beiwohnte. Danach setzte er
nie wieder einen Fuß in die Hauptstadt.[10]

Kaiser Titus hingegen genoss jedes Spektakel. Kurz nach der Eröffnung
des von ihm und seiner Familie spendierten Kolosseums nutzte er noch
einmal die nunmehr «alte Naumachie» für ein Seegefecht unter dem Motto
«Athen gegen Syrakus». 3000 Männer waren beteiligt – offenbar wollte
Titus die legendäre Show des Augustus neu inszenieren.[11] Er übertraf sein
Vorbild dann noch, indem er nach der Seeschlacht das Wasser ableiten und
das Becken abdecken ließ. Auf der derart improvisierten Bühne kämpften
Gladiatoren, anschließend wurde zur Hetzjagd auf 5000 wilde Tiere ge-
blasen. Nach diesem Rekordgemetzel zu Wasser und zu Lande schloss die
Anlage in Trastevere definitiv ihre Pforten. Fortan wurden die Römer vor
allem im Kolosseum belustigt, das moderner war, zentraler gelegen und
wandlungsfähiger.[12]

Die Anlage des Augustus verfiel, wurde im Laufe der Jahrhunderte als
Steinbruch benutzt und schließlich mit Bauschutt gefüllt, um darauf neue
Häuser zu errichten. In Ermangelung archäologischer Spuren ist die ge-
naue Verortung der Naumachie strittig geblieben, doch dank der literari-
schen Quellen hat ihre Faszination die Jahrhunderte überdauert.[13] Sicher
ist, dass sich die Anlage auf dem Grund der Horti Caesari befand, die sich
am Tiberufer entlang und zum Gianicolo-Hügel hinauf erstreckten. Das
Gelände hatte der Diktator testamentarisch dem römischen Volk ver-
macht. Auf dem Grundstück befand sich auch eine Residenz Caesars, die
man in späteren Jahrhunderten «Lustschloss» genannt hätte, also eine
Villenanlage mit großem Park. Wahrscheinlich gehörte, wie damals bei reichen Römern üblich, auch ein Swimmingpool dazu.

In dieser Villa soll zwischen 46 und 44 v. Chr. mit ihrem Hofstaat die
ägyptische Königin Kleopatra residiert haben. Caesars langjährige Geliebte
hatte auch den gemeinsamen Sohn Caesarion nach Rom mitgebracht.
Dass der mit einer römischen Aristokratin verheiratete Caesar seine ausländische «Zweitfamilie» am jenseitigen Tiberufer unterbrachte, dass der Fluss
also gewissermaßen Kleopatra von Caesars rechtmäßiger Ehefrau trennte,
war ein gefundenes Fressen für die klatschsüchtige römische Gesellschaft.
Man zerriss sich den Mund über Kleopatras Kleidung und ihre Juwelen,
ahmte ihre Chignon-Frisur nach und ärgerte sich über ihre Höflinge, die
sich genau wie ihre Chefin so gar nicht um die römischen Konventionen
scherten und bei den Empfängen der Senatoren arrogant auftraten. Schwer
zu sagen, was Dichtung und was Wahrheit ist bei den Schilderungen ägyp-
tischer Prachtboote auf dem Tiber, abendlicher Dichterlesungen in der
Villa am Fluss und bei der Behauptung, Kleopatras Hofastronomen hätten
Caesar bei der Anfertigung seines Kalenders geholfen.

Für Stellvertreterkönige im Römischen Reich war es durchaus üblich,
sich in der Hauptstadt aufzuhalten, um Kontakte zu pflegen und ihre Position am Hof in Rom zu stärken. Allerdings blieben diese Regenten nicht
für Jahre. Dass Kleopatra Ägypten, ihr riesiges, von innenpolitischen Spannungen zerrissenes Land, über einen langen Zeitraum aus der Ferne regierte, ist deshalb nicht sehr wahrscheinlich. In Rom hätte ihre dauerhafte
Anwesenheit zudem Caesar geschadet. Seine private Liaison mit der ägyptischen Thronerbin war dem römischen Staat zwar von Nutzen, der Ägypten als Kornkammer brauchte. Aber sie hatte im Verborgenen zu bleiben.
Roms Gesellschaft duldete Frauen als Herrscherinnen ebenso wenig wie
eheähnliche Beziehungen zwischen Mitgliedern ihrer Führungselite und
Ausländerinnen. Caesars Sohn mit Kleopatra war den Senatoren ein Dorn
im Auge.[14]

Zum Zeitpunkt von Caesars Ermordung Mitte März 44 scheint Kleopatra jedoch in Rom gewesen zu sein, denn ihr Abschied kurz danach sorgte
bei dem überzeugten Republikaner Cicero für Erleichterung: «Regina fuga
mihi non molesta est» – «Die Flucht der Königin ist mir nicht unange-
nehm».[15] Von einer feindseligen römischen Oberschicht in einen diplomatischen Spagat gezwungen, gleichzeitig in Sorge um die Unabhängigkeit
Ägyptens: Alles deutet darauf hin, dass der Tiber für die gebildete und
machtbewusste Herrscherin schon vor der Ermordung ihres Gefährten
kein Fluss des Vergnügens war.

Caesars Nachfolger Augustus bekämpfte sie später mit allen Mitteln. Vordergründig ging es wieder um eine Liebesbeziehung der Königin, diesmal mit dem Feldherrn Marcus Antonius, Augustus' Dauerrivalen auf dem Weg zur Alleinherrschaft. Die Propagandamaschine von Caesars Adoptivsohn behauptete, Kleopatra habe Marcus Antonius «verhext», um mit seiner Unterstützung die Hauptstadt des Reichs vom Tiber an den Nil, nach Alexandria, zu verlegen – damit das Imperium nicht länger von Römern regiert würde. Als «fatales Monster» wurde die letzte Pharaonin von Horaz geschmäht, Properz beschimpfte sie gar als *meretrix regina*, königliche Hure. Am Ende erklärte Augustus Kleopatra den Krieg.

Bei Actium in Griechenland errang er 31 v. Chr. den entscheidenden Sieg über ihre Flotte. Die Königin und Marcus Antonius nahmen sich das Leben, Ägypten fiel an Augustus. Seine Häscher töteten Caesarion und Antonius' ältesten Sohn, brachten aber die kleinen Zwillinge des besiegten Paares nach Rom, wo sie in der Obhut von Augustus' Schwester aufwuchsen. Beim Triumphzug des Siegers wurden diese Kinder neben einer überlebensgroßen Gipsfigur ihrer toten Mutter den johlenden Römern vorgeführt. So wichtig war dem Prinzeps die Vernichtung der verhassten Königin.[16]

Der Sieg in der Seeschlacht von Actium stiftete den Gründungsmythos des Regimes, nach dem Rom durch Augustus vor Fremdherrschaft bewahrt worden war. Auch beim Spektakel in der Naumachie sollte daran erinnert werden. Denn gleichgültig, unter welchem Motto die Vorstellung stand, eigentlich stand immer die inszenierte Wiederholung von Actium auf dem Programm. Sie in Kleopatras Garten zu platzieren, führte den Römern plastisch vor Augen, wie es ihren Feinden erging: Sie wurden besiegt, verhöhnt, vergessen. Wo Kleopatra dereinst auf dem Höhepunkt ihrer Macht Caesar und hochrangige römische Patrizier empfangen hatte, wurden jetzt zur Volksbelustigung Schiffe versenkt. Alle Spuren der «Regina» waren dafür sorgfältig getilgt worden. Die luxuriöse Villa, in der Kleopatra gelebt hatte, der Park, durch den sie spaziert war, der Pool, in dem sie gebadet hatte: All das hatte das große Becken des großen Siegers geschluckt.

Doch der Tiber war nicht nur wohlfeile Kulisse für die Inszenierung der Macht. Das Volk amüsierte sich auch ganz ohne kaiserliche Spektakel an seinem Stadtufer. Viele nutzten die Flussufer zum Flanieren und Spazierengehen, genossen die schöne Landschaft, die erfrischende Luft am Wasser, die Schatten spendenden Bäume, deren Äste über den Tiber ragten.

Am 24. Juni, dem heutigen Johannistag, fuhren mit Blumen bekränzte Boote zum Tempelfest stadtauswärts an das rechte Ufer im heutigen Stadtteil Magliana, und wer selbst kein Boot hatte, der lief am Ufer mit und suchte dort den weithin gerühmten Thymian.[17]

Die Jeunesse dorée traf sich in privaten Gärten am Fluss, zum Wassersport und wie nebenbei zur Pflege von Freundschaften, Karrieren und Liebschaften.[18] Junge Frauen sprangen genauso selbstverständlich wie die Männer zur Abkühlung in die Fluten. Properz schwärmte vom Kraulstil seiner Muse Cynthia, und der passionierte Schwimmer Augustus erteilte seinen Enkelinnen und Enkeln sogar höchstselbst Unterricht – wahrscheinlich aber nicht im Fluss, sondern in einem Pool auf dem Palatin oder an einem seiner vielen Landhäuser.[19] Seine Urenkelin Agrippina die Jüngere war eine so gute Schwimmerin, dass sie dank ihrer guten Kondition Ende März 59 im Golf von Pozzuoli einem ersten Mordanschlag ihres Sohnes Nero entkommen konnte. Als ihr von Neros Helfershelfern präpariertes Boot zu nächtlicher Stunde kenterte, schwamm die von einem reichlichen Abendessen gesättigte Agrippina durch das kalte Meer an Land. Wo die 44-Jährige trainiert hatte, ob im Tiber oder in einem Schwimmbad, ist nicht überliefert. Es scheint jedenfalls eine Leidenschaft von ihr gewesen zu sein.[20]

Doch wenn Prinzessinnen auch zuweilen hervorragend schwimmen konnten, für «normale» Römerinnen gehörte sich das nicht. Die Männer empfanden kraulende Frauen wahlweise als anrüchig oder als unweiblich. «Euch sieht nicht das Marsfeld, nicht die eiskalte Virgo (d. h. die Aqua Virgo), nicht die sanfte Flut des etruskischen Stroms (des Tibers)», warnte Ovid seine Leserinnen und empfahl unverfänglichere «Leibesübungen» wie Spaziergänge.[21]

Für Männer der Oberschicht bildete das Schwimmen lernen hingegen einen unverzichtbaren Teil der Erziehung. Dass Caligula sich nicht über Wasser halten konnte, fand sein Biograph Sueton schier unglaublich: «Dieser Mann, der doch so lernfähig war, konnte nicht schwimmen.»[22] Der sittenstrenge ältere Cato wollte strikt vermeiden, dass sein eigener Sohn so ins Gerede kam und brachte ihm deshalb in den Stromschnellen des Tibers das Schwimmen bei, um ihn besser abzuhärten.[23] Auch Kaiser Septimius Severus schwamm Jahrhunderte später mit seinem Sohn im tiefen kalten Wasser.[24] Und Horaz erzählt von Wettbewerben am Marsfeld, bei denen die jungen Männer erst um die Wette ritten und anschließend im Tiber um die Wette schwammen: «Doch dir/sollte nicht der Nachbar Enipeus/ mehr als recht gefallen – sei auf der Hut! Freilich: Kein anderer so zu tummeln sein Pferd versteht/gleich glorreich erscheinend auf dem Felde des Mars/keiner auch kann an Schnelle ebenbürtig/den etruskischen Strom hinabschwimmen.»[25]

Im Sommer gab es am Tiberufer ein gewaltiges Freibadgetümmel, mit dem Marsfeld als «Liegewiese» und dem Fluss als Quelle des Leichtsinns und der Lebensfreude: «In nächtlichen Träumen/schon halte ich dich gefangen/schon auf der Flucht verfolge ich/dich durch die Wiesen des Mars-/feldes, dich, Starrsinniger, durch der Wasser Wirbel.»[26] Die Römer hatten ein ausgeprägtes Körper- und Fitnessbewusstsein, und das Schwimmen im Fluss galt als bestes Mittel gegen Schlafstörungen: «Es sollen/dreimal gesalbt den Tiber durchschwimmen/denen der tiefe Schlaf nottut.»[27]

Neben Reiten, Ballspiel, Fechten, Speerwurf und Reifengymnastik gehörte Schwimmen auch zum soldatischen Training auf dem Marsfeld.[28] Der Chronist Tacitus beklagte, dass viele Legionäre keine guten Schwimmer waren, doch das könnte auch an der schweren Ausrüstung gelegen haben, die ihren Träger unweigerlich nach unten zog.[29] Im späten 4. Jahrhundert scheint das Training im Wasser so wichtig geworden zu sein, dass der Militärtheoretiker Vegetius glaubte, die Exerzierfelder Roms seien überhaupt nur wegen der Schwimmausbildung an den Tiber verlegt worden.[30]

Ob zur (militärischen) Pflicht oder zum Vergnügen – eine besondere Herausforderung stellte der «Eiskanal» Euripes dar. In Marmor eingefasst, verband der künstliche Wasserweg die Thermen des Agrippa mit dem Tiber, wurde jedoch nicht mit warmem Bade-Abwasser gespeist, sondern mit dem kalten und glasklaren Überschuss der Aqua Virgo: Badewasser mit Trinkwasserqualität also. In seinem Exil am Schwarzen Meer verzehrte sich Ovid danach, und auch der Philosoph Seneca verspürte als alter Mann Nostalgie nach dem Euripes, dessen Eiswasser er in seiner Jugend angeblich sogar am Neujahrstag mühelos durchkrault hatte.[31]

Dürfen wir uns Seneca also als «Mister OK» der Antike vorstellen? Mit bürgerlichem Namen heißt dieser stadtbekannte Held von heute, der regelmäßig an Neujahr dem Tiber sein Sprungopfer vom Ponte Cavour entbietet, Maurizio Palmulli. Bis zur Pensionierung arbeitete er als Hilfs-Strandbademeister am ersten Eisentor von Castel Fusano, unweit der Flussmündung. In bislang 34 Neujahrssprüngen hat sich Palmulli, Jahrgang 1952, die von der Stadt Rom verliehene Auszeichnung «Wächter des

Tibers» verdient. Alle Jahre wieder beteuert er, es sei das letzte Mal, aber dann erklimmt er doch wieder das Brückengeländer zwischen Augustus-Mausoleum und altem Justizpalast, vor Fernsehkameras und Laufpublikum, im blauen Bademantel, mit Slipbadehose und Turnschuhen. Einmal in Position, breitet er theatralisch die Arme aus und springt kopfüber in die gelbbraune, kalte Flussbrühe: «Die Ratten hauen ja ab, wenn ich komme.» Wenn er wieder auftaucht, reckt er den rechten Daumen himmelwärts: Mister OK.

Erst dann ist das neue Jahr eröffnet, erst dann geht die ewige Symbiose zwischen Rom und dem Tiber offiziell in die nächste Runde. Nur badet, anders als zu Senecas Zeiten, niemand sonst mehr im Fluss. Zu schmutzig, zu gefährlich. Wann immer eine neue Stadtverwaltung antritt, verspricht sie Tiberwasser in Badequalität, doch realisiert wurden nur ein paar traurige «Fluss-Strandbäder» mit Sand von der Küste oder gar Kunstrasen. Und in den Tiber wagt sich weiter nur der unerschrockene Mister OK.

Die Renaissance: Dolce Vita am Ufer

Reiche Römer wohnten in der Antike meist auf den Hügeln. Manche zogen aber auch an den Fluss. Nahe des Ponte Marconi bei der Paulusbasilika fanden Archäologen eine Villa, die vom 1. Jahrhundert v. Chr. bis zum 3. oder 4. Jahrhundert n. Chr., also mindestens 300 Jahre lang, durchgehend bewohnt wurde. In der Hadrianszeit wurden die zum Fluss ausgerichteten Räume, vermutlich Wohn- und Esszimmer, mit raffinierten Fresken ausgeschmückt, die inzwischen im Nationalmuseum Palazzo Massimo ausgestellt sind. Im blaugrünen Flusswasser schwimmen Sepia und Barbe, Drachenkopf und Seeigel, Hornhecht und Miesmuschel sowie ein von einem Eroten berittener Delphin. Auch zwei kunstvoll bemalte Ruderboote lassen sich in diesem Fisch-Stillleben treiben. Ein nackter Ruderer schickt sich an, zur Erfrischung ins spiegelglatte Wasser zu springen, andere sind ins Gespräch vertieft. Weil die Zierornamente an den Bootsrümpfen ägyptische Gottheiten zeigen, wird angenommen, dass der Villenbesitzer ein griechisch-alexandrinischer Kaufmann war. Vielleicht handelte er mit Korn aus seiner Heimat, mit Marmor oder Edelmetallen. Und zumindest im Sommer erlebte er den Tiber von seiner flirrend-heiteren Seite.[32]

Mit der Verbreitung des Christentums verfielen die römischen Bade-thermen und Villen, Schwimmen wurde verpönt. Die Päpste, wiewohl nicht selten junge Männer, scheinen sich ebenso wenig aus sportlichen Wettkämpfen im Wasser gemacht zu haben wie ihre Höflinge. Erst in der Renaissance wurde das *otium*, die freudvolle Muße der Antike, wieder am Flussufer gesucht. Wir überbrücken deshalb rund 1200 vergnügungsfreie Jahre am und im Tiber und landen im Jahr 1500, als der Bankier Agostino Chigi sich auf dem Gelände der Residenz von Marcus Agrippa in Traste-vere seinen persönlichen Garten Eden erschuf.

Der Fluss hatte den Geschäftsmann aus Siena reich gemacht, denn Chigi hatte es geschafft, sich die päpstliche Pacht für den Hafenzoll zu sichern. De facto war das nichts anderes als eine Form des Geldverleihs. Der Pächter schoss dem Papst zu Beginn des Vertragsjahres eine verein-barte Summe vor. Danach gingen alle Einnahmen in seine Kasse. Weil Chigi sich dabei als zuverlässiger Partner erwies, erhielt er bald auch noch den Zuschlag für die Pacht der Salinen von Cervia an der Adriaküste und den Alaunabbau bei Tolfa nordwestlich von Rom. Besonders bei Letzterem brachte ihm das Vorkasseprinzip gewaltige Gewinne, denn Alaun war zur Einfärbung von Stoffen nahezu unabdingbar und sein Vorkommen in den Hügeln bei Civitavecchia europaweit so gut wie einmalig. Der Stuhl Petri stärkte das einträgliche Monopol mit der Androhung des Kirchenbanns für alle, die «unchristliches» Alaun bei der muslimischen Konkurrenz kauften.

Und so wurde Chigi reich und immer reicher. Als sein Förderer Alexan-der VI. aus der Familie der Borgia 1503 starb, war er der bei weitem wich-tigste Geldgeber des päpstlichen Hofes. Er blieb es auch für Alexanders Nachfolger Julius II., obwohl dieser ein Todfeind der Borgia war und, kaum im Amt, die alten Seilschaften zerstörte. Doch gute Bankiers findet man nicht so schnell wie willige Höflinge. Julius, der sich den Beinamen Caesar gab, brauchte Geld, und zwar viel und sofort, für seine ehrgeizigen Vorhaben als Bauherr und Kriegsherr. Mit dem Stimmenkauf zu seiner Wahl hatte er sich finanziell derart verausgabt, dass er binnen kurzer Zeit vollkommen abhängig von Agostino Chigi war. Er überließ ihm sogar seine Tiara als Pfand und «adoptierte» ihn 1509 als Mitglied der Familie della Rovere. Da war der Finanzmann schon ein europäischer Großunter-nehmer, der den Kontinent in Filialregionen unterteilt hatte, wo seine Agenten für ihn Alaun verkauften. Chigi dirigierte eine Flotte von 100 Schiffen und unterhielt Handelshäuser in London, Amsterdam, Lyon,

Der Bankier Agostino Chigi ließ die Villa Farnesina um 1510 von Baldassare Peruzzi im Stadtteil Trastevere erbauen. Berühmte Künstler wie Raffael und Sodoma übernahmen die Innendekoration. Der weitläufige Garten erstreckte sich bis zum Tiber und inspirierte auch andere reiche Römer, ihre «Landhäuser» am Fluss zu erbauen.

Konstantinopel und Kairo. Auf der toskanischen Halbinsel Monte Argentario, etwa 100 Kilometer nordwestlich von Rom, gehörten dem Bankier eine Stadt, eine Burg und ein Hafen.[33]

Sein Einkommen wurde auf damals phantastische 70 000 Dukaten im Jahr geschätzt – vermutlich eine schamhafte Untertreibung. In Venedig räumte man ihm als Ehrenbürger seinen Platz neben dem Dogen ein, und Sultan Bayezid II., der die Venezianer bekämpfte, nannte ihn respektvoll den «großen christlichen Kaufmann». Egal, welchen Glaubens und welcher Nationalität seine Kunden waren – sie alle verehrten Chigi als den größten Geschäftsmann seiner Zeit.[34]

Chigis Stadtwohnung und seine Bank befanden sich gegenüber der Engelsburg am linken Tiberufer. Aber sein Leben wie ein Fürst der Antike zelebrierte der Bankier auf der anderen Seite des Flusses, den er liebte. Sein Lustschloss, entworfen von Baldassare Peruzzi, verfeinert von Raffael, war umgeben von kunstvoll gestalteten Gärten, die sanft zum Tiber abfielen.

Bereits die Zeitgenossen besangen diese *villa suburbana*, die heutige Villa Farnesina, als neuen, hochkultivierten Wohntypus, stilprägend für eine Elite, die sich nunmehr ohne Scheu an der Raffinesse der römischen Kaiserzeit orientierte.[35]

Im Garten wuchsen zwar Wein, Obst und Gemüse, doch große Flächen dienten nur dem Lustwandeln. Unten floss der Tiber, Erfrischung verheißend, fern jeder Bedrohung. Eines von Peruzzis Fresken in Chigis Hochzeitssaal zeigt ein Überschwemmungsszenario: Die Fluten schwappen in die Kirche des nahe gelegenen Hospitals Santo Spirito. Doch selbst das wirkt, wenn es wie hier von einer marmornen Loggia aus betrachtet wird, ausgesprochen ästhetisch, ja dekorativ, als wolle der Fluss nur schmeicheln und spielen. Ein pittoresk schmauchendes Feuerchen, von einem Bauern auf einem Hügel stadtauswärts entfacht, bildet den Kontrapunkt zur domestizierten Urgewalt des Wassers. Die Botschaft: Wer in dieser Villa am Tiber wohnte, der hatte die Elemente im Griff.

Für die Reichen, die an seinem Ufer siedelten, bedeutete der Fluss auch wirklich kein Problem. Ihre Häuser standen sicher auf kleinen Erhebungen, ihre Gärten waren terrassiert und so vor Erosionen geschützt. Chigis Park setzte damals Maßstäbe, indem er Natur und Kunst ganz in der Tradition antiker Gartengestaltung harmonisch vereinte. Auf den Terrassenebenen fanden sich zwischen seltenen, exotischen Pflanzen griechischrömische Statuen, im Schatten der Bäume plätscherten Marmorbrunnen.

Ein von Büschen gesäumter, zum Ufer hin freier Weg führte zum Tiber. Unmittelbar über dem Ufer befand sich eine kleine Loggia, unter der eine Grotte zusätzlich Erfrischung versprach. Der Bankier und seine Gäste nutzten diesen Ort zum Fischen und zum Baden. Heute ist nichts mehr davon zu sehen, und auch von der Aurelianischen Mauer, die damals Trastevere zum Tiber abschloss, steht in den Chigi-Gärten nur ein kleiner letzter Rest.[36]

Doch die berühmten Fresken der Villa Farnesina versprühen weiter den heiteren Geist ihrer Entstehungszeit. Im Sommerspeisesaal lässt Raffaels Nymphe Galatea ihr blondes Haar und ihren roten Mantel lässig im Meereswind flattern, während Delphine ihren Muschelwagen über sanfte Wellen ziehen. An der Decke hat Peruzzi Szenen aus den *Metamorphosen* des Ovid an Sternbilder aus dem Horoskop des Bankiers Chigi gereiht. Und die Eingangsloggia schmücken Raffaels und Giulio Romanos Interpretation der Sage von Amor und Psyche. Goethe, der am 15. Juli 1787 mit Angelika Kauffmann zu Besuch kam, war begeistert: «Wie oft und unter wie manchen Situationen habe ich die bunten Kopien dieser Bilder (...) angesehen! Es fiel mir recht auf, da ich sie eben durch jene Kopien fast auswendig weiß. Dieser Saal oder vielmehr Galerie ist das Schönste, was ich von Dekoration kenne, soviel auch jetzt daran verdorben und restauriert ist.»[37]Angelika Kauffmann wird ihm auch das Schlafzimmer mit den Fresken von Sodoma gezeigt haben: Szenen aus dem Leben Alexanders des Großen, im Mittelpunkt seine Hochzeit mit der schönen und hier sinnlich-nackten persischen Prinzessin Roxane.

Soeben war durch einen Zufall die Domus Aurea, die riesige Palastanlage von Kaiser Nero entdeckt worden. An Seilen ließen sich Künstler, unter ihnen auch Raffael, durch in die Palastdecke gebohrte Löcher in die antiken Säle hinab und studierten im Licht von Fackeln dort die prächtigen Fresken. Der findige Raffael kopierte fleißig die antiken Ornamente, worauf diese als «Grotesken» zum modischen Statussymbol in der High Society avancierten. Chigi aber stand ihnen skeptisch gegenüber. Seine Bewunderung galt Vitruv, dem großen Architekten der Augustuszeit, der unnütze Schnörkel verachtete. So wurden Raffael nur einige Grotesken in den Zwischenräumen des Deckenfreskos in der Loggia gewährt und ein abgelegener Korridor mit den Girlanden ausgeschmückt.

«Nichts, was an das Christentum erinnerte, nur, was der heitern Welt antiker Dichtung angehörte, wollte Chigi in seinem Landhause um sich haben», konstatierte Gregorovius, und tatsächlich ließ sich der Hausherr kaum von den Moralvorstellungen der Kirche beeindrucken, die er so unermüdlich finanzierte.[38] Raffaels Galatea trägt angeblich die Züge der Kurtisane Imperia Cognati, der Chigi so zugetan war, dass er ihr einen Stadtpalast und ein Landhaus finanzierte und die gemeinsame Tochter anerkannte. Letzteres wohl nicht vollkommen uneigennützig, wurde das Mädchen doch als Erbin der reichen Imperia eingesetzt, mit Chigi als Testamentsverwalter.

Die Geliebte war längst in einem von Chigi gestifteten, prächtigen Mausoleum begraben, als der Bankier am 28. August 1519 in seiner Tibervilla die Venezianerin Francesca Ordeaschi heiratete – auf Drängen von Papst Leo X., hatte das Brautpaar doch schon vier gemeinsame Kinder. Der Papst aus dem Florentiner Geschlecht der Medici war Dauergast in der Villa Farnesina, bei Banketten, deren verschwenderische Prachtentfaltung bei den Römern Bewunderung und nördlich der Alpen Empörung auslöste. Der

Sohn Lorenzos des Prächtigen war der dritte Pontifex, der sich auf Chigi verließ. Gemeinsam bildeten sie ein Gespann, das Rom wenig regierte und sehr genoss.

Einmal erschien Leo mit großem Gefolge von elf Kardinälen und sechs Bischöfen zur Taufe eines der vorehelichen Chigi-Kinder, ob als Pate oder als Täufer ist nicht überliefert. Man aß, ganz im Stil der antiken Kaiser, Papageienzungen und aus Griechenland importierte Fische, und zwar auf Silbergeschirr, das die Diener nach dem Abräumen der einzelnen Gänge in den Garten trugen und unter angemessenem Getöse schwungvoll in den Tiber warfen. Auf den ersten Blick eine unerhörte, fast obszöne Demonstration von Macht und unermesslichem Reichtum. In Wirklichkeit handelte es sich um einen Scherz. Chigi hatte zuvor im Fluss ein ausgedehntes Fischernetz spannen lassen, damit der Schatz problemlos wieder an Land gezogen werden konnte. Die Episode zeigt ihn als großen, durchaus selbstironischen Spötter – in einer Zeit, da die Anhänger der Reformation die Ausschweifungen der römischen Kurie verdammten.

Für ein anderes Gastmahl ließ Chigi die Wände eines Bankettsaals mit kostbaren Gobelins verhängen. Jeder Gast speiste auf einem eigens für ihn gefertigten Silberteller mit seinem persönlichen Familienwappen. Pure Verschwendung also auch hier. Am Ende erhob sich der Papst zur Dankesrede und stichelte, er habe eigentlich eine sparsamere und intimere Veranstaltung erwartet. Da zogen auf einen Wink Chigis seine Diener die Gobelins zur Seite – und gaben den Blick frei auf leere Ställe und Futtertröge dahinter. «Heiligkeit», sagte Chigi zum Papst, «wie ihr seht, ist das gar nicht mein Bankettsaal, nur ein Stall.» Wenn auch von Raffael entworfen.[39]

Im April 1520 verließ Agostino Chigi die prächtige Lebensbühne im «Festtheater Rom» (Gregorovius), wenig später folgte der päpstliche Freund Leo. Die Ära des süßen Lebens war damit nicht nur für die Familie Chigi vorbei. 1527 wurde ihre Villa wie halb Rom von deutschen Landsknechten verwüstet, die mordend, brandschatzend und vergewaltigend durch die Stadt zogen, Kirchen ausraubten und kaum einen Stein auf dem anderen ließen. Sie beschmierten Raffaels Stanzen im Vatikan und hinterließen auch im Hochzeitssaal von Agostino Chigi ihre Spuren, etwa mit Knittelversen auf Peruzzis Fresko mit dem Tiberhochwasser. «Was sol ich schreiben und nit lachen die La(nz)knecht habenn den babst lauffen machen», steht da geschrieben. In Wirklichkeit hatte die entfesselte Soldateska den Papst zu enormen Lösegeldzahlungen gezwungen, bevor sie ihm die Flucht nach Orvieto gestattete.

Die Plünderer hingegen richteten sich in der Villa Farnesina häuslich ein. Über dem Spottspruch auf dem Tiberbild prangt die Jahreszahl 1528.

1579 verkauften Agostino Chigis Erben ihr Anwesen dem aufstrebenden Clan der Farnese. Seither heißt das Landhaus «Villa Farnesina», und der Grandseigneur Chigi ist in Vergessenheit geraten.[40] Vor der Übernahme waren die Farnese seit Jahrzehnten Nachbarn der Chigi in Trastevere gewesen. Bereits um 1500 hatte der damalige Kardinal Alessandro Farnese eine Liegenschaft erworben, die direkt an das Grundstück der späteren Villa Farnesina anschloss. Der Kardinal baute darauf ein vergleichsweise bescheidenes Haus als Rückzugsort. Gleich gegenüber am linken Flussufer aber ließ Farnese dann ab 1517 von dem Raffael-Schüler Antonio da Sangallo einen monumentalen Palast errichten, der als Residenz seiner großen Familie diente.

Die bestand aus drei Söhnen und einer Tochter – und man kann sich vorstellen, dass der Bootsverkehr über den Tiber in den Sommermonaten ziemlich rege war, wenn der Kardinal und seine Sprösslinge zwischen Repräsentationspflichten am linken und *otium* am rechten Ufer hin- und herpendelten. Übrigens waren die Kinder allesamt vor Alessandros Priesterweihe geboren, die erst 26 Jahre nach seiner Ernennung zum Kardinal erfolgte.

Als das Familienoberhaupt 1534 als Paul III. Papst wurde, hatte es schon ein Dutzend Enkelkinder, von denen das erste auch schon den Kardinalshut trug. Für diesen riesigen und gierigen Clan wurde der Palazzo Farnese nun zum Himmelstürmerschloss ausgebaut. 1546 kam Michelangelo ins Spiel, der dem greisen Papst riet, doch seine Liegenschaften auf den beiden Flussseiten zu verbinden. Eine Brücke über den Tiber zwischen dem Landhaus und dem Prunkpalast, das würde die Römer kolossal beeindrucken und den Ponte Sisto von Sixtus IV. verblassen lassen! Mit solch einer Privatbrücke hätte Farnese an die Cäsaren anknüpfen können, während der ehrgeizige Michelangelo die Chance witterte, die Konkurrenz endgültig auf die Plätze zu verweisen. Was ist schon das *Jüngste Gericht* gegen eine Tiberbrücke! Aber dann wurde nichts daraus. Nur ein einziger Brückenbogen wurde gebaut, der immer noch die Via Giulia überspannt. Dann wanderten die Pläne in die Schublade, und das Universalgenie machte sich an sein nächstes Großprojekt: die Kuppel für die Peterskirche.[41]

Der Tiber galt zu dieser Zeit als erste Adresse für eine Oberschicht, die sich an den venezianischen Prachtpalästen am Canal Grande, später auch

an den Pariser Hotels am Seine-Ufer orientierte. Wer immer das nötige
Geld für die begehrtesten Architekten hatte, ließ sich an der Via Giulia nieder. Antonio da Sangallo war leitender Baumeister der Peterskirche, als er
sich 1542 an der Via Giulia selbst eine Residenz baute, nur wenige Schritte
von jener seines Dienstherrn entfernt (heute Palazzo Sacchetti). Auch hier
gab es eine Loggia und einen zum Ufer abfallenden Garten, ebenso wie bei
anderen Anwohnern der nunmehr elegantesten Straße Roms.

Etwas weiter aus der Stadt hinaus zog Julius III. (1550–1555), der etwa
einen Kilometer vor der heutigen Porta del Popolo seine Villa Giulia unterhielt (heute Etruskisches Nationalmuseum). Das Lustschlösschen an der
Via Flaminia war vom Vatikan aus über den Tiber zu erreichen, denn es
hatte eine eigene Anlegestelle. Julius und seine Gäste konnten sich an der
Engelsburg einschiffen, flussaufwärts rudern lassen und direkt im großen
Park der Villa aussteigen.[42]

Den Festtag der beiden Stadtpatrone Petrus und Paulus feierte das Rom
der Renaissance und des Barock mit einem großen Feuerwerk an der Engelsburg. Angeblich wurde ein solches auch von Michelangelo und Bernini
veranstaltet, aber dafür gibt es keine Beweise. Tausende Schaulustige versammelten sich jeweils am linken Tiberufer, um zu sehen, wie auf dem
Kastell die *Girandola* entzündet wurde, deren Lichter und Farben sich im
Flusswasser spiegelten. Der deutsche Maler Jakob Philipp Hackert hat dieses perfekte Zusammenspiel von Feuer, Himmel und Wasser 1775 gemalt.
Die Zuschauer sind schemenhaft zu erahnen, einige von ihnen verfolgen
das Spektakel auf einem Boot. Erleuchtet vom Feuerwerk erscheinen die
unbebauten Wiesen um die Engelsburg, während St. Peter im Hintergrund
mit Tausenden Fackeln verziert ist. Die Lichtershow am Tiber verzauberte
auch Goethe, der sich 1787 im Publikum befand:

«Das große Fest Peter und Paul ist endlich auch herangekommen; ges-
tern haben wir die Erleuchtung der Kuppel und das Feuerwerk vom Kastell
gesehen. Die Erleuchtung ist ein Anblick wie ein ungeheures Märchen,
man traut seinen Augen nicht. (…) Die schöne Form der Kolonnade, der
Kirche und besonders der Kuppel erst in einem feurigen Umrisse und,
wenn die Stunde vorbei ist, in einer glühenden Masse zu sehen, ist einzig
und herrlich. (…) Der Himmel war rein und hell, der Mond schien und
dämpfte das Feuer der Lampen zum angenehmen Schein, zuletzt aber, wie
alles durch die zweite Erleuchtung in Glut gesetzt wurde, ward das Licht
des Mondes ausgelöscht.»[43]

«Die Erleuchtung ist ein Anblick wie ein ungeheures Märchen, man traut seinen Augen nicht», schrieb Goethe 1787 über das Feuerwerk an der Engelsburg zum Fest der Stadtpatrone Petrus und Paulus am 29. Juni. Ungefähr um diese Zeit entstand auch das Gemälde von Jacob Philipp Hackert. Die *Girandola* war ein Höhepunkt des römischen Festkalenders.

Auch Stendhal zeigte sich 1828 angerührt von «dem schönsten Feuerwerk, das ich jemals sah». Die Tiberufer waren mit Fahnen in strahlenden Farben geschmückt, «die der Wind sanft bewegte. Nichts konnte hübscher sein.» 4500 Leuchtfeuer seien auf der Engelsburg entzündet worden, hatte der Franzose recherchiert.[44] Wenige Jahrzehnte später wurde die berühmte *Girandola*, eine große Attraktion für Römer wie ausländische Touristen, abgeschafft: 1886 verschwand sie sang- und klanglos. Eine Neuauflage an der Piazza del Popolo hat nicht annähernd den gleichen Effekt – ihr fehlt einfach der Tiber.

Badespaß im Fluss von Goethe bis Pasolini

Das Volk von Rom hatte schon seit der Renaissance wieder seinen Spaß am Tiber auch ohne Prachtbauten, ohne großes Geld – und ohne Kleidung. Es gab ja Badestellen genug, die nicht von privaten Gärten und Parkanlagen besetzt waren und an denen man sich zwanglos versammeln konnte. Nacktbaden war zu Agostino Chigis Zeiten noch toleriert und überall praktiziert. Später versuchten die päpstlichen Behörden, dem «unsittlichen» Treiben Einhalt zu gebieten, wie ein Edikt des Apostolischen Protonotars Giulio Monterenzi aus dem Jahr 1613 beweist:

«Angesichts der Unanständigkeiten und Abscheulichkeiten, die sich täglich am Fluss abspielen, durch Leute, die dort baden oder schwimmen und Frauen, ob verheiratete oder Jungfern oder jedwelcher Art, die dorthin ihre Häuser oder Fenster haben oder über die Straße gehen, um Wäsche zu waschen oder anderes zu erledigen, erschrecken, indem sie ihnen ohne Respekt ihre Schamteile zeigen, hässliche Worte sagen oder unanständige Taten vornehmen (...), wird angeordnet, dass niemand im Fluss baden, schwimmen oder anderes tun kann, ohne Unterwäsche zu tragen oder jene Körperteile zu bedecken.»[45]

Bei Nichtbeachtung drohten drei Peitschenhiebe, Gefängnis oder eine Geldbuße. Ob das wirklich so streng gehandhabt wurde wie angedroht? Auf einem 1694/95 entstandenen Bild des Niederländers Isaac de Moucheron plantschen die Nackten fröhlich vor dem Hospital Santo Spirito und sonnen sich wenige Meter von der Peterskirche entfernt auf den Ufersteinen. Wahrscheinlich war es wie so oft im Rom der Päpste: Die Obrigkeit regelte das Leben der Einheimischen mit strengsten Vorschriften –, aber die Polizei nahm es dann nicht so genau.

Goethe jedenfalls stieg am 1. August 1787 brav an einer offiziellen Badestelle in den Fluss. Aus den mit schwerem Segeltuch verhängten Umkleidekabinen direkt über dem Wasser konnte man sich dort diskret in den Tiber gleiten lassen – nackt, aber doch vor neugierigen Blicken geschützt. «Den ganzen Tag fleißig und still wegen der Hitze (...) Abends ward in der Tiber gebadet, in wohlangelegten, sichern Badehäuschen; dann auf Trinità dei Monti spaziert und frische Luft im Mondschein genossen.»[46] Das ist so beiläufig erwähnt, dass es wohl kaum das erste oder letzte Bad des Dichters war. Die abendliche Erfrischung im Fluss gehörte in den heißen Sommern zum städtischen Leben. Private Swimmingpools gab es nicht, und das Meer war viel zu weit. Also ab in den Tiber!

Improvisierte Strände ergaben sich überall, hinter Schilf und Ufergebüschen. An den etwas längeren Sandbänken wurden die von Goethe erwähnten Badehäuschen aufgestellt. Gregor XVI. (1831–1846) richtete dann feste Badeanstalten ein, die in den Sommermonaten von 8 Uhr morgens bis 21 Uhr geöffnet blieben. Damit wollte die päpstliche Verwaltung den vielen Badeunfällen entgegenwirken, denn der Tiber konnte tückisch sein, auch für gute Schwimmer.

Beliebte «Volksstrände» befanden sich beiderseits des Ponte Sisto. Am linken Ufer lag die *Spiaggetta di Regola* (heute Lungotevere dei Tebaldi) und gleich gegenüber, am jetzigen Lungotevere Raffaello, die *Spiaggetta della Renella*. *Rena* bedeutet Sand, es handelte sich also um sanft zum Fluss abfallende Sandstrände. Nur wenige Hundert Meter entfernt lag das Gefängnis Regina Coeli, dessen Insassen den fröhlichen Strandlärm in ihren Zellen hören konnten. Ein Volkslied aus dem 19. Jahrhundert besang die Qualen eines Häftlings, der dabei an seine Liebste dachte: «Alla Renella/ Più cresce er fiume e più legna viè a galla/Io più ve guardo e più ve fate bella (…)/Come te pozz'amà/(…) Amore, amore, manneme un saluto/Che sto a Reggina Celi carcerato/D'amici e da parenti abbandonato» («An der Renella/Je höher der Fluss steigt, desto mehr schwimmt darin/Je länger ich dich anschaue, desto schöner wirst du (…)/Aber wie kann ich dich lieben/ (…) Liebling, Liebling, schicke mir einen Gruß/Denn ich bin in Regina Coeli verschlossen/Von aller Welt verlassen»).

Diese beiden Strände am Ponte Sisto waren frei zugänglich, während ein dritter, gegenüber Ripetta in Prati, Eintritt kostete. Später wurde auch ein Frauenbad eingerichtet, am rechten Flussufer beim Ponte Milvio. Einige dieser Badeanstalten verfügten um 1900 über Hunderte von Kabinen und konnten 300 Gäste gleichzeitig aufnehmen. Es gab Sonnenterrassen und Duschen, wer wollte, konnte Schwimmunterricht nehmen.[47] Die *fiumaroli*, wie sich die Freunde des Tibers nannten, trafen sich an Sonntagen zum «Mittagsmahl im Fluss», das den Badenden auf schwimmenden Holztafeln serviert wurde – inklusive flaschenweise Wein. Die weniger Mutigen begnügten sich mit Gelagen am Ufer.[48] Schwimmwettkämpfe, durch die Innenstadt (*traversata di Roma*) oder von der Engelsburg bis zur Flussmündung, wurden zu einem weiteren Volksvergnügen. Seit der Antike hatten sich die Römer nicht so freudig an ihrem Fluss gedrängelt wie in den ersten

Jahren des 20. Jahrhunderts. Von manchen Badeständen wurden sogar Postkarten gedruckt. Und beim 1889 gegründeten Schwimmverein Società Romana del Nuoto, dessen grünweiß-gestrichenes Original-Badeboot noch immer unterhalb des Lungotevere in Augusta im Tiber liegt, stellte man in der kalten Jahreszeit durchaus nicht die Aktivitäten ein. Vom 15. November bis 15. März wurden, wenn das Wasser weniger als 14 Grad hatte, Winterwettkämpfe veranstaltet.[49] Der ganze Stolz des Schwimmvereins war das Mitglied Armando Sannibale, genannt der «König des Tibers», weil er 1911 die mehr als 100 Flusskilometer zwischen Orte und der Engelsbrücke in 20 Stunden absolviert hatte.

Als Strom der neuen italienischen Hauptstadt wurde der Tiber mondän, an seinen Ufern siedelten sich Cafés und – letzter Schrei aus dem Norden Europas – piekfeine Ruderclubs an. Bereits 1872 eröffnete der *Circolo Canottieri Tevere Remo*, 1892 der *Circolo Canottieri Aniene*. Weitere folgten, die bis heute ihre oasenhaft grünen Anlagen im Flaminio-Viertel oder an der Acqua Acetosa betreiben und neben Rudern auch Tennis und andere Sportarten anbieten.

Es sind Treffpunkte für diejenigen, die in Rom den Ton angeben: Politiker, Unternehmer, Medienleute. Die Mitgliedschaft ist begehrt und teuer und war im *Canottieri Aniene* bis 2022 nur Männern gestattet – abgesehen von fünf weiblichen Ehrenmitgliedern wie der Olympiasiegerin im Schwimmen und sechsfachen Weltmeisterin Federica Pellegrini. Zugang hatten Frauen immer zu den weitläufigen Clubanlagen am Fluss, dem perfekt getrimmten «englischen» Rasen unter den eleganten Pinien, dem Swimmingpool und der Bar. Noch exklusiver als der *Aniene*, in dem politische Karrieren geplant und gefördert und Millionendeals abgeschlossen werden, ist nur noch der benachbarte *Circolo degli Affari Esteri*, der Sportclub des Außenministeriums. Schon bei seiner Eröffnung 1937 verfügte er über ein Schwimmbad und Tennisplätze, inzwischen bietet er seinen Mitgliedern außer Sport auch Lesungen, Konzerte und Kunstausstellungen. Wer hier im kleinen Bridge-Pavillon Karten spielt, im Restaurant das seit den 1990er Jahren nahezu unveränderte Menü verspeist oder zur Geburtstagsparty am Pool eingeladen wird, der hat es in Rom geschafft. Dafür, dass der Rest der Welt draußen bleibt, sorgen meterhohe Hecken und aufmerksame Pförtner.

Unwiderruflich versunken scheint die Welt der Badeanstalten, deren Betreiber stadtbekannte Originale waren. So etwa Orazio vom *Ciriola di Cas-*

Vom Baden im Tiber schwärmten schon die Dichter der Antike. Generationen von Römern haben sich in heißen Sommern im Stadtfluss erfrischt. Unterhalb der Engelsburg gab es bis in die 1960er Jahre eine Badeanstalt auf einem großen Holzboot. Hier versuchen sich Jungen an einem Hechtsprung von den Fundamenten der Engelsbrücke.

tello am rechten Ufer nördlich der Engelsbrücke, ein ehemaliger Aalfischer (*ciriola* ist ein Dialektausdruck für den Fisch). Im Winter betrieb Orazio ein Elektrowarengeschäft, im Sommer kam halb Rom zu seiner schwimmenden Bretterlandschaft. Am Ufer hatte sich angelandeter Sand dünenhaft aufgetürmt, ein Steg führte zum großen Badeboot mit Umkleidekabinen und einer Caféterrasse. Es gab auch ein Sprungbrett, das manche zu artistischen Einlagen nutzten. Alte Fotos zeigen junge Männer, die mit elegantem Salto, in Frauenkleidern oder sogar auf einem Fahrrad in den Tiber hechten.

Orazio schwamm selbst aalgleich im Tiber und sammelte im Laufe der Jahre 160 Medaillen als Lebensretter. Die große Anzahl lässt erahnen, wie viele Römer im Tiber badeten – und dabei die Gefahren unterschätzten. Pier Paolo Pasolini, selbst Stammgast in der «Ciriola», setzte dem ruppigen Bademeister in *Ragazzi di vita* literarisch ein Denkmal: «Orazio mit seinem steifen Bein und seinem rotfleckigen Gesicht kam höchstpersönlich aus dem Mitteltrakt, in dem sich die Bar befand. ‹Ihr verdammten Wichser ihr›, brüllte er, ‹wie oft muss ich'n noch sagen, dass man da nich stehn darf, weil sonst das Gitter runterkracht?› – Sie dampften ab, vorbei an der Duschkabine, verfolgt von Orazios Gebrüll, der noch zehn Minuten lang von seinem Bambusstuhl aus weitermaulte. Drinnen spielten junge Kerle Karten, andere hatten ihre Füße auf wackelige kleine Tische gelegt und rauchten.»⁵⁰

Es muss ein wildes Leben am Tiberufer gewesen sein, ein freies Badevergnügen zum kleinen Preis für alle, die sich den Urlaub am Meer nicht leisten konnten. Die Szenen vom Bad unter der Engelsburg in Pasolinis Roman stammen aus den 1950er Jahren, aber sie könnten sich so ähnlich auch in den Jahrhunderten zuvor ereignet haben, als der Fluss den Sommer der Römer erfrischte. «Es war noch ziemlich früh, nicht mal halb zwei, und in Rom gab es nichts als Sonne. Von der Peterskuppel hinter dem Ponte Sisto bis zur Tiberinsel hinter dem Ponte Garibaldi war die Luft gespannt wie die Haut eines Tamburins. In dieser Stille floss der Tiber zwischen den Ufermauern, die in der Sonnenglut wie Pissoirs stanken, gelb dahin, als würde er von den Abfällen geschoben, mit denen er vollgeladen herunterkam (…) Das Ciriola füllte sich draußen, auf dem verschmutzten Sandufer, und drinnen, in den Umkleideräumen, in der Café-Bar, im Floßhaus. Ein wildes Getümmel. Zwei Dutzend Jungs standen um das Sprungbrett. Sie fingen an, die ersten Kopfsprünge, Fußsprünge und Überschläge zu machen. Das Sprungbrett war nur etwa ein Meter fünfzig hoch und deshalb konnten sogar die Sechsjährigen drauf rumspringen. Ein paar Leute, die über den Ponte Sisto gingen, blieben stehen und sahen sich das an. Auch oben auf der Ufermauer saßen ein paar Jungs, die keinen Zaster für den Eintritt bei sich hatten, rittlings auf den Mauersteinen, über die die Platanen herunterhingen, und sahen zu. Die meisten lagen auf dem Sand oder auf dem bisschen rostbraunen Gras, das unterhalb der Mauer noch wuchs.»⁵¹

Doch Ende der 1960er Jahre verschwanden die Bäder. Der Sprung in den Tiber wurde behördlich verboten, das Wasser war zu schmutzig, es bestand Seuchengefahr. Geblieben sind die Ruderer und der Traum, irgendwann wieder eine *Ciriola* zu eröffnen. Schließlich ist der Tiber heute angeblich so sauber wie noch nie.

Kapitel 12

DES WIDERSPENSTIGEN ZÄHMUNG

Wie der Fluss aus der Stadt verschwand

Rom hatte viele Herren, der Tiber hatte keinen. Den Fluss zu beherrschen, blieb lange ein unerfüllter Traum. Er hielt die Mächtigen der Stadt in Schach, nicht umgekehrt. In der Antike verfolgten Caesar und Nero großartige Umleitungspläne, die sie aber wieder aufgaben: zu schwierig, zu teuer, zu wenig Garantien auf Erfolg. Auch die Päpste beriefen nach den verheerenden Überschwemmungen im 16. und 17. Jahrhundert zwar immer neue Expertenkommissionen, doch von deren Vorschlägen wurde keiner umgesetzt. Sie reichten von ausgefeilten Instandhaltungsmethoden und dem Ausheben des ganzen Flussbettes bis hin zu Umleitungen und der Kanalisierung. Die Säuberung des Flusses wurde gelegentlich betrieben, alles andere erschien den Obersten Brückenbauern auf dem Stuhl Petri als zu riskanter Eingriff in die Natur und in die Stadtlandschaft Roms. Und als zu aufwändig für die kurze Dauer in einem Amt, das nicht vererbbar war.

Als Clemens X. (1670–1676) einen Trupp von Arbeitern vor die heutige Piazza del Popolo schickte, wurden diese von neugierigen, begeisterten Römern begleitet. Es ging den Tiber hinauf bis zur Anlegestelle der Villa Giulia von Julius III. Die Erosionen am Ufer bedrohten dort die Via Flaminia, die wichtigste Einfallstraße von Norden. Um Abhilfe zu schaffen, hatte der Papst einen damals international bekannten Spezialisten angeheuert: den Niederländer Cornelius Meyer. Man hatte sich kennen gelernt, als der fromme Wasserbauingenieur als Pilger zum Heiligen Jahr 1675 nach Rom gekommen war. Zum Entsetzen der einheimischen Konkurrenz erteilte Clemens Meyer dann den Auftrag, den Fluss an dieser besonders sensiblen Stelle einzudämmen – das waren keine umfassenden Maßnahmen, aber zumindest etwas. Es durfte ja nicht die Welt kosten.

Also ließ Meyer vor dem rechten Ufer einen Pfahldamm aus zwei Rei-

hen Holzpflöcken anbringen, deren Zwischenraum mit Ton gefüllt wurde.
Das sah beeindruckend aus und engte den Tiber zunächst ein, aber als besonders resistent erwies sich das Konstrukt nicht: Schon bald waren Repa-
raturen fällig, was die Nachfolger des verstorbenen Papst Clemens zu einer
gewissen Zurückhaltung bei der Bezahlung für Meyer anregte. Ein langer
Rechtsstreit folgte. Erst 1700, ein Vierteljahrhundert nach den Arbeiten,
bekam Meyer seinen Lohn. Damals stand sein Pfahldamm noch, doch
1774 hatte sich das Bauwerk des berühmten Niederländers fast vollkommen aufgelöst. Der Tiber war mal wieder stärker gewesen.[1]

Meyer hatte seinerzeit einen jungen, gerade 20-jährigen Landsmann angeheuert, der als Maler in Rom Fuss zu fassen versuchte und für den Ingenieur die Projektzeichnungen erstellte. Gaspar Van Wittel blieb in seiner
Wahlheimat Rom, wo er 1736 als gefeierter Vedutenmaler starb. Zu seinen
immer und immer wieder gemalten Lieblingsmotiven zählte: der Tiber.

Der letzte Kampf des alten Helden

Als am 28. Dezember 1870 wieder einmal ein gewaltiges Hochwasser Rom
überflutete – mit einem Pegelstand von 17,22 Metern das höchste seit
1637 –, da hielten das viele für ein Zeichen göttlichen Zorns über das Ende
des Kirchenstaates. Pius IX., der erst im September von den Truppen des
Königreichs Italien besiegt und entmachtet worden war, nährte freudig
diese Interpretation des Naturereignisses. Angeblich wollte der Himmel
die Römer dafür strafen, dass sie den Papst verraten und die Soldaten der
«Usurpatoren» freudig empfangen hatten. Der Tiber, behauptete die Frak-
tion der Kurie und des «schwarzen Adels», der im Zeichen der Trauer die
Tore seiner Paläste verrammelt hatte, sei ein Werkzeug des erzürnten Herr-
gotts. Den protestantischen Zeitzeugen Gregorovius erbitterte diese Interpretation zutiefst: «Die Pfaffen schrien alsbald, dass dies der Fingerzeig
Gottes und die Wirkung der päpstlichen Exkommunikation sei. Was aber
mag dieser Papst im Vatikan dabei gedacht haben? Eine wildere Flut hat er
selbst über Rom heraufbeschworen; dem Zauberlehrling gleicht er, der nun
die Wasser nicht mehr bannen kann.»[2]

Am nächsten Tag traf König Vittorio Emanuele II. in der Stadt ein, die
zwar nicht mehr dem Papst gehörte, aber auch noch nicht Kapitale war,
und machte den Besuch der Katastrophenorte zu seinem persönlichen Tri-

umphzug. Die Eindämmung des Tibers wurde in der Folge zur Chefsache und zum ersten großen Versprechen des Königreichs. Der Herrscher aus dem fernen Piemont musste den Römern nun beweisen, dass das neue Italien vermochte, was die Verwaltung der Päpste nicht gekonnt hatte: den Fluss unter Kontrolle zu bringen. Nie wieder sollte eine Überschwemmung Rom derart in die Knie zwingen. Bereits am Neujahrstag 1871 wurde eine Kommission eingerichtet, die das Problem lösen sollte, ein für alle Mal.

So bedeutsam, wie der antike Flussgott für die Erschaffung des Weltreichs und der Tiber als Jordan der Päpste geworden war, sollte der Strom der Hauptstadt auch für das Königreich werden. Am Tiber sollte sich dessen ganze Stärke und Innovationskraft manifestieren, die Überlegenheit gegenüber dem als hoffnungslos rückständig verachteten Papsttum. Die Bändigung des Tibers sollte König Vittorio Emanuele II., mit dem die Römer fremdelten wie mit einem ausländischen Papst, zu einem der Ihren machen. Die Monarchie würde die Stadt auf eine Weise beschützen und erblühen lassen, zu der die Kurie niemals in der Lage gewesen war. Dafür musste der Tiber endgültig unterworfen werden, geopfert auf dem Altar Italiens. Das neue Königreich wollte die uralte Stadt mit den neuesten technischen Mitteln in eine Moderne katapultieren, die keine Angst mehr vor der Natur haben musste, weil sie sie besiegte.

Doch der König war nicht der Einzige, der ein Denkmal als Tiber-Dompteur anstrebte. In die Arbeit der Ingenieure mischte sich ein Mann, der an der Eroberung Italiens und Roms großen Anteil hatte: Giuseppe Garibaldi, der allseits verehrte Held des Risorgimento. Der Berufsrevolutionär präsentierte, flankiert von einigen devoten Fachmännern, ein eigenes Projekt, mit dem er sich in der geschichtsträchtigsten Stadt Europas verewigen wollte. Der Mann mit dem Rauschebart und dem roten Hemd war der bekannteste Freiheitskämpfer seiner Zeit, eine internationale Ikone der Revolution, ein Popstar *avant la lettre*. Sein schillerndes Leben war bis dato eine Abfolge aus Fronteinsätzen, Verfolgungen, Exilaufenthalten gewesen. Rastlos und beseelt von einem unermüdlichen Freiheitsdrang, eilte Garibaldi von Abenteuer zu Abenteuer.

Als junger Mann hatte er sich an Kämpfen in Brasilien und Uruguay beteiligt, bevor er nach Italien zurückkehrte und 1849 als Anführer der Revolutionstruppen für die römische Republik kurzzeitig Papst Pius IX. aus der Stadt vertrieb. Doch nach nur fünf Monaten zerbrach die Republik unter den Schlägen der papsttreuen Franzosen schon wieder. Garibaldi flüchtete in die USA, blieb fünf Jahre in New York, kam wieder und eroberte mit italienischen Nationalisten Sizilien und Süditalien. Der «Held zweier Welten» besiegte Österreichs Truppen und beteiligte sich am Kampf um Rom. Im Deutsch-Französischen Krieg 1870/71 zog er noch einmal ins Gefecht, diesmal für die Franzosen.

Inzwischen ging Garibaldi auf die 70 zu und hätte sich auf der kleinen Insel Caprera bei Sardinien, wo er mit seiner 40 Jahre jüngeren dritten Ehefrau lebte, auf seinen Lorbeeren ausruhen können. Aber er dachte gar nicht daran. Der alternde Kämpfer wollte es noch einmal wissen. Der Feind war diesmal kein Unterdrücker in Fleisch und Blut, sondern ein Fluss, noch wilder, freiheitsliebender und unberechenbarer als Garibaldi selbst: der Tiber.

Um die Hochwassergefahr von der neuen Hauptstadt abzuwenden, nahm Garibaldi die alten Umleitungsprojekte von Caesar und Nero wieder auf – auch dies höchst symbolisch. Wie die antiken Kaiser wollte er weder Kosten noch Mühen scheuen. Was zählte, war nur Grandezza, allerdings mit einer Variante: Der Fluss sollte nicht westlich, wie die antiken Imperatoren geplant hatten, sondern östlich an der Stadt vorbeigeleitet werden und hinter der Paulusbasilika wieder in sein angestammtes Bett finden. Der Plan machte Furore, die Zeitgenossen waren hingerissen. Ehrfürchtig dichtete Gregorovius: «Nachdem der tapfere General die titanischen Kämpfe seines Lebens beendigt hatte, Kämpfe mit den Ungeheuern der Tyrannei, die sein schönes Vaterland verwüsteten, kam er nach Rom, seine letzte Herkulesarbeit zu verrichten, nämlich die Bezwingung des nie, selbst nicht von den Cäsaren überwundenen Flußgottes Tiber.»[3]

Der Besungene sah das im Prinzip auch so. Nach der Befreiung von der Papstherrschaft würde Rom endlich auch von der Tyrannei seines Flusses befreit werden! Schleusentore an der Abzweigung des Kanals würden dem alten Tiber ab und zu ein wenig Wasser zukommen lassen, um eine Überlastung des neuen Bettes zu vermeiden. Zum Leben zu wenig, zum Sterben zu viel.

Zusätzlich war der Neubau eines Hafens im Mündungsgebiet anvisiert, dabei trat Garibaldi in die Fußstapfen von Claudius und Trajan. Was vier Kaiser gewünscht, geplant und allerhöchstens in Teilen realisiert hatten, sollte viele Jahrhunderte später von einem einzigen, wahrhaft kühnen Mann verwirklicht werden. Öffentlichkeitswirksam ließ sich Garibaldi, umgeben von Technikern, auf dem Dampfboot *Tevere* über den Fluss

Eingekesselt und aller Wildheit beraubt erscheint der Tiber zwischen den 18,45 Meter hohen Kaimauern. Hier sieht man den Fluss gut gefüllt im Mai 2015 unter der Engelsburg.

schippern. Jedoch: Am Tiber scheiterte sein letzter Kampf. Der Fluss blieb in seinem Bett, und der Revolutionär zog sich schmollend ins Privatleben zurück.

Denn das Parlament verweigerte Garibaldi die Unterstützung, nicht nur wegen der anvisierten Kosten von 100 Millionen Golddukaten. Den Abgeordneten und Senatoren erschienen die Pläne als zu hanebüchen, auch wenn Garibaldi auf Caprera einen Zeitungsartikel nach dem anderen mit technischen Details an die Hauptstadtgazetten schickte. Schon aus hygienischen Gründen fanden sie es bedenklich, den Fluss inmitten der neuen Hauptstadt trockenzulegen. Wohin mit den Abwässern? Und woher Kühlung nehmen in den heißen Sommern?

Die Parlamentarier entschieden: Das größte Bauprojekt der neuen Kapitale – am 1. Juli 1871 wurde Rom offizielle Hauptstadt – sollte nicht einem Abenteurer anvertraut werden, sondern den besten Ingenieuren der Zeit. Insofern markierte die Regulierung des Tibers eine doppelte Emanzipation der jungen parlamentarischen Monarchie: Das Parlament befreite sich von der Naturmystik der Kurie ebenso wie vom Charisma des Großen Anführers, wenn auch mit der denkbar knappen Mehrheit von nur einer Stimme.

Mit angemessenem Pathos berief sich der zuständige Senatsausschuss 1875 auf Vorgänger der Antike. Bereits «ein anderer Senat in dieser Stadt» habe vor 1860 Jahren beschlossen, den Fluss zu domestizieren. Gemeint war natürlich die Legislative im alten Rom.[4]

Die Reminiszenz war ein deutliches Zeichen. Statt Parolen waren nun Vernunft und Fachkompetenz gefragt. Garibaldis «fanatisches Projekt» (Gregorovius) wurde archiviert. Und erleichtert kommentierte der deutsche Zeitgenosse und Chronist: «Rom den Tiber zu nehmen, wäre schlimmer, als einem Mann die Augen auszustechen und die leeren Augenhöhlen in seinem Gesicht zurückzulassen. Es bedeutete, ihm wenn nicht die Seele, so doch das Gedächtnis zu rauben. Denn der Tiber ist das lebendige Gedächtnis Roms.»[5]

Der Stadtfluss wird eingekesselt

Der Mann, der Garibaldi übertrumpfte, war ein Ingenieur aus dem Agrarministerium, ein Nobody namens Raffaele Canevari. Heute ist ihm eine kleine Straße gewidmet, die unweit einer großen Flussbiegung nördlich der Stadtgrenze ins Nichts führt. Abgesehen davon ist *Ingegnere* Canevari in seiner Heimatstadt so gut wie vergessen, dabei verdankt Rom ihm den größten Eingriff in seine über Jahrtausende gewachsene Urbanistik: die Einkesselung des Tibers und, dadurch bedingt, den Abriss der Häuser, Paläste, Häfen, Stadtmauern, Theater und Kirchen an den Flussufern. Wenn wir heute alte Fotos vom frei fließenden Tiber und seinen Ufern sehen, können wir Rom nur mit Mühe wiedererkennen. Es erscheint uns wie eine andere Stadt. Und so war es auch. Bevor der Tiber hinter den Kaimauern verschwand, war Rom eine Stadt am Fluss. Nun wirkt der Fluss wie ein Fremdkörper. Wenn er nicht gerade Hochwasser führt, kann man ihn glatt übersehen.

Der Tiber war für den Römer Canevari keine ganz neue Herausforderung. Er hatte ihn schon einmal bezwungen, als er die erste Brücke nach 400 Jahren gebaut hatte. Sein Ponte Fiorentini, eine Konstruktion aus Holz und Eisen, überspannte den Fluss zwischen der Via Giulia und der Via della Lungara. Auftraggeber war Pius IX., der letzte Pontifex des Kirchenstaates und dessen einziger Brückenbauer neben Sixtus IV. Als die Brücke 1863 als letztes großes Bauwerk der Kirche eingeweiht wurde, da be-

Der italienische Freiheitsheld Giuseppe Garibaldi wäre am liebsten auch noch als Tiber-Dompteur in die Geschichte eingegangen. Garibaldi griff ein Projekt von Julius Caesar auf und schlug vor, den Fluss an Rom vorbeizuleiten. Um Werbung dafür zu machen, fuhr er im Dampfschiff *Tevere* bis zur Mündung. Vergebens.

fand sich die Macht des Papsttums bereits im Schwinden. Vor den Revolutionären um Giuseppe Mazzini und Garibaldi hatte Pius IX. aus der Stadt fliehen müssen und war erst zurückgekehrt, nachdem die Franzosen ihrerseits im Juli 1849 Garibaldi vertrieben hatten. Sie blieben als Schutzmacht des Papstes in Rom und waren auch am Ponte Fiorentini beteiligt. So bekam Canevari einen von der Brückenbaugesellschaft entsandten französischen Kollegen zur Seite gestellt.[6]

Für die neuen Machthaber aus Norditalien arbeitete der *Ingegnere*, wie er zuvor für den Papst und die französischen Besatzer gearbeitet hatte. Seine Person garantierte Kontinuität und Überparteilichkeit, technische Kompetenz und diplomatisches Geschick. Ein Mann der neuen Zeit, aber kein Revolutionär, uncharismatisch und persönlich bescheiden. Canevari war kein Einzelkämpfer. Den Tiber zähmte man nur im Teamwork.

Mit ihren gerade mal 200 000 Einwohnern ähnelte die neue Kapitale Italiens einer Provinzstadt, verglichen mit der Zwei-Millionen-Metropole Paris und mit dem noch größeren London. Verwinkelte Gassen fanden sich hier statt der großzügigen Boulevards, die Haussmann gerade in Paris angelegt hatte, Kurienpaläste statt repräsentativer Verwaltungsgebäude – und dazu dieser Fluss, auf dem immer noch gemächlich hin- und hergetreidelt wurde und dessen Überschwemmungen das städtische Leben immer wieder komplett lahmlegten. Seine und Themse dagegen waren bereits reguliert. In Rom orientierte man sich am Pariser Vorbild, riss Gebäude für den Corso Vittorio Emanuele II., die neue Achse durch die Innenstadt, ab und ordnete die Piazza Venezia neu. Dort entstand mit dem 1912 eingeweihten «Vaterlandsaltar» das auffälligste Monument des Königreichs, ein pompöses Stück Machtarchitektur, dem viele mittelalterliche Häuser zum Opfer fielen.

Außerhalb der päpstlichen Stadt und der antiken Mauern wuchs Rom rasant. Nördlich vom Vatikan, hinter dem gewaltigen neuen Justizpalast am rechten Tiberufer, entstand das Viertel Prati mit seinen eklektischen Gründerzeithäusern für die neue Bourgeoisie. Östlich der Innenstadt baute Canevari das Finanzministerium, 300 Meter lang und 120 Meter breit. Der Koloss bot genügend Platz für die 2200 Mitarbeiter der königlichen Schatzverwaltung und war ein Gegenentwurf zum Apostolischen Palast auf der anderen Tiberseite. Nicht die päpstlichen Kämmerer, sondern die Bürokraten aus Piemont verwalteten jetzt den Schatz des Staates.

Am Tiber bestand das Projekt von Canevari im Wesentlichen aus der radikalen Regulierung des Flusses durch Kaimauern. Wie der Umleitungsplan war auch das nicht ganz neu. Um 1470 hatte Leon Battista Alberti, um 1700 Carlo Fontana Ähnliches vorgeschlagen, Letzterer mit detaillierten Plänen.[7] Immer wieder waren Teilabschnitte der Ufer mit Mauern verstärkt worden, vor allem unterhalb der Engelsburg. Die Verwaltung der französischen Besatzung hatte bereits die «Einkesselung», wie sie in Paris erfolgt war, für Rom ins Auge gefasst. Am Ende orientierte sich die italienische Regierung auch daran.

Die Regulierung des Flusses erfolgte zwischen 18,45 Meter hohen Mauern aus Travertin. Die Höhe orientierte sich am Pegelstand von 1870, zu dem noch einmal 1,20 Meter addiert wurden. Der Abstand zwischen den Ufermauern wurde an der Basis auf 100 Meter, an ihrem höchsten Punkt auf 110 Meter festgelegt. Acht Meter breite Uferbänke hielten auf beiden Seiten den Fluss im Normalzustand auf Abstand. Die Abwässer wurden gesammelt und an der Stadt vorbeigeleitet, bevor sie südlich der Innenstadt dem Tiber zugeführt wurden. Nach zweieinhalb Jahrtausenden sollte der

Fluss endlich nicht mehr die große Kloake sein. Antike Brückenreste, Wassermühlen, Fischplattformen, schlicht alles, was die Strömung in ihrem Lauf behinderte, gehörte entfernt. Der Tiber wurde also breiter und leerer, mehr Kanal als Fluss, mit Biegungen, die man nicht ganz beschneiden, wohl aber energisch entschärfen konnte. Das breitere Bett verlangte die Verlängerung einiger Brücken. Die Engelsbrücke bekam zwei neue Bögen, während ihre Zugangsrampen demoliert wurden. Gleichzeitig verbreiterte man die Flussbiegung, an der sich das Hochwasser in früheren Jahrhunderten mit so fatalen Folgen gestaut hatte. Zwischen Tiberinsel und rechtem Ufer wurde der antike Ponte Cestio komplett abgebaut und neu zusammengesetzt. Am Ponte Rotto arbeitete ein Sprengmeister mit Dynamit und zerstörte zwei der drei antiken Bögen – wie durch ein Wunder blieb ein allerletzter Bogen stehen.

In einem Punkt konnte Canevari sich nicht durchsetzen: Er hätte am liebsten die Tiberinsel durch die Trockenlegung des Flussarms an das linke Ufer angedockt. Doch das erschien seinen Auftraggebern als zu riskant und vor allem als zu teuer. Überhaupt sparten sie, wo sie konnten. Nicht überall wurden beispielsweise die Uferbänke gepflastert, besonders am linken Ufer verzichtete man streckenweise darauf. Und auf der rechten Seite kam es erst nach dem Hochwasser vom 2. Dezember 1900 zur Vollendung der Eindämmung. Mit einem Pegelstand von immerhin 16,17 Metern blieb diese Überschwemmung harmlos und tangierte die Stadt überhaupt nicht, ebenso wenig wie das Hochwasser vom 15. Februar 1915 mit einem Pegel von 16,08 Metern. Als am 17. Dezember 1937 das Wasser gefährlich nahe an den Oberrand der Ufermauern schwappte, blieb Rom trotzdem trocken.

Der größte Teil der Arbeiten auf der gigantischen Baustelle wurde in nur zwei Jahrzehnten vollendet. Vor 1900 war das linke Ufer schon gesichert. Auf der rechten Seite riss das Hochwasser in diesem Jahr eine Tafel mit, die etwas voreilig an der Mauer am Ponte Cestio angebracht worden war: «Quod romani non auserunt, Pontifices nequerunt, Italia unita fecit», stand darauf. «Was die Römer nicht wagten und die Pontifices nicht vermochten, erschuf das vereinigte Italien.»[8] Die Tafel wurde nicht erneuert, dabei zeigte sie sehr deutlich den Geist der Tiberbezwinger von 1875.

Raffaele Canevari, der Ingenieur von Papst und König, erlebte die Vollendung seines größten Projekts nicht mehr. Er starb im Juli 1900. Erst 1926, dann schon unter der faschistischen Diktatur, wurde die Uferbefestigung offiziell abgeschlossen. Damals fuhren bereits Autos über die großen, baumbestandenen Uferstraßen, die *Lungoteveri*. Noch immer bilden sie Hauptverkehrsadern.

Die Kaimauern verbannten den Tiber aus der Stadt und versenkten ihn damit quasi ins Unterbewusstsein der Römer. Er verschwand aus ihrem Blickfeld, ihrem Alltag, er wurde ihnen fremd. Nur auf alten Fotos und Stichen können wir ein Rom erahnen, das unwiderruflich verschwunden ist. Damals war die Aurelianische Mauer, die südlich der Piazza del Popolo parallel zum Fluss verlief, immer wieder durch kleine Pforten unterbrochen, von denen ein Pfad zum Wasser führte. Damals standen noch das imposante Renaissancegebäude des Collegio Clementino und die Paläste De Romanis, Martelli und Caetani – Letzterer mit einer Loggia und einem Garten, der sich bis zum Ufer erstreckte. Das Theater Apollo, errichtet an der Stelle, wo einst das Gefängnis Tor di Nona stand, verschwand mit der Uferbefestigung ebenso wie der Palazzo Altoviti, der sich seit 1514 gleichsam wie eine Wasserburg aus dem Fluss erhoben hatte. Die Kirchen S. Biagio della Tinta, S. Vincenzo und Anastasio della Regola und S. Bartolomeo dei Vaccinari wurden zerstört, das Armenhaus von Sixtus V. und das halbe jüdische Ghetto. Auf der rechten Uferseite opferte man einen Flügel des Hospitals Santo Spirito, einen Teil des Gartens der Villa Farnesina mitsamt einer vermutlich von Raffael entworfenen Loggia sowie das Jagdschloss von Donna Olimpia Pamphili, die als Schwägerin von Innozenz X. in der Mitte des 17. Jahrhunderts die mächtigste Frau von Rom gewesen war.

Jenseits der monumentalen Bauten zerschlugen die Arbeiter Häuserzeilen, zerstörten Straßen, Parks, Strände und natürlich die Häfen. Es verschwand das flirrende, lärmende, aufregende Leben am Fluss, der unbeirrt weiterlief, in großer, nunmehr monumentaler Leere zwischen künstlich erstarrten Ufern.

Kapitel 13

ODE AN DEN BLONDEN GOTT

Der Fluss in Malerei, Literatur und Film

Ein Mann, im dunklen Anzug, den weißen Hemdkragen weit offen, flaniert beim Ponte Sisto am Tiberufer entlang, vertieft in seine Gedanken, die so melancholisch, aber auch so glatt daherplätschern wie der Fluss im milden Abendlicht des Spätsommers. Ein paar Jogger kommen ihm entgegen, ihre Kraftausdrücke gleiten an dem eleganten Spaziergänger ab. Nur das Tuten einer Bootshupe lässt ihn kurz innehalten, dann geht er weiter. Und der Tiber schimmert wie ein olivgrünes Seidentuch. In dieser Szene von Paolo Sorrentinos *La Grande Bellezza* ist der Fluss ein Spiegelbild des von Toni Servillo verkörperten Protagonisten Jep Gambardella – auf eine stilvolle Weise mondän, aber auch von der Welt oberhalb der Kaimauern gelangweilt.

Sorrentino gönnt dem Tiber damit einen kurzen, doch prägnanten Auftritt in seinem Film aus dem Jahr 2013. Rom spielt die Hauptrolle, wie in so vielen anderen Werken italienischer und ausländischer Regisseure. Die Stadt am Tiber ist einer der beliebtesten Kino-Orte der Welt, aber ihr Fluss hat in der großartigen Kulisse meistens nur einen Auftritt als Statist. Mal lassen sich in *Ein Herz und eine Krone* Audrey Hepburn und Gregory Peck von einer Tanzbühne an der Engelsburg ins schwarzweiße Wasser hineinfallen, mal liefert sich Tom Cruise in dem Actionfilm *Mission Impossible 7* eine Verfolgungsjagd unter den Tiberbrücken. In dem Science-Fiction-Film *Sie nannten ihn Jeeg Robot* von Gabriele Mainetti verleiht ein Bad im Tiber dem römischen Kleinkriminellen Enzo übernatürliche Kräfte. Der Fluss passt sich jedem Thema an, er kann romantisch sein oder bedrohlich, proletarisch oder glamourös.

Nicht nur die Filmemacher, auch Maler und Schriftsteller haben sich zu allen Zeiten mit dem Fluss auseinandergesetzt. Einige verklärten ihn wie die antiken Dichter Horaz und Ovid. Die Maler Van Wittel und Kentridge oder der Schriftsteller und Regisseur Pier Paolo Pasolini ließen sich faszinieren von seiner geheimnisvollen, unbändigen Vitalität. Andere, wie Wolfgang Koeppen und Marie Luise Kaschnitz, sahen in ihm ein Sinnbild der Dekadenz. Alle spiegelten sich und ihre Kunst in ihm. Und er selbst blieb unergründlich, unerschöpflich.

Künstler Tiber und Künstler-Tiber

Vielleicht ist der Tiber der einzige Fluss, der sich selbst ein Kunstwerk schuf, mit seinem eigenen Wasser. Zugegeben assistiert von einem menschlichen Künstler. Der Südafrikaner William Kentridge legte Schablonen auf die Ufermauer zwischen Ponte Sisto und Ponte Mazzini, pumpte die Tiberbrühe in Schläuche und spülte mit Hochdruck die Fläche sauber. Übrig blieben Figuren, bestehend aus der alten Patina. So entstand der Fries *Triumphs and Laments*. Triumphe und Klagen der Ewigen Stadt, mit Tiberwasser «gemalt».

Auf 80 Bildern flanierten über 550 Meter hinweg die Etruskische Wölfin, mal mit den Zwillingen, mal als Skelett, sowie der triumphierende Titus mit seiner Kriegsbeute aus dem zerstörten Tempel von Jerusalem. Außerdem Legionäre und Landsknechte, Engel und Ketzer, Napoleon und Pasolini, Caesar und Mussolini, Michelangelo und Anita Ekberg: lauter ikonische Motive, manche historisch, andere mythologisch, wieder andere Kunstwerke wie Berninis *Verzückung der heiligen Theresa*. In einem wie zufällig kombinierten, weder chronologisch noch thematisch geordneten Zug schritten sie den Tiber entlang, bevor sie sich wie Geister wieder in Luft auflösten.

Denn schon fünf Jahre nach der feierlichen Eröffnung am 21. April 2016 war das große Gemälde kaum noch zu erahnen. Kentridge hatte ja keine Farbe benutzt, allein das Flusswasser hatte die Figuren aus dem Staub der Geschichte geschält. Der Künstler wusste, dass die Mauer durch natürliche Ablagerungen und Luftverschmutzung nachdunkeln würde, bis seine Bilder darin wieder verschwänden. Dass nichts ewig ist, nur Rom selbst, war gewissermaßen die Botschaft des Kunstwerkes. Nur erfüllte sie sich früher, als der Künstler gehofft hatte. Streng gemahnt der Tiber an die Vergänglichkeit und macht den Platz frei für neue Kunst auf der Ufermauer. Die Brasilianerin Maria Thereza Alves wird mit einer ähnlichen Technik wie

Die Wölfin am Tiber ist eines von 80 Motiven aus Mythen und Ereignissen der Stadtgeschichte, die der südafrikanische Künstler William Kentridge zu einem 550 Meter langen Fries an der Ufermauer komponierte. Für sein Werk *Triumphs and Laments* wurde mit Hochdruckgeräten die Schmutz-Patina um die Figuren entfernt.

Kentridge aus dem Dreck Pflanzen «wachsen» lassen, die aus den ehemaligen Kolonien Libyen, Eritrea, Somalia und Äthiopien nach Italien gebracht und dort heimisch wurden.

Den Tiber als Kunstfluss hat natürlich nicht William Kentridge erfunden. Er war immer schon da, personifiziert als Statue oder auf den Mosaiken und Fresken der Kaiserzeit wie auf den Malereien christlicher Altarbilder, die den Fluss in den Hintergrund drängten.

Das änderte sich im Zeitalter der Grand Tour. Der Niederländer Gaspar Van Wittel (1653–1736), von dem wir schon gehört haben, war 1674 als sehr junger Mann nach Rom gekommen, wo es schon eine ansehnliche holländische Malergemeinde gab. Mit seinen Zeichnungen für das Projekt des Wasserbauingenieurs Cornelius Meyer zur Eindämmung des Tibers an der Via Flaminia wurde er bei Hofe bekannt und konnte sich bald vor Aufträgen nicht retten.[1] Heute gilt Van Wittel als Begründer der Vedutenmalerei des 17. Jahrhunderts. Dass er im Ausland nicht so bekannt wurde wie beispielsweise der etwas später wirkende Canaletto, liegt vor allem daran, dass die meisten seiner Bilder sich bis heute im Privatbesitz befinden. Allein für

Kein zweiter Künstler hat den Tiber so oft gemalt wie der Niederländer Gaspar Van Wittel. Ihm verdanken wir Ansichten von Häfen, Brücken und dem Alltagsleben mit dem Fluss. Hier zeigt Van Wittel Tiber und Tiberinsel von Süden mit dem Ponte Rotto links, Fischerbooten und dem geschäftigen Treiben am Ufer.

den Palazzo der alteingesessenen Adelsfamilie Colonna lieferte er 55 Stadtansichten.[2]

Van Wittels Tiberbilder bestechen durch Realismus und Lebendigkeit, sie zeigen den Fluss mitsamt seiner Häfen, Brücken und Mühlen als vielgenutzte, produktive Lebensader der Stadt. Rom und der Tiber sind hier keine erhabene Kulisse, sondern ein vitaler Organismus. Diese Hinwendung zum Alltag und die Vielschichtigkeit der Motive und ihrer Geschichten machen die Rom-Veduten des Niederländers zur wichtigen Quelle für Historiker und nicht zuletzt auch für dieses Buch.

Ganz anders der Engländer William Turner (1775–1851). Er malte die menschenleere Flusslandschaft im Norden der Stadt ebenso entrückt wie den innerstädtischen Fluss, in Farben wie Feuer. Bei Turner ist der Tiber ganz Mythenstrom, eine Ausgeburt der Phantasie, wie in dem Gemälde von Agrippinas Landung mit der Asche ihres Germanicus. Diese fand in Wirklichkeit gar nicht an seinen Ufern statt, sondern am Adriahafen von Brindisi, aber das musste Turner nicht kümmern. Er wollte das ganz große Drama in einer möglichst grandiosen Umgebung zeigen.

Goethe hingegen machte den Tiber klein. Zwei Fluss-Aquarelle von seiner Hand zeigen liebliche Landschaften im Winter 1787 mit dem Tiber als passiv-dekorativem Element einer idyllischen Campagna. *An der Tiber über Rom gegen Villa Madama* thematisiert die Gegend im Norden der Stadt,

252 Ode an den blonden Gott

der Fluss fließt breit und träge dahin, von einem stillen Treidelweg und sanften Hügeln gesäumt. Im Süden Roms malte Goethe dann vom Wasser aus die Ruinen des antiken Emporium. Offenbar hatte er sich in einem Boot dorthin befördern lassen, so wie im Oktober 1827 auch Stendhal eines für eine Erkundungstour durch die Stadt und sogar in der Cloaca Maxima nutzte: «Wir haben ein großes, stabiles Boot genommen, denn der Parcours durch Rom gilt als gefährlich. Wir sind unter vier Brücken durchgefahren, von der Engelsbrücke bis zum Ponte Fabricio. Wir haben die Reste dreier Brückenruinen gesehen (...) und sind in die Cloaca Maxima hinein.»[3]

Besonders inspiriert klingt das nicht. Stendhal konnte mit dem Tiber nicht viel anfangen. Und Goethe, der ihn doch so bukolisch malte, empfand den Fluss in der Stadt sogar als störendes Element. In seinen römischen Tagebüchern karikierte er ihn als Sumpfgewässer und fragte anklagend, warum die Römer ihre Stadt ausgerechnet im Tibertal gegründet hätten, inmitten von Morast, Nebel und Feuchtigkeit. Die alte Königsstadt Alba Longa in den Hügeln südlich von Rom aufzugeben, um sich am Tiber anzusiedeln, hielt Goethe für einen bösen Irrtum der Geschichte:

«Hirten und Gesindel haben sich hier zuerst eine Stätte bereitet, ein paar rüstige Jünglinge haben auf *dem* Hügel (dem Palatin, Anm. der Autorin) den Grund zu Palästen der Herrn der Welt gelegt, an dessen Fuß sie die Willkür des Ausrichters zwischen Morast und Schilf einst hinlegte. So sind die sieben Hügel Roms nicht Erhöhungen gegen das Land, das hinter ihnen liegt, sie sind es gegen die Tiber und gegen das uralte Bette der Tiber, was Campus Martius ward. (...) Schon jetzt nehme ich den herzlichsten Anteil an dem Jammergeschrei und den Schmerzen der Weiber von Alba, die ihre Stadt zerstören sehn, und den schönen von einem klugen Anführer gewählten Platz verlassen müssen, um an den Nebeln der Tiber Teil zu nehmen, den elenden Hügel Coelius zu bewohnen und von da nach ihrem verlassenen Paradies zurück zu sehnen. Ich kenne noch wenig von der Gegend, aber ich bin überzeugt, kein Ort der ältern Völker lag so schlecht wie Rom.»[4]

Als wie viel schöner und einladender erschien dem Dichter die Lage von Neapel! Ein enthusiastischer Goethe vermerkte dort am 3. März 1787: «Gegen die hiesige freie Lage kommt einem die Hauptstadt der Welt im Tibergrunde wie ein altes, übelplaciertes Kloster vor.»[5] Mit dem einmaligen Landschaftsensemble von Meeresgolf und Vesuv konnte Rom in seinen Augen nicht konkurrieren, fehlte dem Tiber doch das Majestätische, Erhabene.

Immerhin, zu einem erfrischenden Bad im Sommer und als Verbindungsweg zwischen den Stadtvierteln war dieser Fluss zu gebrauchen, den für den Geschmack des deutschen Dichterfürsten viel zu wenige Brücken überspannten. Zum Glück gab es fast überall Fähren. Genüsslich erzählte Goethe von ihm bekannten Künstlern, die nach einem Nachmittag im Vatikan an der Anlagestelle nördlich der Engelsburg eine Tiberfähre nutzten, um sich den langen Weg zu ihrem Quartier auf der anderen Flussseite zu sparen. Die Männer gingen «zu dem Tor an der Kolonnade (auf dem Petersplatz) hinaus, an den Weinbergen her bis an die Tiber. Sie hatten sich unterwegs gestritten, kamen streitend ans Ufer und setzten auf der Überfahrt die Unterhaltung lebhaft fort. Nun wären sie, bei Ripetta aussteigend, in den Fall gekommen, sich zu trennen, und die von beiden Seiten noch überflüssig vorhandenen Argumente in der Geburt erstickt zu sehen.» Um ihre Diskussion nicht unterbrechen zu müssen, verlangten die Passagiere von dem Fährmann, dass er sie hin- und herbrächte, solange sie es wünschten. Der Römer tat, wie ihm geheißen – und kassierte für jede Überfahrt den üblichen Obolus.[6] Goethe selbst scheint nicht dabei gewesen zu sein, vermerkte aber an anderer Stelle: «Heute machten wir uns einen guten Tag, besahen einen Teil des Capitols, den ich bisher vernachlässigte, dann setzten wir über die Tiber und tranken spanischen Wein auf einem neu gelandeten Schiffe. In dieser Gegend will man Romulus und Remus gefunden haben.»[7]

Insgesamt spielte der Fluss in der einzigartigen Stadtlandschaft Roms für Reisende aus dem Norden zu allen Zeiten eine untergeordnete Rolle. Niemand fuhr nach Rom, um den Tiber zu sehen, während bei allen die Peterskirche und das Kolosseum auf dem Programm standen. Als Charles Dickens im Frühjahr 1845 in Rom eintraf, fand er Fluss und Stadt gleichermaßen enttäuschend: «Wir hatten den Tiber bei Ponte Molle überschritten. Er war so gelb, wie er sein sollte, und hatte, wie er zwischen seinen zerrissenen und schmutzigen Ufern dahineilte, ein vielversprechendes Aussehen von Öde und Verwüstung (...) Auf einen bewölkten Himmel, einen gemütlichen Regen und schmutzige Straßen war ich gefasst, aber nicht darauf; und ich gestehe, ich ging diesen Abend sehr ernüchtert und mit beträchtlich gedämpfter Begeisterung zu Bett.»

Bei schönem Wetter sah alles natürlich ganz anders aus. Entzückt notierte Dickens nach dem Ostergottesdienst auf dem Petersplatz: «Was für ein strahlender Mittag, als wir den Platz verließen! Der Tiber war nicht länger gelb, sondern blau. Da lag eine Röte auf den alten Brücken, die sie wieder frisch und gesund erscheinen ließ.»[8]

Knapp 100 Jahre später besuchte der Amerikaner Ezra Pound Rom –
und traf dort sein Idol, den faschistischen Diktator Benito Mussolini. In
seinem Gedicht *Rom* beklagte er den Niedergang der Stadt, deren Größe
und Erhabenheit von der Zeit abgeschliffen worden sei. Nur der Tiber sei
von dem «wahren», stolzen und siegreichen Rom geblieben, denn er allein
sei zeitlos. So schälte Pound den Fluss aus den Zeitläuften heraus und gab
ihm jene göttliche Dimension, die auch der eklektische italienische Faschismus ihm in Anlehnung an die Antike verpasst hatte.

O Neuankömmling, der du Rom in Rom suchst
Und in Rom nichts findest, was du römisch nennen könntest;
Bröckelnde Bögen und gewöhnlich gewordene Paläste,
Nur in solchen Mauern klingt Roms Name noch.

Schau an, dass Stolz und Niedergang auch befallen,
Wer einst die Welt eroberte und sich unterwarf,
Die Weltenstürmerin ist nun selbst besiegt, weil
Sie Beute der Zeit ist, und Zeit erobert alles.

Rom, das du Roms letztes und einziges Monument bist,
Rom, das du nur die Stadt Rom erobert hast,
Nur der geschwungen seewärts fließende Tiber

Bleibt von Rom. O Welt, du launische Mimin!
Was in dir fest steht, reißt die Zeit nieder,
Und was fließt, entzieht sich der Zeit.

(O thou newcomer who seek'st Rome in Rome
And find'st in Rome no thing thou canst call Roman;
Arches worn old and palaces made common
Rome's name alone within these walls keeps home.

Behold how pride and ruin can befall
One who hath set the whole world 'neath her laws,
All-conquering, now conquered, because
She is Time's prey, and Time conquereth all.

Rome that art Rome's one sole last monument,
Rome that alone hast conquered Rome the town,
Tiber alone, transient and seaward bent,

Remains of Rome. O world, thou unconstant mime!
That which stands firm in thee Time batters down,
And that which fleeteth doth outrun swift Time.[9])

Im faschistischen Kult um das «neue Imperium» wurde auch der Tiber erhöht. Der Fluss war gleichzeitig ewig und dauernd modern, genauso wie der Faschismus es auch sein wollte. An seinen Ufern errichtete Mussolini sein «Imperatoren»-Forum, auf seinem Wasser ließ er am 7. November 1925 theatralisch den Piloten Francesco De Pinedo nach dessen Interkontinentalflug landen. Für den «Duce» übernahm der Dichter Giuseppe Ungaretti die Rolle des Vergil und besang den Tiber als «Schicksalsfluss»:

Auch du mein Fluss, schicksalhafter Tiber,
nun, da die Nacht schon unruhig dahinfließt,
nun, da beharrlich
und wie mit Mühe aus dem Felsen gebrochen
sich das Klagen der Lämmer verbreitet
verloren auf den zerstörten Straßen.

(Mio fiume anche tu, Tevere fatale
ora che notte già turbata scorre
ore che persistente
e come a stento erotto dalla pietra
un gemito d'agnelli si propaga
smarrito per le strade esterrefatte.[10])

Eine Ewigkeit scheint zwischen Ezra Pounds erstarrten Rom mit seinem entrückten Tiber und dem sinnlichen Flussraum einer jungen Österreicherin zu liegen, und doch waren es nur wenige Jahre. Seit 1954 lebte Ingeborg Bachmann mit mehr oder weniger langen Unterbrechungen in der Stadt, überwiegend in der Nähe des linken Ufers: an der Via Vecchiarelli 38 unweit der Engelsbrücke, in der Via Ripetta sowie an zwei Adressen in der Via Giulia. Dort, im Palazzo Sacchetti, dessen Gärten einst bis zum Tiber reichten, ereignete sich in der Nacht vom 25. auf den 26. September 1973 jener tragische Brandunfall, an dessen Folgen sie am 17. Oktober starb. Aus dem Jahr 1956 datiert ihr *Römisches Nachtbild*:

Wenn das Schaukelbrett die sieben Hügel
nach oben entführt, gleitet es auch,
von uns beschwert und umschlungen,
ins finstere Wasser,
taucht in den Flußschlamm, bis in unsrem Schoß
die Fische sich sammeln.
Ist die Reihe an uns,
stoßen wir ab.
Es sinken die Hügel,
wir steigen und teilen
jeden Fisch mit der Nacht.
Keiner springt ab.
So gewiß ist's, daß nur die Liebe
und einer den andern erhöht.[11]

Da ist der Tiber ein tiefes, geheimnisvolles dunkles Wasser, aber auch eine schlammige Wiege, die das Liebespaar sanft aufnimmt, ohne es hinabzuziehen oder gar zu verschlingen.

Bachmann entdeckte den Tiber als Subjekt. Inmitten der von Kirchen, Palästen und Denkmälern geprägten Stadt ist der Fluss ein lebendiges Wesen, unberechenbar, vital und anarchisch. «In Rom sah ich, dass der Tiber nicht schön ist, aber frei um seine Kais, aus denen Ufer treten, an die keiner Hand legt», so beginnt ihr Essay *Was ich in Rom sah und hörte*.[12] Nicht schön, aber frei: Größer kann der Gegensatz nicht sein zur monumentalen *bellezza* der steinernen Stadt, die unter der Last ihrer Geschichte zu erstarren droht. Nur am Fluss findet die Erzählerin die Leichtigkeit des Moments. An seinen Ufern setzt die Vergangenheit Rost an, während er einfach weiter fließt, der eigenen Auflösung entgegen. «Die rostgebräunten Frachtschiffe benützt niemand, auch die Barken nicht. Sträucher und hohes Gras sind mit Schmutz beworfen, und auf den einsamen Balustraden schlafen in der Mittagshitze die Arbeiter regungslos. Noch nie hat sich einer umgedreht. Nie ist einer hinuntergestürzt. Sie schlafen, wo die Platanen ihnen einen Schatten aufschlagen, und ziehen sich den Himmel über

den Kopf. Schön ist aber das Wasser des Flusses, schlammgrün oder blond –
wie das Licht ihn strählt.» Das Licht, der Zufall also, macht den Tiber schön, lässt ihn changieren
zwischen Hoffnungsstrom und Styx. Und mittendrin treibt ein Inselschiff,
die Isola Tiberina, mit der eigentlichen Stadt durch Brücken verbunden.
«Den Tiber soll man entlanggehen und nicht von den Brücken sehen, die
als Wege zur Insel gedacht sind. Die Tiberina bewohnen die Noiantri – wir
anderen. Das ist so zu verstehen, daß sie, die Insel der Kranken und Toten
seit alter Zeit von uns anderen mitbewohnt werden will, mitbefahren,
denn sie ist auch ein Schiff und treibt ganz langsam im Wasser mit allem
Beladenen, in einem Fluß, der sie nicht als Last empfindet.»[13]

Das klingt düster und leicht zugleich, wie das gurgelnde Wasser des Tibers an einem Winterabend. Denn der Tod ist allgegenwärtig in Rom, dem
größten Friedhof des Abendlandes. Nur der Tiber lebt ewig und erneuert
sich ständig, gleichgültig gegenüber den Szenen der Vergänglichkeit an seinen Ufern und den Kadavern, die in ihm treiben. Marie Luise Kaschnitz
sah im Wasser vor der Tiberinsel «faules Stroh, verdorbene Früchte» und
weitere Zeugen der Vanitas am Kai, «ein totes Schwein, gläsern überkrus-
tet, von den eifrig hin und her schießenden Ratten überlaufen und be-
nagt».[14] So ekelerregend kann der Fluss auch wirken, ein krawalliger *agent
provocateur* gegenüber der Marmorruhe seiner Stadt. Besonders deutsch-
sprachige Schriftsteller betonen gern den Schmutz und Gestank am Tiber.
Bei ihnen wird der Fluss zum Symbolbild einer wenig attraktiven Realität,
die im krassen Gegensatz zu ihrer aus der Vorstellung antiker Grandezza
gespeisten Rom-Idee steht.

«Der Tiber floss trübe, schwärzlich, brackig durch die alten Steinbögen,
er strömte unter mir nach Ostia und zum Meer, viele Erschlagene waren
mit ihm geströmt, er war ein alter, erfahrener Fluss, und es lockte mich
nicht, in seiner Flut zu baden, die wie das stinkende Waschwasser einer
alten nymphomanen Vettel war – es lockte mich doch, vielleicht würde
auch ich einmal erschlagen werden!»[15] In Wolfgang Koeppens 1954 erschienenen Roman «Der Tod in Rom» erscheint der Tiber als Fluss einer abendländischen Erinnerungshölle, aus der es kein Entrinnen gibt. Der Erzähler
wird von ihr gleichermaßen angezogen wie abgestoßen. Schließlich steigt
er von der Engelsbrücke zu dem darunter liegenden Badeboot herab und
hat im «stinkenden Wasser des Tibers» ein homoerotisches Erlebnis: «Ich
hasste mich (…) Es war Lust und Vergangenheit, die ich empfand, es war

Erinnerung und Schmerz, und ich hasste mich.» Wenig später ist die innere Verstörung einem Triumphgefühl gewichen: «Ich deutete auf den Fluss und seine Ufer, als gehörten sie mir. Ich rief: ‹Schau den Tiber, ist er nicht schön, alt und wohltuend? Ich habe im Tiber gebadet, fass mein Haar an, es ist nass vom guten Wasser des Tibers!›»[16] Der Fluss wird hier zum Symbol der eigenen inneren Abgründe, die der Erzähler zumindest für einen Moment überwunden zu haben glaubt – nachdem er in ihnen gebadet hat. In der jüngeren italienischen Literatur spielt der Tiber eine andere Rolle. In dem Roman *La Storia* der Römerin Elsa Morante ist er ein Ruhepol in der allgemeinen Zerstörung und Verzweiflung der Nachkriegszeit. Er fungiert gleichzeitig als Bühne und Gastgeber für die Treffen dreier ungleicher Freunde – des kleinen Useppe, der mit seiner Mutter, einer Lehrerin, in Testaccio wohnt, des jugendlichen Streuners Scimo, der in einer Hütte am Ufer haust, und von Useppes Hirtenhündin Bella. Useppe und Bella unternehmen am Tiber ausgedehnte Spaziergänge und erleben in der Flusslandschaft viele Abenteuer. Bei Morante ist der Tiber ein ebenso wilder wie fürsorglicher Vater für den kleinen Jungen, dessen leiblicher Erzeuger, ein deutscher Besatzungssoldat, die Mutter vergewaltigt hat. Am Fluss fühlt Useppe, der an Epilepsie leidet und deshalb nicht zur Schule gehen kann, seine Behinderung nicht, sondern spürt seiner Weltneugier nach.

«Das Zykadennest erwies sich als eine faszinierende, aber mysteriöse Angelegenheit. Etwa 60 Meter von der Hütte entfernt, hinter einem kleinen Hügel, wuchs ein Baum, dessen Stamm im Verhältnis zu der riesigen Krone ziemlich niedrig war. Einer seiner Äste war von einem langen Schnitt gezeichnet, und Scimo sagte, dass das für die Eier der Zykaden sei. Dann zeigte er an der Wurzel des Baumes ein kleines Loch in der aufgewühlten Erde und sagte, darunter sei ein Nest, wo die Eier ausgebrütet würden. Er behauptete sogar, am Tag zuvor eine junge Zykade dabei überrascht zu haben, während sie, soeben aus dem Nest geschlüpft, an die Baumrinde geklammert, sich mühte, die Eierschale abzuwerfen.»

Scimo, den der kleine Useppe um sein freies Leben in einer Hütte am Fluss beneidet, ist vor den Schlägen und Demütigungen seiner Familie und Heimerzieher in das Niemandsland des Tiberufers geflüchtet. Als einzigen Besitz hortet er eine Münze vom Radrennen *Giro d'Italia*, die ihm angeblich einer jener Männer geschenkt hat, die Scimo auch bei Kinovorstellungen trifft – vielleicht, um sich zu prostituieren. «Und sie gingen an den Fluss, wo Scimo ein Bad nehmen wollte, bevor er ins Kino ging. Hier musste Useppe gestehen, dass er noch nicht schwimmen konnte. Und er blieb schmerzerfüllt am Ufer zurück, während Bella und Scimo im Wasser tobten. Als er herauskam, wies Scimo, splitternackt, Useppe auf seine Genitalien hin, er prahlte damit, schon ein Mann zu sein.»[17]

Pasolini – ein Kapitel für sich

Niemand hat vom Tiber so ausführlich und intensiv erzählt wie Pier Paolo Pasolini. In seiner Prosa und seinen Filmen spielt der Fluss eine zentrale Rolle, spiegelt die Stimmungen der Protagonisten, inspiriert die Vitalität der jungen Männer, die sich an seinen Ufern treffen. Pasolinis Tiber ist die Lebensader einer Nachkriegsstadt, die eine der größten Zuwanderungswellen ihrer Geschichte erlebt, der Sehnsuchtsfluss der neuen Peripherie, für die er das einzig nahbare Element der monumentalen Altstadt darstellt. Der Fluss ist für alle da, er verschließt sich nicht wie die prachtvollen Paläste der Macht, er macht keine Unterschiede und fragt nicht nach Woher und Wozu. Er wirkt als Identitätsstifter für die jungen Männer, die in den Vororten aufwachsen und nur Dialekt sprechen. Genau wie das *popolino* und die *poveracci*, das kleine Volk und die Armen von Rom, war der Tiber immer da, und doch ist er nie zum Monument erstarrt wie die Stadt an seinen Ufern. Der Tiber lebt und schmutzt und stinkt. Er hat seine wilde Seele auch zwischen den himmelhohen Kaimauern bewahrt. Er lässt sich nicht bändigen.

Pasolini war selbst ein Zugezogener, im Winter 1949/50 war er mit seiner Mutter aus dem Friaul angekommen. Wegen seiner Homosexualität hatte er seine Stelle als Lehrer verloren und war aus der Kommunistischen Partei ausgeschlossen worden. In der Hauptstadt schlug er sich als Privatlehrer, Fahnenkorrektor und Journalist durch, wohnte zunächst im ehemaligen Ghetto, dann im Arbeiterviertel Ponte Mammolo, schließlich im bürgerlichen Monteverde. Am Tiber fand er das alte und das neue Rom.

«Hinter dem Parco Paolino und der goldenen Fassade von San Paolo floss auf der anderen Seite eines hohen, dicht beschilderten Deichs der Tiber: und dort war es leer, keine Strandbäder, keine Boote, keine Badenden, und rechts davon war alles mit Kränen, Antennen und Schornsteinen bespickt, mit dem gigantischen Gasometer vor dem Himmel und dem gesamten Wohnviertel von Monteverde am Horizont, oberhalb der stinken-

«Ich machte irgendeinen mittelmäßigen Kopfsprung, und nach ein paar Schwimmstößen kletterte ich durch das Unkraut, den Morast und den Müll am Ufer wieder heraus», schrieb der Schriftsteller und Filmregisseur Pier Paolo Pasolini über seine Nachmittage am Tiber. Unweit der Flussmündung wurde er 1975 ermordet.

den, versengten Böschungen und seinen alten Villen, die wie kleine, sich im Licht auflösende Schachteln aussahen. Genau da unten standen die Pfeiler einer nicht fertig gebauten Brücke, um die herum schmutziges Wasser strudelte. Das Ufer von San Paolo war dicht mit Schilf und Gestrüpp bewachsen. Dazwischen rannten Riccetto und Marcello hinunter und gelangten unter dem ersten Brückenpfeiler ans Wasser. Aber hinein gingen sie erst einen halben Kilometer flussabwärts, wo der Tiber eine lange Biegung machte.»¹⁸

In einer frühen Erzählung Pasolinis geht es um einen Jungen, der am Ponte Garibaldi geröstete Kastanien verkauft: «Er hält das Öfchen zwischen den Beinen, sitzt in einer Biegung des Brückengeländers, ohne jemandem ins Gesicht zu sehen.» Die Brücke symbolisiert den Überlebenskampf des Armen, der feste Boden unter seinen Füßen ist reine Illusion, denn «der Tiber hinter ihm ist ein Abgrund, auf Seidenpapier gezeichnet. Und man hat den bestürzenden Eindruck, dass er ihn nicht sieht, fast als wäre der Tiber für ihn etwas so Fremdes, dass er keine Verbindung mit seiner Wirklichkeit hat.»¹⁹

Doch der Tiber ist nicht nur ein Abgrund. Er kann auch heiter sein, etwa in den schwimmenden Badeanstalten, die Pasolini gerne frequentiert. Im Sommer sind sie so überlaufen, dass der Sandplatz zwischen der hohen

Flussmauer und dem Schwimmdock zum «Ameisenhaufen» wird. Die Nachmittage dort vergehen mit Schwimmen, Gewichtestemmen, Bootfahren und Kartenspielen – zumindest für alle diejenigen, die sich einen Ausflug ans Meer nicht leisten können: «Ich machte irgendeinen mittelmäßigen Kopfsprung, und nach ein paar Schwimmstößen kletterte ich durch das Unkraut, den Morast und den Müll am Ufer wieder heraus.»[20] In einem solchen Flussbad unter der Engelsburg trifft sich auch Accattone mit seinen Freunden, die Titelfigur aus Pasolinis gleichnamigem Regiedebüt (auf Deutsch heißt der Film *Wer nie sein Brot mit Tränen aß*). Nach der Saalpremiere im November 1961 wurde der Film in Italien sofort verboten – die Zensurbehörde verdammte seine düstere Hoffnungslosigkeit als unmoralisch.

Drei Tiberbrücken bilden das Gerüst für die Lebenstragödie des Accattone, eines Gelegenheitszuhälters und Diebs aus der Vorstadt. Da wäre zunächst die Engelsbrücke, von der er springt, um eine Wette unter Freunden zu gewinnen. Zuvor verputzt der Hungerleider Accattone auf der Terrasse des Badeschiffs *Ciriola* am Kai unterhalb der Engelsburg mit Hingabe Nudeln und Kartoffeln. Dann sieht man ihn vor großem Publikum auf der Brüstung. Ob er vor dem Sprung nicht seinen Goldschmuck ablegen wolle, rufen ihm von unten die Jungen zu. «Ich will mit dem Gold am Körper sterben wie ein Pharao», höhnt Accattone. «Wenn ihr es wollt, müsst ihr danach fischen!» Bekreuzigt sich und springt kopfüber in den Tiber. In der nächsten Szene sitzt er schon wieder Karten spielend auf der Bootsterrasse und prahlt: «Weißt du, wer Accattone ist? Noch nicht mal der Fluss trägt Accattone hinweg.»

Die zweite Brücke ist der Ponte Mazzini zwischen Via Giulia und Trastevere. Accattone verbringt dort den Abend zwischen elegant gekleideten Menschen auf einem Partyboot. Betrunken versucht er, sich auch dort von der Brücke zu stürzen, wird aber von seinen Freunden davon abgehalten. Schließlich wäscht er sein Gesicht im Tiber und wälzt es anschließend im Ufersand.

Auf der dritten Brücke ist schon Endstation für Accatones kurzes Leben. Er liegt auf dem Ponte Sublicio, wo er sich den Kopf am Bordstein gestoßen hat, nachdem er auf der Flucht vor der Polizei von einem gestohlenen Motorrad gestürzt war. «Jetzt geht es mir gut», sind seine letzten Worte, und dann fällt der Vorhang über Accattone, diesem Kind der Vorstadt und Sohn des Tibers.

Der Fluss, den Pasolini so oft als einzig freundliches Element in einer lebensfeindlichen Umwelt zeigte, zeichnete auch das Schicksal von Accattones Schöpfer. Im Tiber verschmelzen Pasolinis Leben und Werk, an der Mündung entsteht der Mythos um seinen Tod. In seinen letzten Stunden am Abend des 1. November 1975 fuhr Pasolini den Tiber hinunter, in Begleitung seines Mörders – oder zumindest eines seiner Mörder, denn das Rätsel ist noch immer nicht gelöst.

Kurz vor 23 Uhr erschien er mit einem jungen Mann in seinem Stammlokal *Al Biondo Tevere* an der Via Ostiense, kurz vor der Paulusbasilika. Pasolini bestellte ein Bier, sein Begleiter eine Hühnerbrust, die zubereitet wurde, obwohl die Küche eigentlich schon geschlossen war. Man erfährt das und andere Einzelheiten von Giuseppina Panzironi, der hochbetagten Wirtin, die zusammen mit ihrem Sohn Roberto das Lokal betreibt. Die holzvertäfelte Wand, das Mobiliar, den Fliesenboden – das alles gab es schon in den 1970er Jahren, ebenso wie Tonnarelli alla Carbonara, Tiramisu und den Landwein aus Zagarolo. Auch der Blick auf den Tiber, wie er sich hinter dichter Vegetation ruhig dem Meer entgegenschlängelt, ist gleich geblieben.

Um den Tisch, an dem PPP und der Junge saßen, haben Giuseppina und Roberto mit Zeitungsausschnitten und Fotos eine Pasolini-Museumsecke gestaltet. Der Tisch steht in einem kleinen Raum direkt neben der Küche, doch auch im großen Gastraum, der auf die Terrasse mit Tiberblick führt, hängt ein Bild von Pasolini, ein Stück Straßenkunst aus dem Jahr 2015. Wie eine Art Pietà zeigt es den Künstler, der auf den Armen seinen eigenen Leichnam trägt. Nebenan läuft ein Fernseher mit Fußball, der Samstagnachmittag ist eingeläutet für die Familien, die hier ihre riesigen Nudelportionen verspeisen.

Im *Biondo Tevere* scheinen die Geschichten von Pasolini, dem Fluss und Rom zusammenzufließen. Die alte Wirtin und ihr Sohn sind Tibermenschen wie der tote Dichter, den sie verehren. Sie fühlen sich als Teil seiner Welt und seines geistigen Erbes. Wer Pasolini sucht, wird von ihnen freundlich aufgenommen und geduldig mit der Erzählung des letzten Abends bedacht. Zur Erinnerungsarbeit gehört hier auch, dass jedes Jahr am Abend des 1. November Pasolinis Texte gelesen werden.

Damals, 1975, war Pasolinis Tischgefährte der 17-jährige Giuseppe Pelosi, genannt Pino. Er war wegen Autodiebstahls vorbestraft und befand sich angeblich zum ersten Mal auf dem Schwulenstrich vor dem Bahnhof Termini, wo ihn Pasolini aufgabelte. Der Regisseur kam vom Abendessen in der *Trattoria Pommidoro* im Viertel S. Lorenzo gleich hinter dem Bahnhof und suchte, wie so oft am späten Abend, noch Begleitung. Pelosi war einverstanden, mit ihm ans Meer zu fahren. Als er Hunger bekam, hielten die beiden am *Biondo Tevere*. Gegen Mitternacht ging es weiter, nach Ostia, zur Tibermündung. Und da geschah es.

Die Polizei stoppte Pelosi am frühen Morgen des Allerseelentags auf der Küstenstraße von Ostia, weil er in Pasolinis Alfa Romeo in irrem Tempo gegen die Fahrtrichtung fuhr. Erst als es hell wurde, Stunden später, fand eine Spaziergängerin die entsetzlich verunstaltete Leiche Pasolinis auf einem verlassenen, heruntergekommenen Fußballplatz.

Bis heute ist nicht eindeutig geklärt, was geschah. War es ein Auftragsmord? Politische Rache? Ein mafiöses Komplott? Pasolinis Ende, so scheint es, passt zu seinem Werk, nicht zu ihm selbst. Das gibt diesem Mord etwas Surreales und führt zugleich dazu, dass Pasolinis Schaffen aus seinem Tod heraus interpretiert wird. Die italienische Kulturwelt hat hinter dem traumatischen Verlust ihres damals bedeutendsten Repräsentanten stets einen komplizierten Plot vermutet: höhere Mächte als einen schwulen Stricher.

Anfang Dezember 1975, wenige Wochen nach der Tat, wurde Pelosi vor Gericht gestellt. Er erklärte: Es sei zum Streit um Sexpraktiken gekommen, Pasolini habe ihn nötigen wollen. Er, Pelosi, habe zu einem am Boden liegenden Holzstück gegriffen und seinen Begleiter niedergeschlagen. Dann sei er in den Alfa Romeo gestiegen und habe Pasolini in Panik mehrmals überfahren.

Der geständige Täter wurde wegen Totschlags zu neun Jahren und sieben Monaten verurteilt. Die erste Instanz war noch davon ausgegangen, dass er Pasolini gemeinsam mit Unbekannten getötet habe, das Berufungsgericht stellte seine Alleinschuld fest. 1983 wurde er aus dem Gefängnis entlassen, mittlerweile 25 Jahre alt und eine Berühmtheit. Sogar einen Spitznamen hatte er nun, «la rana», der Frosch. Ein Zeitungsjournalist hatte den Namen wegen Pelosis breitem Mund und seinen hervorstehenden Augen erfunden.

Der Frosch machte da weiter, wo er vor der Begegnung mit Pasolini aufgehört hatte: Autodiebstahl, Einbrüche, Drogenhandel. Über die Nacht am Hafen von Ostia schwieg er 30 Jahre lang, bis zu einem Interview im italienischen Staatsfernsehen RAI im Jahre 2005.

Da erklärte Pelosi plötzlich, er sei am Tatort nicht allein gewesen und zudem unschuldig. Denn anstatt auf Pasolini einzuschlagen, habe er ihn schützen wollen vor drei Männern, die mit Stöcken und Eisenketten auf den Künstler losgegangen seien, nachdem sie dem Alfa Romeo in einem Auto mit Kennzeichen aus Catania gefolgt seien. Die Schläger hätten mit sizilianischem Akzent gesprochen und ihr Opfer als «dreckigen Kommunisten» beschimpft. Neue Ermittlungen wurden eingeleitet, doch sie brachten keine Antwort auf die vielen offenen Fragen.

Wurde Pasolini Opfer eines politischen Komplotts, aus dem Weg geräumt wegen der Recherche zu seinem letzten, unvollendeten Roman *Petrolio* (*Erdöl*) über die sexuellen Obsessionen eines Managers beim italienischen Energieunternehmen ENI? War er auf Machenschaften des Geheimdienstes gestoßen? Am 25. Mai 2015, vier Jahrzehnte nach Pasolinis Ermordung, ordnete eine römische Richterin die Einstellung des bislang letzten Verfahrens an. Man hatte am Tatort DNA-Spuren von mindestens fünf männlichen Personen gesichert, konnte sie aber nicht zuordnen. Pelosi starb am 20. Juli 2017 und nahm all seine Widersprüche mit ins Grab.

Das hinderte die Antimafia-Kommission des italienischen Parlaments nicht daran, eine neuerliche Untersuchung einzuleiten, deren Ergebnis im Dezember 2022 bekannt gegeben wurde: An dem Mord von Ostia sei die *Banda della Magliana* beteiligt gewesen, eine Mafia-Gruppe aus einem Vorstadtviertel an der rechten Tiberseite, in deren Auftrag einige Rollen des letzten Pasolini-Films *Die 120 Tage von Sodom* gestohlen worden seien. Pasolini habe sich nach Ostia aufgemacht, weil ihm dort die Rückgabe des Diebesguts versprochen worden sei. Der Treffpunkt an der Flussmündung könnte also eine Falle gewesen sein und Pelosi ein Lockvogel. Für die Montage des Films, inspiriert unter anderem von Dantes «Hölle», wurde in Ermangelung der gestohlenen Originale mit Kopien gearbeitet, auf denen teils andere Einstellungen festgehalten waren. Drei Wochen nach Pasolinis Tod fand die Uraufführung auf dem Filmfest von Paris statt.

Der Ort, an dem Pasolini starb, wirkt noch immer wie eine Gegend aus seinen Filmen. Hier, am sogenannten *Idroscalo*, benannt nach einem vom faschistischen Regime genutzten und von den deutschen Besatzern zerstörten Flugplatz, gibt es nur noch Niemandsland zwischen Fluss und Meer. Zwischen Schilf, kleinen Werkstätten und verlassenen Bootswerften liegt die berüchtigste Wiese der Literaturgeschichte, inzwischen als *Parco Letterario Pier Paolo Pasolini* Wallfahrtsziel für ein Publikum, das viele Jahrzehnte nach Pasolinis Tod wieder größer wird. An dem Denkmal zwischen Myrtensträuchern, Kiefern und wildem Fenchel werden Bücher und Eintrittskarten zu Pasolini-Ausstellungen niedergelegt – oder einfach Blumen und Kerzen. Die Menschen kommen auch aus dem Ausland oder mit dem Fahrrad aus Rom, auf einem Radweg, der *Sentiero Pasolini* heißt und weitgehend unbefestigt dem Lauf des Tibers folgt. Die letzten Kilometer sind ein Abenteuer, denn bis zur Mündung führt kein Weg.

Der kleine, umzäunte «Park» für Pasolini wirkt heute wie entrückt aus einer heruntergekommenen, ärmlichen Umgebung, die einer südamerikanischen Favela gleicht. Zum Zeitpunkt des Mordes gab es manche der Baracken schon, die sich auf dem *Idroscalo*-Gelände bis zur Flussmündung ziehen, errichtet von Römern, die aus ihren Mietwohnungen in der Stadt vertrieben worden waren. Einige sind zu winzigen Häusern ausgebaut, mit farbig gestrichenen Fassaden und Patio-Mauern. Viele haben Dächer aus Wellblech oder Asbest, keine der Baracken ist an die Kanalisation angeschlossen, alle sind illegal. Überall liegen Müllberge, Matratzen, Holzlatten, kaputtes Spielzeug. Ein Ort wie das Ende der Welt und doch eine Art Heimat für 500 Familien, die einzig mögliche jedenfalls. 2010 wurden auf behördliche Anweisung 35 Häuser abgerissen und ihre Bewohner in eine Behelfsunterkunft gebracht. Noch 13 Jahre später warten sie auf Sozialwohnungen. Die Zurückgebliebenen am *Idroscalo* wehren sich in einer Bürgerinitiative gegen die Räumung. Das Gelände, auf dem die abgerissenen Baracken standen, ist wüst und leer. Im Winter läuft es mit Meerwasser voll.

Hinter hoch aufgeworfenen Steindämmen spritzt die Gischt des Meeres, ahnt man den Fluss. Tiefe Pfützen liegen auf dem Weg beim Tiber, den man genauso wenig sehen kann wie das Meer. Jedes Hochwasser bedeutet hier eine existenzielle Bedrohung, die Wege verwandeln sich in Kanäle, die Häuschen am Damm laufen voll mit der dreckigen braunen Brühe.

So endet der Tiber, in dem so viel Blutsuppe wie Mythos schwimmt. So endet Rom, dessen Stadtgrenze sich bis hierhin erstreckt. Und so endet dieses Buch an einem Ort, wo Dante den Eingang ins Fegefeuer vermutete. «Wo sich das Salz mischt in das Tiberwasser» und der Fluss sich ins Meer ergießt, da warteten die armen Seelen darauf, vom Engel abgeholt zu werden, «denn immer wird dort jeder aufgenommen/der nicht zum Acheron hinunterstürzt».[21]

Ganz so, als hätte Dante die Siedlung vor Augen gehabt, denen die Armen vom *Idroscalo* den stolzen Namen *Punta Sacra*, heilige Spitze, gegeben haben. Wenn man aus der Düsternis dieser Vorhölle den Damm erklimmt und auf das Meer blickt, dann sieht man ein großes Licht.

DER TIBER IN ROM – EINE ZEITTAFEL

753 v. Chr.	Legendäres Gründungsdatum Roms.
um 640–616	Regierungszeit des mythischen Königs Ancus Martius. Wahrscheinlich Bau der ersten Tiberbrücke, des Pons Sublicius, sowie des ersten Flusshafens am Forum Boarium. Einrichtung des Priesterkollegiums der Pontifices («Brückenbauer») mit deren Vorstand, dem Pontifex Maximus.
um 600	Bau der Cloaca Maxima.
5. Jh.	Bau der Via Ostiense von Rom zur Tibermündung und Gründung von Ostia als erster römischer Kolonie.
414	Erste verzeichnete Tiberüberflutung in Rom.
289	Einweihung des Aeskulap-Tempels auf der Tiberinsel.
271	Bei Terni wird der künstliche Wasserfall Cascata delle Marmore angelegt, um die Nebenflüsse des Tibers zu regulieren und Rom so vor Hochwasser zu schützen.
193	Bau des Flusshafens Emporium und der Porticus Aemilia am linken Flussufer unterhalb des Aventins durch die Konsuln Marcus Aemilius Lepidus und Lucius Aemilius Paullus.
192	Zwölf Tiberüberschwemmungen in einem Jahr.
174	Bau der ersten Steinbrücke durch Marcus Aemilius Lepidus (Pontifex Maximus) und Marcus Fulvius Nobilior. Der Pons Aemilius wurde am 24.12.1598 durch ein Hochwasser weitgehend zerstört. Heute heißt die Brücke Ponte Rotto («Kaputte Brücke»), weil nur noch ein Pfeiler steht.
um 160	Erste jüdische Gemeinde in Trastevere.
62	Die älteste noch heute erhaltene Steinbrücke, der Pons Fabricius (Ponte Fabricio), wird zwischen dem linken Ufer und der Tiberinsel errichtet.
40	Mit dem rechten Ufer und Trastevere wird die Flussinsel durch den Pons Cestius (Ponte Cestio) verbunden.
12–10	Erster Transport eines ägyptischen Obelisken von Heliopolis über Meer und Tiber nach Rom. Augustus lässt ihn auf dem Marsfeld aufstellen (heutiger Standort: Piazza Montecitorio).
7	Augustus befiehlt die erste Säuberung des Flussbetts und die Befestigung mancher Uferteile. Der Monte Testaccio wird aufgeworfen. Bis ins 3. Jh. stapeln sich hier Scherben von insgesamt 25 Millionen Öl-Amphoren zu einem künstlichen Hügel.

15 n. Chr.	Infolge eines Tiberhochwassers beruft Kaiser Tiberius die zuständigen Kuratoren für den Fluss vor den Senat. Die von ihnen vorgeschlagene Umleitung wasserreicher Tiberzuflüsse nördlich von Rom wird zugunsten der Schiffbarkeit abgelehnt.
42	Kaiser Claudius beginnt mit dem Bau eines neuen Hafens vier Kilometer nördlich von Ostia, der erst nach seinem Tod von seinem Nachfolger Nero eingeweiht wird.
62	Wegen eines Sturms sinken mehrere Getreideschiffe im Hafenbecken.
64	Kaiser Nero weiht den neuen Hafen Portus bei Ostia ein. Nach dem Großbrand von Rom nutzt er den Schutt, um Teile der Innenstadt hochwassersicher zu machen.
103	Kaiser Trajan baut ein sechseckiges Hafenbecken hinter dem versandenden Claudius-Hafen. Das Becken wird über Kanäle mit dem Tiber und dem Meer verbunden. Ostia erlebt eine Blütezeit. Hafen und Tiberkanal werden bis ins 6. Jh. zur Versorgung Roms genutzt.
11.3.222	Ermordung Kaiser Elagabals und seiner Mutter Julia. Die Leiche des Herrschers wird zum Zeichen seiner Schande in den Tiber geworfen.
286	Unter Diokletian ist Rom nicht länger Hauptstadt des Reichs.
28.10.312	Schlacht an der Milvischen Brücke und Sieg Kaiser Konstantins. Der unterlegene Rivale Maxentius ertrinkt im Tiber. Legalisierung und Förderung des Christentums.
ab 319	Bau der Peterskirche am rechten Tiberufer.
ab 324	Bau der Pauluskirche am linken Tiberufer.
330	Byzanz/Konstantinopel wird neue Residenzstadt des römischen Kaisers.
366	Damasus erhebt als Bischof von Rom Anspruch auf den Primat über die gesamte Kirche.
410	Die Westgoten plündern Rom.
476	Ende des römischen Kaisertums im Westreich.
537	Der oströmische Befehlshaber Belisar gibt Befehl, auf dem Tiber «schwimmende» Getreidemühlen zu errichten, um die Versorgung der Stadt auch in Kriegszeiten zu sichern. Vermutlich gab es Wassermühlen auf dem Fluss aber schon früher.
590	Das Pontifikat Gregors des Großen beginnt mit einer Bußprozession zum Tiberufer. Wundersame Erscheinung des Erzengels Michael über dem Grabmal von Kaiser Hadrian (heute Engelsburg).
728	Ine von Sassia (Wessex) gründet am rechten Tiberufer das Hospiz Santo Spirito in Sassia. Zunächst nimmt es Pilger auf, nach der Neugründung durch Papst Innozenz III. 1198 beherbergt es auch Waisenkinder und Kranke. 1477 lässt Papst Sixtus IV. einen großen Krankensaal anbauen. Paul V. gründet 1605 mit dem zugehörigen Banco di Santo Spirito das erste kirchliche Kreditinstitut in Rom.

um 840	An der Tibermündung errichtet Papst Gregor IV. eine Siedlung für die Salinenarbeiter, die er Gregoropolis nennt.
23.8.846	Sarazenen landen mit 73 Schiffen, 500 Pferden und 11 000 Männern in Ostia. Die arabische Kavallerie segelt den Tiber hinauf und erreicht bereits am nächsten Tag Rom. Peterskirche und Paulusbasilika werden geplündert.
847–855	Papst Leo IV. lässt den Vatikan und das Borgoviertel ummauern. Außerdem wird der Flusshafen Ripa Grande an der Porta Portuense (heute Portese) ausgebaut und zum Schutz vor Einfällen der Sarazenen eine Kette über den Tiber gespannt.
849	Leo IV. besiegt die Sarazenen bei Ostia.
Jan. 897	«Leichensynode» mit dem neun Monate zuvor verstorbenen Papst Formosus als Angeklagtem. Nach seiner «Verurteilung» wird er in den Tiber geworfen.
1180	Erster überlieferter Pegelstand eines Tiberhochwassers (um 16 Meter).
1277	Ältester erhaltener Pegelmesser an der Via Arco dei Banchi.
1309–1376	«Exil» der Päpste in Avignon. Abendländisches Schisma.
1347	Der «Tribun» Cola di Rienzo ruft die römische Republik aus.
1416	Für die Stadthäfen und ihre Zollstationen werden Statuten festgelegt.
4.7.1434	Flucht von Papst Eugen IV. über den Tiber nach Ostia und von dort in die Toskana. Der Papst bleibt neun Jahre in Florenz.
1447	Nikolaus V. verlegt die Residenz der Päpste endgültig in den Vatikan.
19.12.1450	Infolge einer Massenpanik auf der überfüllten Engelsbrücke sterben 172 Menschen, zumeist Pilger. Sie werden zerquetscht oder ertrinken im Fluss.
19.3.1452	Kaiser Friedrich III. erhebt auf der Engelsbrücke 300 Männer in den Ritterstand.
1475	Auf den Resten des Pons Agrippae lässt Papst Sixtus IV. den ersten Flussübergang seit der Antike erbauen. Er wird nach ihm Ponte Sisto genannt.
14.6.1497	Juan Borgia, ein Sohn von Papst Alexander VI., wird tot aus dem Tiber geborgen. Sein Mörder wird nie gefunden.
18.4.1506	Papst Julius II. legt den Grundstein für den Neubau der Peterskirche.
6.5.1527	Sacco di Roma: Die Stadt wird durch die Landsknechte Karls V. geplündert. Papst Clemens II. verschanzt sich in der Engelsburg. Mehr als 4000 Menschen sterben. Roms Einwohnerzahl sinkt von 55 000 kurzfristig drastisch auf 20 000 – viele flüchten aus der Stadt.
Okt. 1530	Hochwasser nach anhaltenden Regenfällen mit angeblich 3000 Todesopfern.
14.7.1555	Mit der Bulle *Cum nimis absurdum* sperrt Papst Paul IV. die jüdischen Römer in ein Ghetto unmittelbar am linken Tiberufer. Erst 1870 werden Roms Juden endgültig daraus befreit. Bei Hochwasser sind sie als Erste und besonders stark betroffen.

Sept. 1557	Hochwasser mit Pegelstand von 18,90 Metern und angeblich 1000 Todesopfern. Kurz vor der Mündung bricht der Tiber bei Ostia Antica aus seinem Bett (*Fiume Morto*) und bahnt sich seinen neuen Weg zum Meer, den er bis heute nimmt.
1558	Der Heilige Stuhl erteilt einem gewissen Antonio Arcioni die Erlaubnis, in der Uferzone nahe des antiken Marmorhafens zu graben. Arcioni verpflichtet sich, zwei Drittel seiner Funde an den Vatikan abzutreten. Auch in Ostia wird nach Marmor gegraben, den die Päpste für Kirchen und Paläste benutzen.
Weihnachten 1598	Mit 19,56 Metern erreicht der Tiber den höchsten verzeichneten Pegelstand der Geschichte. Bei der Überflutung sterben nach offiziellen Angaben 1400 Menschen, darunter 40 Häftlinge im Gefängnis Tor di Nona unweit der Engelsbrücke.
1626	Die Zunft der römischen Flussmüller erhält einen Andachtsraum in S. Bartolomeo auf der Tiberinsel.
1686	Papst Innozenz XI. beginnt mit dem Bau des riesigen «Versailles der Armen», S. Michele am rechten Ufer über dem Hafen Ripa Grande. Fertigstellung 1834 unter Gregor XVI.
1700	Die Pauluskirche bleibt acht Tage wegen Hochwassers geschlossen.
1704	Ausbau der Stadthäfen durch Clemens XI. Ripetta wird befestigt und mit einer Freitreppe ausgestattet. Bei Ripa Grande werden ein Leuchtturm und ein neues Arsenal erbaut.
20.9.1870	Die Truppen des 1861 unter dem König von Piemont geeinten Italien erobern Rom. In der Folge wird der Kirchenstaat Teil des Königreichs Italien.
28.12.1870	Tiberhochwasser mit einem Pegelstand von 17,22 Metern.
21.1.1871	Rom wird Hauptstadt Italiens.
1875	Der Senat des Königreichs Italien beauftragt den römischen Ingenieur Raffaele Canevari mit der Eindämmung des Tibers. Daraufhin werden die Ufer in der Innenstadt mit einer 18,45 Meter hohen Mauer befestigt. Der Fluss wird zwischen jeweils acht Meter breiten Uferbänken eingekesselt.
1926	Fertigstellung der Uferbefestigung.
Juni 1929	Nach sieben Monaten Transport über Meer und Fluss trifft eine Marmorstele ein, die von der Stadt Carrara für den faschistischen «Duce» Benito Mussolini gestiftet wurde, und wird am heutigen Foro Italico ausgeladen. Auf die Stele wird der Schriftzug «Mussolini Dux» gemeißelt, den sie bis heute trägt.
Sommer 1942	Das faschistische Regime zwingt jüdische Römer zu Arbeiten am Tiberufer unterhalb der Engelsbrücke. Sie sollen dort die Sandbänke abtragen.
Sept. 1943	Deutsche Truppen besetzen Rom.

16.10.1943	In den Straßen des ehemaligen Ghettos am Tiber verhaften SS, Gestapo und italienische Polizei 1259 Menschen. 1023 jüdische Römer werden am kommenden Tag nach Auschwitz deportiert. Insgesamt verschleppen Nazis und Faschisten 2091 Juden aus Rom. Nur 73 Männer und 28 Frauen überleben Vernichtungslager und Krieg.
18.9.1944	Im Zusammenhang mit dem ersten Prozess gegen einen faschistischen Kriegsverbrecher wird der Zeuge Donato Carretta, ehemaliger Direktor des Gefängnisses Regina Coeli, in den Tiber geworfen und dort erschlagen.
1974	Die ersten Kläranlagen werden im Osten der Stadt unweit des Nebenflusses Aniene und an der Mündung bei Ostia in Betrieb genommen. Weitere folgen 1981 am nördlichen Stadtrand nahe der Via Flaminia und 1985 im Süden bei Tor di Valle.
14.11.2012	Tiberhochwasser mit Pegelstand von 13,50 Metern.
2020	Die Stadt Rom installiert ein Reservoir für aufbereitetes Flusswasser, das im Notfall 500 Liter pro Sekunde in das Trinkwassernetz einspeisen kann. Ein zweites, mit 3000 Litern pro Sekunde sehr viel größeres Reservoir wird noch gebaut, weitere sollen folgen. Das Tiberwasser muss im Verhältnis 1:3 mit frischem Quellwasser gemischt werden.
2022	Nach 195 Tagen ohne Regen fällt der Pegel des Tibers auf einen historischen Tiefstand.

ROMS TIBERBRÜCKEN

Im Stadtgebiet von Rom überspannen heute 29 Brücken den Tiber, vom Ponte di Castel Giubileo im Stadtteil Labaro an der Via Flaminia bis zum Ponte della Scafa im Mündungsgebiet. Die meisten von ihnen wurden im 19. und 20. Jahrhundert erbaut. Sie sind hier nach dem Lauf des Flusses geordnet.

Ponte di Castel Giubileo Die eiserne Vorgängerkonstruktion aus den letzten Jahren des 19. Jahrhunderts wurde am 5. Juni 1944 durch die abziehenden deutschen Besatzungstruppen zerstört. Nachdem die Alliierten sie notdürftig wiederaufgebaut hatten, wurde sie am 1. September 1965 durch ein Hochwasser erneut eingerissen. Die heutige Brücke (1950) ist Teil der Stadtautobahn. Der Tiber wird an diesem Punkt durch eine Staumauer reguliert.

Ponte di Tor di Quinto Erbaut für die Olympischen Spiele 1960.

Ponte Flaminio Dieses Prestigeprojekt des faschistischen Regimes wurde 1938 begonnen, während des Krieges 1943 unterbrochen und von 1947 bis 1951 fertiggestellt. 255 Meter lang, auf fünf gewaltigen Bögen stehend, ist die Brücke komplett mit Travertin verkleidet, was ihr ein «klassisches» Gepräge verleiht. Riesige Adlerskulpturen künden vom Glanz eines «Imperiums», das an die Antike anknüpfen wollte, aber über die kolonialistische Ausbeutung Äthiopiens, Libyens, Somalias und Eritreas nicht hinauskam.

Ponte Milvio Die Milvische Brücke, lateinisch Pons Milvius, ist der älteste erhaltene Flussübergang in Rom, im 4. Jahrhundert v. Chr. zunächst aus Holz erbaut. 109 v. Chr. kamen steinerne Pfeiler und Bögen hinzu. Diese Konstruktion erwies sich als so stabil, dass Augustus sie nicht in die Liste seiner großen Brückenrenovierungen aufnehmen musste. Am Standort der 132 Meter langen Milvischen Brücke ist der Tiber 124 Meter breit. Die vier mittleren Bögen sind aus der Antike erhalten.

Mit seinen Anschlussstraßen Via Flaminia und Via Cassia avancierte der Ponte Milvio zum wichtigsten Einfallstor aus dem Norden. Immer wieder trafen sich hier feindliche Heere, denn wer die Brücke eroberte, stand vor den Toren Roms. Die berühmteste Schlacht ereignete sich im Oktober 312 zwischen den Kaisern Konstantin, dem Regenten des Westens, und Maxentius, seinem in Rom herrschenden Rivalen. Andere Invasoren zogen über den Ponte Milvio triumphierend ein oder geschlagen wieder ab (etwa Witichis mit seinen Goten 538). Kaiser überquerten die Brücke auf dem Weg zur Krönung (allen voran Karl der Große an Weihnachten 800), Pilger auf der Wallfahrt nach St. Peter.

Letztere machten das Kloster von S. Silvestro in Capito reich, welches nach päpstlicher Verfügung die Brückenmaut einziehen durfte. Als die Päpste in Avignon residierten, entbrannte um Brücke und Maut der Streit der römischen Adelsclans. Die Orsini zerstörten 1335 den «Ponte Molle», wie ihn die Römer nannten. Doch eine Volkskollekte ermöglichte den Wiederaufbau: Ohne Brücke kamen keine Touristen, und der Pilgerstrom war längst überlebenswichtig für die römische Wirtschaft. Nikolaus V. (1447–1455) konsolidierte deshalb den Übergang und baute den alten Nordturm (270 erbaut, um 540 erweitert) festungsähnlich aus. Um diese Zeit entstand die päpstliche Zollstation, deren Mitarbeiter wegen ihrer Raubrittermethoden berüchtigt wurden. Wer nicht zahlte, sah sein Gefährt beschlagnahmt.

Über Jahrhunderte führten von beiden Seiten Holzzugänge auf die Brücke, die bei Gefahr abgebaut werden konnten. Erst Pius VII. (1800–1823) ließ sie durch Stein ersetzen, nachdem er den Ponte Milvio im Juli 1809 als Gefangener der Franzosen überqueren musste, die ihn in einer Kutsche nach Frankreich entführten. Zwar gelang ihm die Rückkehr nach Rom, doch die Macht der Päpste war ersichtlich gebrochen.

Roms erste Brücke von Norden blieb weiter umkämpft. 1849 ließ Giuseppe Garibaldi einen Bogen demolieren, um den Einzug der Franzosen zu verhindern, die nun den Papst unterstützten. Im Zweiten Weltkrieg kamen und flüchteten die deutschen Besatzer über den Ponte Milvio. Inzwischen ist die uralte Brücke für den Autoverkehr geschlossen, der ein Stück flussaufwärts über den Ponte Flaminio rollt.

Ponte Duca di Aosta In drei Bögen spannt sich diese Brücke über den Tiber, doch die beiden äußeren dienen nur dem Durchfluss von Hochwasser. Erbaut von 1939 bis 1942, verbindet die schlicht-elegante Brücke aus Carrara-Marmor das Wohnviertel Flaminio mit den Sportstätten des Foro Italico. Während des Faschismus hieß dieses Foro Mussolini, denn der «Duce» wollte sein eigenes Forum wie weiland die römischen Kaiser. Am rechten Ufer gelangt man von der Brücke direkt zu einem Obelisken, der immer noch den Schriftzug «Mussolini Dux» trägt.

Ponte della Musica Armando Trovajoli Seit 1929 geplant, erst 2011 realisiert aus Stahl und Beton, erstreckt sich die für den privaten Autoverkehr gesperrte Brücke zwischen dem Museum für Kunst des 21. Jahrhunderts MAXXI, dem Auditorium von Renzo Piano und dem Olympiastadion. An der Basis am linken Ufer gibt es eine Plattform für Skater.

Ponte del Risorgimento Italiens erste Eisenbetonbrücke wurde 1911 erbaut.

Ponte Matteotti Errichtet 1924 bis 1929 im Stil der Neorenaissance – die Inspiration des Ponte Sisto ist unübersehbar –, trug die Brücke zunächst den faschistischen Namen Ponte Littorio. Am 10. Juni 1924 wurde ganz in der Nähe der sozialistische Abgeordnete Giacomo Matteotti von Mussolinis Häschern entführt und wenig später ermordet. Nach Matteotti wurde die Brücke später benannt.

Ponte Pietro Nenni Aus Spannbeton zwischen 1969 und 1972 erbaut, wurde die Brücke erst 1980 eingeweiht. Die Linie A der römischen Metro überquert hier den Tiber. Pietro Nenni (1891–1980) war zunächst ein Genosse und Freund Mussolinis in der Sozialistischen Partei und in der Frühzeit des Faschismus. Später wandelte er sich zum entschiedenen Antifaschisten und Gründungsvater der italienischen Republik.

Ponte Regina Margherita Erbaut 1886 bis 1891 als erste gemauerte Brücke seit Errichtung des Ponte Sisto. Gewidmet ist sie Italiens erster Königin und verbindet die Piazza del Popolo mit dem damals entstehenden Viertel Prati.

Ponte Cavour Ebenfalls gemauert und mit Travertin verkleidet. 1901 wurde sie als Verbindung zwischen dem ehemaligen Ripetta-Hafen und Prati eröffnet.

Ponte Umberto I. König Umberto eröffnete 1895 die nach ihm benannte Brücke zum riesigen neuen Justizpalast.

Ponte Sant'Angelo (Engelsbrücke) So wie die Römer den Tiber schlicht *fiume* (Fluss) nannten, blieb die Engelsbrücke für sie *die* Brücke: *ponte*. Nach ihr ist der angrenzende Stadtteil am linken Ufer benannt. Seit in der Spätantike die antiken Brücken zerbröselten, bestand hier der einzige Flussübergang weit und breit. Nördlich gab es nur den Ponte Milvio, die nächsten Brücken flussabwärts führten über die Tiberinsel. Die Engelsbrücke verband Rom mit dem Vatikan, war also unabdingbar für die Pilger auf ihrem Weg zum Apostelgrab. Heute ist sie nur für Fußgänger geöffnet und unverändert stark frequentiert.

Kaiser Hadrian ließ den 135 Meter langen und 10,95 Meter breiten Pons Aelius 121 bis 134 n. Chr. erbauen, um nach dem Beispiel des Augustus das Marsfeld mit seinem Grabmal zu verbinden. Nachdem Gregor dem Großen bei einer Pestwallfahrt 590 der Erzengel Michael über dem Mausoleum erschienen war, wurde das Kaisergrab zur Engelsburg und der Pons Aelius zur Engelsbrücke. Hierher ritten die Päpste nach ihrer in der Peterskirche erfolgten Krönung stadtwärts, wobei sie am linken Brückenaufgang die Ehrerbietung der jüdischen Gemeinde empfingen. Die frisch vom Papst gekrönten Kaiser schlugen auf der Brücke ihre Gefolgsmänner zu Rittern.

Um den Strom der Brückennutzer zu ordnen, befahl Bonifaz VIII. im ersten Heiligen Jahr 1300 eine Teilung der Brücke, die lange Zeit gültig blieb. Wer aus der Stadt in Richtung St. Peter ging, sollte auf der einen Seite der Engelsbrücke bleiben, die Rückkehrer auf der anderen. Geschäftsbuden in der Mitte bildeten die Grenze. Dennoch kam es am 19. Dezember 1450 zur größten Katastrophe der christlichen Wallfahrt, als infolge einer Massenpanik auf der überfüllten Brücke 172 Menschen starben. Nikolaus V. (1447–1455) sperrte den Übergang daraufhin für fliegende Händler und kleine Läden und ließ vor der Engelsburg zwei Türme sowie auf der anderen Flussseite zwei Kapellen erbauen, jeweils auf dem Brückenzugang. Das verschärfte wiederum die Hochwassergefahr, weil der an dieser Stelle von starker Strömung getriebene Tiber in seinem Lauf blockiert wurde.

Derselbe Papst veranlasste auch den Abriss einiger Gebäude vor dem linksseitigen Aufgang und die Schaffung eines Platzes, der fortan als Hinrichtungsstätte genutzt wurde. Die Brücke diente zur Zurschaustellung der Exekutierten, ein schauriger Anblick für die Pilger. Alexander VI. Borgia (1492–1503) ließ anstelle der Türme vor der Engelsburg einen einzigen Wehrturm bauen. Clemens VII. befahl 1530 den Abriss der beiden Kapellen am linken Ufer. Weihnachten 1598 beschädigte ein Rekordhochwasser die Brücke. 1628 ließ Urban VIII. deshalb den wuchtigen Turm vor der Burg entfernen und die darunter liegenden Brückenbögen öffnen, um einen leichteren Abfluss des Wassers zu ermöglichen. Seit 1670 schmücken zehn Engelsfiguren aus der Werkstatt von Gian Lorenzo Bernini (Originale in der Kirche Sant'Andrea delle Fratte) einen der berühmtesten Flussübergänge der Welt.

Ponte Vittorio Emanuele II. Die Brücke zwischen Altstadt und Vatikan wurde 1911 eingeweiht. Unter den vier Skulpturengruppen, die den Monarchen glorifizieren, zeigt Cesare Reduzzis *Vater des Vaterlandes* Vittorio Emanuele während des Tiberhochwassers 1870. Vor den Pfeilern am linken Ufer sind bei Niedrigwasser noch die Reste jener Brücke zu sehen, die Caligula als Übergang vom Marsfeld zu seinem Circus auf dem vatikanischen Hügel erbauen und sein Neffe Nero renovieren ließ.

Ponte Principe Amedeo Savoia Aosta Die 1942 erbaute Marmorbrücke widmete das faschistische Regime seinem in englischer Kriegsgefangenschaft gestorbenen Statthalter im besetzten Äthiopien.

Ponte Mazzini Die schlichte, gemauerte Brücke mit drei flachen Bögen wurde 1908 vollendet.

Ponte Sisto Für das Heilige Jahr 1475 ließ Sixtus IV. diesen Übergang als erste Brücke seit der Antike auf den Resten des Pons Agrippae erbauen. Diesen Vorgängerbau hatte vermutlich in der Augustuszeit Marcus Agrippa als Verbindung zu seiner Residenz am rechten Ufer errichtet. Kaiser Antoninus Pius restaurierte den Bau 147 n. Chr. Im 4. Jahrhundert hieß er Pons Aurelius, nach seiner Zerstörung durch ein Hochwasser 791 Ponte Rotto. Sixtus' Baumeister orientierten sich bei ihrer vierbögigen Neukonstruktion auch an der Engelsbrücke. Das Loch im zentralen Pfeiler (in Rom bekannt als *Occhialone*, «großes Auge») diente der Kontrolle des Wasserstandes: Spätestens, wenn die 13 Meter hohe Oberkante erreicht war, mussten die Ufergebiete evakuiert werden. Die Brücke selbst wurde immer wieder von Hochwassern beschädigt, hielt jedoch stand und erwies sich als eine der wichtigsten Infrastrukturleistungen des Papsttums. Nach dem Ende des Kirchenstaates erlitt die Brücke eine Verbreiterung durch angehängte Metallteile, die bis zum Heiligen Jahr 2000 blieben, als der Ponte Sisto restauriert wurde. Wie alle antiken Brücken ist er inzwischen verkehrsberuhigt.

Ponte Garibaldi   Erbaut 1884 bis 1888, erweitert 1955 bis 1957, über eine Betonzunge verbunden mit der Tiberinsel.

Ponte Fabricio   Gemessen an der Beständigkeit seines Bauwerks ist Lucius Fabricius, ein Straßenkommissar aus der Zeit Caesars, Roms erfolgreichster Brückenbauer: Ohne große Eingriffe hat seine 62 v. Chr. erbaute Brücke bis heute überdauert. Abgesehen von ihrer strategischen Bedeutung als Verbindung zwischen dem linken Ufer und der Tiberinsel erlangte sie schon bald nach ihrer Fertigstellung zweifelhafte Berühmtheit als Brücke der «lebensmüden» jungen Männer, die sich von ihr in den Tiber stürzten. Horaz erdichtet den Bericht eines in letzter Minute Geretteten, der sich wegen einer Pleite das Leben nehmen wollte: «Tröstend/damals er mich hieß, den Bart der Weisen wachsen zu lassen/und getrost von Fabricius' Brücke zurückzukehren./Denn als ich mich nach der Habe Verlust in den Fluss mit verhülltem/Haupte zu stürzen entschloss, trat rechts er zur Seit' mir und sagte/‹Hüte dich, etwas zu tun, was deiner nicht würdig!›» (Horaz, Satiren, II, 3, 35 ff.)

In der Renaissance nannte man die 62 Meter lange Brücke auch Pons Judaeorum oder italienisch Ponte dei Giudei, weil sie zwischen dem jüdisch geprägten Teil Trasteveres und dem ebenfalls von Juden bewohnten Viertel des späteren Ghettos lag. Bis heute gilt Ponte dei Quattro Capi als weitere Bezeichnung, wegen der antiken Vier-Köpfe-Stelen auf der Landseite.

Ponte Cestio   Caesars Statthalter in Rom, Lucius Cestius, verantwortete 46 v. Chr. den Austausch der damals schon 150 Jahre alten Holzbrücke zwischen Tiberinsel und Trastevere durch einen Neubau aus travertinverkleidetem Tuffstein und Peperino. Lucius war ein Bruder von Caius Cestius, der Rom mit der Pyramide vor der Porta S. Paolo eines der originellsten Grabmäler hinterließ.

Der Ponte Cestio wurde 152 und 367 n. Chr. runderneuert, zuletzt mit Travertin aus dem nahen Marcellus-Theater. Im Mittelalter setzte sich wegen der Bartholomäus-Kirche, zu der die Brücke führte, der Name Ponte S. Bartolomeo durch, im 17. Jahrhundert waren an die Pfeiler so viele Mühlen angekettet, dass sich der Name «Eisenbrücke» verbreitete. 1885 wurde die antike Brücke im Zuge der Tiberregulierung vollständig abgetragen und anschließend überwiegend mit Originalmaterial – 347 von 564 Steinen – etwas länger wieder aufgebaut. Heute beträgt die Länge 54,30 Meter.

Ponte Rotto Nur noch ein einziger Pfeiler ist erhalten vom gewaltigen Pons Aemilius, der ersten Steinbrücke in der Stadt. In der Blütezeit der Republik wurde sie 174 v. Chr. errichtet von Marcus Aemilius Lepidus, der auch für den Bau des Emporium-Hafens einige Hundert Meter flussabwärts verantwortlich zeichnete. Augustus unterzog die Brücke umfangreichen Renovierungsarbeiten und machte sie zum Pons Maximus (der «größten Brücke»), die das zentrale Hafen- und Marktgebiet mit Trastevere und der Via Aurelia, seit der Claudiuszeit auch mit der Via Portuense verband. Unterhalb gab es nur noch die hölzerne Brücke Pons Sublicio.

Im Mittelalter nahm die Strömungskraft des Tibers an dieser Stelle kräftig zu, so dass die Brücke durch Hochwasser 1231 und 1422 stark beschädigt wurde. Paul III. beauftragte 1548 sogar seinen Baumeister Michelangelo, den mittlerweile zur Marienbrücke umbenannten Übergang zu erneuern, doch der Maestro wurde bald von dieser Baustelle abgezogen, um sich ganz auf den Neubau von St. Peter zu konzentrieren: Die wichtigste Kirche der Christenheit war zweifellos prestigeträchtiger als eine Tiberbrücke. Der nächste Papst, Julius III., kommandierte Nanni di Baccio Bigio zur Brücke, ein Landsmann von Michelangelo aus der Toskana und dem großen Konkurrenten spinnefeind. Dieser Architekt, der bislang nur als Michelangelos Gehilfe und als Bildhauer von Grabmälern in Erscheinung getreten war, machte seine Rechnungen indes ohne den Fluss, und so stürzte schon 1557 ein Pfeiler mitsamt seinen Bögen ein.

Gregor XIII. verfügte 1575 den nächsten Restaurierungsversuch für die Marienbrücke – und erlebte nicht mehr, wie das Rekordhochwasser von 1598 die Hälfte des Bauwerks fortspülte. Danach gaben die Päpste die Brücke einfach auf, und auch das Königreich Italien hatte kein Interesse an ihrem Wiederaufbau. Die drei (von ursprünglich sechs) noch stehenden Pfeiler blieben zunächst durch eine Eisenkonstruktion mit dem rechten Ufer verbunden, doch nach 1887 wurden zwei von ihnen gesprengt. Aus dem Pons Maximus wurde endgültig der Ponte Rotto, die kaputte Brücke.

Ponte Palatino   Als Ersatz für den Ponte Rotto 1886 bis 1890 erbaut und mit 155 Metern die längste Brücke über den Tiber. Viele Römer glauben, ihr Beiname «Ponte Inglese» rühre von einem englischen Architekten. Doch der Brückenbauer hieß Angelo Vescovali und kämpfte an der Seite von Garibaldi, bevor er Eisenbahnen und Flussübergänge konstruierte. In Rom zeichnete Vescovali für fünf Brücken verantwortlich, neben dem Ponte Palatino auch für Ponte Regina Margherita, Ponte Cavour, Ponte Umberto I. und Ponte Garibaldi. Die «englische Brücke» heißt nur deshalb so, weil auf ihr Linksverkehr herrscht.

Ponte Sublicio   Die heutige Brücke liegt leicht abwärts von Roms erstem Flussübergang, der der Legende nach von König Ancus Martius im 7. Jahrhundert v. Chr. errichtet wurde. Der Pons Sublicius, etwa 30 Kilometer von der Tibermündung entfernt, machte Rom zur «Stadt der ersten Brücke» und damit zu einem wichtigen Handelsplatz, der gleichzeitig geschützt vor übers Meer anrückenden Feinden lag. Die Brücke blieb hölzern, als die römischen Ingenieure schon dazu übergegangen waren, Steinbrücken zu bauen. Auf diese Weise konnte man sie bei feindlichen Angriffen rasch abtragen, wie die Legende um Horatius Cocles beweist. Cocles soll die Brücke im Alleingang gegen die anstürmenden Etrusker verteidigt haben, während sie hinter ihm abgerissen wurde. Schließlich warf er sich in den Tiber.

Die Holzkonstruktion des für die Stadt essenziellen Flussübergangs ließ sich auch nach Tiberhochwassern rasch wieder aufbauen. Den Quellen nach wurde der Pons Sublicius in der Antike fünf Mal eingerissen, vermutlich geschah das aber noch viel öfter, wurde jedoch wegen des überschaubaren Schadens nicht erwähnt. Verantwortlich für Instandsetzung und Wiederaufbau war im alten Rom das Priesterkollegium der Pontifices mit ihrem Oberpriester, dem Pontifex Maximus. Den Titel übernahmen zunächst die Imperatoren und später die Päpste. Als erster Papst griff ihn Leo der Große (440–461) auf, unter Gregor dem Großen (590–604) wurde er etabliert.

Im 5. und 6. Jahrhundert verfiel die Brücke mitsamt ihren inzwischen steinernen Pfeilern, deren Reste nach 1870 für den Bau der neuen Uferbefestigung entfernt wurden. Zwischen 1914 und 1917 entstand der neue Ponte Sublicio als schlichter Zweckbau zwischen Piazza dell'Emporio und Piazza di Porta Portese.

Ponte Testaccio   Gefertigt aus Stahlbeton, verkleidet mit Travertin, verbindet die Brücke den ehemaligen Schlachthof mit Trastevere. 1940 begonnen, wurde sie erst nach dem Krieg 1948 fertiggestellt.

Ponte dell'Industria   Erbaut 1863 als Eisenbahnbrücke. Angeblicher Schauplatz eines Kriegsverbrechens der deutschen Besatzer, die am 7. April 1944 auf der Brücke zehn Frauen wegen Plünderung erschossen haben sollen. 1997 wurde am linken Ufer eine Gedenkstele mit den Namen der Frauen errichtet, doch das Geschehen ist nicht aktenkundig.

Ponte Marconi   Die 1937 begonnene und erst 1955 vollendete Brücke spannt sich 235,70 Meter weit über den Fluss, der hier schon keine Uferkais mehr hat, sondern schilfbewachsene, sandige Ränder. Auf der rechten Seite fanden Archäologen beim Brückenbau die Reste eines antiken Flusshafens (Pietra Papa), links erhebt sich die Basilika des Paulus, mit ihrem Apostelgrab eine der großen Pilgerkirchen der Christenheit.

Ponte della Magliana   Das faschistische Regime plante die Brücke als Verbindung zum neuen EUR-Viertel der (dann gestrichenen) Weltausstellung 1942. Deutsche Besatzungstruppen zerstörten die Baustelle auf ihrer Flucht aus der Stadt. Bereits 1945 wurde weitergebaut, drei Jahre später war die Brücke fertig. Heute ist sie Teil der Schnellstraße zum Flughafen Leonardo da Vinci an der Tibermündung.

Ponte di Mezzocammino   Erbaut zwischen 1943 und 1951, heute Teil der Stadtautobahn GRA. Eigentlich sollte an dieser Stelle eine große Schleuse stehen, doch das Projekt wurde nach dem Ende des Faschismus nicht mehr realisiert.

Ponte della Scafa   Wenige hundert Meter, bevor sich der Fluss ins Meer ergießt, verbindet diese letzte Brücke Ostia mit Fiumicino und das Ausgrabungsgebiet Ostia Antica mit dem kaiserlichen Hafen von Claudius und Trajan. Erbaut 1943 bis 1951.

ANMERKUNGEN

VORWORT

1 Der römische Volksschauspieler Gigi Proietti in seiner Paraderolle als Flussgott Tiber.

DER MYTHOS LEBT

1 Plinius der Ältere, Naturalis Historia, III, 53.
2 Vergil, Aeneis, VIII, 62–64.
3 Ebd., VIII, 31 f.
4 Ebd., VIII, 74–77.
5 2. Mose 1–10.
6 Titus Livius, Ab urbe condita, I, 4. Livius selbst deutet an, dass «Wölfin» auch eine Umschreibung für eine Frau gewesen sein könnte, «die ihren Leib wahllos preisgab», eine Prostituierte also. Der Patenschaft des Tibers tut das keinen Abbruch.
7 Ebd., I, 7, 4.
8 Vgl. Filippo Coarelli, Roma. Guida Archeologica, Rom/Bari 2008, S. 415.
9 S. Kapitel 4.
10 Auf dem Kapitolshügel, der dem Jupiter geweiht war, sind gleich zwei Statuen des Flussgottes aus der Kaiserzeit erhalten – mit einem Füllhorn zu Füßen des heutigen Rathauses (s. Abb. 1) und in Ruhepose in einem Innenhof der Kapitolinischen Museen. Einen dritten Tiber, vermutlich aus der Hadrianszeit, ließ Napoleon nach Paris entführen, wo er im Louvre zu sehen ist. In seinen Sockel aus griechischem Marmor sind die Zwillinge und ihr Ahnherr Aeneas gemeißelt.
11 Vgl. Prokop, Gotischer Krieg, IV, 22.
12 Ansprache vom 31. Dezember 1925, zitiert in: Italo Insolera, Roma Fascista, Rom 2002, S. 225.
13 Vgl. Claudio Rendina, Guida Insolita del Tevere, Rom 2011, S. 90.
14 Vgl. Riccardo Mariani, Sulle rive del Tevere, Rom 1980, S. 290.
15 Vgl. Stefano Caviglia, A proposito del Tevere. Storia, bellezza e futuro del fiume che ha fatto grande Roma, Neapel 2019, S. 169. Vgl. Mariani, a. a. O., S. 289.
16 Vgl. «Nuovo collettore fognario Roma Nord: 55 milioni per oltre 80 mila abitanti», Pressemitteilung der Stadt Rom vom 15. März 2023. Eine im Dezember

2022 veröffentlichte Untersuchung der Universität Padua ergab, dass der Tiber in vielen innerstädtischen Bereichen mit Kolibakterien, Ammoniak und Phosphaten verschmutzt war. Vgl. https://ilbolive.unipd.it/it/news/grande-malato-roma-si-chiama-tevere.

DER FLUSS UND SEINE HÄFEN

1 Plinius der Ältere, Naturalis Historia, III, 54.
2 Vgl. Filippo Coarelli, Roma. Guida Archeologica, Rom/Bari 2008, S. 404 ff.
3 Der französische Archäologe Joel Le Gall prägte für Rom die Bezeichnung «Stadt der ersten Brücke». Wenn man dem Fluss folgt, war damit eigentlich die letzte Brücke vor der Mündung gemeint – oder eben die erste flussaufwärts für die Boote, die vom Meer kamen und ihre Waren abladen mussten. «Städte der ersten Brücke» waren auch Hamburg, Bremen, London und Antwerpen. Sie alle konnten von ihrer Lage profitieren, bis im 19. Jahrhundert die Dampfschifffahrt das alte Modell von Umladen und Treideln obsolet werden ließ. Vgl. Joel Le Gall, Il Tevere. Fiume di Roma nell'antichità, Rom 2005, S. 49.
4 Vgl. Coarelli, a. a. O., S. 463 ff.
5 Vgl. Jerome Carcopino, Rom. Leben und Kultur in der Kaiserzeit, Stuttgart 1977, S. 248 f.
6 Vgl. Le Gall, a. a. O., S. 304.
7 Zitiert nach: Carlo Pavolini, La vita quotidiana a Ostia, Rom/Bari 2018, S. 73 f.
8 Vgl. Apostelgeschichte 28,15.
9 Vgl. Plutarch, Caesar, LVIII, 10.
10 Vgl. Titus Livius, Ab urbe condita, II, 34.
11 Vgl. Sueton, Augustus, XLII, 3; Karl-Wilhelm Weeber, Alltag im Alten Rom, Düsseldorf/Zürich 1995, S. 334 f.
12 Tacitus, Annalen, XII, 43.
13 Vgl. ebd., XV, 18.
14 Vgl. Alessandro D'Alessio, Roma Universalis. L'impero e la dinastia venuta dall'Africa, Rom 2018, S. 282 ff.
15 Tacitus, a. a. O., XII, 43.
16 Vgl. Elke Stein-Hölkeskamp, Das römische Gastmahl. Eine Kulturgeschichte, München 2005, S. 173 und 198.
17 Petronius, Gastmahl bei Trimalchio, LXXVI, 3–8.
18 Vgl. D'Alessio, a. a. O., S. 286 ff.
19 Vgl. Emilio Rodriguez Almeida, Il Monte Testaccio. Ambiente, storia, materiali, Rom 1984, S. 119.
20 Vgl. ebd.; José Remesal Rodriguez, I provvedamenti annonari. La baetica, l'olio per Roma e il Monte Testaccio, in: D'Alessio, a. a. O., S. 232 ff.
21 Vgl. Le Gall, a. a. O., S. 29.
22 Vgl. Sueton, Claudius, XX, 1.
23 Vgl. Tacitus, a. a. O., XI, 31.

24 Ebd.

25 Ebd., XI, 26 und 29.

26 Vgl. Cassius Dio, Römische Geschichte, LX, 11, 3.

27 Vgl. Bruce W. Allen, Tiber, Eternal River of Rome, Lebanon (Pennsylvania) 2019, S. 49.

28 Vatikanische Museen, Inv. Nr. 79 638.

29 Vgl. Le Gall, a. a. O., S. 310.

30 Römische Legionäre erhielten Salzrationen als Teil ihres Soldes. Davon leitet sich das Wort *salarium*, von *sal* («Salz»), ab, im Deutschen wurde daraus «Salär». Im Italienischen bezeichnet *salario* noch heute das Gehalt.

31 Vgl. Titus Livius, a. a. O., VII, 25.

32 Vgl. Pavolini, a. a. O., S. 4 und 26.

33 Vgl. ebd., S. 37.

34 Auffallend ist die Abwesenheit von Symbolen aus Kleinasien, Griechenland und Spanien – offenbar war der bevorzugte Hafen für diese Regionen immer noch Pozzuoli.

35 Vgl. Kai Brodersen/Bernhard Zimmermann (Hg.), Metzler Lexikon Antike, Stuttgart 2006, S. 254.

36 Vgl. Carcopino, a. a. O., S. 248.

37 Vgl. Plinius der Jüngere, Epistulae, II, 17 und 28.

38 Plinius d. Ä., a. a. O., IX, 67.

39 Ebd., IX, 170–174.

40 Ebd., IX, 168 f.

41 Vgl. Stein-Hölkeskamp, a. a. O., S. 172.

42 Vgl. Plinius d. Ä., a. a. O., X, 134 f.

43 Vgl. Epigraphik-Datenbank EDCS, Nr. 13 700 393: «Dis Manibus/T(iti) Flavi Aug(usti) lib(erti)/Stephani/praeposito (!)/camellorum».

44 Vgl. Sueton, Augustus, XLIII, 4.

45 Vgl. Sueton, Nero, XI, 2; Cassius Dio, a. a. O., LXI, 17.

46 Plinius d. Ä., a. a. O., VIII, 40.

47 Vgl. ebd., XXXVI, 186.

48 Plinius d. J., a. a. O., II; XVII, 25.

49 Vgl. Plinius d. Ä., a. a. O., XXXVI, 48.

50 Sueton überliefert das berühmte Bonmot: «Urbem (…) ut iure sit gloriatus marmoream se relinquere, quam latericiam accepisset.» («(Augustus) verschönerte die Stadt in solchem Maße, dass er sich mit Recht rühmen konnte, er habe eine Stadt aus Ziegeln vorgefunden und hinterlasse sie aus Marmor.») Sueton, Augustus, XXVIII, 3.

51 Plinius d. Ä., a. a. O., XXXVI, 54.

52 Kapitolinische Museen, Inv. Nr. 1077.

53 Ovid, Metamorphosen, VI, 382–400.

54 Plinius d. Ä., a. a. O., XXXVI, 69.

55 Ebd., XVI, 201 f.

56 Vgl. ebd., XXXVI, 74. Auf dem Sockel der Tiber-Statue im Louvre ist zu sehen,

wie drei Männer schwer an einem Boot mit einem Marmorblock ziehen. Andere Gefährte sind zusätzlich zu den Steinen noch mit anderen Waren beladen. Louvre Ma 593; MR356; N817.

57 Zuvor hatte das Geschäft mit dem teuren Stein noch einmal richtig Fahrt aufgenommen. Aus Assuan kamen die rosa Granitsäulen für das Forum Pacis: 15 Meter hoch, 1,80 Meter Durchmesser, jede 140 Tonnen schwer. Aus Griechenland wurden die Cipollino-Kolonnen für den Tempel des Antoninus Pius und der Faustina importiert, 11,80 Meter hoch, mit einem Durchmesser von 1,48 Metern und einem Gewicht von jeweils 50 Tonnen. Vermutlich musste jede dieser Gigantinnen einzeln transportiert werden, über Wochen gab es auf dem Tiber nur Marmor zu sehen.

58 Vgl. Patrizio Pensabene, Porti marittimi a Porto e Ostia, fluviali a Roma e trasporto dei marmi per i cantieri dei fori imperiali, in: Juan M. Campos Carrasco/Javier Bermejo Meléndez (Hg.), Los Puertos Atlánticos Béticos y Lusitanos y su relación comercial con el Mediterráneo, Rom 2017, S. 475–502.

59 Vgl. Bruno Brizzi, Il Tevere, un secolo di immagini, Rom 1989, S. 12 ff.

60 Vgl. Maria Grazia D'Amelio, L'obelisco marmoreo del Foro Italico a Roma. Storia, immagine e note tecniche, Rom 2009.

61 Vgl. Karl-Wilhelm Weeber, Alltag im Alten Rom. Das Landleben, Düsseldorf/Zürich 2000, S. 119; Coarelli, a. a. O., S. 469.

62 Vgl. Plinius d. Ä., a. a. O., III, 53–55.

63 Zitiert nach: Filippo Coarelli/Helen Patterson, Mercator placidissimus. The Tiber Valley in Antiquity, Rom 2004, S. 255 und 266.

64 Vgl. Plinius d. Ä., a. a. O., XVI, 202.

65 Plinius d. J., a. a. O., III, 19, 5.

66 Zitiert nach: Weeber, a. a. O., S. 115 f.

67 Vgl. Plinius d. Ä., a. a. O., XVI, 188 ff.

68 Vgl. Coarelli/Patterson, a. a. O., S. 285 ff.

69 Vgl. Claudio Rendina, Guida Insolita del Tevere, Rom 2011, S. 218 ff.

70 Vgl. Ludovico Gatto, Storia di Roma nel Medioevo, Rom 2017, S. 445.

71 Vgl. Coarelli/Patterson, a. a. O., S. 269.

72 Vgl. ebd., S. 259; Annalisa Marsico, Il Tevere e Roma nell'alto medioevo, Rom 2018, S. 89 ff.

73 Vgl. Le Gall, a. a. O., S. 65.

74 Vgl. Rendina, a. a. O., S. 228 ff.

75 Vgl. Maria Margarita Segarra Lagunes, Il Tevere e Roma. Storia di una simbiosi, Rom 2004, S. 212 ff.

76 Vgl. Carlo Bagnasco (Hg.), Il Delta del Tevere, Rom 1998, S. 73.

77 Vgl. Richard Krautheimer, Rom. Schicksal einer Stadt, 312–1308, München 1987, S. 76, 90 und 284.

78 Vgl. Ferdinand Gregorovius, Geschichte der Stadt Rom im Mittelalter, hg. von Waldemar Kampf, München 1978, Bd. I, 2, S. 510.

79 Vgl. Marsico, a. a. O., S. 38.

80 Gregorovius, a. a. O., Bd. III, 1, S. 328.

81 Vgl. Carla Nardi, Il Tevere e la città. L'antica magistratura portuale nei secoli XVI–XIX, Rom 1988, S. 16.

82 Vgl. Marsico, a. a. O., S. 78.

83 Vgl. Antonio Pinelli (Hg.), Roma del Rinascimento, Rom/Bari 2001, S. 193.

84 Juvenal, Satiren, VII, 120 f.

85 Vgl. Arnold Esch, Rom. Vom Mittelalter zur Renaissance, München 2016, S. 278.

86 Vgl. Heinz Schilling, 1517. Weltgeschichte eines Jahres, München 2017, S. 218 ff.

87 Vgl. Esch, a. a. O., S. 278.

88 Vgl. Arnold Esch, Economia, Cultura, Materiale ed Arte nella Roma del Rinascimento. Studi sui registri doganali romani 1445–1485, Rom 2007, S. 35 und 226.

89 Vgl. ebd., S. 169 und 221.

90 Vgl. Esch, Rom, S. 274 f.

91 Vgl. Esch, Economia, S. 108.

92 Vgl. Segarra Lagunes, a. a. O., S. 60.

93 Carlo Luigi Morichini, Degli istituti di carità per la sussistenza e l'educazione dei poveri e dei prigionieri in Roma, libri tre, Rom 1842, Bd. I, S. 26.

LEBENSQUELL DER METROPOLE

1 Vgl. Maria Margarita Segarra Lagunes, Il Tevere e Roma. Storia di una simbiosi, Rom 2004, S. 261.

2 Vgl. ebd., S. 256.

3 Prokop, Gotenkrieg, I, XIX. Vgl. Annalisa Marsico, Il Tevere e Roma nell'alto medioevo, Rom 2018, S. 98.

4 Vgl. Richard Krautheimer, Rom. Schicksal einer Stadt, 312–1308, München 1987, S. 267.

5 Vgl. Segarra Lagunes, a. a. O., S. 253.

6 Vgl. ebd., S. 256.

7 Ebd., S. 91.

8 Vgl. ebd., S. 274.

9 Ebd., S. 268.

10 Vgl. Krautheimer, a. a. O., S. 265.

11 Vgl. ebd., S. 267.

12 Vgl. Marsico, a. a. O., S. 108 f. 1296 zählte die Gilde der Fischer und Fischhändler immerhin 160 Mitglieder, alle waren in Trastevere ansässig.

13 Vgl. Plinius der Ältere, Naturalis Historia, IX, 168.

14 Horaz, Satiren, II, 2, 31–36.

15 Juvenal, Satiren, V, 100–105.

16 Vgl. Gaetano Arena, Acque reflue e rischio ambientale. L'inquinamento fluviale nella Roma imperiale, in: Erga Logoi, 9, 2021, S. 117.

17 Bartolomeo Scappi, Opera, Rom 1570, S. 123 f.

18 Zitiert nach: Claudio Rendina, Guida Insolita del Tevere, Rom 2011, S. 164.

19 Zitiert nach: Mario Bosi, Quando a Roma si vendeva l'acqua del Tevere, in: Capitolium, XLIII, 1968, S. 33.

20 Vgl. Andrea Bacci, Del Tevere e della natura et bonta dell'acque & delle inondationi, Libri II, Rom 1558.

21 Vgl. Bosi, a. a. O., S. 33 ff.

22 Vgl. ebd., S. 8, 10 f. und 16.

23 Giovanni Battista Modio, Il Tevere. Dove si ragiona in generale della natura di tutte le acque e in particolare di quelle del fiume di Roma, Rom 1556, S. 9.

24 Ebd., S. 5 ff.

25 Vgl. Segarra Lagunes, a. a. O., S. 87.

26 Laut Auskunft der Römischen Wasserwerke Acea.

JORDAN DER PÄPSTE

1 Vgl. Antonio Forcellino, La Capella Sistina. Racconto di un capolavoro, Rom/ Bari 2020, S. 39 ff.

2 Auf Pinturicchios Bild ist im Hintergrund auch der von Sixtus IV. gebaute Ponte Sisto zu sehen.

3 Vgl. Forcellino, a. a. O., S. 30.

4 Zum Neubau der Peterskirche vgl. Horst Bredekamp, St. Peter in Rom und das Prinzip der produktiven Zerstörung, Berlin 2008.

5 Vgl. Titus Livius, Ab urbe condita, III, 26–29.

6 Vgl. Cassius Dio, Römische Geschichte, LIX, 14, 6.

7 Für Domenico Fontana, den Baumeister Sixtus' V., bedeutete es eine riesige Herausforderung, den 300 Tonnen schweren Stein auf seinen neuen Platz zu bringen. Zwar gab es nicht Tausende von Seemeilen zu bewältigen, sondern nur einige Hundert Meter zur Umrundung der Peterskirche. Doch für frühneuzeitliche Ingenieure war diese Aufgabe schwer genug. Über 900 Männer, 150 Pferde und 47 Seilwinden waren beim Umzug im Einsatz, für den die Stele sorgfältig in eine turmgleiche, hölzerne Hülle gepackt wurde. Nach Monaten der Vorbereitung war es am 10. September 1586 so weit: Mucksmäuschenstill verfolgte geladenes Publikum auf dem Petersplatz das Spektakel der Aufrichtung. Beifallklatschen oder Anfeuerungsschreie waren bei Todesstrafe verboten, um nicht die Konzentration der Arbeiter zu stören. Als es schließlich vollbracht war, verewigte der stolze Fontana sich auf dem Sockel gleich unter dem Papst. Ein Bild von dem Ereignis ist auf einem Fresko in der Biblioteca Apostolica Vaticana zu sehen. Anschließend ließ Fontana weitere Obelisken umziehen – gleich zwei aus dem Circus Maximus auf die Piazza del Popolo und den Platz vor der Laterankirche sowie einen vom Augustus-Mausoleum vor die Basilika Santa Maria Maggiore. Sixtus V. hatte offenbar eine Schwäche für die antiken Steinnadeln, besonders für jene aus den Rennanlagen. Vgl. Domenico Fontana, Della Trasportazione Dell'Obelisco Vaticano Et Delle Fabriche Di Nostro Signore Papa Sisto V., Rom 1589.

8   Vgl. Sueton, Nero, XI, 2.

9   Vgl. Tacitus, Annalen, XV, 44.

10 Vgl. Paolo Liverani/Giandomenico Spinola/Pietro Zander, Le necropoli vaticane. La città dei morti a Roma, Vatikanstadt 2010.

11 Vgl. Tacitus, Historien, II, 93, 1.

12 Die römische Provinz schloss das heutige Tunesien sowie Teile Algeriens und Libyens ein.

13 Zu Konstantins Biographie vgl. Hartwin Brandt, Konstantin der Große. Der erste christliche Kaiser, München 2011. Tatsächlich blieb Konstantin Demut oder gar Nächstenliebe ebenso fremd wie seinen heidnischen Vorgängern. Dieser erste christliche Herrscher ließ 14 Jahre nach seinem Triumph im Zeichen des Kreuzes seinen leiblichen Sohn und seine Ehefrau, die Kaiserin Fausta, töten, aus bis heute nicht geklärten Gründen. Fausta war die Schwester von Maxentius, dem großen Verlierer der Schlacht an der Milvischen Brücke.

14 Stendhal, Promenades dans Rome, Paris 1973, S. 227 (Übers. der Autorin).

15 Zum Selbstverständnis der spätantiken Herrscher vgl. René Pfeilschifter, Die Spätantike. Der eine Gott und die vielen Herrscher, München 2014.

16 Ferdinand Gregorovius, Geschichte der Stadt Rom im Mittelalter, hg. von Waldemar Kampf, München 1978, Bd. III, 1, S. 59.

17 Vgl. Titus Livius, a. a. O., III, 54.

18 Zur Bedeutung des Pontifex Maximus vgl. Alain Cameron, The Imperial Pontifex, in: Harvard Studies in Classical Philology, 103, 2007, S. 341–384. Die erwähnte Augustus-Statue: Museo Nazionale Romano Palazzo Massimo, Inv. 56 230.

19 Theodor Mommsen, Römische Geschichte I, München 2001, S. 219.

20 Vgl. Apostelgeschichte 28,17–30; Claude Tresmontant, Paulus in Selbstzeugnissen und Bilddokumenten, Reinbek 1990, S. 151 ff.

21 Als größte Gerichtsbasilika umfasste die Basilica Iulia auf dem Forum Romanum 101 mal 49 Meter, war also ungefähr so groß wie die erste Laterankirche.

22 Vgl. Annalisa Marsico, Il Tevere e Roma nell'alto medioevo, Rom 2018, S. 22 ff.

23 Liber Pontificalis, II, 100 f.

24 Vgl. Claudio Rendina, I Papi, Rom 1983, S. 268 ff.; Volker Reinhardt, Pontifex. Die Geschichte der Päpste von Petrus bis Franziskus, München 2017, S. 197 ff. Papst Leo ließ auch die Befestigungen am alten Hafen an der Tibermündung restaurieren und siedelte dort korsische Zuwanderer an. Er investierte außerdem in die Mauern der Städte Orte und Amelia etwa 80 Kilometer tiberaufwärts.

25 Zitiert nach: Richard Krautheimer, Rom. Schicksal einer Stadt, 312–1308, München 1987, S. 289.

26 Vgl. Marsico, a. a. O., S. 20 ff.; Krautheimer, a. a. O., S. 293.

27 Vgl. Paolo Dallo Mastro, Memoriale, Rom 1875, S. 5.

28 Vgl. Jacques Heers, La vita quotidiana nella Roma pontificia ai tempi dei Borgia e dei Medici, Mailand 2017, S. 167 ff.

29 Vgl. Marsico, a. a. O., S. 17.

30 Vgl. Krautheimer, a. a. O., S. 295 f.

STROM DER PILGER

1 Vgl. Lucrezia Spera, Ad limina Apostolorum. Santuari e pellegrini a Roma tra la
   tarda antichità e l'alto medioevo, in: Società Geografica Italiana (Hg.), La geografia della città di Roma e lo spazio del Sacro, Città di Castello 1998, S. 65.
2 Vgl. ebd., S. 4 f.
3 Vgl. ebd., S. 79. Toiletten und Bäder (*balnea*) gab es seit Anfang des 6. Jahrhunderts
   auch an den anderen bedeutenden Pilgerkirchen wie etwa der Paulusbasilika. Vgl.
   Richard Krautheimer, Rom. Schicksal einer Stadt, 312–1308, München 1987, S. 127.
4 Vgl. Maria Margarita Segarra Lagunes, Il Tevere e Roma. Storia di una simbiosi,
   Rom 2004, S. 44; Norbert Ohler, Reisen im Mittelalter, München 1991, S. 56 ff.;
   Arnold Esch, Wege nach Rom, München 2003, S. 53. Esch führt aus den Zoll-
   registern des römischen Tiberhafens die Ladung eines Flussschiffes von 1475 an, das
   neben Wein, Salzfleisch, Käse und anderen Lebensmittel auch zollfreien Pilger-
   proviant führte.
5 Vgl. Ivana Ait, Gli Statuta artis barchiarolorum fluminis Tiberis. Per una storia
   del trasporto fluviale a Roma (secc. XV–XVI), in: A. Mazzon (Hg.), Scritti per
   Isa. Raccolta di studi offerti a Isa Lori Sanfilippo, Rom 2008, S. 3.
6 Vgl. Silvia Beltramo/Paolo Cozzo (Hg.), L'accoglienza religiosa tra tardo antico
   ed età moderna – luoghi, architetture, percorsi, Rom 2013, S. 198.
7 Vgl. Spera, a. a. O., S. 68.
8 Vgl. Beltramo/Cozzo, a. a. O., S. 200. Demnach lag der Frauenanteil schätzungsweise bei unter 20 Prozent und war bei den verschiedenen Pilgernationen höchst
   unterschiedlich. Bei den Deutschen lag er Ende des 18. Jahrhunderts bei 30 Prozent, bei den Flamen nur bei 4,7 Prozent. Auch diese Statistiken lassen nur eine
   vage Einschätzung zu.
9 Vgl. Arnold Angenendt, Heilige und Reliquien, München 1997, S. 148 ff. Victri-
   cius von Rouen (gest. 409) spricht schon um 400 in seiner Schrift De laude sanc-
   torum (*Vom Lob der Heiligen*) von himmlischer *virtus* in irdischen Resten. Es han-
   delt sich um die älteste theologische Schrift zum Reliquienkult. Gregor von Tours
   (gest. 594) lässt über Nacht Tücher auf dem Petrus-Grab liegen. Wenn sie am Morgen gehoben werden, wiegen sie wegen der aufgenommenen *virtus* schwerer. Zur
   Vielzahl von Kreuzesreliquien in Rom und anderswo vgl. Nicoletta De Matthaeis,
   Andar per miracoli. Guida all'affascinante mondo delle reliquie romane, Neapel
   2013, S. 63 ff.
10 Ein Großteil scheint in die Kirche Santa Prassede geschafft worden zu sein, jedenfalls ist das einer Inschrift im Innenraum zu entnehmen.
11 Vgl. Angenendt, a. a. O., S. 162. Das kanonische Recht verbietet inzwischen die
   Translatio ohne päpstliche Genehmigung, s. Codex des Kanonischen Rechts,
   Buch IV, Titel IV, Can 1190, § 1 und 2: «Es ist verboten, heilige Reliquien zu verkaufen. Bedeutende Reliquien und ebenso andere, die beim Volk große Verehrung erfahren, können ohne Erlaubnis des Apostolischen Stuhls auf keine Weise
   gültig veräußert oder für immer an einen anderen Ort übertragen werden.»

12 Vgl. Angenendt, a. a. O., S. 162 ff.

13 Vgl. De Matthaeis, a. a. O., S. 151 f.

14 Vgl. Ferdinand Gregorovius, Geschichte der Stadt Rom im Mittelalter, hg. von Waldemar Kampf, München 1978, Bd. III, 1, S. 96 f.

15 Vgl. Marina Formica, Roma, Romae. Una capitale in età moderna, Rom/Bari 2019, S. 10.

16 Gregorovius, a. a. O., Bd. II, 1, S. 530.

17 Vgl. Ludovico Gatto, Storia di Roma nel Medioevo, Rom 2017, S. 434 ff.

18 Vgl. Gregorovius, a. a. O., Bd. II, 1, S. 531.

19 Gegründet 1303 von Bonifaz VIII., ist La Sapienza heute mit gut 120 000 Studierenden die größte Hochschule Europas.

20 Vgl. Gatto, a. a. O., S. 437.

21 Dante Alighieri, Divina Commedia, Inferno XVIII, 28–33.

22 Vgl. Gregorovius, a. a. O., Bd. II, 1, S. 720.

23 Anonimo Romano, Cronica, XVIII.

24 Vgl. Gatto, a. a. O., S. 463; Volker Reinhardt, Geschichte Roms, München 2008, S. 44.

25 Vgl. Anonimo Romano, Cronica, XVIII, 1–6. Auch die nachfolgenden biographischen Angaben zu Cola di Rienzo stammen von dem anonymen Chronisten.

26 Vgl. ebd., XVI.

27 Vgl. Giovanni Rucellai, Zibaldone. Il Giubileo dell'anno 1450, Florenz 1885.

28 Vgl. Antonio Pinelli (Hg.), Roma del Rinascimento, Rom/Bari 2001, S. 12. Einige der europäischen Pilgerzentren funktionierten wie Botschaften am päpstlichen Hof.

29 Vgl. Rucellai, a. a. O.

30 Paolo Dallo Mastro, Memoriale, Rom 1875, S. 17.

31 Pinelli, a. a. O., S. 127.

32 Dallo Mastro, a. a. O., S. 18.

33 Vgl. Esch, a. a. O., S. 31.

34 Vgl. ebd., S. 24.

35 Dallo Mastro, a. a. O., S. 19 f.

36 Giorgio Vasari, Vita di Leon Battista Alberti architetto fiorentino (1568), Florenz 1878.

37 Vgl. Jacques Heers, La vita quotidiana nella Roma pontificia ai tempi dei Borgia e dei Medici, Mailand 1998, S. 160. Die Kapellen wurden beim Sacco di Roma 1527 von den Landsknechten als Unterstand benutzt und später als entweiht abgetragen.

38 Vgl. Gatto, a. a. O., S. 435. Als Burgus Saxonum wurde das Hospiz namensgebend für den Stadtteil Borgo.

39 Vgl. Stefano Infessura, *Scribasenato*, Diario della città di Roma, hg. von Oreste Tommasini, Rom 1890, S. 76.

40 Vgl. Segarra Lagunes, a. a. O., S. 48.

41 Anonymer Meister, Einweihung des Ponte Sisto, Wandfresko im Corridoio Degenza, Ospedale di Santo Spirito in Sassia, Rom.

42 Vgl. zur Baugeschichte von Santo Spirito und Ponte Sisto: Flavia Cantatore, Sisto IV. committente di architettura a Roma tra magnificenza e conflitto, in: Myriam Chiabò u. a. (Hg.), Congiure e conflitti – L'affermazione della signoria pontificia su Roma nel Rinascimento, Rom 2014. Als neuen Zugang zur Engelsbrücke von der Porta del Popolo ließ Sixtus IV. außerdem die Via Sixtina a Ponte anlegen. Die Straße bleibt unvollendet. Sie endet bei der heutigen Piazza Nicosia am Tiber. Vgl. Segarra Lagunes, a. a. O., S. 48.

43 Vgl. Volker Reinhardt, Pontifex. Die Geschichte der Päpste von Petrus bis Franziskus, München 2017, S. 480.

44 Vgl. Gregorovius, a. a. O., Bd. III, 1, S. 115.

45 Vgl. Pinelli, a. a. O., S. XIII.

46 Vgl. ebd., S. XII.

47 Melozzo da Forlì, Sixtus IV. ernennt Bartolomeo Platina zum Präfekten der Vatikanischen Bibliothek, 1477, Vatikanische Museen, MV 40270.0.0.

48 Vgl. Stefan Bauer, Quod adhuc extat. Le relazioni tra testo e monumento nella biografia papale del Rinascimento, in: Quellen und Forschungen aus italienischen Archiven und Bibliotheken, 91, 2011, S. 236 f. Bartolomeo Platina betont in seiner Papstchronik, dass der Hafen von Ostia durch Claudius begonnen, durch Trajan vollendet und durch Sixtus restauriert wurde, stellt also den Papst in eine Reihe mit den Cäsaren der Antike. Auch auf dem Fresko *Gli angeli presentano all'Eterno le opere di Sisto IV* im Hospital Santo Spirito in Sassia sind Brücke und Tiberhafen zu sehen.

49 Vgl. Heers, a. a. O., S. 47.

50 Vgl. Infessura, a. a. O., S. 76.

51 Vgl. Arnold Esch, Rom. Vom Mittelalter zur Renaissance, München 2016, S. 140; Gatto, a. a. O., S. 513; Heers, a. a. O., S. 144.

ZUR HÖLLE MIT DEM TIBER!

1 Vgl. Autorità di bacino distrettuale dell'Appennino Centrale, Stati generali del Tevere. Rapporto 14 novembre 2012, Rom 2018 (Tagungsbroschüre). Zum *Occhialone* vgl. Pio Bersani/Mauro Bencivenga, Le piene del Tevere a Roma dal V secolo a. C. all'anno 2000, Rom 2001, S. 19.

2 Ebd.

3 Vgl. Renato Funiciello u. a., I sette colli. Guida geologica a una Roma mai vista, Mailand 2006, S. 98; Bersani/Bencivenga, a. a. O., S. 8 und 44; Gregory Aldrete, Floods of the Tiber in Ancient Rome, Baltimore 2007, S. 47.

4 Anonimo Romano, Cronica, Mailand 1979, Kap. XV.

5 Vgl. ebd.

6 Vgl. Bersani/Bencivenga, a. a. O., S. 7 f.

7 Vgl. Titus Livius, Ab urbe condita, IV, 49, 2.

8 Vgl. ebd., IV, 28, 4. «Aquae ingentes eo anno fuerunt; Tiberis duodeciens campum Martium planaque urbis inundavit.» Möglicherweise hatten von

Livius genutzte ältere Quellen das mythische Dutzend nur symbolhaft erwähnt. Auf jeden Fall blieben zwölf Überflutungen in der Stadtgeschichte einmalig.

9 Vgl. Mauro Quercioli, Le mura e le porte di Roma, Rom 1993, S. 70. Horaz berichtete als Zeitgenosse über Hochwasser auf dem Forum Boarium und dem Velabro im Jahr 23 v. Chr.; vgl. Horaz, Carmen, I, 2, 13–20.

10 Vgl. Cassius Dio, Römische Geschichte, XXXIX, 61, 1 f.; Tacitus, Historien, I, 86, 2.

11 Vgl. Titus Livius, a. a. O., IV, 49, 2.

12 Vgl. ebd., VII, 3, 2. Der Vorfall ereignete sich im Jahr 363 v. Chr. Ähnliches wiederholte sich 202 v. Chr., als die siebentägigen *Ludi Apollinares*, Spiele zu Ehren des Gottes Apollo, im Circus Maximus ihren glanzvollen Abschluss finden sollten. Dann aber «regnete es Steine», wie Titus Livius einen heftigen Hagelschauer beschreibt, und der Fluss lief über. Mitten im Juli konnte das nur göttlichen Zorn bedeuten.

13 Vgl. ebd., XXXV, 21, 5 f. Ovid berichtet, dass ein Pferderennen vom Marsfeld auf den Caelius verlegt wurde, weil die Rennbahn überflutet war; vgl. Ovid, Fasti, III, 517–522. Im Jahr 192 v. Chr. verursachten starke Regengüsse ein Desaster, als sich ein großer Felsblock aus dem Tuffstein des Kapitolshügels löste, auf die Straße hinabstürzte und dort Menschen erschlug; vgl. Titus Livius, a. a. O., XXX, 38, 10 f.

14 Vgl. Cassius Dio, a. a. O., LIII, 20, 1. Insgesamt achtmal erwähnen die antiken Quellen, dass Rom während einer Tiberflut mit dem Boot befahren werden konnte, vgl. Aldrete, a. a. O., S. 81.

15 Vgl. Michael Sommer, Römische Geschichte, Bd. 2: Rom und sein Imperium in der Kaiserzeit, Stuttgart 2009, S. 28.

16 Vgl. Plinius der Ältere, Naturalis Historia, XXXVI, 73. Angeblich funktionierte die Sonnenuhr nach einem Tiberhochwasser nicht mehr richtig. Plinius verweist allerdings darauf, dass auch ein Erdbeben der Grund dafür gewesen sein könnte.

17 Zitiert nach: Paul Zanker, Augustus und die Macht der Bilder, München 1987, S. 158.

18 Vgl. Cassius Dio, a. a. O., LIV, 25, 2.

19 Vgl. Aldrete, a. a. O., S. 212 ff. Ein Zensus im 4. Jahrhundert erfasste 1790 *domus* und 46 602 *insulae*. 85 Prozent der *domus* lagen auf den Hügeln, die meisten auf dem Palatin und dem Quirinal.

20 Vgl. Cassius Dio, a. a. O., XXXIX, 61, 1 f. Zu Gebäudeschäden und Opferzahlen vgl. Aldrete, a. a. O., S. 102 und 121.

21 Vgl. Sueton, Augustus, II, 30.

22 Tacitus, a. a. O., I, 86. Die Katastrophe fiel in die dreimonatige Regierungszeit von Otho, der sich in Vorbereitungen zu einem Feldzug befand und offenbar mit der Versorgung der notleidenden Römer überfordert war.

23 Vgl. Aldrete, a. a. O., S. 135. Augustus' Nachfolger Tiberius (vielleicht nach einer Überschwemmung) und Nero (nach dem Brand 64 n. Chr.) setzten die Getreidepreise fest, um die Spekulation mit dem Grundnahrungsmittel zu verhindern. Vgl. Tacitus, Annalen, II, 87, 1 und XV, 39, 3.

24 Vgl. Tacitus, a. a. O., I, 76.

25 Ebd., I, 79.

26 Vgl. Bersani/Bencivenga, a. a. O., S. 11. Aldrete erwähnt sogar eine Erhöhung des Bodenniveaus im Stadtzentrum um bis zu 10 oder gar 15 Meter etwa bei der heutigen Piazza di Spagna und in Trastevere sowie dem Velabro, nördlich der Porta del Popolo und bei S. Paolo fuori le mura um 5 bis 10 Meter; vgl. Aldrete, a. a. O., S. 40 f.

27 Vgl. Lauretta Maganzani, Le inondazioni fluviali e le loro ricadute sulle città romane, in: Gianfranco Purpura (Hg.), Revisione e integrazione dei Fontes Iuris Romani Anteiustiniani, Turin 2012, S. 93–102.

28 Plinius der Jüngere, Epistulae, VIII, 17.

29 Vgl. Aldrete, a. a. O., S. 99.

30 Im Gegensatz zu Hochwasseropfern erwähnt Tacitus die Opferzahl der Stadion-katastrophe von Fidenae. In dieser Siedlung (heute Stadtteil) nördlich von Rom waren bei der Eröffnung eines privaten Amphitheaters 27 n. Chr. die Tribünen eingebrochen. Tacitus berichtet von 50 000 Schwerverletzten und Toten und betont, das Desaster sei mit «einer Niederlage in einem gewaltigen Krieg» zu vergleichen. Gleich danach ist von «einer gewaltigen Feuersbrunst» die Rede – ohne dass menschliche Opfer erwähnt würden. Der Grund dafür könnte auch gewesen sein, dass die Zahl der Plätze im eingestürzten Amphitheater bekannt war, während die Toten und erst recht die Vermissten bei Naturkatastrophen schwieriger zu zählen waren. Vgl. Tacitus, a. a. O., IV, 62 f.

31 Vgl. Aldrete, a. a. O., S. 66.

32 Vgl. Funiciello u. a., a. a. O., S. 116 ff.

33 Vgl. Paulus Diaconus, Historia Langobardorum, III, 24; Richard Krautheimer, Rom. Schicksal einer Stadt, 312–1308, München 1987, S. 75.

34 Vgl. Volker Reinhardt, Pontifex. Die Geschichte der Päpste von Petrus bis Franziskus, München 2017, S. 123 ff.

35 Ferdinand Gregorovius, Geschichte der Stadt Rom im Mittelalter, hg. von Waldemar Kampf, München 1978, Bd. III, 2, S. 254; zum Sieg des Erzengels über den Drachen vgl. Offenbarung des Johannes 12; zum Kult um Michael an hochaufragenden Gebäuden nahe Flüssen und Quellen vgl. Annalisa Marsico, Il Tevere e Roma nell'alto medioevo, Rom 2018, S. 17.

36 Vgl. Krautheimer, a. a. O., S. 75.

37 Vgl. Bersani/Bencivenga, a. a. O., S. 5; Maria Margarita Segarra Lagunes, Il Tevere e Roma. Storia di una simbiosi, Rom 2004, S. 72.

38 Vgl. Giuseppe Bonaccorso, Le acque e la città, Rom 2010, S. 190.

39 Vgl. Krautheimer, a. a. O., S. 128.

40 Anonimo Romano, a. a. O., Kap. XV.

41 Vgl. Segarra Lagunes, a. a. O., S. 87.

42 Enea Silvio Piccolomini, d. i. Pius II., Commentarii rerum memorabilium …, Rom 1534, Buch II, 18 ff.

43 Vgl. Stefano Infessura, *Scribasenato*, Diario della città di Roma, hg. von Oreste Tommasini, Rom 1890, S. 24.

44 Vgl. Bersani/Bencivenga, a. a. O., S. 8 und 21. Seit 1422 verzeichneten Dominikanermönche auf der rechten Seite der Fassade von Santa Maria Sopra Minerva fünf Hochwasserstände des Tibers. Der höchste Stand wurde dort 1598 mit 3,95 Metern erreicht.

45 Vgl. Funiciello u. a., a. a. O., S. 107.

46 Vgl. Claudio Rendina, Guida Insolita del Tevere, Rom 2011, S. 157.

47 Benvenuto Cellini, Leben des Benvenuto Cellini, Frankfurt a. M. 1996, XI. Kapitel.

48 Vgl. Andrea Bacci, Del Tevere e della natura et bonta dell'acque & delle inondationi, Libri II, Rom 1558.

49 Vgl. Angelo degli Oldradi, Aviso della pace tra la Santita di N. S. Papa Paolo IIII, e la Maestà di Re Filippo. E del diluvio, che è stato in Roma, con altri successi, e particolarità. Rom 1557, in: Biblioteca Casanatense, Roma la città dell'acqua, Rom 1994.

50 Vgl. Bersani/Bencivenga, a. a. O., S. 22.

51 Zitiert nach: Segarra Lagunes, a. a. O., S. 76.

52 Vgl. Relatione della spaventevole inondatione fatta dal Tevere, nella citta di Roma, & suoi contorni, alli 23 di Decembre del 1598 Di Roma, li 2. Genaro 1599, zitiert nach: Rita Fresu, «L'acqua correva con tanto impeto». La rappresentazione linguistica delle esondazioni nel XVI secolo, in: Rhesis, 8, 1, 2017, S. 5–22.

53 Die Angaben zu Opferzahlen der Hochwasser im 16. Jahrhundert sind widersprüchlich und unzureichend; vgl. Rendina, a. a. O., S. 157. Zu den Opfern 1530: vgl. Vittorio Di Martino/Massimo Belati, Qui arrivò il Tevere. Le inondazioni del Tevere nelle testimonianze e nei ricordi storici, Rom 1980, S. 63; zu den Opfern 1557: vgl. Angelo degli Oldradi, a. a. O.; zu den Opfern 1598: vgl. Segarra Lagunes, a. a. O., S. 78.

54 Vgl. Carlo Luigi Morichini, Degli istituti di carità per la sussistenza e l'educazione dei poveri e dei prigionieri in Roma, libri tre, Rom 1842, Bd. I, S. 206.

55 Vgl. Segarra Lagunes, a. a. O., S. 90.

56 Ferdinand Gregorovius, Römische Tagebücher 1852–1889, https://www.projekt-gutenberg.org/gregorov/roemtgb/chap019.html.

CLOACA MAXIMA

1 Vgl. Plinius der Ältere, Naturalis Historia, XXI; Paul Zanker, Augustus und die Macht der Bilder, München 1987, S. 79.

2 Plinius der Jüngere, Epistulae, X, 23 und 24.

3 Vgl. Domenico Palombi, «Receptaculum omnium purgamentorum urbis». Cloaca Maxima e storia urbana, in: Archeologia classica, 64, II. 3, Rom 2013, S. 151 f.

4 Vgl. Titus Livius, Ab urbe condita, I, 38, 6.

5 Vgl. Luca Antognoli/Elisabetta Bianchi, La Cloaca Maxima dalla Suburra al Foro Romano, in: Studi Romani LVII, 2009, S. 89–125. Zum Bau der römischen Entwässerung auch Marco Galli/Giuseppina Pisani Sartorio (Hg.), Machina. Tecnologia dell'antica Roma, Rom 2009, S. 101 ff.

6 Plinius d. Ä., a. a. O., XXXVI, 105.

7 Cassius Dio, Römische Geschichte, IL, 43, 1; vgl. Zanker, a. a. O., S. 78.

8 Reste der Aqua Virgo sind besonders gut im Untergeschoss des Kaufhauses La Rinascente an der Via del Tritone zu sehen.

9 S. Kapitel 11.

10 Ovid, Fasti, VI, 713 f.

11 Vgl. Günter E. Thüry, Müll und Marmorsäulen. Siedlungshygiene in der römischen Antike, Mainz 2001, S. 3 ff.

12 Vgl. ebd., S. 46.

13 Vgl. Ann Olga Koloski-Ostrow, The Archeology of Sanitation in Roman Italy. Toilets, Sewers and Water Systems, Chapel Hill, 2015.

14 Vgl. Thüry, a. a. O., S. 48 f.

15 Vgl. Kapitel 3., Anmerkung 24.

16 Vgl. Sueton, Gaius, IL, 3.

17 Tacitus, Annalen, XV, 18.

18 Vgl. Sueton, Nero, XLI, 2.

19 S. Kapitel 10.

20 Vgl. Albert Christian Sellner, Immerwährender Heiligenkalender, Frankfurt a. M. 1993, S. 34 ff.; Elisabetta Bianchi (Hg.), La Cloaca Maxima e i sistemi fognari di Roma dall'antichità ad oggi, Rom 2014, S. 192 ff.

21 Vgl. ebd.

22 Lodovico Carracci, St. Sebastian wird in die Cloaca Maxima geworfen, 1612, The J. Paul Getty Museum, Los Angeles; Albrecht Altdorfer, Sebastiansaltar, 1509–1518, Stift St. Florian, Linz.

23 Vgl. Lukas Thommen, Umweltgeschichte der Antike, München 2009, S. 109.

24 Sextus Julius Frontinus, De aquaeductu urbis Romae, 92.

25 Ebd., 88.

26 Wer diesen Ablauf störte, wurde hart bestraft. Auf das widerrechtliche «Anzapfen» der Aquädukte etwa stand ein Bußgeld von 100 000 Sesterzen – immerhin 100 Jahreslöhne eines Soldaten. Auch die reichen Grundbesitzer kamen nicht glimpflich davon, wenn sie ihre Felder mit Wasser aus der Leitung bewässerten: Ihnen drohte die Konfiszierung. Vgl. ebd. 97; Thommen, a. a. O., S. 109.

27 Vgl. Maria Margarita Segarra Lagunes, Il Tevere e Roma. Storia di una simbiosi, Rom 2004, S. 71 f.

28 Vgl. ebd., S. 94.

29 Vgl. ebd., S. 87.

30 Diese Überzeugung war auch im 18. Jahrhundert noch verbreitet. In London wurde mit den Gerüchen des Themsewassers experimentiert, in Paris prüften Experten den Geruch der Seine. Vgl. Alain Corbin, Pesthauch und Blütenduft. Eine Geschichte des Geruchs, Berlin 1984, S. 9 und 49.

31 Vgl. Ludovico Gatto, Storia di Roma nel Medioevo, Rom 2017, S. 447.

32 Andrea Bacci, Del Tevere della natura e bonta dell'acque & delle inondazioni, Libri II, Rom 1558, S. 290 ff.

33 Paolo Clarante, Della inondatione del Tevere et della nuova foce del medisimo, Perugia 1577.

34 Niccolò Galli, Discorso (…) sopra l'inondatione del Tevere nell'Alma città di Roma, Rom 1609.

35 Vgl. Rodolfo Lanciani, Storia degli scavi di Roma, Bd. IV, Rom 1912, S. 13 f.

36 Vgl. Robert Sallares u. a., The Spread of Malaria to Southern Europe in Antiquity, in: Medical History, 48/3, 2004, S. 311–328.

37 Vgl. Editto / Hieronymus (…) Card. Rusticucius S. D. N. Papae Vicarius Generalis Romanaeque Curiae Iudex Ordinarius / [Hauendo il Fiume nella prossima passata inondatione ruinato il pauimento della Chiesa di Santa Maria della Minerva (…) si ordina et commanda a tutti quelli che hanno et pretendono di hauere sepolture nella detta Chiesa della Minerva (…) debbiano andare a recognoscerle et farle accomodare (…) Dat. Romae, Die XVII Martii 1599]Rom, 1599. Der Arzt Marsilio Cagnati negierte hingegen eine unmittelbare Seuchengefahr durch den Tiber. Die Pest werde durch Regenzeiten ausgelöst, denn die daraus folgende Feuchtigkeit schwäche die Menschen. Es sei deshalb gefährlich, zu nahe am Fluss zu wohnen, und feuchte Wohnungen seien zu heizen. Vgl. Marsilio Cagnati, Opuscola varia, Rom 1603.

38 Vgl. Lanciani, a. a. O., S. 11.

39 Vgl. Laura Megna, «Acque e immonditie del fiume». Inondazioni del Tevere e smaltimento dei rifiuti a Roma tra Cinque e Settecento, in: Mélanges de l'École française de Rome. Italie et Méditerranée, 118, 1, 2006, S. 24; Segarra Lagunes, a. a. O., S. 92.

40 Vgl. ebd., S. 91.

41 Vgl. Megna, a. a. O., S. 26 f.

DIE EINGESCHLOSSENEN

1 Vgl. Sueton, Caesar, LXXXIV.

2 Vgl. Stefano Caviglia, Alla scoperta della Roma Ebraica, Neapel 2013, S. 10; Anna Foa, Gli ebrei in Italia. I primi 2000 anni, Bari/Rom 2022, S. 10.

3 Vgl. Flavius Josephus, Jüdische Altertümer, XVIII, 6.

4 Ebd., XVIII, 7.

5 Vgl. Sueton, Tiberius, XXXVI; Tacitus, Annalen, II, 85.

6 Vgl. Jerome Carcopino, Rom. Leben und Kultur in der Kaiserzeit, Stuttgart 1977, S. 179.

7 Vgl. Sueton, Claudius, XXV. Claudius betrachtete die Juden als «Unruhestifter», wobei nicht ganz sicher ist, ob damit nicht die kleine christliche Gemeinschaft gemeint war, die die Römer noch lange mit den Juden verwechselten.

8 Flavius Josephus, a. a. O., III, 6 und 7.

9 Vgl. Caviglia, a. a. O., S. 5 ff.

10 Vgl. Cassius Dio, Römische Geschichte, LXVI, 15; Sueton, Titus, VII, 2.

11 Vgl. Foa, a. a. O., S. 18.

12 Carlo Luigi Morichini, Degli istituti di carità per la sussistenza e l'educazione dei poveri e dei prigionieri in Roma, libri tre, Rom 1842, Bd. II, S. 138.

13 Vgl. Ferdinand Gregorovius, Wanderjahre in Italien, München 1986, S. 221 ff.

14 Vgl. Anna Esposito, Gli ebrei di Roma prima del ghetto, in: Antonio Volpato (Hg.), Monaci, ebrei, santi, Rom 2008, S. 379; Filippo Tamburini, Ebrei, Saraceni, Cristiani. Vita sociale e vita religiosa dai registri della penitenza apostolica (secoli XIV-XVI), Mailand 1996, S. 23.

15 Vgl. Tamburini, a. a. O., S. 40. Christliche Antragsteller, die beim päpstlichen Beschwerdegericht um Verzeihung dafür baten, dass sie bei Juden Geld geliehen hatten, erhielten anstandslos Absolution, schließlich machte der Papst es ja auch nicht anders. Vgl. ebd., S. 33 und 35. Und Ehescheidungen blieben für Christen streng verboten, wurden Juden aber erlaubt. Vgl. ebd., S. 22 und 43.

16 Gregorovius, a. a. O., S. 239.

17 Vgl. Marina Formica, Roma, Romae. Una capitale in età moderna, Bari/Rom 2019, S. 70 ff.

18 Bernardino Ramazzini, Trattato delle malattie degli artefici, Mailand 1821, S. 220.

19 Ebd., S. 218.

20 Ebd., S. 215.

21 Vgl. Caviglia, a. a. O., S. 47.

22 Der Papst versprach sich davon vor allem wirtschaftliche Vorteile. Eines seiner Projekte war der massive Einsatz der römischen Juden bei der Verarbeitung von Seide – daher rührt der bis heute unter Juden verbreitete Nachname Della Seta: *seta* heißt Seide, vgl. Caviglia, a. a. O., S. 48.

23 Vgl. Gregorovius, a. a. O., S. 223.

24 Vgl. Marina Caffiero/Anna Esposito (Hg.), Judei de Urbe. Roma e i suoi ebrei, una storia secolare, Rom 2011, S. 156 ff.

25 Vgl. ebd., S. 10.

26 Gregorovius, a. a. O., S. 241; zur Armut der jüdischen Gemeinde auch Caviglia, a. a. O., S. 47 und Morichini, a. a. O., Bd. II, S. 139.

27 Gregorovius, a. a. O., S. 216.

28 Ebd., S. 217.

29 Vgl. Caviglia, a. a. O., S. 71.

30 Vgl. ebd., S. 88 f.

31 Vgl. ebd., S. 90.

32 Zur Diskussion um die Brigata ebraica vgl. Gianluca Fantoni, Storia della Brigata ebraica, Turin 2022, S. 165 ff.

DIE RANDGESELLSCHAFT

1 Vgl. Paola Carla Verde, L'Ospedale dei Poveri Mendicenti a Ponte Sisto, in: Quaderni dell'Istituto di Storia dell'Architettura, 66/2017, S. 42.

2 Ebd.

3 Vgl. Volker Reinhardt, Pontifex. Die Geschichte der Päpste von Petrus bis Franziskus, München 2017, S. 585 ff.

4 Das inzwischen abgerissene Gebäude ist zu sehen auf dem Fresko *«Ospedale dei Poveri Mendicanti»* von Cesare Nebbia und Giovanni Guerra aus dem Jahr 1589. Vatikanische Bibliothek, Salone Sistino.

5 Vgl. Carlo Luigi Morichini, Degli istituti di carità per la sussistenza e l'educazione dei poveri e dei prigionieri in Roma, libri tre, Rom 1842, Bd. II, S. 11.

6 Vgl. Reinhardt, a. a. O., S. 666; Vincenzo Paglia, La Pietà dei Carcerati. Confraternite e società a Roma nei secoli XVI – XVIII, Rom 1980, S. 40.

7 Vgl. Claudio Rendina, Guida Insolita del Tevere, Rom 2011, S. 404.

8 Vgl. Morichini, a. a. O., Bd. II, S. 25.

9 Vgl. Antonio Pinelli (Hg.), Roma del Rinascimento, Rom/Bari 2001, S. 5.

10 Vgl. Ingeborg Walter, Die Sage der Gründung von Santo Spirito in Rom und das Problem des Kindsmordes, in: Mélanges de l'École française de Rome, 97/97-2, 1985, S. 834.

11 Vgl. Philine Helas, Bilder und Rituale der Caritas in Rom im 14. und 15. Jahrhundert. Orte, Institutionen, Akteure, in: Susanne Ehrich/Jörg Oberste (Hg.), Städtische Kulte im Mittelalter, Regensburg 2010, S. 278.

12 Zitiert nach: Ingeborg Walter, a. a. O., S. 873 f.

13 Vgl. Pinelli, a. a. O., S. 25 f.

14 Vgl. Claudio Rendina, I Papi, Rom 1983, S. 651 ff.; Marina Formica, Roma, Romae. Una capitale in età moderna, Bari/Rom 2019, S. 77.

15 Vgl. ebd., S. 79 f.; Morichini, a. a. O., Bd. I, S. 284 ff.

16 Vgl. Verde, a. a. O., S. 41.

17 Vgl. Rendina, a. a. O., S. 383; ders., «Quelle zoccolette nel palazzo – la casa delle fanciulle senza marito», in: La Repubblica, 14. Mai 2007.

18 Conservatorio delle Zitelle projete di Santo Spirito in Sassia, Regole, Rom 1827.

19 Ebd., S. 5.

20 Vgl. ebd., S. 33.

21 Vgl. Renato Funiciello u. a., I sette colli. Guida geologica a una Roma mai vista, Mailand 2006, S. 105.

22 Vgl. Karl-Wilhelm Weeber, Alltag im Alten Rom, Düsseldorf/Zürich 1995, S. 217.

23 Vgl. Formica, a. a. O., S. 126.

24 Vgl. «Piena del Tevere. Al Fatebenefratelli risonanza magnetica e tac inutilizzabili», in: La Repubblica, 16. November 2012.

25 Vgl. «L'ospedale assediato dalla piena», in: La Repubblica, 13. Dezember 2008.

26 Vgl. Umbrische Schule, Freskenzyklus, Corsie Sistine, Santo Spirito in Sassia

(1479); Jacopo und Francesco Zucchi, Fresken im Auftrag von Pius V. (1566–
1572), ebd., Sala del Commendatore.

27 Walter, a. a. O., S. 854.

28 Dennoch verbreitete sich die Legende in Europa. Der Elsässer Kleriker Jakob
Twinger von Königshafen erwähnte sie Anfang des 15. Jahrhunderts in seiner reich
illustrierten Chronik, die das Säuglingssterben im Tiber auf sehr drastische Weise
zeigt. Vgl. Diana Bullen Presciutti, Dead Infants, Cruel Mothers and Heroic
Popes, in: Renaissance Quarterly, 64/3, S. 752–799; Walter, a. a. O., S. 835.

29 Zitiert ebd., S. 834.

30 Vgl. Richard Krautheimer, Rom. Schicksal einer Stadt, 312–1308, München 1987,
S. 294.

31 Vgl. Philine Helas, Hospitäler in Rom und die medizinischen Möglichkeiten
um 1350, in: Gisela Drossbach/Gerhard Wolf (Hg.), Caritas im Schatten von
Sankt Peter, Regensburg 2015. Interessant ist die Lage der Pilger- und Krankenhäuser. Nur fünf befanden sich im Zentrum, alle anderen in weniger besiedelten
Gebieten, etwa an der Laterankirche oder bei Santa Maria Maggiore. Sieben, darunter das Santo Spirito, lagen im Borgo unweit des Flusses. Direkt am Tiber
befanden sich zwei weitere, darunter eines in der Nähe des Hafens in Trastevere.

32 Vgl. Ludovico Gatto, Storia di Roma nel Medioevo, Rom 2017, S. 435.

33 Zitiert in: Verde, a. a. O., S. 42.

34 1620 befanden sich in römischen Gefängnissen 9372 Häftlinge, 3475 in Tor di
Nona. 3702 in der Corte Savella, 1150 im Gefängnis auf dem Kapitol und 1048 im
Borgo. 8757 von ihnen kamen im Laufe des Jahres frei. Die Fluktuation war also
groß. Vgl. Michele Di Sivo, Sulle carceri dei tribunali penali a Roma. Campidoglio
e Tor di Nona, in: Livio Antonielli (Hg.) Carceri, carcerieri, carcerati. Dall'antico
regime all'Ottocento, Soverio Mannelli, 2003, S. 15 f.

35 Vgl. Rendina, a. a. O., S. 247 f.

36 Vgl. Di Sivo, a. a. O., S. 11.

37 Zum Cenci-Prozess vgl. Raffaella Bonsignori, Fiume Bojaccia. Delitti e misteri
romani sul Tevere, Rom 2015, S. 171 ff.; Rendina, a. a. O., S. 251 f.

38 Vgl. Formica, a. a. O., S. 104.

39 Benvenuto Cellini, Leben des Benvenuto Cellini, Frankfurt a. M. 1996.

40 Vgl. Rendina, a. a. O., S. 297 ff. Bis zur Eröffnung des Gefängnisses Regina Coeli
1881 blieb die Haftanstalt in Funktion, zuletzt mit 600 männlichen und 80 weiblichen Insassen.

41 Vgl. ebd., S. 250.

42 Vgl. ebd., S. 247 f.

43 Das Königreich Italien schaffte die Todesstrafe für Zivilbürger 1889 ab. Die
faschistische Diktatur führte sie zeitweise wieder ein. 1947 wurden in Turin die
letzten Todesurteile gegen drei Zivilisten vollstreckt.

44 Vgl. Natale a Trastevere, in: Il Messaggero, 28. Dezember 2017.

45 Vgl. Rendina, a. a. O., S. 300 f.

46 Quelle: Ständig aktualisierte Informationen zu Casa circondariale Regina Coeli
auf der Website giustizia.it (Italienisches Justizministerium).

NASSES GRAB

1 Vgl. Claudio Rendina, I Papi. Storia e segreti, Rom 1983, S. 774.

2 Vgl. Sueton, Tiberius, LXXV.

3 S. die Sebastianslegende in Kapitel 7.

4 Kapitolinische Museen, Inv. Nr. MC0470.

5 Die Rechtshistorikerin Eva Cantarella hat zu diesem Thema u. a. den lesenswerten Essay Secondo Natura. La bisessualità nel mondo antico, Mailand 2012, verfasst.

6 Vgl. Cassius Dio, Römische Geschichte, LXXIX, 21, 2.

7 Ebd.

8 Vgl. Sueton, Claudius, XXXIV, 1.

9 Vgl. Cassius Dio, a. a. O., LXI, 16, 1.

10 Zur «Leichensynode» und ihrer Symbolik vgl. Michael Edward Moore, The Body of Pope Formosus, in: Millenium, IX, Berlin 2012, S. 277–298, sowie ders., The Attack on Pope Formosus, in: Radoslaw Kotecki/Jacek Maciejewski (Hg.), Violence against the Church and Violence within the Church in the Middle Ages, Cambridge 2014, S. 184–208.

11 Ferdinand Gregorovius, Geschichte der Stadt Rom im Mittelalter, hg. von Waldemar Kampf, München 1978, Bd. I, 2, S. 570 ff.

12 Vgl. Volker Reinhardt, Pontifex. Die Geschichte der Päpste von Petrus bis Franziskus, München 2017, S. 216.

13 Vgl. Liutprand von Cremona, Rerum gestarum per Europam, Paris 1514, Liber I, Fol. V.

14 Vgl. Chris Wickham, Das Mittelalter. Europa von 500 bis 1500, Stuttgart 2018, S. 121 ff.

15 Vgl. Roberto Zapperi, Vannozza Cattanei, in: Istituto Treccani (Hg.), Dizionario Biografico degli Italiani, Bd. 22, Rom 1979, ohne Seitenzahl (digital); Miguel Navarro Sorni, Da Alfonso Borgia a Papa Callisto III. L'inizio della fortuna dei Borgia, in: Fondazione Memmo (Hg.), I Borgia, Rom 2002, S. 74 f.

16 Vgl. Volker Reinhardt, Die Borgia. Geschichte einer unheimlichen Familie, München 2011, S. 67 ff.

17 Gregorovius, a. a. O., Bd. III, 1, S. 192.

18 Vgl. Johannes Burckard, Liber Notarum, s. Gregorovius, a. a. O., Bd. III, 1, S. 190; Raffaella Bonsignori, Fiume Bojaccia. Delitti e misteri romani sul Tevere, Rom 2015, S. 94 f.

19 Vgl. Gregorovius, a. a. O., S. 191 ff.

20 Vgl. Gregorovius, a. a. O., S. 193.

21 Vgl. Alessandro Portelli, L'ordine è già stato eseguito. Roma, le Fosse Ardeatine, la memoria, Rom 1999, S. 306.

22 Vgl. Sergio Lambiase (Hg.), Storia Fotografica di Roma 1940–49, Neapel 2003, S. 118.

23 Zu sehen etwa an der nie verstummten Diskussion um den Nationalfeiertag am

25. April. Dieser «Tag der Befreiung von Faschismus und Nationalsozialismus» wird von wichtigen Repräsentanten der Parteien Lega und Fratelli d'Italia demonstrativ nicht begangen. Fratelli d'Italia hat im Parteiwappen noch immer die Flamme vom Grab Mussolinis.

24 Vgl. Hans Woller, Geschichte Italiens im 20. Jahrhundert, München 2010, S. 217.

25 Vgl. ebd., S. 218.

26 Die Partisanen hatten kein zufälliges Datum gewählt. Am 23. März 1919 waren in Mailand die faschistischen Kampfbünde gegründet worden, aus denen später die Faschistische Partei entstand.

27 Vgl. mausoleofosseardeatine.it. Offizielle Website der Gedenkstätte Fosse Ardeatine.

28 Nach einer von Alessandro Portelli überlieferten Zeugenaussage hat sich Carretta auf der Flucht selbst in den Tiber gestürzt. Vgl. Portelli, a. a. O., S. 306.

29 Die Autorin war bei mehreren Verhandlungstagen im Gericht als Berichterstatterin zugegen.

SPLASH!

1 Vgl. Sueton, Augustus, XLIII.

2 Ovid, Ars Amatoria, I, 174 f.

3 Der Titel sollte an die größte Seeschlacht des Altertums bei Salamis 480 v. Chr. erinnern.

4 Vgl. Augustus, Res Gestae, XXIII.

5 Vgl. Cassius Dio, Römische Geschichte, LV, 10.

6 Die erste Naumachie in Rom eröffnete Caesar im Sommer 46 v. Chr. wahrscheinlich in der Nähe des heutigen Ponte Amedeo auf der linken Tiberseite, oberhalb des Marsfeldes. Schon 43 Jahre später beschloss der Senat während einer Pestepidemie, den Pool zu füllen – nicht aus hygienischen Gründen, sondern weil man die Götter besänftigen wollte. Vgl. Joel Le Gall, Il Tevere. Fiume di Roma nell'antichità, Rom 2005, S. 132.

7 Vgl. Augustus, a. a. O., XXIII. Zum Vergleich: Der Petersplatz ist 35 000 Quadratmeter groß, und der größte Platz im heutigen Rom, die Piazza Vittorio Emanuele, misst 316 mal 174 Meter, also 54 984 Quadratmeter.

8 Vgl. Andrea Carandini, La Roma di Augusto in Cento Monumenti, Novara 2014, S. 281 ff.; Filippo Coarelli, Roma. Guida Archeologica, Rom/Bari 2008, S. 473; Plinius der Ältere, Naturalis Historia, XVI, 190–200.

9 Vgl. Rabun Taylor, Torrent or Trickle? The Aqua Alsietina, the Naumachia Augusti and the Transtiberim, in: American Journal of Archeology, 101, 1997, S. 471 f.

10 Vgl. Sueton, Tiberius, LXXII, 1.

11 Vgl. Cassius Dio, a. a. O., LXVI, 25, 3.

12 Vgl. Sueton, Titus, VII, 3. Trajan restaurierte ein letztes Mal das Aquädukt und den Kanal, baute aber eine neue Naumachie am Vatikan nördlich des alten Caligula-Circus.

13 An der Via S. Francesco a Ripa in Trastevere wurden Reste eines großflächigen Schwarz-Weiß-Mosaiks gefunden, unweit der gleichnamigen Kirche sicherte man im 16. Jahrhundert eine große Zahl von Tuffsteinblöcken, beides vermutlich aus dem antiken Pool. Vgl. Taylor, a. a. O., S. 478.

14 Vgl. Livia Capponi, Cleopatra, Rom und Bari 2021, S. 44 ff.

15 Cicero, Briefe an Atticus, XIV, 8, 1; XV, 17, 2.

16 Vgl. Birgit Schönau, Neros Mütter, Berlin 2021, S. 55 ff.

17 Vgl. Le Gall, a. a. O., S. 327 ff.; Horaz, Oden, IV, 2.

18 Vgl. Cicero, Pro Marco Caelio, XXXVI.

19 Vgl. Cicero, Pro Marco Caelio, XXXVI. Vgl. Properz, Elegien, I, 11, 2; Sueton, Augustus, LXIV, 3; Plinius der Jüngere, Epistulae, II, 17.

20 Vgl. Tacitus, Annalen, XIV.

21 Ovid, Ars Amatoria, III, 385. Kaiser Domitian wurde später nachgesagt, in Begleitung von Huren im Fluss gebadet zu haben, ein Hinweis darauf, dass durchaus nicht nur reiche Patrizierinnen schwimmen konnten.

22 Sueton, Gaius, LIV, 2.

23 Vgl. Plutarch, Cato maior, XX, 6.

24 Vgl. Cassius Dio, a. a. O., LXXI, 11, 3.

25 Horaz, a. a. O., III, 7.

26 Ebd.

27 Horaz, Satiren, II, 1, 8. Plinius der Ältere schwörte auf das Schwimmen als Mittel gegen Verrenkungen: Naturalis Historia, XXI, 37.

28 Vgl. Ovid, Tristae, II, 485–487; Horaz, Oden, VIII, 8.

29 Tacitus, Historiae, V, 14, 12.

30 Vgl. Vegetius, De re militari, I, 10.

31 Vgl. Seneca, Epistulae, 83, 5.

32 Museo Nazionale Romano Palazzo Massimo, Inv. 121462.

33 Vgl. Felix Gilbert, Venedig, der Papst und sein Bankier, Frankfurt a. M. 1994, S. 79 ff.

34 Vgl. Ferdinand Gregorovius, Geschichte der Stadt Rom im Mittelalter, hg. von Waldemar Kampf, München 1978, Bd. III, 1, S. 412 f.

35 Vgl. Blasio Palladio, Suburbanum Augustini Chisii, Rom 1512; Paola Hoffmann, Le ville di Roma e dei dintorni, Rom 2015, S. 316 ff.; Andreas Tönnesmann, Kleine Kunstgeschichte Roms, München 2002, S. 112 ff.

36 Vgl. Alessandro Cremona, Felices procerum villulae. Il giardino della Farnesina dai Chigi all'Accademia dei Lincei, Rom 2010; Christoph Luitpold Frommel, Il Tevere nel Rinascimento, in: Roma moderna e contemporanea, XVII, 1–2, 2009, S. 91–128.

37 Johann Wolfgang Goethe, Italienische Reise (Hamburger Ausgabe), München 1981, 16. Juli 1787.

38 Gregorovius, a. a. O., Bd. III, 1, S. 413.

39 Vgl. Gregorovius, a. a. O., Bd. III, 1, S. 465; Christopher Hibbert, Rom. Biographie einer Stadt, München 1987, S. 179.

40 Dass der Name Chigi dennoch bis heute präsent ist, ist Fabio Chigi (1599–1667)

zu verdanken. Der Geistliche aus einem anderen Familienzweig reüssierte als Nuntius beim Westfälischen Frieden in Münster, bevor er als Alexander VII. Papst wurde und der Familie Aldobrandini ihren Stadtpalast abkaufte, den er seinerseits umbenannte. Als Amtssitz der italienischen Regierung wurde dieser Palazzo Chigi weltbekannt.

41 Vgl. Frommel, a. a. O., S. 101.
42 Ebd., S. 110 f.; Maria Margarita Segarra Lagunes, Il Tevere e Roma. Storia di una simbiosi, Rom 2004, S. 52.
43 Goethe, a. a. O., 30. Juni 1787.
44 Stendhal, Promenades dans Rome, Paris 1973, S. 261.
45 Segarra Lagunes, a. a. O., S. 62.
46 Goethe, a. a. O., 2. August 1787.
47 Vgl. Riccardo Mariani, Sulle rive del Tevere, Rom 1980, S. 44.
48 Ebd., S. 48.
49 Ebd., S. 74.
50 Pier Paolo Pasolini, Ragazzi di vita, übersetzt von Moshe Kahn, Berlin 2022, S. 19. Zu Pasolinis Film *Accattone*, der ebenfalls Szenen aus dem Flussbad zeigt, s. Kapitel 13.
51 Ebd., S. 20.

DES WIDERSPENSTIGEN ZÄHMUNG

1 Vgl. Maria Margarita Segarra Lagunes, Il Tevere e Roma. Storia di una simbiosi, Rom 2004, S. 178 ff.
2 Ferdinand Gregorovius am 31. Dezember 1870 in: Römische Tagebücher 1852–1889, München 1991.
3 Ferdinand Gregorovius, Sulla storia delle inondazioni del Tevere, Rom 1877, S. 3.
4 Senato del Regno, Atti Parlamentari. Sessione 1874–75, Nr. 77–A, 18.6.1875; vgl. Segarra Lagunes, a. a. O., S. 129.
5 Gregorovius, Tevere, a. a. O., S. 3 und 4.
6 Schon für dieses erste, vergleichsweise winzige Projekt am Tiber musste eine Kirche, Santi Leonardi e Romualdo aus dem 13. Jahrhundert, geschleift werden. Demoliert wurde auch der erst 1830 eröffnete kleine Porto Leonino, eher eine Anlegestelle als ein echter Hafen am rechten Tiberufer. Die Brücke wurde zunächst für Viehkarren gebaut und später als reine Fußgängerbrücke genutzt. 1941 wurde sie abgebaut und durch die Betonkonstruktion des Ponte Principe Amedeo Savoia Aosta ersetzt. Vgl. Segarra Lagunes, a. a. O., S. 66.
7 Vgl. Segarra Lagunes, a. a. O., S. 129 und 180 f.
8 Stefano Caviglia, A proposito del Tevere. Storia, bellezza e futuro del fiume che ha fatto grande Roma, Neapel 2019, S. 61.

ODE AN DEN BLONDEN GOTT

1 S. Kapitel 13.
2 Vgl. Luigi Salerno, I pittori di vedute in Italia, Rom 1991, S. 68 ff.
3 Vgl. Stendhal, Promenades dans Rome, Paris 1973, S. 69.
4 Johann Wolfgang Goethe, Italienische Reise (Hamburger Ausgabe), München 1981, 25. Januar 1787.
5 Ebd., 3. März 1787.
6 Ebd., November 1787.
7 Ebd., 19. Januar 1787.
8 Charles Dickens, Bilder aus Italien, https://www.projekt-gutenberg.org/dickens/italien/italien.html.
9 Ezra Pound, New Selected Poems and Translations, New York 2010, S. 19 (Übers. der Autorin).
10 Giuseppe Ungaretti, Vita di un uomo. Tutte le poesie, Mailand 2009, S. 53 (Übers. der Autorin).
11 Ingeborg Bachmann, Werke. Gedichte, Erzählungen, Hörspiele, Essays, München 1995.
12 Ebd., S. 254.
13 Ebd.
14 Marie Luise Kaschnitz, Engelsbrücke, Hamburg 1976, S. 71 f.
15 Wolfgang Koeppen, Der Tod in Rom, Frankfurt a. M. 2001, S. 117.
16 Ebd., S. 125.
17 Elsa Morante, La Storia, Turin 1974, S. 548 (Übers. der Autorin).
18 Pier Paolo Pasolini, Ragazzi di vita, Berlin 1990, S. 13 f.
19 Der Junge und Trastevere, in: Pasolini, Rom, Rom, Berlin 2014, S. 7 und 9.
20 Das Getränk, ebd., S. 16.
21 Dante Alighieri, Divina Commedia, Purgatorio II, 100–102.

QUELLEN UND LITERATUR

Ivana Ait, Gli Statuta artis barchiarolorum fluminis Tiberis. Per una storia del trasporto fluviale a Roma (secc. XV–XVI), in: A. Mazzon (Hg.), Scritti per Isa. Raccolta di studi offerti a Isa Lori Sanfilippo, Rom 2008, S. 1–12.

Gregory Aldrete, Floods of the Tiber in Ancient Rome, Baltimore 2007.

Bruce W. Allen, Tiber, Eternal River of Rome, Lebanon (USA) 2019.

Arnold Angenendt, Heilige und Reliquien, München 1997.

Anonimo Romano, Cronica, Mailand 1979.

Aloisio Antinori La magnificenza e l'utile. Progetto urbano e monarchia papale nella Roma del Seicento, Rom 2008.

Luca Antognoli/Elisabetta Bianchi, La Cloaca Maxima dalla Suburra al Foro Romano, in: Studi Romani LVII, 1–4, 2009, S. 89–125.

Gaetano Arena, Acque reflue e rischio ambientale: l'inquinamento fluviale nella Roma imperiale, in: Erga Logoi, Rivista di storia, letteratura, diritto e cultura dell'antichità, Vol. 9, Mailand 2021.

Augustus, Res Gestae/Tatenbericht. Lat./Deutsch, übersetzt von Marion Giebel, Stuttgart 1975.

Autorità di bacino distrettuale dell'Appennino Centrale, Stati generali del Tevere. Rapporto 14 novembre 2018, Rom 2018 (Tagungsbroschüre).

Andrea Bacci, Del Tevere e della natura et bonta dell'acque & delle inondationi, Libri II, Rom 1558.

Ingeborg Bachmann, Werke. Gedichte, Erzählungen, Hörspiele, Essays, München 1995.

Carlo Bagnasco (Hg.), Il Delta del Tevere, Rom 1998.

Alberto Balzani, L'ospizio apostolico dei poveri invalidi dal 1693 al 1718, Rom 1969.

Chiara Banfi/Elena Benedetti, Navigare il Tevere. Variazioni architettoniche tra disegno e rigenerazione fluviale, Mailand 2017.

Giovanni Basta u. a., Il Tevere e Roma. Un progetto per il lungofiume, Rom 1998.

Franz Alto Bauer, Das Bild der Stadt Rom im Frühmittelalter, in: Deutsches Archäologisches Institut (Hg.), Palila, Bd. 14, Wiesbaden 2004.

Federico Bellini, La civitas pia e le fortificazioni vaticane di Pio IV, in: Studi Romani, anno LXI., NN1–4, Rom 2013.

Silvia Beltramo/Paolo Cozzo (Hg.), L'accoglienza religiosa tra tardo antico ed età moderna-luoghi, architetture, percorsi, Rom 2013.

Mauro Bencivenga et al., Piene storiche del Tevere a Roma, in: Associazione Idrotecnica Italiana (Hg.), L'Acqua 3/99, Rom 1999.

Pio Bersani/Mauro Bencivenga, Le piene del Tevere a Roma dal V secolo a. C. all'anno 2000, Rom 2001.

Elisabetta Bianchi (Hg.), La Cloaca Maxima e i sistemi fognari di Roma dall'antichità ad oggi, Rom 2014.

Biblioteca Casanatense, Roma la città dell'acqua, Rom 1994.

Giuseppe Bonaccorso, Le acque e la città, Rom 2010.

Raffaella Bonsignori, Fiume Bojaccia. Delitti e misteri romani sul Tevere, Rom 2015.

Arno Borst, Lebensformen im Mittelalter, Berlin 1973.

Mario Bosi, Quando a Roma si vendeva l'acqua del Tevere, in: Capitolium XLIII, Rom 1968.

Hartwin Brandt, Konstantin der Große. Der erste christliche Kaiser, München 2011.

Horst Bredekamp, Michelangelo, Berlin 2021.

Horst Bredekamp, St. Peter in Rom und das Prinzip der produktiven Zerstörung, Berlin 2008.

Danilo Breschi, Mussolini e la città, Il fascismo tra antiurbanismo e modernità, Mailand 2018.

Attilio Brilli, Reisen in Italien. Die Kulturgeschichte der klassischen Italienreise vom 16. bis 19. Jahrhundert, Köln 1989.

Bruno Brizzi, Il Tevere. Un secolo di immagini, Rom 1989.

Kai Brodersen/Bernhard Zimmermann (Hg.), Metzler Lexikon Antike, Stuttgart 2006.

Pierangelo Buongiorno, Claudius. Il Principe inatteso, Palermo 2017.

Marina Caffiero/Anna Esposito (Hg.), Judei de Urbe. Roma e i suoi ebrei, una storia secolare, Rom 2011.

Alain Cameron, The Imperial Pontifex, in: Harvard Studies in Classical Philology, Vol. 103, Harvard University 2007.

Brian Campbell, Rivers and the Power of Ancient Rome, University of North Carolina 2012.

Laura Campo, Roma, la memoria del ghetto e gli ebrei di oggi, Pavia 2020.

Raffaele Canevari, Studi per la sistemazione del Tevere, Rom 1875.

Flavia Cantatore, Sisto IV. committente di architettura a Roma tra magnificenza e conflitto, in: Myriam Chiabò u. a. (Hg.), Congiure e conflitti – L'affermazione della signoria pontificia su Roma nel Rinascimento, Rom 2014.

Carla Capponi, Cuore di donna, Mailand 2000.

Andrea Carandini, La Roma di Augusto in 100 Monumenti, Novara 2014.

Andrea Carapellucci, Gli Horrea. Struttura, organizzazione e funzioni dei magazzini nella Roma antica, in: Forma Urbis, Rom 2011.

Jerome Carcopino, Rom. Leben und Kultur in der Kaiserzeit, Stuttgart 1977.

Alain Corbin, Pesthauch und Blütenduft. Eine Geschichte des Geruchs, Berlin 1984.

Cassius Dio, Römische Geschichte, übersetzt von Leonhard Tafel/Lenelotte Möller, Wiesbaden 2012.

Stefano Caviglia, A proposito del Tevere. Storia, bellezza e futuro del fiume che ha fatto grande Roma, Neapel 2019.

Stefano Caviglia, Alla scoperta della Roma Ebraica, Neapel 2013.

Benvenuto Cellini, Leben des Benvenuto Cellini, Frankfurt a. M. 1996.

Quellen und Literatur 305

Maurizia Cicconi, E il papa cambiò strada. Giulio II. e Roma, un nuovo documento sulla fondazione di Via Giulia, in: Römisches Jahrbuch der Bibliotheca Hertziana, Bd. 41, München 2017.

Filippo Coarelli, Roma. Guida Archeologica, Rom/Bari, 2008.

Filippo Coarelli/Helen Patterson, Mercator placidissimus. The Tiber Valley in Antiquity, Rom 2004.

Comune di Roma – Dipartimento Lavori Pubblici e Manutenzione Urbana, Lo sviluppo della rete fognante della città, Rom 2000.

Conservatorio delle Zitelle projette di S. Spirito in Sassia, Regole, Rom 1827.

Luigi Cozza, Le riparazioni dei danni arricati dalla piena del Tevere del 2.12.1900, Rom 1907.

Paolo Cozzo, «Pel comodo dei pellegrini divoti.» Riflessioni sull'accoglienza religiosa a Roma in età moderna, in: Silvia Beltramo/Paolo Cozzo (Hg.), L'accoglienza religiosa tra tardo antico ed età moderna- luoghi, architetture, percorsi, Rom 2013.

Alessandro Cremona, Felices procerum villulae. Il giardino della Farnesina dai Chigi all'Accademia dei Lincei, Rom 2010.

Alessandro D'Alessio u. a. (Hg.), Roma Universalis, L'impero e la dinastia venuta dall'Africa, Rom 2018.

Maria Grazia D'Amelio, L'obelisco marmoreo del Foro Italico a Roma. Storia, immagine e note tecniche, Rom 2009.

Dante, Divina Commedia. Die Göttliche Komödie, übersetzt von Wilhelm G. Hertz, München 1978.

Angelo degli Oldradi, Aviso della pace tra la Santita di N. S. Papa Paolo IIII, e la Maestà di Re Filippo. E del di luvio, che è stato in Roma, con altri successi, e porticolarità, Rom 1554, in: Biblioteca Casanatense, Roma la città dell'acqua, Rom 1994.

Nicoletta De Matthaeis, Andar per miracoli. Guida all'affascinante mondo delle reliquie romane, Neapel 2013.

Luigi De Rosa (Hg.), Roma del Duemila, Rom/Bari 1999.

Pier Andrea De Rosa/Paolo Emilio Trastulli, Il Tevere Dipinto. Viaggio Pittorico dalla Foce alla Sorgente nel Sette Ottocento, Rom 2010.

Cesare De Simone, Donne senza nome, Mailand 1998.

Vittorio Di Martino/Massimo Belati, Qui arrivò il Tevere. Le inondazioni del Tevere nelle testimonianze e nei ricordi storici, Rom 1980.

Serena Di Nepi, Sopravvivere al ghetto. Per una storia sociale della comunità ebraica nella Roma del Cinquecento, Rom 2013.

Serena Di Nepi, «Io come madre cercavo ogni strada.» Una madre ebrea e un figlio nei guai nella Roma del Cinquecento, in: Storia delle donne, Florenz 2007.

Martin Disselkamp, «Nichts ist Rom, dir gleich.» Topographien und Gegenbilder aus dem mittelalterlichen und frühneuzeitlichen Europa. Ruhpolding-Mainz 2013.

Michele Di Sivo, Sulle carceri dei tribunali penali a Roma. Campidoglio e Tor di Nona, in: Livio Antonielli (Hg.) Carceri, carcerieri, carcerati. Dall'antico regime all'Ottocento, Soverio Mannelli (Catanzaro) 2003.

Cesare D'Onofrio, Il Tevere, Rom 1980.

306 Quellen und Literatur

Antonietta Dosi/Giuseppina Pisani Sartorio, Ars culinaria. Dal Piemonte alla Sicilia, i piatti degli antiche Romani sulle loro (e sulle nostre) tavole, Rom 2012.

Silvia Enzi, Le inondazioni del Tevere a Roma fra il XVI e XVIII secolo, in: Mélanges de l'Ecole française de Rome, Italie e Méditerranée, N. 118–1, Rom 2006, S. 13–20.

Arnold Esch, Economia, Cultura, Materiale ed Arte nella Roma del Rinascimento. Studi sui registri doganali romani 1445–1485, Rom 2007.

Arnold Esch, Il giubileo di Sisto V. (1475), in: Gloria Fossi (Hg.), I giubilei. Roma, il sogno dei pellegrini, Rom 1999, S. 174–191.

Arnold Esch, Rom. Vom Mittelalter zur Renaissance, München 2016.

Arnold Esch, Wege nach Rom, München 2003.

Anna Esposito, Gli ebrei di Roma prima del ghetto, in: Antonio Volpato (Hg.), Monaci, ebrei, santi, Rom 2008.

Gianluca Fantoni, Storia della Brigata ebraica, Turin 2022.

Tamas Fedeles, Die Romwallfahrt von Nikolaus Ujlaki im Jahre 1475, in: Ungarn-Jahrbuch, Zeitschrift für interdisziplinäre Hungarologie, Bd. 31, Regensburg 2014.

Anna Foa, Gli ebrei in Italia. I primi 2000 anni, Bari/Rom 2022.

Domenico Fontana, Della Trasportazione Dell'Obelisco Vaticano Et Delle Fabriche Di Nostro Signore Papa Sisto V., Rom 1589.

Antonio Forcellino, La Capella Sistina. Racconto di un capolavoro, Rom/Bari 2020.

Marina Formica, Roma, Romae. Una capitale in età moderna, Rom/Bari 2019.

Gloria Fossi (Hg.), I giubilei. Roma, il sogno dei pellegrini, Rom 1999.

Rita Fresu, «L'acqua correva con tanto impeto». La rappresentazione linguistica delle esondazioni nel XVI secolo, in: Rhesis, 8, 1, 2017, S. 5–22.

Christoph Luitpold Frommel, Il Tevere nel Rinascimento, in: Roma moderna e contemporanea, XVII, 1–2, Rom 2009, S. 91–128.

Sextus Julius Frontinus, De aquaeductu urbis Romae, Projekt Gutenberg, Digitale Bibliothek.

Renato Funiciello u. a., I sette colli. Guida geologica a una Roma mai vista, Mailand 2006.

Niccolò Galli, Discorso … sopra l'inondatione del Tevere nell'Alma città di Roma, Rom 1609.

Ludovico Gatto, Storia di Roma nel Medioevo, Rom 2017.

Marco Galli/Giuseppina Pisani Sartorio (Hg.), Machina. Tecnologia dell'antica Roma, Rom 2009.

Felix Gilbert, Venedig, der Papst und sein Bankier, Frankfurt a. M. 1994.

Johann Wolfgang Goethe, Italienische Reise (Hamburger Ausgabe), München 1981.

Ferdinand Gregorovius, Geschichte der Stadt Rom im Mittelalter, hg. von Waldemar Kampf, München 1978.

Ders., Wanderjahre in Italien, München 1986.

Ders., Römische Tagebücher 1852–1889, München 1991.

Ders., Sulla storia delle inondazioni del Tevere, Rom 1877.

Alessandro Guetta, Les juifs d'Italie à la Renaissance, Paris 2017.

Francis Haskell, Maler und Auftraggeber. Kunst und Gesellschaft im italienischen Barock, Köln 1996.

Jacques Heers, La vita quotidiana nella Roma pontificia ai tempi dei Borgia e dei Medici, Mailand 1998.

Philine Helas, Bilder und Rituale der Caritas in Rom im 14. und 15. Jahrhundert. Orte, Institutionen, Akteure, in: Susanne Ehrich/Jörg Oberste (Hg.), Städtische Kulte im Mittelalter, Regensburg 2010.

Philine Helas, Hospitäler in Rom und die medizinischen Möglichkeiten um 1350, in: Gisela Drossbach/Gerhard Wolf (Hg.), Caritas im Schatten von Sankt Peter, Regensburg 2015.

Christopher Hibbert, Rom, Biographie einer Stadt, München 1987.

Paola Hoffmann, Le ville di Roma e dei dintorni, Rom 2015.

Horaz (Quintus Horatius Flaccus), Sämtliche Werke. Lat./Deutsch, hg. von Bernhard Kytzler, Stuttgart 2018.

Stefano Infessura, Scribasenato, Diario della città di Roma, hg. von Oreste Tommasini, Rom 1890.

Italo Insolera, Roma fascista nelle fotografie dell'Istituto Luce, Rom 2002.

Flavius Josephus, Jüdische Altertümer, übersetzt von Heinrich Clementz, Halle an der Saale 1899.

Juvenal (Decimus Iunius Iuvenalis), Saturae/Satire. Lat./Italienisch, übersetzt von Ugo Dotti, Mailand 2013.

Arne Karsten/Volker Reinhardt, Kardinäle, Künstler, Kurtisanen. Wahre Geschichten aus dem päpstlichen Rom, Darmstadt 2004.

Marie Luise Kaschnitz, Engelsbrücke, Hamburg 1976.

Wolfgang Koeppen, Der Tod in Rom, Frankfurt a. M. 2001.

Ann Olga Koloski-Ostrow, The Archeology of Sanitation in Roman Italy. Toilets, Sewers and Water Systems, Chapel Hill 2015.

Richard Krautheimer, Rom. Schicksal einer Stadt, 312–1308, München 1987.

Sergio Lambiase (Hg.), Storia Fotografica di Roma 1919–1929, Neapel 2002.

Ders., Storia Fotografica di Roma 1940–49, Neapel 2003.

Ders., Storia Fotografica di Roma 1900–1918, Neapel 2017.

Rodolfo Lanciani, Storia degli scavi di Roma, Rom 1912.

Joel Le Gall, Il Tevere. Fiume di Roma nell'antichità, Rom 2005.

Jacques Le Goff, La naissance du Purgatoire, Paris 1975.

Liutprand von Cremona, Rerum gestarum per Europam, Paris 1514.

Paolo Liverani/Giandomenico Spinola/Pietro Zander, Le necropoli vaticane. La città dei morti a Roma, Vatikanstadt, 2010.

Titus Livius, Ab urbe condita/Römische Geschichte. Lat./Deutsch, übersetzt von Robert Feger, Stuttgart 1981.

Daniele Lombardi, Dalla dogana alla taverna. Il vino a Roma dalla fine del medioevo, Rom 2018.

Alberto Lombardo, Vedute degli antichi ponti di Roma, Rom 2007.

Lauretta Maganzani, Le inondazioni fluviali e le loro ricadute sulle città romane.

Considerazioni storico-giuridiche, in: Gianfranco Purpura (Hg.), Revisione e integrazione dei Fontes Iuris Romani Anteiustiniani, Turin 2012, S. 93–102.

Martin Maischberger, Marmor in Rom. Anlieferung, Lager-und Werkplätze in der Kaiserzeit, Wiesbaden 1997.

Giuliano Malizia, Testaccio, Rom 1996.

Nicoletta Marconi, Genitor urbis ad usum fabricae. Il trasporto fluviale dei materiali per l'edilizia nella Roma del Cinquecento, in: Roma moderna e contemporanea, 1–2, Rom 2010.

Riccardo Mariani, Sulle rive del Tevere, Rom 1980.

Annalisa Marsico, Il Tevere e Roma nell'alto medioevo, Rom 2018.

Laura Megna, «Acque e immonditie del fiume». Inondazioni del Tevere e smaltimento dei rifiuti a Roma tra Cinque e Settecento, in: Mélanges de l'École française de Rome. Italie et Méditerranée, 118, 1, 2006, S. 21–34.

Alberto Melloni, Il giubileo. Una storia, Bari/Rom 2015.

Roberto Mendoza, La dogana marittima di Ripa e Ripetta, Canterano 2019.

Cornelius Meyer, Del rimedio fatto al danno del Tevere alla ripa dirimpetto alla vigna di Papa Giulio, Rom 1677.

Ders., L'arte di restituire a Roma la traslasciata navigazione del suo Tevere, Rom 1685.

Marzio M. Mian, Tevere controcorrente, Vicenza 2019.

Ministero per i Beni Culturali e Ambientali/Comune di Roma (Hg.), Tevere. Un'antica via per il mediterraneo, Rom 1986.

Mirabilia Urbis Romae, hg. von Gerlinde Huber-Rebenich u. a., Freiburg 2014.

Giovanni Battista Modio, Il Tevere. Dove si ragiona in generale della natura di tutte le acque e in particolare di quelle del fiume di Roma, Rom 1556.

Theodor Mommsen, Römische Geschichte, München 2001.

Michael Edward Moore, The Body of Pope Formosus, in: Millenium IX, Berlin 2012, S. 277–298.

Michael Edward Moore, The Attack on Pope Formosus, in: Radoslaw Kotecki/Jacek Maciejewski (Hg.), Violence against the Church and Violence within the Church in the Middle Ages, Cambridge 2014, S. 184–208.

Elsa Morante, La Storia, Turin 1974.

Carlo Luigi Morichini, Degli istituti di carità per la sussistenza e l'educazione dei poveri e dei prigionieri in Roma, libri tre, Rom 1842.

Diego Mormorio, Roma Ottocento nelle fotografie dell'epoca, Rom 2011.

Mauro Mussolin (Hg.), Michelangelo architetto a Roma, Mailand 2009.

Maria Pia Muzzuoli, Le piene del Tevere e la sistemazione delle ripae a Roma, in: Ella Hermon (Hg.), Société et climats dans l'Empire romain, Neapel 2009.

Carla Nardi, Il Tevere e la città. L'antica magistratura portuale nei secoli XVI–XIX, Rom 1988.

Nicola Maria Nicolai, Sulla Presidenza delle Strade ed Acque, Rom 1929.

Norbert Ohler, Reisen im Mittelalter, München 1991.

Ovid (Publius Ovidius Naso), Ars Amatoria/Liebeskunst. Lat./Deutsch, übersetzt von Michael von Albrecht, Stuttgart 1992.

Ders., Fasti/Der römische Festkalender. Lat./Deutsch, übersetzt von Gerhard Binder, Stuttgart 2014.

Ders., Gedichte aus der Verbannung. Lat./Deutsch, übersetzt von Niklas Holzberg, Stuttgart 2013.

Ders., Metamorphosen. Lat./Deutsch, übersetzt von Michael von Albrecht, Stuttgart 1994.

Vincenzo Paglia, La Pietà dei Carcerati. Confraternite e società a Roma nei secoli XVI–XVIII, Rom 1980.

Luigi Palermo, Il porto di Roma nel XIV e XV secolo, Rom 1979.

Blasio Palladio, Suburbanum Augustini Chisii, Rom 1512.

Domenico Palombi, «Receptaculum omnium purgamentorum urbis»: Cloaca Maxima e storia urbana, in: Archeologia classica, Bd. 64, II.3, Rom 2013.

Paolo Dallo Mastro, Memoriale, Rom 1875.

Pier Paolo Pasolini, Ragazzi di vita, Berlin 2022.

Ders. Rom, Rom, Berlin 2014.

Silvio Panciera, Nettezza urbana a Roma. Organizzazione e responsabili, Rom 2000.

Carlo Pavolini, La vita quotidiana a Ostia, Rom/Bari 2018.

Patrizio Pensabene, Porti marittimi a Porto e Ostia, fluviali a Roma e trasporto dei marmi per i cantieri dei fori imperiali, in: Juan M. Campos Carrasco/Javier Bermejo Meléndez (Hg.), Los Puertos Atlánticos Béticos y Lusitanos y su relación comercial con el Mediterráneo, Rom 2017, S. 475–502.

Petronius (Titus Petronius Arbiter), Cena Trimalchionis/Gastmahl bei Trimalchio. Lat./Deutsch, übersetzt von Konrad Müller/Wilhelm Ehlers, München 2017.

René Pfeilschifter, Die Spätantike. Der eine Gott und die vielen Herrscher, München 2014.

Antonio Pinelli (Hg.), Roma del Rinascimento, Rom/Bari 2001.

Plinius der Ältere (Caius Plinius Secundus), Naturalis Historia/Naturgeschichte, übersetzt von G. C. Wittstein, Leipzig 1881.

Plinius der Jüngere (C. Plinius Caecilius Secundus), Epistulae/Sämtliche Briefe, übersetzt von Heribert Philips/Marion Giebel, Stuttgart 2014.

Carlo Possenti, Piano di sistemazione del fiume Tevere, Florenz 1871.

Alessandro Portelli, L'ordine è già stato eseguito. Roma, le Fosse Ardeatine, la memoria, Rom 1999.

Ezra Pound, New Selected Poems and Translations, New York 2010.

Mauro Quercioli, Le mura e le porte di Roma, Rom 1993.

Bernardino Ramazzini, Trattato delle malattie degli artefici, Mailand 1821.

Gabriele Ranzato, La Liberazione di Roma. Alleati e Resistenza. Rom/Bari 2019.

Armando Ravaglioli, Le Rive del Tevere, Rom 1982.

Volker Reinhardt, Die Borgia. Geschichte einer unheimlichen Familie, München 2011.

Ders., Geschichte Roms, München 2008.

Ders., Die großen Familien Italiens, Stuttgart 1992.

Ders., Pontifex. Die Geschichte der Päpste von Petrus bis Franziskus, München 2017.

Claudio Rendina, Guida Insolita del Tevere, Rom 2011.

Ders., I Papi. Storia e segreti, Rom 1983.

Emilio Rodriguez Almeida, Il Monte Testaccio. Ambiente, storia, materiali, Rom 1984.

Federica Romiti (Hg.), Atti dell'anno Innocenziano per gli 800 anni dalla morte di Papa Innocenzo III. (81 216–2016), Rimini 2019.

Pietro Rossini, Mercurio Errante delle Antichità di Roma, Rom 1693.

Giovanni Rucellai, Zibaldone. Il Giubileo dell'anno 1450, Florenz 1885.

I. Rullier, Progetto di deviazione del Tevere, Genua 1874.

Luigi Salerno, I pittori di vedute in Italia, Rom 1991.

Robert Sallares/Abigail Bouwman/Cecilia Anderung, The Spread of Malaria to Southern Europe in Antiquity, in: Medical History, 48/3, Cambridge 2004, S. 311–328.

Mario Sanfilippo, Roma medievale e moderna, Rom 1992.

Matteo Sanfilippo, Roma nel Rinascimento, una città di immigrati, in: Benedetta Bini, Valerio Viviani (Hg.), Le forme del testo e l'immaginario della metropoli, Viterbo 2009.

Bartolomeo Scappi, Opera, Rom 1570.

Heinz Schilling, 1517. Weltgeschichte eines Jahres, München 2017.

Birgit Schönau, Neros Mütter. Julia und die Agrippinas. Drei Frauenleben im Alten Rom, Berlin 2021.

Georg Schwaiger/Manfred Heim, Kleines Lexikon der Päpste, München 2005.

Maria Margarita Segarra Lagunes, Il Tevere e Roma. Storia di una simbiosi, Rom 2004.

Albert Christian Sellner, Immerwährender Heiligenkalender, Frankfurt a. M. 1993.

Wladimiro Settimelli (Hg.), Roma e il Lazio negli Archivi Alinari, Florenz 1989.

Lucrezia Signorello, Sub anulo piscatoris. Un registro e una comunità ebraica nella Roma dei papi (Sec. XVI-XVIII), Florenz 2020.

Maurizio Silenzi, Il porto di Roma, Rom 1998.

Francesco Sisinni, Il San Michele a Ripa Grande, Rom 1991.

Michael Sommer, Römische Geschichte, Bd. 2, Stuttgart 2009.

Lucrezia Spera, Ad limina Apostolorum. Santuari e pellegrini a Roma tra la tarda antichità e l'alto medioevo, in: Società Geografica Italiana (Hg.), La geografia della città di Roma e lo spazio del Sacro, Città di Castello 1998.

Anna Spiezia, Viaggiatori e pellegrini inglesi a Roma. L'avventura del viaggio, in: Compostella – Rivista del Centro Italiano di Studi Compostellani, Nr. 36, Pomigliano d'Arco 2015.

Elke Stein-Hölkeskamp, Das römische Gastmahl. Eine Kulturgeschichte, München 2005.

Stendhal, Promenades dans Rome, Paris 1973.

Sueton (C. Suetonius Tranquillus), Caesar, Lat./Deutsch, übersetzt von Dietmar Schmitz, Stuttgart 1999.

Ders., Augustus. Lat./Deutsch, übersetzt von Dietmar Schmitz, Stuttgart 2010.

Ders., Tiberius. Lat./Deutsch, übersetzt von Ursula Blank-Sangmeister, Stuttgart 2015.

Ders., Gaius. Lat./Deutsch, übersetzt von Ursula Blank-Sangmeister, Stuttgart 2016.

Ders., Claudius. Lat./Deutsch, übersetzt von Ursula Blank-Sangmeister, Stuttgart 2015

Ders., Nero. Lat./Deutsch, übersetzt von Marion Giebel, Stuttgart 2001.

Tacitus (Publius Cornelius Tacitus), Annalen, übersetzt von Walther Sontheimer, Stuttgart 2013.

Ders., Historiae/Historien. Lat./Deutsch, übersetzt von Helmuth Vretska, Stuttgart 2009.

Filippo Tamburini, Ebrei, Saraceni, Cristiani. Vita sociale e vita religiosa dai registri della penitenza apostolica (secoli XIV-XVI), Mailand 1996.

Rabun Taylor, Torrent or Trickle? The Aqua Alsietina, the Naumachia Augusti and the Transtiberim, in: American Journal of Archeology, 10/I, 1997, S. 465–92.

Frederic Theis, Quellen zur römischen Treidelschifffahrt auf dem Unterlauf des Tiber, in: Thomas Guttandin u. a. (Hg.), Schiffe und ihr Kontext, Heidelberg 2018.

Lukas Thommen, Umweltgeschichte der Antike, München 2009.

Günter E. Thüry, Müll und Marmorsäulen. Siedlungshygiene in der römischen Antike, Mainz 2001.

Andreas Tönnesmann, Kleine Kunstgeschichte Roms, München 2002.

Carlo M. Travaglini (Hg.), Un patrimonio urbano tra memoria e progetti. Roma. L'Area Ostiense-Testaccio, Rom 2006.

Claude Tresmontant, Paulus in Selbstzeugnissen und Bilddokumenten, Reinbek 1990.

Giuseppe Ungaretti, Vita di un uomo. Tutte le poesie, Mailand 2009.

Giorgio Vasari, Vita di Leon Battista Alberti architetto fiorentino (1568), Ausgabe Florenz 1878.

Paola Carla Verde, Il cantiere di ponte Felice da Matteo Bartolani a Domenico Fontana (1589–1592), in: Archistor N. 9/2018.

Dies., L'Ospedale dei Poveri Mendicenti a Ponte Sisto, in: Quaderni dell'Istituto di Storia dell'Architettura, 66/2017.

Vergil (P. Vergilius Maro), Aeneis. Lat./deutsch, übersetzt von Edith und Gerhard Binder, Stuttgart 2008.

Ingeborg Walter, Die Sage der Gründung von Santo Spirito in Rom und das Problem des Kindsmordes, in: Mélanges de l'École française de Rome, 97–2, Rom 1985, S. 819–879.

Christina Wawrzinek, In portum navigare. Römische Häfen in Flüssen und Seen, Berlin 2014.

Karl-Wilhelm Weeber, Alltag im Alten Rom, Düsseldorf/Zürich 2000.

Ders., Baden, Spielen, Lachen. Wie die Römer ihre Freizeit verbrachten, Darmstadt 2007.

Ders., Alltag im Alten Rom. Das Landleben, Düsseldorf/Zürich 2000.

Chris Wickham, Das Mittelalter. Europa von 500 bis 1500, Stuttgart 2018.

Hans Woller, Geschichte Italiens im 20. Jahrhundert, München 2010.

Paul Zanker, Augustus und die Macht der Bilder, München 1987.

Roberto Zapperi, Die vier Frauen des Papstes. Das Leben Pauls III. zwischen Legende und Zensur, München 1997.

BILDNACHWEIS

S. 244 Unbekannt, Garibaldi auf dem *Tevere* an der Tibermündung, 1875, Wien
Museum Inv.-Nr. W 2063, CCo (https://sammlung.wienmuseum.at/objekt/
357931/) (19.5.2023)

S. 251 akg-images

S. 260 https://antinomie.it/index.php/2022/05/31/pasolini-acquatico-e-felice/
(19.5.2023)

S. 250 mauritius images / REDA & CO srl / Alamy / Alamy Stock Photos

Leider war es nicht in allen Fällen möglich, die Inhaber der Rechte zu ermitteln. Wir
bitten deshalb gegebenenfalls um Mitteilung. Der Verlag ist bereit, berechtigte
Ansprüche abzugelten.

NAMENREGISTER

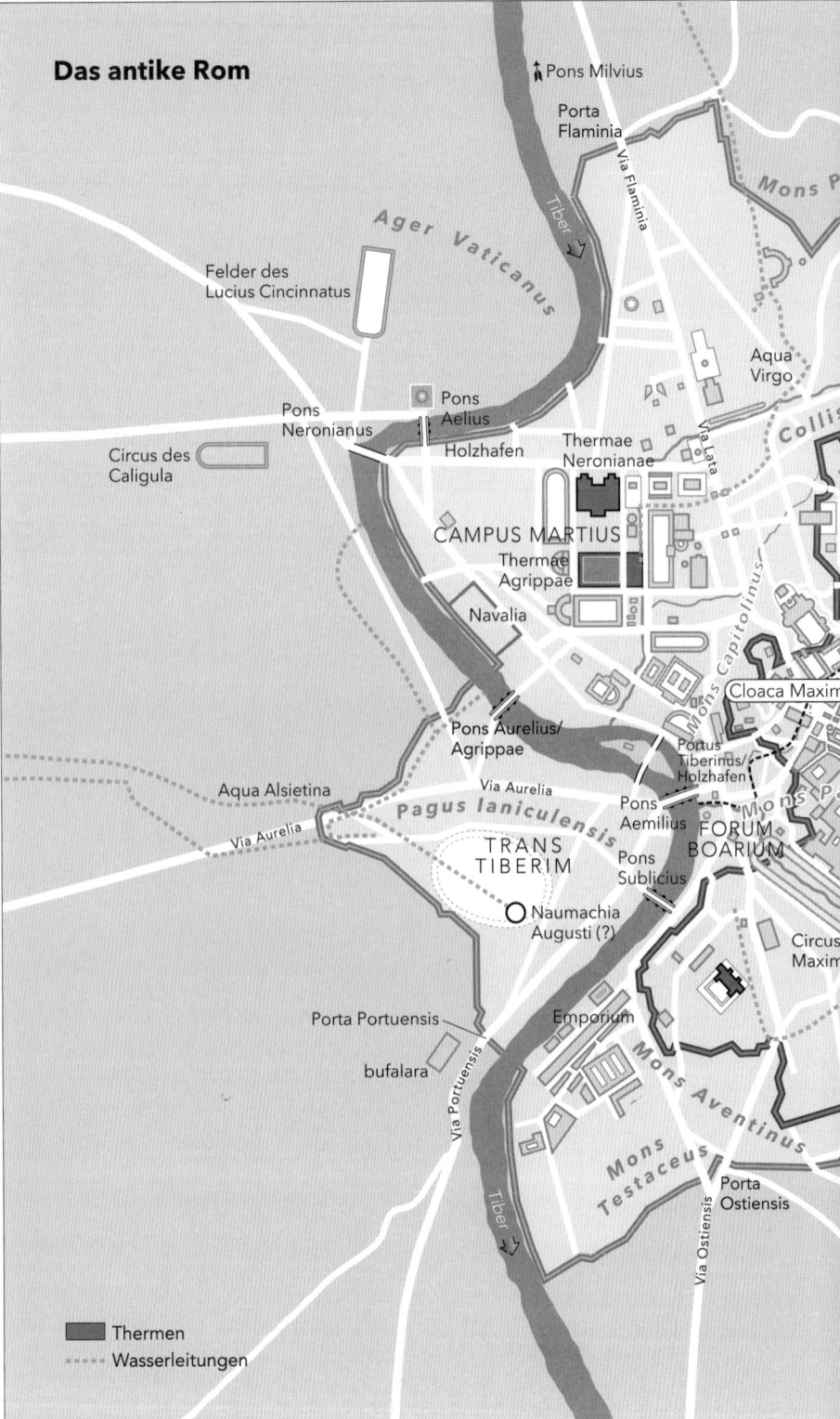

Das antike Rom

Pons Milvius

Porta Flaminia

Via Flaminia

Mons Pi

Ager Vaticanus

Tiber

Felder des
Lucius Cincinnatus

Aqua
Virgo

Pons
Neronianus

Pons
Aelius

Via Lata

Collis

Holzhafen

Thermae
Neronianae

Circus des
Caligula

CAMPUS MARTIUS

Thermae
Agrippae

Mons Capitolinus

Navalia

Cloaca Maxim

Pons Aurelius/
Agrippae

Portus
Tiberinus/
Holzhafen

Aqua Alsietina

Via Aurelia

Pagus Ianiculensis

Pons
Aemilius

Mons

FORUM
BOARIUM

Via Aurelia

TRANS
TIBERIM

Pons
Sublicius

Naumachia
Augusti (?)

Circus
Maxim

Porta Portuensis

Emporium

Mons Aventinus

bufalara

Via Portuensis

Mons
Testaceus

Porta
Ostiensis

Via Ostiensis

Tiber

Thermen
Wasserleitungen